기념의

최호근

기억의 정치
끝에서

미래

기념문화를
이야기하다

KOREA
UNIVERSITY
PRESS
고려대학교
출판문화원

차례

III 바다 건너 기억의 터를 찾다

IV 우리 기념문화를 전망하다

기념문화 이야기를 시작하며

'기념문화'를 화두로 책을 쓰게 된 데는 특별한 계기가 있었다. 작년 6월 16일 남영동 옛 대공분실 자리에서 하게 된 특강 때문이다. 국가폭력의 상징적 장소인 이곳을 어떻게 기념과 교육의 산실로 바꿀 것인가? 본인이나 가족이 바로 이 자리에서 고문당했던 분들 앞에서 이 물음에 답하는 것은 내게 하나의 도전이었다. 그래서 강의 장소를 가득 채웠던 그날의 열기를 우리 시대, 우리 사회에 기념문화가 갖는 의미를 골똘히 생각해 볼 수 있는 기회로 삼기로 했다.

사회와 학계의 요구에 발맞추어 기억에 관한 논문을 처음 쓴 것이 2002년이었다. 그 후 나는 집단기억 연구의 이론적 지형을 더듬는 한편, 홀로코스트를 통해 집단기억의 가공 경험을 배워갔다. 공부가 축적되면서, 기억의 심화와 확산은 기념활동과 동전의 양면을 이룬다는 사실을 절감하게 되었다. 그 후 틈나는 대로, 또 일부러 틈을 내서 국내외의 기념시설들을 찾아다녔다. 기념공원과 박물관, 기념물과 공동묘지 방문은 어느덧 내 출장의 목적이 되었다.

지난 십수 년 동안 방문했던 기념시설 가운데 가장 기억에 남는 곳은 예루살렘의 야드바셈Yad Vashem이다. 희생자의 기억이 어떻게 재현되는지 알고 싶어 찾아간 그곳에서 나는 압도되었다. 길이 200미터에 이르는 삼각 플라스크 막대 모양의 건축물이 지하에 묻힌 것이 기이했다. 박물관 건물보다 더 강한 인상을 준 것은 전시였다. 디즈니랜드에 들어선 소년처럼 흥분한 나는, 이 엄청난 전시를 어떻게 소화해야 할지 몰랐다. 당시에는 사진과 비디오 촬영이 금지되어 있었기에, 모든 것을 눈과 마음과 머리로 기억해야 했다. 한두 개가 돋보이면 좋겠건만, 탐나는 전시가 도처에서 이어졌다. 다음 날도, 그 다음 날도 야드바셈을 찾아갔다. '또 출근했네?' 하고 반겨주는 보안검색 요원의 인사를 받던 네 번째 날이 돼서야 전체가 눈에 들어왔다. 비로소 전시의 개념들만이 아니라, 개념들을 창안해 가는 개념화 과정conceptualization이 눈에 그려졌다.

그 후부터 '개념화'는 나의 화두였다. 서구를 바라보던 우리 민족 선각자들의 마음이 나와 같았을까 하고 생각하면서, 더 많은 전시시설과 기념공원을 찾아다녔다. 공간을 이해하기 위해서였다. 어느 순간부터 내 관심은 기념시설에서 일하는 사람들로 옮아갔다. 지금의 관심은 전시 활용 교육에 와있다. 기념의 미래는 교육에 달려있다는 생각에서다. 아마 연구실 책상 앞에만 머물러있었다면, 이런 생각을 하지 못했을 것이다. 기회가 연이어 주어져 크고 작은 기념의 공간을 개조하거나 신설하는 과정에 참여할 수 있었던 덕분에, 건축과 조경에서 전시 설계·설치를 거쳐 기념시설 운영과 교육에 이르는 하나의 사이클을 경험할 수 있었다.

텍스트에 갇혀있던 내게 함께 활동했던 어떤 분은 '인문주의자'라고 하셨다. 칭찬인 줄 알고 웃었는데, 알고 보니 욕이었다. 문자 매체와 조형 매체의 차이를 구분할 줄 모른다는 비판이었다. 그렇게 건축과 디자인, 이미지와 영상 전문가들의 언어를 배우고 그들의 문법을 익히기 시작했다. 지금도 여전히 그들의 언어와 문법은 내게 낯설다. 하지만 그들의 생각을 이해하고 좇아갈 수는 있게 되었다. 여러 분야의 전문가들과 어울렸던 순간들은 소중한 학습의 시간이었다. 회의실과 모래먼지 날리는 언덕이 날 재교육시킨 학교였다.

'인문주의'의 감옥에서 벗어나고자 애쓰다 보니, 동료들의 작업 방식이 예전과는 다르게 보였다. 어느덧 기억 연구가 인문학의 한 축을 이루게 되었건만, 성과보다는 한계가 더 눈에 들어왔다.

무엇보다 적잖은 사람들이 기억이라는 표현을 아무 곳에서나 사용하고 있었다. '병자호란의 기억', '임진왜란의 기억'. 개인 문집을 위주로 한 과거 연구에 '기억'이라는 제목을 달고 있었다. 관찬사서나 학계의 통설을 의미하는 '공식 역사'와 구별되는 내용들을 염두에 둔 때문이었던 것 같다. 하지만, 그렇게 느슨하게 보기 시작하면, 이 세상에 기억 아닌 것이 없다. 사건은 기억을 낳고, 기억은 기록을 낳는다. 그 기록 가운데 공식화된 기억을 사람들은 특히 역사라고 부른다. 그러나 기억 논의의 출발점이나 기억 연구의 동기와 성과를 돌아본다면, 마음 가는 대로 개념을 사용할 수는 없게 된다. 소수의 식자층이 자신들의 기억을 기록으로 남긴 것을 그 소수의 식자층 가운데 권력을 잡은 극소수가 주도적으로 기록한 '역사'와 대비시키면서 '기억'으로 일컫는 태도는 학자로서 너무 느슨하다. 관인 찍힌 공식 기록만을 역사로 간주하는 협애한 이해 방식이 기억 연구의 동기·방법·매체·결과와 얼마나 직접적으로 연결되는지 모르겠다. 요리사와 요리 도구와 메뉴가 그대로인데 간판만 바꿔 단 식당을 보는 것 같다. 다루는 매체와 접근 방식의 변화가 없이 종래와 같이 문헌 중심적으로 연구하는 태도를 기억 연구와 등치시키는 것은 표현의 과잉이다. 기억 연구의 홍수 속에서 묵직한 결과가 드문 것도 이런 현상과 무관하지 않을 것이다.

문제는 다른 곳에서도 발견된다. 우리 학계의 기억 연구가 기억정치와 역사 교과서 분석에 편중되어 있다. 기억정치는 여전히 기억 연구의 중요한 영역이다. 그러나 전시와 기념공간과 기념물 연구가 의도 분석에만 집중되면, '의도 환원주의'의 늪에 빠지기 쉽다. 매체의 특성과 양식에 대한 설명이 누락되고,

소비자들의 다양한 해석과 전유 과정에 대한 평가가 빠진다면, 사회적 기억의 흐름을 너무 단선적으로, 일방적으로 해석하기 쉽다. 문자 텍스트도 그렇게 단순하지 않을 텐데, 대중의 설득과 동원을 목표로 다양한 비문자 매체들을 동원하는 기념의 경우는 어떻겠는가? 기념의 영역에서 의도와 최종 결과 사이의 간격은 짐작하기 어려울 정도로 크다.

더 특이한 것은 역사 교과서에 대한 분석이 넘쳐나는 현상이다. 역사 교과서는 기억정치의 한 축이며, 기억정책의 최종적 결과다. 그러니 그 중요성을 누구도 부정할 수 없다. 하지만, 유념해야 할 사실이 있다. 교과서 저술에 참여해 본 분들은 이구동성으로 개별 저자들이 역량을 발휘할 길이 거의 없다고 비판한다. 큰 지침과 작은 지침들 사이에서 재주를 부릴 방법이 거의 없다는 뜻이다. 그런데 그 교과서들을 계속해서 분석한다? 내게는 상품 아이템 자체가 얼마 안 되는 구멍가게 안에서 재고조사를 하고 또 하는 것처럼 보인다. 그 안에 어떤 어종이 있는지 잘 알고 있는 시골 작은 연못을 뒤지고 또 뒤지듯 말이다. 왜 그럴까? 이유야 많겠지만, 연구하기에 상대적으로 수월한 것도 무시하지 못할 이유로 보인다.

국외의 연구 성과들을 살펴보면, 우리 학계와는 상당히 다르다. 기억의 정치나 정책에 관한 관심은 마찬가지로 뜨겁지만, 심리학과 뇌공학, 문학과 언어학, 미디어와 예술 분야의 연구 성과에 기반하여 다양한 접근을 시도하는 것이 눈에 띈다. 이런 다차원적 접근이 의미 있는 것은 의도 중심의 연구, 엘리트 중심의 연구 한계를 넘어설 기회를 증대시켜 주기 때문이다. 기억 연구는 언어와 기록의 지대에서 소외되어 온 소수자, 약자, 억압받는 자, 변경에 서있는 자들의 삶을 조명함으로써, 역사의 다원성과 다면성을 심층에서부터 파악하겠다는 문제의식에서 출발했다. 인간의 역사를 위로부터from above가 아니라 밑에서부터bottom up, 저인망식으로 탐색하겠다는 의지의 표명이다. 그래서 정치나 정책이 아니라 기억의 모반인 문화에 관심을 집중하는 것이다. 문화는 다多주관적 의도의 과정적 결과물이다. 우리 시대의 대중문화는 더욱더 그렇다.

세상은 빠르게 변하고 있다. 정치가 모든 것을 결정하던 시대가 지나고, 문화 대세의 시대가 도래하고 있다. 적어도 현상적으로는 그렇다. 세계가 그렇고, 우리도 그렇다. 지구적 차원에서 보면, 기념문화도 빠르게 변하고 있다. 민족의 경계가 허물어지고, 약자에 대한 관심이 증가하는 가운데, 다원성이 강조되고, 표현하는 매체의 물성도 다양화되고 있다. 이 거대한 추세 속에서 보면, 우리 사회는 어떤 면에서는 변화의 물결에 부응하고 있지만, 어떤 면에서는 변화를 완강하게 거부하거나 변화 자체를 아예 모르고 있다. 웅대한 석조 기념물을 여전히 고집하는 것을 보면, 기념에 관한 한 우리는 아직도 석기시대를 살고 있는 것 같다. 기념의 기획에서 민족과 국가를 앞세우는 것을 보면, 국가폭력 희생자를 추모하는 공간에서도 국가주의적 양식에 집착하는 것을 보면, 우리의 시계는 국민국가가 주역이었던 19세기에 멈춰있는 것 아닌가 하는 착각마저 든다.

이 책이 목적하는 바는 단순하다. 비유하자면, 두어 가지 메뉴가 전부인 국공립 기관 구내식당에서만 식사하던 소비자들을 다양한 식재료를 가지고 다양한 방식으로 요리하는 민간 식당으로 안내하겠다는 것이다. 가능하면 이 여정에 그 식당의 주방장들도 동행하길 마음으로 바란다. 이 책을 통해 좀더 많은 분들이 기념의 난장을 경험하길 기대한다. 그렇게 해서 우리 사회가 좀더 다양한 기념의 옷을 입게 된다면, 그것으로 그냥 좋겠다.

I

우리 시대

기념의

붐을

진단하다

I/

기념의 홍수, 기억의 갈증

'이제는 말할 수 있다'라는 탐사보도 프로그램이 있었다. 1999년 9월 첫 회분이 방영된 후 2005년 6월 100번째를 마지막으로 종영된 MBC의 대표작 중 하나다. 시청률 10퍼센트의 벽을 여러 번 넘어선 문제작이었다. 탐사보도팀의 기획력도 인상적이었지만, 더 대단한 것은 "한국 현대사의 성역과 금기에 도전하면서 진실을 밝히겠다"는 이 프로를 그렇게 열심히 보았던 우리 국민들이다.

1999년 9월 12일 '이제는 말할 수 있다' 첫 방송으로 전파를 탄 사건이 제주 4·3이다. 전언에 따르면, 이날 방송이 끝난 후 제주 도내의 전화 통화량이 폭증했다고 한다. "봤니?" 하는 물음과 "봤다!"라는 대답이 수많은 통화 속에 이어졌단다. '육지 것들' 사이에서도 파장이 컸다. 아마 시청자들 중에 그날 밤까지는 제주 4·3에 대해 들어본 적이 없거나, 들어봤다고는 해도 내용에 관해서는 잘 몰랐던 분들이 대다수였을 것이다.

그 9월의 밤은 유가족들에게는 해원解冤의 시간이요, 상당수 국민에게는 경악의 순간이었다.

그때로부터 15년 전에 나도 경악했다. 합격자 통보서만 받은 상태에서 선배들에게 소개받은 책《잠들지 않는 남도》를 읽고 예비 대학생인 나는 크게 놀랐다. 노민영이 편집한 그 책에서는 학살당한 도민이 10만 명이라고 했다. 전체 인구의 1/3이 살해되었다는 사실이 믿기지 않았고, 그 가해자가 주로 우리 군경이었다는 사실이 믿기지 않았으며, 그런 초대형 사건에 관해 한 번도 들어본 적이 없다는 사실이 믿기지 않았다. 훗날 그 책에서 거론된 희생자 수가 크게 과장되었다는 것을 알게 되었지만, 그것으로 위로가 되지는 않았다. 그 독서가 20년 후 나를《제노사이드》의 저자가 되게 했다. 이 책에서 나는 그동안의 공부를 근거로 제주 4·3을 제노사이드로 해석했다.

20년 전, 과거의 진실을 알고 싶어하는 국민의 열망은 지금보다 더 뜨거웠다. 국민의 눈높이에 맞게, (일부) 방송은 진실 탐사와 보도를 방송의 시대적 사명으로 생각했다.

그러나 파묻힌 진실을 처음 채굴한 것은 MBC가 아니었다. 걸음 느린 공중파 방송이 움직이기 위해서는 시대가 변해야 했고, 근거로 삼을 수 있는 사실들이 발굴되어 있어야 했다. 증언하고 싶은 사람들은 있었지만, 증언해도 본인과 가족에게 해가 가지 않을 것이라는 확신이 있어야 했고, 그들을 지켜주겠다는 결기를 지닌 사람들이 있어야 했다.《제민일보》 취재팀이 그런 부류의 사람들이었다. 제주 4·3연구소와 시민단체, 유족단체들의 분투도 있었다. 이들 모두가 기억투쟁의 최전선에 있었다.

기억투쟁은 민주화 운동의 자식이자 전령사였다. 정치적 민주화는 억압된 기억의 분출을 수반했다. 1987년 6월과 문민정부 출범으로 기록되는 1993년은 억눌린 기억이 마그마처럼 솟구치는 불가역적 계기였다. 국민의 정부와 참여정부 시대에는 과거사의 진실규명 요구가 각종 위원회의 탄생으로 이어졌다. 그 결과 대한민국은 세계 최다의 과거사 관련 위원회를 보유한 '위원회 공화국'이 되었다.

각종 정부위원회는 이행기 정의를 실현하려는 시대적 요구에 대한 최소한의 대응이었다. '과거청산의 나라' 독일이 강조하는 것이 (나치 과거사와 구 동독의 과거사를 아우르는) 이중의 과거사라면, 우리 대한민국은 4중 과거사의 엉킨 실타래를 풀어야 하는 나라 아닌가? 동학농민혁명, 일제 치하의 친일 협력, 한국전쟁 전후의 민간인 학살, 독재 시기에 자행된 인권 유린이 바로 그것이다. 부담스러운 과거사가 이렇게 얽히고설킨 경우는 세계에서 유례를 찾기가 어렵다. 국제학술대회 때마다 외국 학자들이 인정하는 바다.

이제 '위원회의 시대'는 지나갔다. 정의구현에서 진실규명으로, 진실규명에서 화해로 뒷걸음질 치던 '위원회의 시대'는 가버렸다. 그 빈자리를 이제는 다양한 이름의 기념재단, 기념공원, 기념관, 기념물이 채우고 있다. '기념의 시대'가 도래한 것이다. 기념의 시대는 '기념의 제도화'를 의미한다. 대통령이나 국무총리나 장관이 참석하는 기념의례는 제도화된 기념의 한 축이다.

나는 지금도 그날을 기억한다. 가만히 서있기도 어려울 만큼 세차게 바람 불던 2006년 4월 3일, 제주 봉개동 4·3평화공원에서 열린 추모식에서 고 노무현 대통령은 이렇게 말했다. "용서와 화해를 말하기 전에 억울하게 고통받은 분들의 상처를 치유하고 명예를 회복해 주어야 합니다. 이것은 국가가 해야 할 최소한의 도리이자 의무입니다." 투박한 어투였지만, 진정성이 가득 담긴 선언이었다. 그렇기에 나는 그날을 기억한다.

그래서 나는 믿었다. 기념의 시대가 기억을 다산多産할 것이라고 쉽게 믿었다. 이 시대가 스러져가는 기억들을 되살리고, 변경에 처한 이들의 웅얼거림을 온 국민이 알아들을 수 있도록 증폭하며, 지켜내야 할 기억들의 반감기를 늘리고, 세대에서 세대로 향하는 기억 전승의 전통을 일구어낼 줄 알았다.

그러나 이제까지의 우리 경험은 그렇지 않다. 다수의 국민은 "그만하면 되지 않았느냐"고 반문한다. 국가는 "그만큼 했으면 이제 된 것 아니냐"고 힐난했다. 바로 얼마 전까지의 일이다. 기념의 시대는 기억을 배신했다. 그간의 노력들이 어처구니없게 기억의 재매장과 봉인으로 귀결되는 경우가 허다했다. 지난 10여 년간 수많은 추모성 기념공원 한복판에 자리 잡은 위패 봉안관에서 기억의 퇴조를 보았다면, 나만의 착각일까?

민주화보상심의위원회 기념분과위원으로서 겪었던 일도 이런 인색한 판단을 하게 했다. 분과위원회의 가장 큰 과제는 국가폭력에 희생된 분들의 묘지를 조성하는 일이었다. 전태일, 박종철, 이한열, 김세진. 이들을 포함한 자발적 희생자들에게 우리 사회는 민주열사라는 칭호를 부여했다. 그런데 공원 조성공사가 끝나갈 무렵, 지원단 과장은 희생자들의 묘비에 '민주열사'라는 명칭을 쓸 수 없다고 했다. 어처구니없는 방침에 반발하는 위원들에게 그는 '민주영령'이라는 타협안을 내놓았다. 박근혜 정권이기 때문이었을까? 세세한 내막을 알 길은 없다. 다만, 몇 명의 위원은 본위원회 위원장에게 이 문제에 대한 해명을 요구하면서, 민주열사라는 명칭을 비에 새길 수 있도록 보장해 달라는 뜻을 서면으로 제출했다. 그 장문의 요청서가 위원장에게 실제로 전달되었는지 모르겠다. 그 후에는 아예 기념분과위원회 회의가 열리지 않았으니까 말이다. 기억의 퇴조기임을 절감했다. 이 썰물 속에서 마지막 내 제안은 정권이 바뀌어 민주열사라는 본래의 명칭을 비명에 새길 수 있을 때까지, 항의 차원에서 희생자들의 이름만 적은 목비를 세우자는 것이었다. 그 이후 나는 회의에 관한 연락을 전혀 받지 못했다. 민주화운동기념공원이 이천에 완성되어 개원식이 열리는 자리에도 참석하지 못했다. 나중에 보니, 연락을 받지 못한 것이 나 혼자만의 일은 아니었다. 이메일과 핸드폰 번호도 그대로였는데 말이다.

지금 민주화운동기념공원에 안장된 분들의 묘비에는 '민주열사'라는 호칭이 없다. 예수에게서 '그리스도'라는 명칭을 박탈하면 어떻게 될까? '개죽음'이다. 전태일에게서, 박종철에게서, 이한열에게서 '민주열사'라는 네 음절을 빼으면, 그 기념은 어떤 기념일까? 그 기념이 낳게 될 기억은 과연 어떤 기억일까?

역설적이게도 기념의 제도화는 참기 어려운 기억의 갈증을 낳고 있다. 이것이 비단 국가의 태도 때문만은 아니다. 이제는 정권이 바뀐 터이기 때문에 국가나 정부 탓만 할 일은 아니다. 문제는 더 심각한 곳에 있다. 그리고 그 이유도 하나가 아니다.

무엇보다 우리 국민이 절박함을 잊었다. 얼음 진 비탈길에 위태롭게 서있는 다수의 국민은 생존 외에 다른 문제에 관심을 가질 겨를이 없다고 한다. 좀더 여유가 있는 소수의 국민은 더 큰 개인적 성공에 심취해 있다. 이런저런 이유로 국민의 생각 속에 '과거사'가 자리 잡을 여지는 매우 적다.

그러면, 이것이 이유의 전부일까? 나는 아니라고 생각한다. 예전과 같은 과거사에 대한 애정을 지금 시대에 요구하는 것은 내가 보기에도 지나치다. 시대가 굴절되었다고 생각하고 싶지도 않다. 내일은 내일의 태양이 떠오르는 것처럼, 각 시대에는 그때마다의 정신이 있기 때문이다.

과거에 비하면, 이 책의 목표는 소박하다. 기념문화의 관점에서, 시대의 기대에 뒤처지거나 시대착오적인 면이 없는지 살펴보고자 할 따름이다. 전례 없는 기념의 붐과 한증막 같은 기억의 갈증 사이에 어떤 문제점이 있는지, 그리고 그 문제점들을 해결하려면 어디에 주목해야 하는지 살펴보고자 할 뿐이다.

기억을 잉태하지 못하는 기념은 존재할 이유가 없다. 양계장 주인이 산란할 수 있는 닭을 바라는 것처럼, 우리 사회가 기대하는 것은 풍요로운 기억을 산출하는 기념이다. 고사 직전의 기념공원, 방문객의 발길이 끊어진 기념관, 타성에 젖은 전시, 데면데면한 기념의례, 모방 일변도의 기념물을 우리 국민이 계속 용인하지는 않을 것이다. 우리 과거사의 엄청난 무게 때문에, 지금과 같은 기념의 붐은 앞으로도 한동안 지속될 것이다. 그래서 걱정이다. 국민의 인내가 언제까지 지속될지 몰라서 말이다. 그래서 발걸음을 이어가려 한다. 생동하는 기억에 대한 갈증에서 벗어날 길이 있는지, 이 책을 통해 독자와 함께 찾아보려 한다.

2/

박제화된 의례,
질식된 기억

우리 삶에서 의례ritual가 갖는 의미는 이루 말할 수 없이 크다. 17세기를 대표하는 유럽의 인문학자 비코가 《새로운 학문Nuovo Scienza》에서 강조했던 것처럼, 출생·혼인·장례로 이어지는 통과의례는 인류의 보편성을 확증해 주는 공통감각sensus communis이다. 종교에서는 또 어떤가? 가톨릭의 일곱 성사를 그토록 비판했던 개신교에서도 세례와 성만찬만큼은 불변의 유산으로 간직하지 않았던가? 체포되기 전날 밤 마지막 만찬 자리에서 '이로써 나를 기념하라!'라고 한 예수 그리스도의 명령은 종교개혁의 아버지 루터도 거부할 수 없었다. 올바른 기념을 위해 가톨릭에 반기를 든 루터에게, 성만찬은 오히려 종교개혁의 이유였다. 이처럼 가정과 종교집단에서 의례가 갖는 의미는 아무리 강조해도 지나치지 않다.

하지만, 국가와 국민의 경우는 사정이 다르다. 우리가 흔히 민족으로 번역하는 국민nation은 '상상된 공동체imagined community'다. 가정이나 친족, 지역에 기반을 둔 집단과 달리, 한 국가에 속한 국민들은 서로가 서로의 사정을 속속들이 아는 대면공동체가 아니다. 평생을 살아도 서로 얼굴 볼 일 한 번 없을 사람들이 전체 구성원 가운데 99퍼센트를 넘는다. 바로 그 점에서 국민은 본래부터 주어진 당연한 공동체가 아니다. 이 때문에 '허구의 공동체'로도 불린다. 이 허구의 공동체는 그 때문에 상징과 관습을 필요로 한다.

국민의례가 중요한 이유가 바로 여기에 있다. 서로 데면데면한 사람들을, 상호 간에 갈등의 소지를 품고 있는 광역의 시민들을 하나로 만들고, 조세와 병역의 의무를 지우려니, 모래알 같은 사람들을 삼중 사중으로 결착시킬 무언가가 필요할 수밖에 없다. 가루 같은 모래와 분진 같은 시멘트를 콘크리트로 변화시켜 수백 년을 기약하고자 할 때 필요한 물처럼, 원자적 집합체에 불과한 국민을 하나의 공동체로 만드는 데 특효약 역할을 하는 것이 민족주의다. 민족주의는 국민의 사원인 국립묘지에서 가장 극적으로 표현된다. 국립묘지에서 엄숙하게 행해지는 안장식, 절기마다 거행되는 의례가 종교적 언사와 종교적 의례를 흉내 내는 것도 같은 이유에서다.

그런데 언제부턴가, 우리는 '의례적'이라는 말을 심심찮게 쓰고 있다. 반갑지 않은 만남, 마음 없는 겉치레를 일컬을 때 사용하는 말이 되어버렸다. 3·1절, 8·15 광복절의 의례가 기념일 제정 취지와는 다르게 '의례적' 행사가 되어버렸으니, 10월 3일 개천절은 아예 말할 것도 없겠다. 광복군 동지들이 해방 후 서울에서 모여 부르던 〈신독립군가〉는 해방을 위해 헌신했던 분들을 위한 의례의 꽃이었다. 그 〈신독립군가〉는 제국주의 축출과 매판자본 척결을 외치던 1980년대에 공통점이 별로 없는 대학생들을 하나로 묶어주는 묘약이었다. 그

〈신독립군가〉를 최근에 들었다. 아니, 보았다. 세종문화회관에서 열린 광복절 기념행사 무대에서 소년소녀 합창단이 태극기를 흔들며 〈신독립군가〉를 부르는 장면을 티브이 화면으로 지켜봤다. 이상했다. 밥도 아니고 죽도 아닌, 스파게티도 아니고 잔치국수도 아닌, 정체불명의 음식을 맛보는 기분이었다. 그 허전함이 내 기억에서 사라지지 않는다.

사람의 목숨처럼, 기억에도 수명이 있다. 연못에 그려지는 동심원에도 수명이 있고, 공포의 핵폐기물에도 위험물로서의 수명이 있다. 우리 사회의 집단기억도 마찬가지다. 기억을 자연의 순리에 맡기면, 정해진 때가 될 때 사라지고 만다. 기억의 쇠락과 소멸은 이상한 일도 아니고, 잘못된 일도 아니다. 지극히 자연스러운 일이다. 우리 제사가 그렇지 않은가? 명절 때 지내는 제사에도 기한이 있다. 흔히 4대 봉사라고 하지 않나? 어린 시절 엄마 젖 빨다가 곁눈질로라도 본 적 없는 어른에 대해서까지 우리가 제사지낼 필요는 없다는 얘기다. 가정에서 우리 기억의 의무는 딱 거기까지다. 이마저 요즘은 더 줄어들었다.

그런데 이상한 일이 있다. 이 세상에는 그 자연의 순리를 거스르는 사례들이 흔치 않게 존재한다. 세월의 바다, 망각의 강에 빠져도 불사조처럼 다시 살아나는 기억들이 있다. 그중 하나가 유대인들이 수천 년 동안 지켜오고 있는 유월절פֶּסַח, Pesach과 초막절סוכות, Sukkot이다.

유월절은 구약성서 〈출애굽기〉에서 이집트 파라오의 완강한 고집을 꺾기 위해 야훼가 모든 첫째 아이를 죽이는 재앙을 내릴 때, 문설주에 어린 양의 피를 발라두면 죽음의 사자가 그 집을 그냥 지나칠 것이라고 약속한 데서 유래한다. 그 명령에 순종해서 자기 집 문설주에 양의 피를 발랐던 유대인들은 무사히 이집트를 벗어날 수 있었다. 초막절은 기적적으로

홍해를 건넌 유대 민족이 약속된 가나안 땅에 들어가기 전까지 40년 동안 광야에서 장막생활 한 것을 기념하는 절기다. 흥미로운 것은, 그렇게 의미가 깊고 중대한 날인데도 후에 와서 사람들은 모세를 통해 전달된 야훼의 명령과 달리, 그 날짜 지키는 것을 잊었다는 점이다. 그 때문에 모세보다 수백 년 뒤에 태어난 요시야 왕은 백성들에게 유월절 준수 의무를 환기시켰고(〈열왕기하〉 23장 21-23절), 그 뒤부터 유대인들은 유월절을 더욱더 충실하게 지켰다. 신약 시대의 예수도 어린 시절 유월절이 되면 부모를 따라 고향 나사렛을 떠나 예루살렘 성전을 방문했다. 초대 교회의 성도들은 이 예수를 '유월절 어린 양'으로 불렀다. 그 전통이 이어져, 지금도 세계 각지의 유대인들은 이때가 되면 예루살렘을 찾아온다.

유대인들에게 유월절은 계절의 변화와 상관있는 명절이 아니다. 추수와 관련된 그들의 명절은 수장절מִשְׁכָּן, Tabernacle이다. 그에 반해 유월절과 초막절은 역사적 사건과 직결된 기념일이다. 기념일은 의례를 통해 준수되고 내면화된다. 유월절 기간 첫날 밤에 유대인들은 (문자 그대로는 순서를 뜻하는) '세데르Seder'라고 부르는 식사를 함께한다. 그 핵심은 발효되지 않은 빵, 즉 무교병이다. 이와 함께 유월절의 유래가 담겨있는 〈출애굽기〉 12장을 함께 읽는다. 유월절 기간에 죽임당한 예수는 죽기 직전 제자들과 이 무교병을 먹으며 기념의 의례를 지켰다. 이것이 성만찬의 시작이다. 성만찬을 시작한 가톨릭교도들은 무교병을 손으로 찢어 나눠 먹으며, 이 빵이 '너희를 위해 주는 내 몸'이라는 예수의 가르침을 기억했다. 이 전통은 루터와 칼뱅으로 이어졌고, 오늘날 우리나라의 개신교회에서도 이 유대인의 전통은 이어지고 있다.

유대인의 유월절은 살아있는 기념의 생생한 사례다. 무엇이 수천 년의 세월을 견디며, 유월절 절기의 의례를 지킬 수 있도록 만들었을까? 나는 네 가지라고 생각한다. 첫째는 그 속에 담겨있는 종교성religiosity이다. 믿지 않는 타자들에게는 장자 살해라는 가공할 징벌을, 순종하는 자들에게는 자연의 섭리를 초월하는 은총을 베푸는 절대자의 구원. 이 극적이고 장엄한 종교적 메시지가 없다면, 유월절 의례가 아무리 견고해도 집단기억은 천 년 이상 유지되지 못했을 것이다. 둘째는 소리 내어 읽는 행위다. 어린 시절부터 토라Torah로 불리는 모세 오경을 암송하는 것은 유대인의 오랜 교육 전통이다. 누구나 익히 알고 있을 이 문구들을 유월절이 되면, 유대인 부모들은 자녀들과 '함께 읽는다'. 이 밥상머리 교육의 전통이 어린 시절부터 아이들에게 체화된 것이다. 몸 기억은 머리 기억보다 훨씬 더 오래간다. 셋째, 구약의 의례는 신약에 와서 시대에 맞게 바뀌었다. 정신은 유지하되, 방식은 시대에 맞는 옷으로 갈아입기를 거듭한 것이다. 이런 현재화의 노력이 없다면, 그 어떤 의례도 기억의 온전한 운반자가 될 수 없다. 넷째, 유월절 의례는 각 가정에서 어린이들이 거부감 없이 수용할 수 있도록 유희적 형태로 일상화되었다. 가정에서 준수하는 유월절 의례에서 중요한 한 부분은 출애굽 사건을 설명하는 책자 《유월절 하가다Haggadah》('하가다'는 문자 그대로는 이야기를 뜻한다)를 읽는 행위다. 이때 가장은 세 조각으로 쪼개놓은 무교병 가운데 '아피코멘אפיקומן'이라고 부르는 중간 부분을 다시 둘로 나눠 그 절반을 집 안에 숨겨둔다. 감춰진 조각을 찾아낸 아이들은 사탕이나 돈으로 보상받는다. 보물찾기인 셈이다. 예수를 믿는 일부 유대인들에게 이 감춰진 보물은 고난받고 숨겨진 보물, 그리하여 후에 다시 오실 예수를 상징한다. 이렇게 의미는 켜켜이 쌓여왔다.

기억의 문화 연구로 유명한 아스만 부부Jan & Aleida Assmann는 오래된 집단기억에 주목했다. 그들은 이집트에서, 이스라엘에서 그렇게 오랫동안 유지되어 온 기억들의 비결을 기념의례에서 찾았다. 여기서 기념의례란 기념행사의 순서만 뜻하지는 않는다. 다양한 매체, 그리고 그에 기반한 전수와 전승의 교육행위까지 포함한다. 다른 민족에게 없는데 유대 민족에게는 있는 것? 바로 유월절 기념의례에 그 단서들이 숨어있다.

꼭 고색창연하거나, 장엄하거나, 유희적인 면이 가득하다고 해서 그 의례가 생생한 기억을 만드는 것은 아니다. 메시지가 있어야 하고, 현장성이 있어야 하며, 몰입과 헌신의 마음을 촉발하는 종교성이 함께 있어야 한다. 기념의례는 참석자들의 마음속에 정체성과 관련한 울림을 불러일으켜야 한다. 공감을 가능하게 해주는 힘이 의례 속에 있어야 한다는 얘기다. 아까 말한 광복절 기념식에서 소년소녀 합창단이 손에 든 작은 태극기를 흔들며 부른 〈신독립군가〉에는 이 공명이 결여되어 있다. 유치원생들이 부르는 영어노래처럼 말이다. 오래된 사건을 '오래되었지만 새로운old new' 기억으로 탈바꿈시켜 주는 기념의례를 만들어가기란 쉬운 일이 아니다.

제주 4·3은 그 어려움을 보여주는 대표적 사례 중 하나다. 어느 한 집단의 기억이 국민의 기억으로 격상되기 위해서는 수많은 난관이 존재한다. 예를 들어 4월 3일을 국가추념일로 만드는 데는 두 가지 어려움이 있었다. 하나가 국민적 무관심이었다면, 다른 하나는 보수 단체들의 격렬한 반대였다. 제주는 기억의 정치를 통해 이 장벽을 마침내 넘어섰다. 돌이켜보면, 정치적 난관은 차라리 돌파하기가 쉽다. 대의명분이 있고, 강한 의지와 집요한 실행력이 있으면, 선거를 매개로 한 지역정치의 사이클을 적절히 활용하면, 정치적 난관은 어느 정도 넘어설 수 있다. 5·18과 4·3이 지금처럼 기억될 수 있었던 배경들 가운데 중요한 하나는 제주와 광주라는 탄탄한 지역적 기반이었다.

문제는 국가추념일 지정 이후에 나타났다. 대통령이나 국무총리가 참석하면서 공중파 방송의 메인 뉴스 첫 화면에 등장하게 된 것은 고마운 일이지만, 정작 행사장에 참석한 분들은 헛헛한 기색을 감추지 못한다. 무엇이 이유일까?

국가가 주관하는 국민의례는 엄숙하다. 때로는 장엄하기까지 하다. 그러나 본질적으로 국가적 의례는 절차와 예법을 중시하며, 예외적 순간과 정서적 감응에 대해 통제적이다. 즉흥은 금물이며, 경계의 대상이다. 참석자 가운데 누군가가 각본에 없이, 가슴에 손 넣은 채 자리를 박차고 일어나 대통령을 향해 달려간다면, 어떤 일이 벌어질까? 국가가 주관하는 의례는 어보나 관인처럼 육중할 수밖에 없다. 사인펜으로 하는 개인의 경쾌한 서명과는 다르다.

제주 4·3의 경우를 생각해 보자. 제주 4·3 기억의 변화는 기념의례를 통해 표현되고 심화되어 왔다.*

공식적 기념의례를 가장 먼저 시작한 것은 국가였다. 4·3을 공산폭동으로 규정한 이승만 정부는 무장대 진압 과정에서 죽은 군경과 우익 인사들을 1953년 충혼묘지에 안장하고, 1989년까지 충혼위령제를 거행했다. 토벌대에 의해 희생된 민간인은 이 틀에서 당연히 배제되었다.

극심한 반공체제하에서 민간인 희생자 유가족들이 기댈 것은 굿이나 기제사 같은 전통의례뿐이었다. 굿은 슬픔을

* 제주 4·3 기념의례의 변화 과정에 관해서는 현혜경 선생의 박사학위논문 〈제주4·3사건 기념의례의 형성과 구조〉(전남대, 2008)에 힘입었다.

달래기 위한 것만이 아니었다. 그 속에는 군경과 우익 유공자만 배려하는 국가의 기념 방식에 대한 저항의 의미도 감추어져 있었다. 학살된 날짜를 알 경우에는 그 전날, 그렇지 않을 경우에는 생일에 맞춰 굿이 치러졌다. 굿은 비록 사적 영역에서 이루어지기는 했으나, 4·3의 참상을 말할 수 있고 들을 수 있는 유일한 공간이었다는 점에서 공적 성격도 띠고 있었다. 4·3 관련 굿은 치병을 빙자한 조상 해원의 서사구조로 이뤄져 있었다.

공적 영역과 사적 영역 간의 비대칭적 긴장 상황에 변화가 생긴 것은 1980년대 후반이다. 6월항쟁 이후의 민주화운동과 5·18 진상규명운동에 영향받아 4·3 진상규명운동에 추모제가 수반되기 시작했다. 1989년 제주 지역 민주화운동 단체들이 개최한 제1회 제주항쟁추모제가 4·3을 '항쟁'으로 부각하면서, 추모 대상의 역전이 일어났다. 이제까지 국가의 의례가 군경과 우익 희생자에 집중해 온 데 반해, 여기서는 토벌대에 의해 희생된 민간인과 무장대 대원들이 중심에 배치되었기 때문이다. 이로써 국가와 시민사회가 의례 영역에서 정면으로 충돌하게 되었다.

의례가 치러지는 날짜도 달랐다. 위령적 성격의 국가기념일이 6월 6일에 거행되었던 데 반해, 추모적 성격의 사월제는 무장봉기가 일어난 4월 3일에 맞춰졌다. 내용적으로 보면, 추모제는 굿의 전통까지 흡수했다. 그렇게 해서 추모 굿이 식전행사로, 진상규명대회가 본 행사로 진행되었다. 마무리는 4·3 현장 순례였다.

이 변화가 대항적 변화를 야기했다. 1988년에 결성된 '제주도4·3사건 민간인 반공희생자 유족회'가 1991년 4월 3일에 '제1회 희생자 합동위령제'를 개최한 것이다. 이렇게 해서 1993년까지는 같은 날 같은 시간에 각기 다른 장소에서 합동위령제와 추모제가 거행되었다.

이런 분열 상황에서 지역정치가 작동하기 시작했다. 1992년 출범한 제주도의회의 적극적 중재를 통해, 사월제 공동준비위원회와 4·3유족회가 따로 거행하던 기념의례가 합동위령제로 통합된 것이다. 1994년의 일이었다. 합동위령제라는 형식의 변화는 4·3의 성격 규정에도 변화를 수반했다. 좌익과 우익 희생자 모두가 '시대의 희생자'가 되었다. 이로써 모든 희생자들을 냉전과 국가 수립 과정의 희생자로 간주하는 '양민학살론'이 등장했다. 죽은 자들을 동등한 자리에 올려놓음으로써, 산 자들 간의 화해를 도모하기 시작하게 된 것이다. 하지만, 여기서도 무장대 대원으로서 죽은 사람들은 배제되었다.

이런 상황은 '과거사 정리' 분위기 속에서 한 차례 더 변화를 겪었다. 기념의 제도화 추세 속에서 국가의 공식 사과, 4·3특별법 제정, 4·3평화공원 조성을 통해 합동위령제의 주체가 국가와 지방정부로 바뀌었다. 그러나 국가는 공인의 대가를 요구했다. 그리하여 국가 주도의 합동위령제에는 국가가 용인한 희생자만 편입되었다. 기념의 공간도 4·3평화공원으로 고정되었다.

이로써 얻은 것은 무엇이고, 잃은 것은 무엇일까? 얻은 것은 국가질서의 위광과 중후한 무게감이다. 반공의 심성에서 탈피하지 못한 대부분의 유가족들에게 국가의 공인은 무엇보다 소중한 위로였다. 그 대가로 잃은 것도 있었다. 주체 못 할 적개심까지 표출할 수 있었던 기회는 이제 박탈되고 말았다. 적어도 본 행사에서는 말이다. 질서의 대가는 자유의 제약이었다. 그 결과 기념의례는 완전히 정형화된 행사로 변모했다.

하지만, 대부분의 유족은 이것을 상실로 생각하지 않는 것 같다. '세계 최대의 병풍'으로 불릴 만큼 거대한 추모 제단과 위패봉안실, 그 엄청난 기념비적 규모를 소화할 수 있는 크기의 평화공원이 유족들에게는 중요한 것 같다. 유족들은 기념할 수 있는 공간을 얻은 대신, 살아있는 기념의 기회를 상실했다.

당사자들에게는 문제될 것이 없다. 유가족들에게는 망자에 대한 추모가 삶이고, 삶이 곧 추모이기 때문이다. 형식화된 의례 속에서도 망자에 대한 그들의 마음은 식지 않는다. 희생자와 유족들 사이에는 피의 인연이 있고, 함께했던 시간에 대한 기억이 있기 때문이다.

그러나 그 유족들이 돌아가시면, 누가 희생자들을 위해서 곡할 것인가? 애도를 연습할 기회를 갖지 못한 누군가가 한동안 그 자리를 대신할 것이다. 하지만, 다시 그 시간이 지나가면, 4·3평화공원은 '행사'를 치르기에도 민망한 장소로 전락하지 않을까 걱정된다. 찾아오는 조문객이 없어 휑한 영안실 특실처럼 말이다.

이제 막 4·3 발발 70주년이 지나갔다. 희생자들의 아내와 남편이 대부분 죽었고, 그 자식 세대도 멀지 않아 생물학적으로 소멸될 것이다. 특별한 계기가 없다면 4대 동안 유지되는 제사는 없다. 4·3 희생자가 기억되고 4·3이 기억되려면, 기념의 의례에서도 변화를 준비해야 한다.

유가족은 희생된 가족 구성원 개개인을 마음속에 기억한다. 하지만 국민은 그 개개인을 기억하지 못한다. 국민이 기억하는 것은 집단의 죽음과 그 죽음을 야기한 폭력국가다. 후세대는 사건 자체를 잘 기억하지 못한다. 그 의미를 기억할 수 있을 뿐이다. 사건이 발생한 지 70년 후의 국민은 희생자 개개인에 대한 애도의 마음을 갖기 어렵다. 그러므로 이제까지 변화를 거듭해 온 것처럼, 4·3의 기념의례도 다시 한 번 변화를 모색할 때가 되었다. 굿은 사자와 직접 연계된 이들에게만 효력이 있다. 기념의례의 한 순서로 굿을 할 시간도 얼마 남지 않았다는 뜻이다. 이제는 안치환이 부르는 〈잠들지 않는 남도〉의 가사를 기억하지 못하는 사람이 국민의 다수가 될 때를 대비해야 한다. 생생한 기억의 소멸이 눈앞에 닥친 이제, 어떻게 해야 생동하는 의례를 만들어갈 수 있을까?

우리나라처럼 국가종교가 없는 곳에서 관제 의례는 처음부터 장엄미를 결여하고 있다. 엄숙성의 모양새는 있지만, 장중한 무게감은 없다. 4·3의 원형질적인 속성들 가운데 하나가 민중의 저항성이라고 한다면, 4·3 의례에서는 이것을 살려야 한다. 또한 4·3의 기념의례를 4월 3일 평화공원에 한정할 이유도 없다. 소통의 인프라 체계가 완전히 바뀌어버린 지금, 직접 발 딛는 특정의 지리적 공간을 의례의 장소로 한정하는 것은 시대착오적이다. 한 공간에 모이지 않아도 기념의례는 동시다발적 진행이 얼마든지 가능하다. 추모의 사이렌 소리와 함께 전 세계에서 동시에 거행되는 홀로코스트 기념일Yom HaShoah이 한 가지 예증이다. 4월 3일, 혹은 4월에 한정된 시간의 격막도 우리 사고에서 걷어내야 한다. 그렇게 해서 시공간에 구속된 기념의례에 관한 생각 자체를 바꿔나가야 한다. 초고속·초국경·초민족 인프라를 활용하기에는 노래와 음악이 적격일지도 모른다. 우리 국민은 밥 먹으면서도 노래하는, 흥 넘치는 사람들 아니던가?

또 하나. 세대를 거듭할수록 사건 자체의 엄숙한 의미는 줄어들게 되어있다. 그러므로 기억을 연장하기 위해서는 방편적으로 유희성을 증대시키는 노력이 필요하다. 축제적 성격이 없다면, 놀이의 요소가 없다면, 기념의례의 지속 가능성은 그만큼 더 줄어들게 되어있다. 4·3의 원형질적 특성

속에서, 또 그동안의 4·3 기념에서 양육된 무형 자산 속에서, 축제적 성격을 채굴하고 가공할 수 있는 길은 없는 것일까? 그렇게 해서 4·3 기념의 생동성을 살리고, 4·3과 무관한 사람들에게도 그 사건에 연계되었다는 느낌을 갖게 할 길이 있지 않을까?

초막절 기간에 예루살렘을 방문했을 때, 이스라엘 젊은이들이 초막절을 기념하는 길거리 행사들을 보고 놀랐다. 자기 집 마당이나 아파트 베란다에 텐트 치고, 식당 앞에 대형 천막을 설치하는 것만이 초막절을 기념하는 방식은 아니었다. 젊은이들은 노래하고 춤추며 자기 시대의 초막절을 기억하고 있었다. 그들은 지적으로만이 아니라, 몸으로도, 정서적으로도 초막절과 연루되어 있었던 것이다.

이제 곰곰이 생각해본다. 기념의 의례에 관해서는 '오래된 새로운 것'에서 단서를 찾는 작업도 필요할 것 같다. 올해 국회 예산심의 과정에서 5·18을 대표하는 〈임을 위한 행진곡〉을 관현악곡으로 만드는 것을 포함해 다양한 방식으로 활용할 수 있는 방안을 모색하는 데 17억 원의 예산이 통과되었다는 보도를 보았다. 국비에 전적으로 의존하는 방식이나 '국제화'라는 명분이 식상하기는 하지만, 우리 시대에 어울리는 전략이라고 생각한다. 노래와 선율만큼 빠르게 확산되고 오랫동안 유지되는 길이 없기 때문이다.

5·18은 기념의 영역에서도 선도적 역할을 수행해 왔다. 그 가운데 하나가 축제를 접목한 기념의 실험이다. 2008년 광주 비엔날레 제안 큐레이터로서 5·18에 기반한 특별 프로젝트 '봄Spring'을 구 전남도청과 금남로 일대에서 구현했던 클레어 탄콘스Claire Tancons의 기획이 그것이다. 프랑스 출신의 연출가인 그녀는 '봄'을 통해 카니발 속에서 펼쳐지는 민중의 운동을

역사적 공간을 무대로 보여주고 싶어했다. 그녀는 내게 광주 지역 대학생들의 열정적 참여에 관해 회고했다. 1871년 파리코뮌, 파리의 1968년 5월혁명, 1980년 광주 민주화운동이 모두 봄 거리에서, 광장에서 전개된 사건이라는 점에 착안한 그녀의 실험은 타성에 젖기 쉬운 종래의 기념에서 돌파구를 모색하는 시도였다고 생각한다. 2011년 광주 국제학술대회에 참석한 탄콘스는 우리에게 〈시민참여형 역사기념 기획—광장 프로그램을 중심으로〉를 발표했다. 민주의 뜨거운 열기를 현재적으로 재현하기에 적합한 착상 아닌가?

5·18은 4·3과 다르다. 4·3은 노근리와 또 다르다. 각자만의 독특한 역사적 성격이 있다. 그러므로 어느 하나를 기념하는 데 적절한 방식이 다른 하나에 그대로 적용되기는 어렵다. 그러나 과거화한 사건을 현재화시키기 위해서, 기념의 행위를 통해 '지금 이곳에서' 재현하기 위해서는 서로에 대한 적극적 참조가 필요하다. 이런 참조는 국경을 넘어 지구적 수준에서도 활발하게 이루어져야 할 것이다. 살아있는 기념의례의 사례들을 끝없이 탐색해야 한다. 각지의 경험을 나누고, 서로 물으며, 답해야 한다. 새로운 가능성에 대한 탐색이 멈출 때 기념은 박제화되고, 박제화된 기념이 지속될 때 기억은 질식될 것이기 때문이다.

3/

개념 없는 기념

—'국가를 위한 죽음'과 '국가에 의한 죽음'의 혼동

우리나라 대한민국에는 두 종류의 죽음이 있다. 하나가 '국가를 위한 죽음'이라면, 다른 하나는 '국가에 의한 죽음'이다. 한국전쟁은 두 부류의 죽음을 가르는 분수령이었다. 군경·학도병·우익 인사들의 희생이 '국가를 위한 죽음'이었다면, 자유민주주의 질서 전복을 도모한 좌익과 그 가족의 죽음은 '국가에 의한 죽음'에 속한다. 이것은 물론 범주적 구분일 뿐이다. 이 두 죽음 사이에는 하나의 개념으로 표현할 수 없는 광범위한 회색지대가 있었다. 사람들은 이 애매한 죽음을 '시대의 희생'으로 일컫는다.

이 죽음의 횡적 스펙트럼은 지독한 냉전체제하에서 종적 위계서열로 자리 잡았다. 피라미드의 최상위 자리들은 국가의 부름에 응답해 조국을 위해 산화한 용사들에게 부여되었다. 국립묘지와 전국 각지의 충혼묘지는 이들을 예우하는 가장 상징적인 방식이었다. 크게 보면, 참전용사들을 위해 최근에 조성되고 있는 호국원들도 같은 범주에 속한다. 이와 함께 각종 기념물과 기념의례가 보조적 방식으로 자리 잡았다. 국가는 전몰자들의 죽음의 의미를 충성으로 칭하면서, 다양한 '현충顯忠'의 장치를 마련하고, 유가족에 대한 보훈報勳에 힘써왔다.

이에 반해, 좌익의 죽음은 공적 기억의 영역에서 철저하게 배제되어 왔다. 군경과 우익 민병대에 의한 학살은 아예 금기시되었다. 제도적으로는 연좌제가, 심리적으로는 유가족들의 내적 검열이 국가에 의한 죽음에 관한 일체의 언급을 차단했다.

상황이 바뀔 수 있는 기회가 잠시 있었다. 4·19혁명과 더불어 한국전쟁 전후 피학살자 유가족들의 모임이 결성되면서, 진상조사 요구가 제기되었던 것이다. 민간인 희생자 수가 100만 명이 넘는다는 추산이 처음 제기된 것도 이때다. 그러나 5·16 군사쿠데타 발발로 인해 광범위한 금기가 재연되었다. 유가족 모임을 주도했던 사람들이 곤란한 지경에 빠지면서, 학살의 책임 문제는 다시 집단기억의 경계선 밖으로 밀려났다.

국가에 의한 죽음을 다시 언급하게 된 것은 최근의 일이다. 1990년대에 전 세계적으로 '기억의 회귀' 현상이 시작되면서, 강고했던 금기의 벽이 무너졌다. 더 이상 제삿날 음복 이후 귓속말로 부모의 죽음에 관해 말할 필요가 없어졌다. 사방을 두리번거리는 부자연스러운 태도도 사라졌다. 집단학살 이야기는 이제 길거리에서도 방송에서도 들을 수 있게 되었다.

상황이 이렇게 급변한 데에는 5월운동의 역할이 컸다. 부담스러운 과거사에 대한 국민적 관심을 촉구하는 데는 저 멀리 떨어져 있는 한국전쟁기의 사건들보다 우리와 매우 가까이 있는 과거의 역할이 더 컸다. 5·18 진상 규명과 책임자 처벌을 기치로 내세운 시민사회 운동은 일종의 불도저 같은 역할을 수행했다. 5월운동이 새 길을 열면 그보다 앞선 과거사 청산 지지자들이 그 길을 따르고, 5월운동의 최전선에서 검증된 전략이 다른 시대와 지역 사건들에 응용되는 수순이었다. 이렇게 시대정신과 운동의 열기가 결합하면서, 공론의 장 주변을 배회하던 부담스러운 과거사들이 시야에 나타나기 시작했다. 그 과정은 흡사 비운에 죽은 햄릿의 부왕 혼령이 온몸을 휘감은 쇠사슬을 질질 끌면서 무대에 등장하는 장면과도 같았다.

MBC의 탐사프로그램 '이제는 말할 수 있다'는 기억 회귀의 시대가 낳은 결과였다. 1999년 가을 〈제주 4·3〉과 〈여수 14연대 반란〉을 필두로 한국 현대사의 지하 감옥에 수감되어 있던 '유령들'이 차례로 소환되었다. 〈잊혀진 죽음들—인혁당 사건〉, 〈노근리 사건의 진실〉, 〈실미도 특수부대〉가 연이어 공중파를 타면서, 과거사에 대한 국민적 관심이 고조되기 시작했다. 다음 해에는 〈녹화사업의 희생자들—군대 가서 죽은 아들아〉가, 그 다음 해에는 한국전쟁 발발 초기 20만 명 이상의 희생자를 낳은 것으로 추산되는 〈보도연맹〉 2부작이 방송되었다. 2002년에는 한국과 미국 모두 오랫동안 언급을 꺼려온 〈망각의 전쟁—황해도 신천 사건〉이, 2004년에는 〈한국전쟁과 포로〉 3부작이 안방 무대에 등장했다.

이로써 제도적 금기는 와해되었다. '한국전쟁전후 민간인학살 진상규명 범국민위원회'가 창립된 것이 2000년이다. 2004년에는 '제노사이드연구회'가 발족했으며, 2005년에는 정부의 공식기구인 '진실·화해를 위한 과거사정리위원회'가 출범했다. 사회와 정치 민주화의 물결에 힘입어 시대의 열망은 후속 제도의 신설과 확장으로 이어졌다. 죽음의 과거사는 동시적으로 추진해야 할 여러 개의 과제를 우리 사회에 제기했다. 진실규명, 가해자 처벌, 배상과 보상, 기념과 교육이 바로 그것이다.

진실·정의·화해·기억의 4대 과제가 국민 앞에 제기된 것이다.

이 과제들 가운데 가해자에 대한 형사소추라는 의미에서 정의는 거의 실현되지 않았다. 진실규명은 불충분했다. 화해는 '강요된 화해', '가해자의 사과 없는 화해'에 국한되는 경우가 많았다. 이 상황에서 제대로 할 수 있는 일은 기억밖에 없다. 앞으로 해나가야 할 일이기 때문이다.

기억은 결코 자연스러운 과정이 아니다. 집단기억은 특히 더 그렇다. 부담스러운 과거를 기억한다는 것은 자연적 소멸과 망각에 의한 침식, 착종과 변형, 왜곡과 조작 가능성을 직시하면서, 부단히 가공해야 하는 과정을 의미한다. 이런 이유에서 프로이트Sigmund Freud와 아도르노Theodor Adorno는 '기억작업Erinnerungsarbeit'이나 '기억의 가공Aufarbeitung der Erinnerung'이라는 개념을 제시했다.

사회적 기억은 어떻게 형성되는가? 집단기억은 어떻게 만들어지는가? 국민의 기억은 어떻게 주조되는가? 이 모든 기억의 생성은 연구에 기반한 교육, 교육적 활용을 염두에 둔 기념을 통해서 가능하다. 그렇기 때문에 각종의 과거사 특별법은 위원회 활동 이후에 기념재단 설립, 기념공원 조성, 전시·교육 기능을 구비한 기념관 건립을 명문화했다.

2000년대 초부터 일기 시작한 기억의 분출은 국민의 기대 속에 기념의 시대를 수반했다. '도둑처럼 들이닥친' 기념의 붐 속에서 가장 주목할 만한 결과는, 다양한 이름으로 명명된 기념공원들이다. 국가폭력과 집단학살 희생자들을 위한 기념공원의 핵심은 시신을 안장할 수 있는 묘역 조성에 있다. 그러므로 거의 모든 기념공원은 사자에 대한 애도를 표할 수 있는 추모공원으로서 요구를 충족하기 위해 묘지 조성에 가장 큰 관심을 갖는다. 제주 4·3처럼 희생자들의 시신 수습이 어려운 경우에는 가묘나 위패봉안시설로 보완하기도 한다. 묘지가 일차적으로 희생자 유가족과 지인들을 염두에 둔 것이라면, 전시와 교육 기능을 갖춘 기념관은 불특정 다수를 겨냥하여 건립된다. 이렇게 집단학살 희생자들을 추모하기 위해 만들어진 우리나라의 기념시설은 묘지, 봉안관, 전시교육시설을 품은 기념공원을 기본 모델로 하고 있다.

집단학살이나 국가폭력 희생자들을 위해 현재까지 조성된 기념공원 가운데 주목할 사례는 수유동의 국립 4·19민주묘지(1963), 마산의 국립 3·15민주묘지(1968), 광주의 국립 5·18민주묘지(1997), 거창 사건 추모공원(2004), 산청·함양 사건 추모공원(2005), 제주 4·3평화공원(2008), 충북 영동군의 노근리 평화공원(2011), 이천에 최근 개장한 민주화운동기념공원(2016)이다(괄호 안의 숫자는 최초 개원 연도를 가리킨다. 개원 이후에 명칭 및 위상의 변화와 시설의 대대적 변모가 이루어진 곳도 있다. 특히 4·19민주묘지와 3·15민주묘지는 문민정부 때 추진된 '성역화' 사업의 결과로 풍경이 크게 달라졌다. 다른 기념시설들과 달리, 노근리 평화공원 내에는 묘역이 없다).

4·19민주묘지에서 산청·함양 사건 추모공원에 이르기까지 다섯 개의 기념공원에 들어서는 방문객은 언젠가 와본 것 같은 기시감을 갖기 쉽다. 특히 묘역을 접할 때 그 느낌은 훨씬 더 강화된다. 누구나 느낄 그 기시감에는 충분한 이유가 있다. 이 다섯 개의 묘지 혹은 기념공원 묘역은 (지금은 서울 현충원으로 불리는) 동작동 국립묘지를 롤 모델로 삼아 조성되었기 때문이다. 동작동 모델은 묘지 중심의 웅대한 수직 기념탑과 부조로 가득한 배후의 추모 벽, 그 앞에 서있는 거대한 문, 묘역을 좌우로 양분하는 직선의 참배로, 열병하고 있는 군대를 연상시킬 만큼 자로 잰 듯이 대오를 갖춘 무덤들,

죽음의 의미를 균질화시키려는 듯 똑같은 모양으로 깎아놓은 묘비와 무덤 양식, 계급에 따른 묘역 구분과 묘지 크기의 구분을 특징으로 한다. 경내 곳곳에 서있는 기념물도 이에 못지않게 천편일률적이다. 충성의 기개를 강조하기 위한 엄숙한 표정, 서구의 신상을 연상케 할 만큼 과장된 근육을 자랑하는 용사들, 전몰장병들의 죽음을 찬미하며 궁극의 의미를 부여하는 국가종교적 표현들이 그것이다. 싸우다 죽은 이는 호국의 간성看星, 곧 영원한 별이 되고, 전몰한 용사의 넋은 영령英靈으로 승격된다. 모든 시설물들은 비운에 죽은 용사들의 넋을 위령慰靈하거나, 그들의 충정을 현창顯彰한다. 의식 있는 사람들은 동작동 일대를 수놓은 일본식 벚꽃나무를 문제 삼았지만, 그보다 더 왜색 창연한 군국주의 냄새를 풍기는 것은 돌 기념비에 깊이 새겨진 언어적 표현들이다. '영령'이나 '위령'은 군국주의와 일본의 전통적 민중종교, 그리고 국가 신도가 합착해서 만들어낸 역사적 용어다. 일제와의 문화적 정서적 친화성이 깊었던 유신 시절의 풍토가 아니었다면, 이 어휘들은 이렇게 호국의 전당 속에 깊이 들어오지 못했을 것이다. 청산당해 마땅할 어휘들이다. 언어는 민족 얼의 표현이라고 우리 민족의 선각자들이 가르쳐주지 않았던가? 그 말이 옳다면, 애국의 동산에서 이 용어들을 걷어내는 것이 마땅하다.

여기까지가 동작 묘지의 문제라고 치자. 죽은 군경을 표현하는 데는, 국민의 부름을 받아 싸우다 죽은 우리 용사들을 기념하는 데는, 좌우로 도열한 묘비가 문제되지 않는다. 고딕의 첨탑도 꼭 문제 삼을 일은 아니다. 왜냐하면, 동작동은 제복 입은 국민들이 묻힌 곳이기 때문이다. 국군묘지에서 출발한 국립묘지 고유의 문법을 고려하면, 동작동은 문제투성이의 지대가 아니다. 약간의 오타나 어눌한 표현은 있을지언정, 취지를 왜곡할 정도의 문제점이 발견되지는 않는다.

진짜 문제는 동작동 모델을 4·19에, 5·18에, 거창에, 산청·함양에 아무 생각 없이 적용한 데 있다. 꼭 염색한 군복을 줄이거나 수선해서 소년에게, 청년에게, 심지어는 소녀와 할머님께 입힌 것 같지 않은가? 지금이 전후 복구에 여념도, 여력도 없는 극빈의 시절도 아니고, 국민소득 3만 달러를 구가하는 풍요의 시대 아닌가? 가난한 국민은 있을지언정, 우리 국가만큼은 이미 부국의 반열에 올라서 있다. 그렇다면 4·19묘지와 거창 묘지에 군복이 보이고 화약 냄새가 풍기는 것은 변명의 여지가 없다. 모두가 개념 부족의 소산이다. 우리 사회에 만연한 무사유無思惟의 관행이 국가폭력에 희생된 분들을 안장한 4·19, 5·18, 거창, 산청·함양의 공간에, 기념물에도 적용된 것에 다름 아니다.

동작동 국립묘지 중앙의 탑은 얼마나 높을까? 31미터다. 4·19묘지 탑은 21미터, 5·18묘지 탑은 40미터다(4·19묘지 탑은 1963년에, 동작동 현충원 탑은 1967년에 제막되었다). 마치 높이 쌓기 경쟁이라도 하는 것 같지 않나? 안장된 분들의 희생의 의미나 희생의 넋을 위로하는 우리 마음의 무게가 탑 높이와 비례한다고 생각해서일까? 모든 것을 이해한다 치고, 양보해서 생각해 보자. 국민국가 형성에 매진했던 19세기 유럽에서도 탑 쌓기, 높이 쌓기 경쟁이 있었다. 국가기념물로서 민족의 탑은 정치적 기획의 산물이었다. 도심 한복판 도시의 풍경 속에 신흥 부르주아지의, 자기 민족의 위훈을 아로새기기 위해 신고전주의 방식의 공공건물과 기념물을 즐비하게 세우는 작업은 19세기 정치의 핵심이었다. 하지만 시대를 혼동하고 공간을 착각해서는 안 된다. 이미 국가가 주인이던 시절은 지나갔다. 그런데 도심 한복판도 아닌 초록의 공원묘지에 터무니〔地紋〕 없는 일을 왜 반복하는지, 그 이유를 모르겠다. 동작동이야 그렇다 치자. 국가를 위한 죽음을 현창하는 곳이니까 말이다. 그런데 거기에 적합한 양식을 왜 국가에 의해 죽임당한 사람들을 애도하는 곳에 적용한 것일까? 국가폭력을 고발하는 경고의 기념물, 상기의 기념물이 서있어야 할 자리에, 무슨 생각으로 충혼의 탑을 또 세운 것일까? 아무리 생각해도 이해하기 어렵다. 그래서 나는 이렇게 생각한다. 4·19, 5·18, 거창, 산청·함양의 기념 첨탑은 무사유의 결정체다.

생각의 부족은 현충문을 연상케 하는 거대한 '게이트Gate'를 국가폭력 희생자들의 영원한 쉼터에 세운 데서도 나타난다. 산골마을에 살던 주민들이, 다양한 가치가 존중받는 국민 주인의 세상을 위해 애쓰다 비명에 가신 분들이 현충의 문 같은 거대한 대문들을 원했을까? 관복 냄새 풀풀 나는 그 영광의 등용문 양식을 그분들이 원하실까? 이미 안장되어 있는 사자들의 생각은 모르겠으나, 방문객으로서는 그 거대한 문을 지날 때마다 몹시 불편하다. 탑을 너무 높게 세웠으니, 문도 비례적 균형을 맞춰야 했을까? 너무 넓은 대지를 마련한 것이 잘못일까? 그 이유를 누가 납득할 수 있게 들려줄 수 있을지 모르겠다.

획일적인 양식의 봉분과 묘역이 어쩌면 가장 큰 문제다. 살아서 각자의 자리를 지켰던 전우들을, 함께 열 지어 행군했던 동료들을, 그때처럼 안장한 것은 나름대로의 이유가 있다. 서구의 군 묘지들도 마찬가지다. 수천 구의 주검을 안장하기 위해서는 공간 활용의 효율성도 생각해야 할 것이다. 그런데 그런 제복의 격식이 왜 국가폭력 희생자들에게, 그들의 음택陰宅에까지 적용되어야 하는 것일까? 위계적이고 획일적인 군사문화에 항거하다 죽은 민주열사들의 묘지에 왜 군사국가적 규율이 끝까지 적용되어야 하는 것일까?

민간의 묘지는 할 수 있는 대로 위계화와 획일화의 틀에서 벗어나야 한다. 그들의 삶과 지향했던 가치들마저 균질화될까 두렵기 때문이다. 공원을 설계할 때 조경 건축가들은 네 계절을 생각하고, 전체적 조화를 염두에 두면서 수종과 화종을 선택한다. 민간의 묘지는 철에 따라 백화가 만발하는 정원이 되어야 한다. 또 묘비가 꼭 반듯하게 서있어야만 하는 것은 아니다. 눕기도 하고 서기도 하며, 목비라도 좋고, 석비라도 좋다. 글씨체 또한 개성 만발할수록 더 좋지 않을까? 일기장의 한 구절, 살아생전 친구에게 보냈던 편지의 한 구절을 새겨 넣을 만큼의 여유가 필요하지 않을까? 글씨체 또한 고인의 필체로 새겨 넣으면 좋지 않을까?

조경은 계획의 결과다. 계획은 여러 개념에서 출발한다. 개념들concepts의 방향을 규율하고, 일정한 방향성을 제시하는 것은 기본개념basic concept이다. 기본개념이 탄탄하게 수립되기 위해서는 개념화conceptualization 과정이 충분해야 한다. 우리말에 여기에 해당하는 좋은 표현이 있다. 바로 궁리窮理라는 말이다. 생각에 생각을 거듭하면, 시대의 걸작을 산출하지는 못해도, 어처구니없고 터무니없는 졸작은 만들지 않게 된다. 백억 단위의 엄청난 예산을 들여 하는 사업들인데, 생각 없이 하던 대로 해서야 되겠는가? 성공한 기념공원이 되기 위해서는, 토목의 삽을 뜨고 건축의 테이프커팅을 하기 전에, 몇 가지를 깊이 궁리해야 한다.

- 이 공간을 통해 기념하고자 하는 죽음이 어떤 종류의 죽음인가?
- 누구를 향한 기억인가? (죽은 이들의 삶과 지향했던 가치를

말한다)

- 누구를 위한 기억인가? (기념의 주 대상은 후세대다)
- 무엇을 기억할 것인가? (간직하고자 하는 의미를 말한다)

다행히, 우리에게 문제의 사례들만 있는 것은 아니다. 문제작도 있다. 거듭된 궁리 속에서 탄생한 제주 4·3평화공원이나 이천의 민주화운동기념공원은 과거의 전형에서 상당히 벗어나 있다. 어떤 부분은 적절치 않은 과거의 모형을 답습하기도 했으나(문제점은 이 책의 여러 부분에서 지적할 것이다), 어떤 부분은 부적절한 틀에서 벗어나고자 과감한 선택을 시도했고, 어떤 면에서는 그 결과 주목할 만한 성과를 보여주기도 했다. 이런 부분적 성취가 가능했던 것은 과거의 것에 대한 성찰과 동시대의 사례들에 대한 비교와 참조, 그리고 거듭된 궁리와 토론 때문이었다. 궁리의 시간과 깊이가 부족했던 것은 분명하지만, 집단지혜 속에서 이루어지는 개념화 과정이 필요한 이유를 우리는 최근의 사례에서 확인할 수 있다.

4/

정치의 과잉, 문화의 결핍

—이제는 기억투쟁에서 기념문화로 이행할 때

이 세상에 정치의 터널을 통과하지 않고 할 수 있는 큰일은 거의 없다. 역사를 기록하고 집단기억을 형성하는 과정도 마찬가지다. 1894년 전라도 고부 땅에서 일어난 농민봉기가 동학란亂에서 동학농민전쟁이 되기까지, 동학농민전쟁이 다시 동학농민혁명이 되기까지 과정은 정치였다. 정치는 결코 자연스러운 과정이 아니다. 땅을 파헤치고 일구며 심한 경우에는 지층까지 파헤쳐 원하는 것을 쟁취하는 과정이다. 이 점에서 인간의 역사는 자연사와 다르다. 반복과 순환의 과정에서 탈피하여 새로운 메커니즘을 만들어내기 위해 기성 체제에 끝없이 도전해 온 과정의 산물이 역사다. 베버가 말한 것처럼, 권력이 내가 원하는 바를 다른 사람들에게 강제할 수 있는 힘이라면, '란'을 '혁명'으로 개명하는 과정은 지난한 정치 과정이었다. 정치가 어떤 역사적 사건 해석과 기억을 둘러싸고 전개될 때, 우리는 그것을 역사정치Geschichtspolitik(politics of history)라고 부른다.

역사정치는 기울어진 운동장에서 전개된다. 기성 권력이 가파른 언덕의 정상에서 공식적 역사해석을 수호하는 입장이라면, 도전하는 자들은 언덕의 밑바닥에서부터 대안적 역사해석의 바윗덩이를 밀고 올라가는 입장이다. 정상적인 상황이라면 성을 공격하는 자가 수성하는 자를 당할 수 없다. 수성하는 자는 이미 공교육과 언론을 장악하고, 기록을 독점하며, 객관성의 직인까지 보유하고 있기 때문이다. 기성의 역사를 지키는 자들은 최신 무기체계를 갖춘 직업군인과도 같다. 그에 반해 도전하는 자들은 훈련 정도나 무장 수준 모두에서 민병대 수준에 가깝다. 양자 간의 힘은 불균형 그 자체다.

그런데 실제 상황은 그렇게 일방적이지 않다. 우리 현대사를 돌아보면, 강고했던 공식 역사가 엉성한 집단기억에 자리를 내준 경우가 허다하다. 4·3이 그랬고, 5·18이 그랬다. '폭동'이 '사건'으로 바뀌고, '사건'이 마침내 의로운 '운동'으로 인정받았다. 마오쩌둥이 압도적 전력을 보유한 장제스의 국민당 군대를 대륙에서 몰아내고, 체 게바라와 카스트로가 전권을 장악한 바티스타 정권을 축출했던 역사가 여기서 떠오르는 것은 무슨 이유일까? 현실정치와 역사정치는 원리 면에서 어쩌면 같다. 승패를 갈랐던 이유는 단순하다. 공격하는 자들에게는 싸울 이유와 의지가 있었던 데 반해, 방어하는 자들에게는 싸워야 할 이유도, 반드시 이기고야 말겠다는 의지도 없었기 때문이다.

기억정치의 첫 단계는 도전하는 기억의 출현과 더불어 시작된다. 새로운 기억은 대항역사counter-history를 표방하면서, 공인을 위한 투쟁을 전개한다. 흔히 인정투쟁이라고 하는 단계다. 도전하는 세력은 허구와 진실을 대비시키면서, 자신들의 투쟁을 거짓과의 싸움으로 규정한다. 더 나아가 이 싸움을 의로운 투쟁으로 성화시킨다. 이 과정에서 '희생의 정치politics of sacrifice'가 작동한다. 희생의 정치는 무자비한 공권력과 무력한 개인을 대비시키면서, 양심을 지키고자 했던 개인을 공권력이 폭력적으로 파괴했던 사례를 부각한다. 희생의 정치는 종종 시신을 기표로 전개된다. 일제 치하에서 고종의 국장, 4·19혁명 전야에 발견된 고등학생 김주열의 시신, 1987년 6월항쟁의 기폭제가 된 박종철과 이한열의 죽음이 대표적이다. '한열이를 살려내라!'는 플래카드가 서울 시청 앞을 통과하는 순간, 구체제는 몰락하기 시작했다.

시간이 흘러 사자의 시신을 찾을 수 없는 경우에는, 조직화된 국가폭력의 희생자가 남긴 일기, 만년필, 비녀, 꽃신, 장난감 같은 유품이 그 역할을 대신한다. 인격을 연상할 수 있는, 관찰자와 동일화가 가능한 것이라면, 어떤 것도 족하다. 일상적 유품의 소유자를 파괴한 세력은 불의한 자가 되고, 희생자는 순교자로 성화된다. 우리 사회가 수십 년 동안 사용해 온 '열사烈士'라는 용어도 여기에 해당한다. 적극적 희생을 도모한 열사가 서구적 전통에서 '영웅'에 해당한다면, 죽어야 할 이유 없이 그때 그 자리에 있었기 때문에 공권력에 의해 살해된 사람은 '순교자'로 격상된다. 순교자와 영웅의 죽음은 동시대인들에게 의분義憤을 불러일으킨다. '의로운 분노'가 마른 들판에 불꽃이 퍼져나가듯 사람들 사이에 확산되어 갈 때면, 희생의 정치는 한 사이클을 마감하고, 기억의 정치는 새로운 국면에 진입한다. (기억의 정치가 정치권력의 교체를 가져오는 것은 아니지만, 정치권력 교체에서 기억의 정치가 작동하는 경우는 허다하다.)

'기억정치'의 한 부분인 '희생의 정치'가 희생자의 죽음의 의미에 대한 사회·정치적 공인으로 일단락되고 나면, '기억의 제도화' 과정이 뒤따른다. 특별법 제정과 진실·정의·화해를 위한 국가위원회 구성은 첫 단계에서 다음 단계로 나아가는 이행의 지점에서 이루어진다. 위원회의 활동은 진실규명, 정의구현, 화해실현을 위한 제안과 더불어 마감되고, 후속 사업 추진을 위해 공적 자금을 통해 운영되는 각종 기념재단과 기념시설들이 설립된다. 역사교과서를 비롯한 사회과 교과과정 수정과 교과서 개편이 일어나는 것도 이즈음이다.

기억정치의 제도화는 전례 없는 기념의 수요를 촉진한다. 각종 기념시설 조성, 국가기념일 제정, 기념교육기관의 신설과 후원이 본격화된다.

이때부터 예전의 방식으로는 해결할 수 없는 새로운 문제가 출현한다. 거칠게 말하자면, 기억의 정치는 기념공원과 기념관과 기념재단을 세울 땅을 마련하고, 그 기관들을 움직이는 데 필요한 예산 확보와 더불어 끝난다. 땅과 돈의 문제는 정치력으로 해결할 수 있지만, 기념공원을 '어떻게' 조성하고, 전시를 '어떻게' 설계하며, 전시활용 교육을 '어떻게' 운영하는가 하는 문제는 그렇지 못하다. '어떻게'의 문제를 풀어가는 데 필요한 것은 문화적 역량이다. 목적 실현을 위한 투철한 의지는 필요조건 가운데 하나일 뿐, 충분조건이 되지는 못한다. 투사의 시대는 가고, 충분한 역량을 갖춘 전문가의 시대가 도래해야 하는 것이다.

그러나 우리가 경험한 어제오늘의 현실은 그렇지 못하다. 통찰과 경험을 구비한 전문가는 우리 주변에서 찾아보기 어렵다. 가보지 않은 길을 가야 하는 곤혹스러움이 이 시기를 지배한다. 정치적 국면과 문화적 국면 사이의 지체 현상이 벌어지는 것이다. 이제는 기억의 정치가 축소되고, 기억의 문화가, 특히 기억문화의 한 영역을 차지하는 기념의 문화가 그 자리를 차지해야 할 시점이 온 것이다.

'기억문화Erinnerungskultur(memory culture)'란 무엇이며, '기념문화Gedenkkultur(commemorative culture)'는 또 무엇인가? 이 개념들은 지극히 독일적인 풍토에서 잉태되었다. 생경한 용어들이기 때문에 최소한의 사용설명서가 먼저 필요하겠다.

기억문화란 개인이나 사회가 자기 과거와 지속적으로 대면하는 행위와 방식의 총체를 일컫는다. 이 말은 이미 매우 다양한 형태의 기억문화가 존재할 수 있다는 것을 암시한다. 기억문화는 집단기억이 역사·문화적 측면에서 다양한 방식으로 각인된 결과들이기 때문이다.

요즘 들어 이따금씩 질문을 받는다. '기억문화'가 '역사문화Geschichtskultur'와 어떻게 다르냐고 말이다. 두 용어 모두 과거청산의 무거운 짐을 지고 있는 독일 사회의 고민에서 출현했고, 전문적인 역사에 대해 일정한 거리를 유지하면서 혼용되고 있다. 그렇기 때문에, 기억문화와 역사문화 간의 칼 같은 구획은 어렵다. 그러나 사용하는 학자들과 용례들의 차이를 통해 어느 정도 구별은 가능하다. 역사문화와 기억문화는 모두 객관적 역사지식의 재현에는 관심을 갖지 않는다. 이것은 전문 역사학의 영역이기 때문이다. 그 대신에 역사문화와 기억문화는 모두 사람들이 일상생활 속에서 과거 사건을 현재와 연관 지을 때 특정한 시각이 큰 역할을 하게 된다는 점을 강조한다. 과거를 바라볼 때에는 한 집단의 구성원들이 공유하고 있는 집단적 주관이 크게 작용한다는 것이다.

그렇다면, 기억문화는 역사문화와 어떻게 구별될까? 역사문화라는 용어를 선호하는 사람들은, 어떤 집단이 과거와 대면할 때 작용하는 인지적 측면을 좀더 강조한다. 그에 비해 기억문화를 말하는 사람들은 과거와 대면할 때 지대한 영향을 주는 대중매체에 관심을 집중한다.

독일의 사례에서 보면, 기억문화에서 주목하는 사항들을 몇 가지로 요약할 수 있다. 첫째, 부담스러운 과거사에 대한 국가와 사회의 관리 책임을 강조한다. 둘째, 부담스러운 과거와 현재·미래 사이의 연관성 가운데 특히 과거의 책임을 계승하는 방식에 관심을 갖는다. 셋째, 과거를 가공하는 형식에 초점을 맞춘다. 예컨대, 사적 기억문화 영역에서는 가족 앨범, 족보, 가족 구성원과 관련된 기념일과 의례를 자세히 살펴보고, 공적 기억문화 영역에서는 문화재와 기념물, 기념의 장소와 기념일의 역할을 자세하게 탐구한다.

넓은 의미의 기억문화 연구는 집단기억과 (역사)정치의 결속에도 주목한다. 그래서 기억문화와 정치권력 및 민족정체성 간의 관계에 관심을 갖는다. 이와 더불어 국가의 기념의례, 사회적 금기, 정치권력과 국가기념물 간의 관계도 기억문화의 주요 탐구 대상이다.

기억문화에 대한 관심이 활발하게 일어나는 곳은 식민지(협력), 독재, 내전, 학살 같은 부담스러운 경험이 두텁게 존재하는 지역들이다. 독일과 오스트리아, 그리고 인접한 여러 나라에서는 기억문화가 종종 홀로코스트에 대한 기억, 나치 희생자에 대한 기억과 동의어로 쓰인다. 이 점에서 보면, 기억문화는 희생의 경험, 희생의 정치와 친연적 관계에 있다고 하겠다.

이 연장선상에서, 집단학살 경험이 기억문화의 핵심을 구성하고 있음을 강조할 필요가 있겠다. 학살의 과거는 아직도 청산되지 않은 경우가 많기 때문에, 해당 지역의 갈등 수준이 높은 만큼 기억문화 간의 충돌도 훨씬 더 첨예할 수밖에 없다. 헤레로Herero와 나마Nama의 봉기 경험이 나미비아 사회의 기억문화에서 결정적으로 중요한 것처럼, 터키와 아르메니아의 기억문화에서는 1915년부터 1916년 사이에 오스만투르크에서 발생한 제노사이드가 핵심을 차지하고 있다.

기념문화는 기억문화의 한 영역으로서, 기억의 형성·계승·전유 과정을 각인하는 매체의 특징과 작용에 특별한 관심을 갖는다. 기념문화는 기억의 계승과 가공, 심화와 확대를 지향하는 모든 목적의식적 기획과 활동, 메커니즘과 영향까지 포괄한다. 그렇다면, 기념문화의 틀 속에서 특히 주목하는 점들은 어떤 것일까?

첫째, 기억문화들 사이에, 혹은 하나의 기억문화 내에 존재하는 갈등과 충돌의 요인들에 주의를 기울인다. 부담스러운 과거사에 대한 가공이 아직 불충분하게 이루어진 지역일수록 기억문화는 그만큼 더 불안정하며, 갈등의 소지를 품고 있다. 정도의 차이는 있지만, 독일의 경우처럼, 기념이 고도로 의례화·제도화된 지역에서도 기억문화의 갈등 수준은 여전히 높을 수 있다. 갈등은 민족 내부에서만이 아니라, 민족들 간에도 첨예하게 존재한다. 그러므로 이러한 갈등의 해결 방안도 기념문화의 성숙에서 중요한 자리를 차지한다.

둘째, 매체를 기반으로 삼아 기억의 주변화와 서열화 현상을 탐구한다. 기억문화의 중층성과 복합성은 다민족·다문화·다인종·다종교의 갈등적 상황에서 특히 심하게 나타난다. 이러한 갈등적 상황은 동태적 관찰을 통해 접근해야 한다. 예를 들어 우크라이나처럼, 20세기에 발생한 국경선 변화와 대량이주로 제2차 세계대전 동안 인구 구성이 급변한 지역에서는 기억들의 계층화 현상이 심각하게 나타난다. 그렇다고 해서 비관적 전망만 있는 것은 아니다. 의식적인 기념문화 개선 노력을 통해 점진적 해결의 가능성도 엿보이는 곳들이 있기 때문이다. 폴란드, 체코, 헝가리, 독일의 여러 박물관과 기념시설 전시에서 집단학살Porajmos을 경험한 유럽 로마인들Roma에 대한 배려가 눈에 띄게 증가하고 있는 것이 그 예다. 오늘날 유럽에서는 공적인 자리에서 '집시'라는 용어를 사용하지 않는다. 집시는 서구인들의 오해와 편견이 반영된 용어이기 때문이다. 대신에 그들은 당사자들이 요구하는 대로 로마족Roma, 신티족Sinti으로 구별해서 표기한다.

셋째, 초민족적인trans-national 집단기억을 만들어가기 위한 기획과 실현 방안들을 밀도 있게 검토한다. 독일과 프랑스, 독일과 폴란드의 공유기억 만들기 운동처럼 유럽 여러 지역에서는 민족 단위의 기억문화를 양민족적bi-national 기억문화로 승화시키고자 하는 노력이 이어져 왔다. 이러한 노력은 다시 범유럽적인 역내 기억문화 형성을 도모하고 있다. 이 과정에서 각국 정부들 간의 정책적 노력만이 아니라 민간 차원의 문화적 협력도 매우 중요했다. 이 속에서 특히 청소년들의 지속적 만남과 다양한 관점의 대화는 민족 중심 기억문화의 폐쇄성을 약화시키는 동력으로 성장해 가고 있다. 기념문화 연구에서는 다양한 기억문화들을 비교하면서, 상호 접근과 수렴을 가능케 했던 제도적 문화적 요인들을 탐색한다.

넷째, 보편적 가치와 역사적 경험을 중재하는 시도에 주목하면서, 지구적 차원의 기억문화의 가능성을 탐색한다. 지구화 시대는 4차 산업혁명의 성장과 더불어 지역 간 방벽을 쉽게 초월할 수 있는 초연결사회의 발전을 예고하고 있다. 정보와 사람들 간의 빈번한 교류는 글로벌 기념문화의 표준에 대한 기대를 고양시킨다. 이에 주목하여 전통적 기념문화와의 연속성과 단절을 지역적으로 탐색하고, 불균등한 서구화가 이런 현상을 어떻게 촉진하고 있는지를 탐색할 수 있다.

이 밖에도 기념문화의 틀 속에서 탐색할 수 있는 주제들은 매우 풍부하다. 기념의 성례화Sakralisierung 문제도 그중 하나다. 프란첸Erik Franzen의 최근 지적처럼, 옛 다하우Dachau 강제수용소 터는 기독교적 화해라는 명분하에서 다양한 종교의 기념시설이 경쟁적으로 들어섬으로써, 지나칠 정도로 종교적 색채를 띠게 되었다. 그 후유증으로 장소적 진정성이 크게 약화되었다. 추모의 시설에 어느 정도 종교성을 띤 기념의 매체들이 들어서는 것은 불가피하겠지만, 그로 인해 다하우가 과도할 정도로 유사 종교적 외양을 갖추게 되었다는 비판은 매우 주목할 일이다.

지나친 박물관화Musealisierung 현상도 우리 시대 기념문화의 특징이다. 다하우나 아우슈비츠가 너무 잘 정돈된 데 대해서, 생존자들은 지속적으로 비판해 왔다. 그들의 눈에서 보면, 현재의 다하우와 아우슈비츠는 고난의 경험을 기억하거나 학습하는 공간이 아니라 안락한 휴양지 같다는 것이다. 이와는 또 다른 시각에서, 과거에 대한 비판적 열정이 그곳에 있어야 할 현실을 덮어버렸다는 비판도 제기된다. 이런 증세는 우리나라를 비롯해 세계의 많은 기념시설에서 나타나는 문제점이다. 아스만Aleida Assmann의 지적처럼, 과도한 열정과 키치Kitsch 때문에 생생한 기억이 가려지고 마는 '은폐기억Deckerinnerungen'의 창궐 현상은 기념문화 연구에서 매우 중요한 쟁점이다.

언어의 변조 문제도 심각하다. 과거청산이 시대의 화두가 되면서, 과도하게 의례화된 표현들이 문제점으로 대두하고 있다. 유명 정치인들의 기념사나 기념관 전시의 사인그래픽 속에서 우리는 종종 맥락에서 벗어난 표현들을 발견하게 된다. 또한 거칠고 부담스러운 과거사의 경험과 기억을 가공을 통해 너무 추스른 나머지 결과적으로는 '불편하지 않은 과거'로 개조하는 경우도 점차 증가하고 있다.

우리의 시선을 안으로 돌려, 21세기 대한민국의 현실에서 좀더 중요한 몇 가지 주제를 이야기할 수도 있겠다.

그중 하나가, 기념의 제도화 이후 우리가 겪고 있는 '기억의 피로' 현상이다. 독일 사회는 1980년대 중반 이후 과거사 극복에 전향적 태도를 취하면서 전국적으로 엄청나게 많은 기념시설을 건립했다. 동시에 학교 역사수업에서도 나치 현대사 항목에 충분한 시수를 보장했다. 이와 같은 제도적 정비를 통해 부담스러운 기억의 과잉이 초래되는 것은 아니냐는 우려까지 제기되었다. 그러나 현실은 꼭 그렇지 않다. 가해책임을 강조하는 기억에 대한 피로 문제가 일어나고, 기억의 사소화 현상에 대한 지적도 빈번하게 제기된다. 사건과 직접 관련 없는 세대에게까지 지나친 반성을 요구하는 것 아니냐는 식의 반감도 초래되고 있다. 취지와 결과 간의 불일치 현상은 독일 국민들을 당혹케 하고 있다. 이 예기치 못한 피로감은 그들만의 문제일까? 우리 사회와 접합되는 지점이 상당히 있기 때문에, 우리도 관심을 가져야 할 사안이다.

기념물의 양식도 우리가 마땅히 주목해야 할 주제다. 최근 서구의 경험은 유일 최선의 기념비적 방식은 존재할 수 없음을 말해준다. 판에 박은 석조 기념물, 국민국가 형성기의 고전주의적 기념물 축조 방식이 우리 시대에 적절한지에 관해 의문과 비판이 최근 한 세대 동안 부단하게 제기되어 왔다. 그 결과 등장한 것이 반기념물Anti-Memorial 운동과 대항기념물Counter-Memorial(Gegen-Denkmal) 기획이다. 기념하고자 하는 사건의 성격을 궁리하면서 종래와는 다른 방식을 채택한 성공 사례들이 있다. 그중 하나가 독일 함부르크 외곽의 작은 도시 하르부르크Harburg에 세워진 '파시즘 상기기념물Mahnmal gegen Faschismus'이다. 게르츠 부부Jochen Gerz & Esther Shalev-Gerz가

설계한 12미터 높이의 이 철제 기념물은 1986년 10월 10일에 세워진 후 8번에 걸쳐 아래로 침강하기를 반복하다 1993년 11월 10일 땅속으로 완전히 사라져 버렸다. 부실공사 때문이 아니라, 처음부터 그렇게 설계되었기 때문이다. 게르츠 부부는 치솟은 기념물에 반대하여 가라앉는 기념물을 고안했다. 노동자 도시 한복판에 세워진, 파시즘의 침강과 실종을 상징하는 연판 기념물. 그 기념물을 창안해 낸 부부의 개념이 유쾌하고, 그렇게 생각할 수 있는 부부의 두뇌가 부럽다. 뉴욕 맨해튼의 '그라운드 제로 기념물Memorial at Ground Zero'도 마찬가지다. 발상이 참신하고, 시도가 새롭다. 우리 사고의 좌우 폭을 넓히고, 상상의 위아래를 더 벌리면, 이런 작품들이 나올 수 있으려나? 석조 일변도의 물성을 거부하고 퍼포먼스를 가능케 하는 아트워크 중심으로 기념물 실험이 벌어지고 있는 것도 우리가 유의해야 할 바다.

기념의 목적은 살아있는 기억을 만들어내는 데 있다. 그 목적을 실현하기 위해서라면, 어떤 길도 왕도가 될 수 있다. 쥐를 잡기 위해서라면, 흑색 고양이도 괜찮고, 흰색 고양이도 괜찮다. 집고양이면 어떻고, 길냥이면 어떠랴? 다양한 양식도 소중하지만, 더 중요한 것은 다양한 양식을 창조해 내는 유연한 사고방식이다.

기념문화에서 중요한 또 하나의 영역은 누구의, 무엇을, 어떻게 기념할 것인가 하는 문제다. 부담스러운 과거를 기념할 때 희생자의 처연한 사연은 일차적인 주목 대상이다. 가해자의 광포함이나 무사유 역시 중요하다. 그러나 그 어두운 시대에 별처럼 빛나서, 과거를 돌아보는 우리에게 미래의 희망이 되는 지점을 기억토록 하는 것도 그에 못지않게 중요하다. 과거사에 대해, 공공선에 대해 인색한 우리 시대이기에, 어쩌면 앞의 두

가지보다 더 중요한 것이 있다. '의로운 이웃'에 대한 기억이 바로 그것이다. 뒤에서 소개하겠지만, 홀로코스트를 기념하는 이스라엘의 국립 기념공원 야드바셈은 '열방의 의인들Righteous among the Nations'에 주안점을 둔다. '열방의 의인들'이란 유대인 아닌 사람으로서 위기에 처한 유대인들을 아무런 대가에 대한 기대 없이 위험을 무릅쓰고 도와주었던 사람들을 말한다. 이들을 손가락으로 가리킴으로써, 야드바셈은 홀로코스트가 한창일 때 유럽에는 가해자들과 조력자들만 있었던 것이 아니라는 점을 강조한다. 그들과 희생자들 사이에 적잖은 수의 구조자들rescuers이 있었음을 환기시키는 것이다. 이것이 뜻하는 바는 의미심장하다. 학살의 과거에서 우리가 배울 수 있는 교훈은 하나가 아니라는 것이다. 우리가 과거사를 기억하는 이유 중 하나가 화해와 치유의 가능성을 발견하는 데 있다면, 양심의 선택을 했던 '의로운 이웃'이야말로 그 가능성을 몸소 보여주었던 사람들이다. 나무를 심어 이들을 기념하고, 메달을 주어 이들을 상찬하며, 돌로 된 기념비를 만들어 이들의 이름을 영원히 기린다면, 참으로 소중한 일이다. 기념물의 소재나 양식 자체가 문제가 아니다. 기념하고자 하는 대상과 내용이 중요한 때가 있다. 바로 이런 경우다.

《루시퍼 이펙트Luciffer Effect》의 저자 짐바르도Philip George Zimbardo는 스탠퍼드대학교의 심리학 실험을 통해 국가의 명령과 조직의 규율보다 양심의 권고와 가책을 더 중시하는 사람들을 발견하고 안도했다. 인간에게 편재해 있는 '악의 평범성banality of evil' 때문에 의기소침했던 우리에게 그는 이 몇몇 사람들의 경우를 통해 '선의 평범성banality of good'을 실현할 수 있는 가능성을 보여주었다. 짐바르도는 일상생활 속에서 이웃을 도운 사람들의 사례를 거론하면서, 의미있는 권고를 독자들에게 했다.

누구나 큰 영웅이 될 수는 없지만, 작은 영웅은 누구나 될 수 있다고 말이다. 교육이 그것을 가능케 한다. 기념이 기억을 통한 교육을 목적으로 한다면, 부담스러운 과거에서 우리가 특히 발굴하고 기념해야 할 사람들은 '평범한 의인들'이다. 우리가 기억토록 할 것이 있다면 그들의 '양심에 따른 선택'일 것이다. 이것이야말로 칸트가 평생 동안 공부했던 인간의 본성이요, 윤리학의 목표였다. 우리의 기억문화가 갈등으로 들끓는 사회를 바꿔갈 수 있다면, 우리의 기념문화 속에서 이 선한 순간과 지점들을 적절한 방식으로 재현하는 일이 하나의 방편이 될 것이다. 우리 과거사 속에도 이런 일은 적지 않다. 제주 4·3 시기에 학살이 자행될 때 위협에 처했던 이웃 마을 사람들을 구한 신례2리 주민들처럼 말이다.

기어츠Clifford Geertz 같은 인류학자들은 문화를 삶의 문법이라고 정의한다. 집단의 정서와 행동을 규율하는 삶의 문법은 쉽게 바뀌지 않는다. 갈등의 문화는 더 큰 갈등을 낳고, 폭력과 보복의 문화는 더 큰 폭력과 보복을 초래한다. 문화는 토양이다. 그 토양 속에서 사람들은 사고하는 법을 배우고, 정서를 학습하며, 서로 소통하는 법을 훈련한다. 그러므로 세상이 바뀌기를 원한다면, 바람직한 방향으로 문화를 만들어가야 한다. 기념문화의 시원이 부담스러운 과거사에 있다고는 하지만, 그 부담스러운 과거 속에도 희망의 순간들과 가능성의 편린들이 충분히 있다. 이런 과거들을 가지고 미래의 그림을 그린다면, 그 그림을 실현하기에 적합한 양식을 찾는다면, 그것은 우리가 반드시 해봄 직한 일이 될 것이다. 내가 기념문화를 탐색하는 이유도 바로 여기에 있다.

이제는 기억의 정치에서 기념의 문화로 이행해야 할 때다. 기념의 문화가 성숙할 때, 광주 한복판에 518미터 높이의 기념비적 건물을 짓자는 황당한 정치적 언사는 등장하지 않을 것이다. 기념의 문화가 성숙할 때, 역사에 연원을 두고 있는 갈등들을 줄이거나 해소할 수 있는 단서들을 찾을 수 있을 것이다. 문화적 감성이 결핍되고 상상력이 부재한 가운데 이루어지는 기념사업은 우리를 피곤하게 만든다. 동학농민운동을 기념해서 장성에 세워진 기념탑이 그렇다. 죽창을 사실주의적으로 형상화한 그 탑을 볼 때, 사람들이 무어라 하는가? 공장 굴뚝이라고들 한다. 아무런 운치도, 정서적 여백도 없이 세워진 초대형 죽창이 우리 시대에 무엇을 의미할 수 있을까? 시행착오도 한두 번이다. 시행착오도 자꾸 반복하면, 그것이 바로 우리 실력이고 우리 현실이다. 우리의 전통을 찾아 거슬러 올라가고, 우리의 성취 가운데 배울 만한 것을 찾아보며, 글로벌 기념문화에서 돋보이는 착상과 결과를 탐색한다면, 우리 기념문화의 폭도 그만큼 더 넓어질 것이라고 기대한다. 깊이까지 더 깊어진다면, 더 바랄 나위가 없겠다.

II

우리 기억의 터를 거닐다

5/

대한민국 기념문화의 최전선
—제주 4·3평화공원과 기념관

제주공항에 내려 절물 자연휴양림 방면으로 40분가량 달려가다 보면 거친 오름이 시야에 들어오기 시작한다. 거기서 오른쪽을 돌아보면 우주선 같은 큰 건물이 서있다. 설계자는 한라산 봉우리를 뒤집어 형상화했다고 밝힌다. 어느 방향에서 찍어도 사진이 잘 나오지 않는 이 특이한 건물이 4·3평화기념관이다. 이 주변 12만 평의 넓은 대지가 제주 4·3평화공원이다. 4·3평화공원은 2000년에 통과된 특별법과 더불어 반세기 넘게 전개해 온 기억투쟁의 가장 큰 성과로 꼽힌다. 난산 끝에 태어난 옥동자인 셈이다.

예산 확보와 장소 확정까지 간난신고의 연속이었지만, 개관에 이르는 과정도 어려웠다. 중앙정부와 지자체, 공공기관과 시민사회, 진보와 보수 사이의 이견도 컸다. 하지만, 가장 큰 어려움은 기본개념의 도출과 합의에 있었다. 아마 이 프로젝트를 책임진 사람들은 전인미답의 가파른 설산을 오르는 기분이었을 것이다. 수많은 사람들이 예의주시하고 있었고, 촌평할 사람이 넘쳐나는 상황이었다. 하지만, 자신 있게 큰 그림을 제시하고, 발주자와 시행자, 유족과 시민단체들을 두루 설득할 사람은 없었다. 능력의 결핍이라기보다는 경험의 부재였다. 엄청난 규모의 평화공원 조성은 이전의 작은 경험 수십 개를 합친 것으로는 감당하기 어려운 큰일이었다.

그렇기에 기념관을 포함해 4·3평화공원의 구상, 개념화, 설계, 운영에 이르는 하나의 사이클은 우리나라 기념문화의 역량을 확인케 해주는 시험대였다. 또 우리 기념문화가 나아갈 방향을 예측케 해주는 가늠자였다. 이곳에서 드러날 문제는 우리 사회의 한계였고, 이곳에서 발현될 성과는 우리 문화계의 실력이기도 했다. 4·3평화공원은 확실히 우리 기념문화의 최전선이었다.

내가 4·3평화공원을 처음 찾은 것은 2006년 4월 3일이다. 세찬 바람이 불던 그날 추념식 행사장 분위기는 한껏 고조되어 있었다. 이 자리에 최초로 참석한 대통령의 사과 때문이었다. 추도사 말미에서 노무현 대통령은 참석자들을 향해 이렇게 말했다.

> 그 엄청난 고통과 분노가 (…) 돌이켜볼 수 있는 역사가 되고 그 역사의 마당에서 진행되는 공연을 보면서, 앞으로 또 수십 년의 세월이 흐르면 이것이 제주도의 새로운 (…) 문화로서 자리잡고, 그것이 우리 모든 국민들에게 (…) 사랑과 믿음 그리고 화해를 가르쳐주는 아주 중요한 상징물이 될 것이라는 (…) 기대를 가지게 되었습니다.

이제 12년의 시간이 흘렀다. 그동안 기억의 정치는 뒤로 물러나고 기억의 문화, 기념의 문화가 전면에 등장했을까?

절반은 그렇지만, 절반은 아니다. 4·3의 과거는 아직도 충분히 가공되지 않았고, 여전히 정치적 색채를 강하게 띠고 있다. 경우회警友會와 유족회로 대표되는 좌우의 충돌은 위패 문제를 둘러싸고 여전히 뜨겁다. 무장대 참가자들을 4·3 희생자 범주에 포함시킬지 여부를 놓고 말이다.

내 관심은 기억의 정치를 가능한 한 배제하고, 기념문화의 관점에서 4·3평화공원을 스케치하는 데 있다. 정치 없이 문화가 작동할 리 없겠지만, 이 문제는 다른 분들이 쓴 글을 참조하면 되겠다. 내가 할 일은 정치가 작동하는 문화의 문법 자체를 살펴보는 작업이다. 여러 세력의 대립과 갈등 속에서 4·3이 공간 안에서, 그리고 기념의 내러티브를 통해 어떻게 재현되었는지 살펴보는 것이다.

4·3평화공원은 중산간에 자리잡았다. 4·3 시기에 희생의 대부분이 중산간 지역에서 발생했지만, 정작 이곳 봉개동 일대는 봉기나 학살과는 무관하다. 장소적 진정성은 별로 없는 곳이다. 그렇다고 해서 이것이 꼭 약점만은 아니다. 아우라도 없지만, 과중한 제약 요인도 없기 때문이다. 설계하는 입장에서는 백지장에 그림 그릴 때의 자유를 누릴 수 있는 상황이었다. 주변에는 골프장들이 있고, 봉긋한 오름이 여럿 솟아있다.

이 언덕의 개발을 둘러싸고 서로 다른 두 개의 입장이 가능했다. 하나가 국립묘지 방식의 준용이라면, 다른 하나는 그 오랜 전통으로부터의 탈출이었다. 이 둘 가운데 어떤 입장이 관철되는가는 정치적 능력과 문화적 안목에 의해 결정될 터였다. 다른 곳과 달리 제주는 오랜 기억투쟁 속에서 지역의 정치적 역량을 결집하면서 문화적 대안까지 준비해 왔기에, 예의 국립묘지 모델은 기본계획 수립 단계에서부터 배제되었다.

기본계획은 무엇보다 중심부의 거대한 위령탑, 단축 동선,

좌우의 대칭적 추모 공간 조성으로 요약되는 국가주의적 양식을 거부하는 데 초점을 맞췄다. 주변 경관과의 조화도 강조했다. 이 기본계획을 바탕으로 공모가 진행되었다. 하지만 총 11편의 응모작 가운데 (주)공간의 작품 '상생의 성지'가 선정되자 지역의 4·3 관련 단체들이 강하게 반발했다. 가장 큰 문제는 위패봉안소 앞에 계획된 추모공간이었다. 위패봉안소를 공원의 중심으로 설정한 것뿐만 아니라 지나치게 거대한 규모와 위계적 성격에 대해서도 비판이 이어졌다. 예비검속사건 희생자들의 위령비 양식도 문젯거리였다. 태극 문양을 강조한 위령비가 과연 '국가에 의한 죽음'을 추모하는 데 적절한가 하는 비판은 충분한 이유를 갖고 있었다. 그러나 문제는 단순치 않았다. 왜냐하면 국가의 오인誤認에 따른 억울한 죽음을 강조하던 대부분의 유족들은 이 양식에 반대하지 않았기 때문이다. 억울하게 살해된 가족이 국가에 의해 '양민良民'으로 추인받는다면, 유족들은 만족할 준비가 되어있었다. 추모광장 바닥도 태극 문양을 모티프로 삼았기 때문에, 국립묘지 모델 배제라는 기본계획은 심하게 흔들렸다. 시민단체는 이것이 국가주의적 기념양식의 구현이라고 반발했지만, 어찌 보면 바로 그 태극 문양의 채택은 대한민국 국민의 평균적 인식을 표현한 것에 다름 아니었다.

갖은 비판에도 불구하고, 4·3평화공원은 여러 면에서 새로운 이정표를 제시했다. 무엇보다 좌우대칭의 공간구성에서 탈피했고, 직선적인 동선도 거부했다. 이로써 평화공원의 양대 중심축을 이루고 있는 위령탑이나 위령제단·위패봉안소에 이르는 '최단거리 길'은 찾아볼 수 없게 되었다. 방문객은 기념관 관람 후에 시간의 길을 따라 걷거나 '비설飛雪'로 명명된 추모의 조형물을 거쳐 (전국의 수많은 기념공원과 국공립 묘지에서)

4·3평화공원 '귀천' 일부

중추적 역할을 담당하는 위령탑에 도달할 수 있다. 그 자리에 서있는 것은 하늘을 향해 치솟은 고딕의 첨탑이 아니다. 거기에는 방문객을 압도하지 않는, 원형의 조형물이 다소곳이 서있을 뿐이다. 더 중요한 것은 조형물이 서있는 자리의 형세다. 조형물은 언덕처럼 솟아오르지 않고, 아래로 푹 꺼진 땅 한가운데 서있다. 마치 워싱턴의 베트남 참전 기념물처럼 말이다. 국가폭력에 의한 대량학살을 표현하기에 이보다 더 적절한 구상은 없을 것이다. 이 분지형 지세는 제주 전역에서 흔히 볼 수 있는 기생분화구를 형상화했다. 어떻게든 살아남기 위해 한라산 일대를 숨어 떠돌던 이들이 의지했던 오름을 구현한 것이다. 이 원형의 분지 둘레에는 희생자들의 이름이 새겨진 검은색 각명비들이 서있다.

여기서 희생자들을 위한 제단으로 발걸음을 옮기면 '귀천歸天'이라는 제명의 조형물과 마주친다. 개인적으로는 이 '귀천'이 4·3평화공원의 승부수라고 생각한다. 이 앞에 서면 애도의 마음을 억제하기 어렵기 때문이다. 직선으로 빠르게 갈 수 있는 방문객의 발걸음을 다시 한 번 틀어막는 '귀천'은 5개 부분으로 이루어져 있다. 주검을 수습할 수 없어 장례도 치르지 못한 영혼들에게 수의라도 입고 편안히 저승길로 가시라는 후대의 염원이 담겨있는, 예사롭지 않은 조형물이다. 수의의 크기도 제각각이다. 각각의 수의는 성인 남녀, 어린 남녀, 그리고 미처 세상에 태어나지 못한 태아를 상징한다. 이 중 방문객의 눈길을 유독 사로잡는 것은 아주 작은 수의다. 4·3 당시 도처에서 임부들이 살해당한 것을 생각하면, 태아까지 포함된 것이 참 다행이다. 각명비에 이름을 남긴 수많은 사자들은 방문객 앞에서 이 '귀천'과 하나가 된다.

김창일

'귀천'을 돌아 추념의 광장을 지나면 압도적 크기의 석조물이 시야에 들어온다. 동양 최대 규모라고 이야기되는 위령제단이다. 꼭 이렇게 장대해야 했을까? 막대한 인명 희생을 생각하면 그 어떤 보상도 아깝지 않을 테지만, 그래도 꼭 이렇게 해야만 했을까? 저 아래 오름 모양의 터에서 절제를 요구받은 우리의 거석문화는 이 위에서 다시 융기해 있다. 아무리 힘껏 눌러도 그 이상으로 치솟아 오른 이 거대한 석제 위령제단이야말로 뿌리 깊은 우리의 국가주의 기념을 대표한다. 떼죽음은 이렇게 고인돌보다 더 장대한 돌덩어리로 보상받았다. 그것이 우리 국가가 선호하는 기념의 방식이다. 넓은 땅, 높은 탑, 큰 건물로 사후 결제하는 우리의 기념문화를 국가만의 탓으로 돌리는 것은 정확한 지적이 아니다. 그런 식의 보상을 통 큰 배상으로 받아들이는 유족들이 있으니 말이다. 아무리 생각해도 이것은 엄청난 국가폭력에 희생된 유가족들이 선뜻 받아들일 대안은 아니다. 애통해하는 마음으로 희생자들의 이름을 목 놓아 부르던 유가족들이 사라진 후 그 역할을 대신하게 될 방문객들에게 거인족의 유산 같은 이 제단이 애도의 마음을 갖게 해줄 수 있을까? 그게 걱정이다.

기념관을 거쳐 기념공원을 돌아보는 것이 일반적인 행로지만, 옥외 공간을 먼저 걷고 나서 전시를 찾는 것도 괜찮은 방법이다. 내면 가득히 불편한 느낌을 갖게 된 이유를 좀더 상세하게 찾아볼 수 있으니 말이다.

4·3평화기념관은 기억의 정치는 물론 기념문화 면에서도 논쟁의 소지가 많다. 어떤 이들은 4·3평화기념관을 정부가 발간한 《제주4·3사건진상조사보고서》의 이야기적 재현이라고 말한다. 비판적 뉘앙스가 다분한 평가다. 그러나 자세히 들여다보면, 4·3평화기념관은 보고서 그 이상이다. 전시의

기조는 보고서를 따르고 있지만, 표현에서는 꼭 그렇지도 않다. 예술의 특성 때문이다. 역사가의 언어 문법보다는 예술가들의 조형 문법을 훨씬 더 많이 따랐다.

지혜의 책《탈무드》에서 유대인들은 결핍을 하느님의 축복으로 일컬었다. 신이 던져놓은 아주 궁벽窮僻한 곳에서 비로소 인간의 궁리窮理가 시작되기 때문이다. 나는 4·3평화기념관이 꼭 그렇다고 생각해 왔다. 총 725평(2,392m²)의 상설전시는 책임을 맡은 이들에게 곤혹스러운 도전이었다. 공간이 협소해서가 아니라, 너무 커서 문제였던 것이다. 기억투쟁 때의 큰 목소리에 비하면, 기념관 설계도를 손에 든 사람들의 어깨는 위축에 위축을 거듭할 수밖에 없었다. 채워 넣을 유물이 거의 없었기 때문이다. 이것은 무엇보다 시간이 한참 흘러버린 국가폭력 사건을 기념할 때마다 직면하게 되는 숙명이다. 유물이 있어야 할 자리를 패널로 대신할 때 벌어지는 일들을 우리는 줄곧 경험해 왔다. 유물과 쇼윈도가 아니라면, 지도와 설명으로 가득한 학습패널이 아니라면, 그 엄청난 회한의 기억들을 무엇으로 재현해야 할까? 역사가와 사회과학자들이 무력함을 토로할 때, 그 빈자리를 대신 메워주는 이들이 바로 예술가다. 4·3평화기념관은 예술이 살려냈다. 또, 역설적으로, 4·3평화기념관의 전시는 바로 그 예술 때문에 위태했다.

2006년 1월에 공사를 시작한 4·3평화기념관은 여느 기념관처럼 자문위원회가 역사적 맥락과 사실성을 책임졌고, 시설 연출을 위해 전시기획팀이 가동되었다. 여기에 아트워크 작업팀이 별도로 조직되었다. 전시의 공백을 메우고, 상징성을 제고하며, 확보할 수 없는 콘텐츠를 만들어내기 위해서였다. 개관까지는 2년 남짓한 시간이 필요했다.

전체 5층 건물(지하 1층, 지상 4층)에서 상설전시실은 지하

1층에 마련되었다. 전시 내러티브는 6개의 전시관과 1개의 특별관을 통해 펼쳐진다.

- 제1관　프롤로그 - 역사의 동굴
- 제2관　흔들리는 섬 - 해방과 좌절
- 제3관　바람타는 섬 - 무장봉기와 분단거부
- 제4관　불타는 섬 - 초토화와 학살
- 제5관　흐르는 섬 - 후유증과 진상규명 운동
- 제6관　에필로그 - 새로운 시작
- 특별전시관　다랑쉬굴

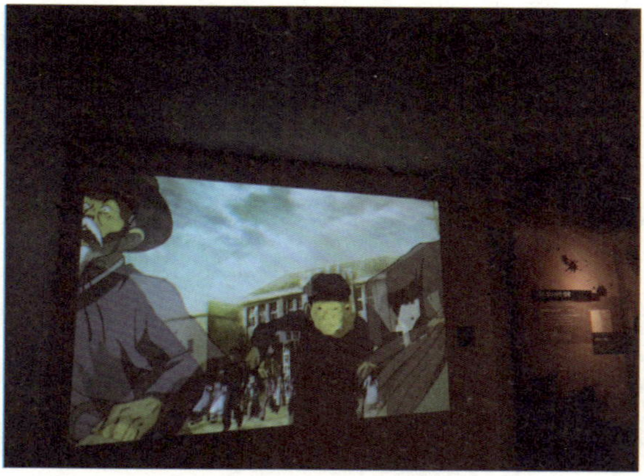

전시관에 들어서면 곧바로 동굴이다. 제주 중산간 지대 도처에 있는 동굴은 4·3 때 소중한 피난처였다. 동시에 좁고 긴 동굴은 제주 도민들이 피할 수 없었던 역경을 암시한다. 뿐만 아니다. 동굴은 방문객을 낯선 시대의 낯선 사건으로 인도하는 장치다. 제주의 자연동굴을 재현한 이 진입로를 통해 분주했던 일상과 단절된다. 이 길이 끝날 무렵 방문객은 누워있는 돌비석과 마주한다. 비석의 생김은 주검을 담는 관棺을 연상케 한다. 그렇다면, 이 비는 2,711개의 텅 빈 석관 모양을 차용한 베를린 시내의 '홀로코스트 상기기념물Holocaustmahnmal'과 상통한다. 가로 누운 비는 아무런 내용도 새겨져 있지 않기 때문에 '백비白碑'라고 불린다. 4·3에 아직도 올바른 이름이 부여되지 않은 것을 일깨우는 환기의 걸림돌이요, 오늘날 독일인들이 선호하는 '경고의 비석Mahnmal'인 셈이다. 이것은 정명正名에 대한 염원을 담고 있다. 여기까지가 프롤로그에 해당하는 제1관이다.

제2관은 해방에서 1948년 4·3봉기까지를 재현한다. 4·3에 이르는 길을 이야기해 주는 기대와 좌절의 시간이다. 여기서

가장 중요한 것은 미군정의 실정失政과 1947년 3·1절 기념대회다. 해방 이후 자력으로 향촌과 나라를 재건하겠다는 제주 도민들의 꿈은 미군정의 몰이해와 공출을 경험하면서 좌절로 바뀌어간다. 군정과 도민 간의 대립은 3·1절 기념식을 거치며 격한 충돌로 바뀐다. 경찰 총격에 6명의 민간인이 사망했기 때문이다. 사진이나 영상이 충분치 않은 이 우발의 순간을 어떻게 재현해야 할까? 이 고민 속에서 첫 번째 아트워크가

등장한다. 박재동 화백의 애니메이션이다. 박 화백은 교복 차림의 장난꾸러기 학생을 주인공 삼아, 그 어린 눈으로 발포사건을 그려간다. 영상은 이 소년이 올레길 담장 옆 나무에서 노란색 귤 하나를 슬쩍 따는 장면으로 시작된다. 이어서 생각지 못한 장면들이 속도감 있게 전개된다. 모여드는 군중, 기마경찰의 등장, 놀란 말의 뒷발차기, 다친 사람, 군중의 분노, 발포. 어린아이를 안고 있던 여인이 고꾸라지고, 그 옆에서 영문 모르는 아이가 엄마를 바라보며 앙칼지게 운다. 연이은 총성과 함께 소년도 쓰러지고, 손에 있던 노란색 귤이 땅바닥을 타고 굴러간다. 짧은 애니메이션은 그렇게 방문객을 기이한 과거 속으로 끌어들인다.

4·3은 '무장봉기와 분단거부'라는 제명이 붙은 제3관에서부터 시작된다. 국가 우선적 사고와 보수적 심성이 부지불식간에 체질화된 우리 한국인들에게 4·3봉기는 매우 부담스러운 장면이다. 그렇기에 전시기획팀은 무장봉기의 발생 과정과 배경 설명에 정성을 기울였다. 향후 전개될 초토화 작전의 직접 원인이 되는 5·10 단선單選·단정單政 반대 사건을 설명하는 사진과 패널이 이어진다. 3·8선 남쪽에서만 선거를 치러 신속하게 정부를 수립하겠다는 미국의 전략에 대한 정면 저항이 강조된다. 숨 가쁘게 돌아가는 해방 정국에 대한 사전 이해가 충분치 않은 방문객에게는 봉기와 토벌로 이어지는 설명의 고리를 좇아가기가 쉽지 않다. 이 때문에 기획팀은 역사적 사실과 인과관계를 상세하게 설명하기보다는 직관적 재현에 의존했다. 강요배 화백의 대형 작품 〈제주도민의 5·10〉이 이곳에 배치된 이유다. '단선반대 산행'이라고 불리는 이 작품은 보는 이에 따라 무장대와 주민들 간에 각별한 연대감이 있었다고 느낄 만큼 목가적이다. 산에 오르는 가족, 보초 선 무장대,

움막집 짓는 사람들, 초원의 연설회, 고사리 꺾는 소녀 같은 장면은 지극히 평화로워 보인다. 이 점에서 '단선반대 산행'은 무장대와 '양민'을 구분한 후 '양민'들의 피해에 초점을 가하는 《4·3진상조사보고서》의 기조와 충돌한다. 도민 전체의 적극적 항쟁이 암시되어 있기 때문이다.

이 지점에서 전시 내러티브는 동요하고 있다. 국토의 일부에 거주하는 국민의 한 부분에 대한 파괴는 정치적으로 볼 때 결코 쉬운 결정이 아니다. 그 어떤 정치인에게도 대대적 토벌은 우선적인 선택지가 아니다. 그럼에도 초토화 작전이 전개되었다. 이 기이한 상황에 대한 설명이 4·3평화기념관에서는 충분치 않다. 교육 수준이 높은 방문객, 관심이 많은 방문객, 4·3 자체를 마뜩지 않아 하는 방문객은 여기서 의구심이나 불만을 갖기 쉽다. 동일한 내러티브를 보면서도 상이한 인상이나 해석이 야기될 수 있다. 기념관의 서사는 '특정 집단(들)의 정치적 탐욕 때문에 도민 전체가 어처구니없이 나락으로 떨어졌다'고 밝힌다. 가장 쉬운 해석이다. 그러나 수반되는 문제점도 작지 않다.

지적 호기심이 넘치는 대학생의 입장에서 이 부분을 바라보면 어떨까? 고려대 사학과 학부생 3인으로 구성된 '권학지우' 팀은 4·3기념관의 전시와 방문객의 반응을 꼼꼼히 살핀 후, 남로당 지하선거가 전시에서 다뤄지지 않은 이유를 이해할 수 없다고 내게 말했다. 3·8선 이남에서 단독 정부가 수립되자, 3·8선 이북에서는 통일 정부의 명분을 강조하면서 황해도 해주에서 열리는 인민대표자회의에 참가할 남측 대표 1,080명을 뽑는 선거를 남한에서 진행했다. 진압작전 때문에 제주도에서 비정상적 방법으로 진행된 지하선거는 다른 지역에 비해 높은 참여율을 기록했고, 바로 이 때문에 소강상태에 접어들었던 토벌작전이 대대적으로

재개되었다는 것이다. 이점은 4·3 연구는 물론, 정부의 공식 《제주4·3사건진상조사보고서》에서도 명기되어 있다. '권학지우' 팀은 지하선거 같은 중대한 계기가 누락됨으로써 적잖은 방문객이 5·10 총선거가 11월부터 대대적으로 전개된 초토화 작전의 직접 원인인 것처럼 오인하고 있다고 강조한다. 설명의 인과사슬에서 필수불가결한 톱니바퀴 하나가 빠질 경우 어떻게 될까? 이 경우, 전시는 도덕의 내러티브로 전락하거나, 가해자에 대한 악마화 작업으로 치닫기 쉽다. 예술의 역할은, 또 비유와 암시가 전시 내러티브에서 차지하는 중요성은 아무리 강조해도 지나치지 않다. 그러나 대중을 상대로 하는 전시에서 해석의 다의성이 항상 미덕은 아니다. 이야기 중심의 기념관에서도 인과의 사슬은 소홀하게 다뤄지지 말아야 한다. 역사를 다루는 전시 내러티브는 문학이나 예술의 그것과는 분명 다르다. 그리고 달라야 한다.

그래도 예술의 힘을 벗어난 전시를 생각하기는 어렵다. 번뜩이는 통찰이 돋보이는 작품이 있다면 그렇다. 인과사슬에 부담을 주지 않으면서 4·3평화기념관 서사에 힘을 북돋아 주는 좋은 작품이 있다. 문경원의 〈레드 아일랜드〉가 바로 그것이다. 2분 30초에 불과한 이 영상에서, 작가는 제주를 검은색 군상으로 묘사한다. 곧이어 이 섬을, 이 사람들을 응시하는 하나의 시선이 등장한다. 그 시선이 닿는 곳마다 붉은색으로 표시된다. 그 시선은 사람을 목표로 설정하는 사수射手의 것이다. 사수의 눈은 조준경을 통해 사람을 바라본다. 어느 순간부터 총성이 울리고, 붉게 표시된 지점에 서있는 사람들이 차례로 쓰러진다. 영상이 끝날 무렵에는 섬 전체가 붉게 칠해진다. 이에 아무리 어린 방문객이라도 그 뒤에 어떤 일이 벌어질지를 이내 연상한다. 〈레드 아일랜드〉를 시청한 방문객에게 이제부터는

4·3평화기념관 '레드 아일랜드'(이무희 제공)

4·3평화기념관 '죽음의 섬'

긴장이 본격적으로 동반된다.

초토화와 학살을 다루는 제4관은 4·3평화기념관 전시의 꽃이라고 불러도 무방하다. 아름다워서가 아니라 슬퍼서니, 붉은 동백꽃을 떠올리면 좋겠다. 4·3 희생자의 범위는 매우 넓다. 1948년 늦가을부터 1949년 봄까지 초토화 작전기에 학살된 사람들, 한국전쟁 발발 초기에 예비검속의 그물망에 걸려 살해된 사람들, 초토화 작전기에는 요행히 목숨을 부지했지만 형을 선고받고 형무소에 수감되어 있다가 죽은 사람들까지, 정말 많은 이들이 희생을 치렀다. 여러 시기에 걸쳐 발생한 대량의 죽음을 재현하는 것은 정말 부담스러운 일이다. 은유로 갈 것인가? 직설로 갈 것인가? 부분을 암시할 건가? 전체를 명징하게 보여줄 것인가?

고길천의 〈죽음의 섬〉은 지옥도地獄圖를 통해 지상의 지옥을 보여주고 싶어한다. 작가는 흰색 벽면에 부조로, 또는 온전한 조형으로 4·3 시기 살인과 희생의 다양한 장면들을 그린다. 희생은 가학과 결과로, 사실적으로 재현된다. 살해된 사람은 흩어진 유골로 형상화된다. 방문객의 느낌은 섬뜩함을 넘어선다. 죽음을 표현할 길은 주검밖에 없는 것일까? 사실에서 한두 개 이상의 현실을 걷어내지 않는 것이 학살을 표현하는 가장 적절한 길일까? 몇 번을 가본 4·3평화기념관이지만, 그때마다 본 작품이지만, 나는 아직도 이 작품에 동의하기 어렵다. 다른 방문객들은 어떨지 궁금하다.

방문객은 전시장에 놓인 오브제와 설치된 작품을 통해서 전체를 관통하는 내러티브에 접근한다. 때로는 공감하지만, 때로는 무덤덤할 수도 있다. 때로는 기획 의도와는 정반대로 매서운 비평가가 방문객 중에서 생겨날 수도 있다. 어떤 방문객은 존재하는 오브제와 작품을 통해, 서술된 이야기를 통해 만족감을 느끼지만, 어떤 방문객은 결여된 것 때문에 전시에 불만을 표시한다. 4·3평화기념관에는 설치가 기획되었다가 우여곡절 속에 배제되거나 수정된 작품도 있다. 기념의 문화와 기억의 정치가 교차하면서 벌어진 일들이다. 김대중의 〈미군정의 실체〉가 배제된 경우라면, 박불똥의 〈행방불명(제주 사람들)〉은 수정을 통해 설치가 허락된 경우다. 이 두 작품이 문제시된 것은 학살의 최종 책임자를 지시하기 때문이다. 초토화 작전 전개 전에 발생한 오라리 방화사건을 다룬 〈미군정의 실체〉는 미국 백악관이 미군정에게 이 사건을 직접 지시한 것처럼 묘사하고 있다. 문학은 개연성의 세계까지 다룰 수 있다. 예술은 존재하지 않는 것 너머의 세계까지 상상을 통해 그려낼 수 있다. 그러나 펼쳐지는 무대가 역사기념관으로 특정되는 순간, 문학과 예술의 탄도 범위는 급속하게 축소된다. 여러 개의 정황적 증거를 갖고서도 단 하나의 직접적 증거가 없다면 걸음을 쉽게 뗄 수 없는 것이 역사가다. 민감한 역사를 다룬 4·3평화기념관은 우리나라 정치적 주류에게서 환영받지 못하는 존재였기 때문에, 학술적 역사서술의 엄격성을 더욱더 엄격하게 요구받았다. 그 결과 〈미군정의 실체〉가 설치되기로 했던 자리는 사진과 설명 패널로 대체되었다. 실체는 사라지고, 흔적만 남게 된 것이다.

〈행방불명〉은 거대한 철판을 소재로 4·3의 죽음을 재현한다. 철판에 뚫린 구멍들은 행방불명된 3천여 명의 제주도민을 상징하며, 구멍에 꿰어진 철선들은 총알의 궤적을 표현한다. 문제는 이 희생자들이 모두 당시의 대통령 이승만을 응시하고 있다는 점이다. 영사기를 통해 벽면에 비춰지도록 구상된 대통령의 얼굴이 최종 설치된 작품에서는 사라져버렸다. 정치적 부담 외에는 이 부분적 실종을 설명할 길이 없다. 작품과 마찬가지로 전시에도 운명이 따로 있나 보다. 대개의 경우 그 운명은 시운이다. 그러므로 시간이 흘러 정치적 환경이 바뀌면, 그리하여 사회적 합의가 갱신된다면, 또 그때까지 작품에 대한 인정이 유지된다면, 오랫동안 꺼져있던 영사기가 다시 켜질 것이다. 그때가 된다면, 우리는 살아서 움직이는 전직 대통령의 얼굴을 4·3평화기념관에서 다시 볼 수 있게 될 것이다.

제5관은 4·3 이후를 다루고 있다. 파괴된 공동체의 복구와 망가진 삶의 회복이 주제를 이룬다. 여기서 회복은 회복적 정의restorative justice에 대한 요청으로 표현되어 있다. 이 정당한 요청의 시작은 진상규명 작업이다. 지난한 기억인정과 진상규명 과정에서 흩어진 진실의 조각들이 다수 수습되었다. 그 가운데 가장 소중한 것은 유골과 유품의 발굴이었다. 살인현장과 희생자 유해에는 가해자의 흔적이 남아있었고, 이를 바탕으로 국가폭력의 거대한 구조가 서서히 드러났다. 이와 더불어 제5관에서 중요한 것은 생존자들의 증언이다. 증인의 증언만큼 호소력 있는 오브제는 없다. 생존자들이 모두 사라진 후에도 그들의 증언은 영상으로 남아 이곳을 찾는 방문객에게 말을 걸어올 것이다.

프롤로그 격의 제1관에서와 마찬가지로 마지막 제6관의 에필로그도 좁고 긴 복도 속에서 펼쳐진다. 프롤로그가 낯선 과거로 향하는 길이었다면, 에필로그는 일상으로 돌아오는 길이다. 회고는 그렇게 해서 전망으로 이어진다. 4·3평화기념관은 분주한 생업으로 복귀하게 될 방문객에게 소감을 남길 장소를 통로 끝에 마련해 두었다. 전시장을 나서는 순간 방문객은 '해원의 폭낭'을 만난다. '폭낭'은 나무를 일컫는 제주 방언이다. 이 폭낭은 방문객이 작성한 소원의 종이, 감상의 종이를 매다는 곳이다. 추모를 위해 설립된 세계의 수많은 전시시설에 이와 비슷한 장치가 마련되어 있어, 진부하고 식상해 보일 수도 있다. 그러나 4·3 당시 워낙 많은 사람들이 마을 한복판의 팽나무와 정자나무에 매달려 죽었던 사실을 떠올린다면, 그런 생각은 차마 할 수 없게 된다. 무참하게 살해되어 깊은 원한을 품은 이들이 기억을 다짐하는 방문객을 통해 위로받게 될 것이라는 기대 때문이다. 만일 '해원의 폭낭'이 그 역할을 할 수 있다면, 그것으로 4·3평화기념관은 소임을 다했다고 할 수 있다.

마지막으로 사족 한마디. 4·3평화기념관에는 맹장 같은

곳이 있다. 그것도 시간에 쫓기는 방문객이라면 발길이 닿기 어려운 곳에, 계단을 통해 올라가야 하는 곳에 숨어있다. 이 작은 공간은 서로 관련된 두 개의 주제를 다룬다. 하나가 제노사이드라면, 다른 하나는 의인義人이다. 오랫동안 국가폭력의 사례로만 거론되어 왔던 제주 4·3은 국내외 연구가 축적되면서 20세기 냉전의 구도 속에서 자행된 제노사이드 사례 중 하나로 인정받게 되었다. 제노사이드는 최고 통수권자의 명령하에 국가 기구가 일사불란하게 자행하는 범죄다. 그 때문에 파괴의 대상으로 지목된 집단이 절멸의 그물에서

벗어날 확률은 매우 적다. 그럼에도 불구하고 제노사이드가 자행된 세계의 여러 지역에서 아무런 대가 없이 위험에 처한 소수자들을 구출하기 위래 진력한 사람들이 적지 않다. 자기 자신의 위험을 무릅쓰고 양심에 따라 선한 행동을 감행한 이들을 우리는 의인이라고 부른다. 4·3 때도 이런 의인들이 많았다. 그들 중에는 군인도 있었고, 경찰도 있었으며, 공무원도 있었다. 심지어는 신례2리 주민들처럼 피난 온 이웃 마을 주민들에게 집과 음식을 내어준 사람들도 있었다. 이 평범한 의인들은 제주 4·3을 기억해야 할 또 다른 이유를 우리에게 제공해 준다. 그러므로 의분과 봉기, 학살과 희생에만 전시를 집중하는 것은 적절치 못하다. 캄캄한 하늘에 빛나는 별처럼 대량학살이 자행될 때 인간에 대한 신뢰를 몸소 실천했던 의로운 이웃들을 조명하는 작업은 우리가 4·3을 기념해야 하는 충분한 이유가 된다. 이런 생각에서 4·3평화기념관은 이들에게 공간을 할애하고 있다. 그러나 취지에 비하면 할애된 공간과 전시 방식이 너무 옹색하다. 기념관 상설전을 가까운 장래에 리모델링할 계획이라면, 이곳 또한 대대적으로 개선되어야 할 것이다.*

* 4·3평화공원을 좀더 깊이 들여다보고 싶은 분이 있다면, 두 개의 글을 권한다. 김아인·강유정·윤주원, 〈학살의 현장에서 평화를 꿈꾸다—제주와 오키나와 기념시설의 수용자적 비교·분석〉, 고려대학교 제2회 인문학 탐구모임 최종보고서(2017). 이 글은 방문객의 관점에서 전시를 바라보는 우리 시대 대학생들의 참신한 시각을 담고 있다. 김민환, 〈동아시아 평화기념공원 형성과정 비교연구—오키나와, 타이페이, 제주의 사례를 중심으로〉, 서울대학교 사회학과 박사학위논문(2012). 이 글은 '아른거림'의 개념을 통해 평화공원 곳곳에 각인되어 있는 국가주의적 기념의 방식을 비판적으로 조명한 점에서 통찰을 담고 있다.

6/

화해와 상생의 가능성을 보여주는 곳

—하귀리 영모원

지난 20세기는 인류에게 참 모진 시간이었다. 두 차례의 세계대전, 냉전과 대량학살로 얼룩진 이 시기는 영국의 역사가 홉스봄Eric Hobsbawm이 일컬은 대로 '극단의 시대'였다. 세계사의 소용돌이는 예외적 안전지대를 허용하지 않았다. 우리 한반도도 마찬가지였다. 일제 침략과 지배, 분단과 전쟁, 냉전과 극렬한 남북 대립은 우리의 삶을 우리 뜻대로 살아갈 수 있도록 내버려 두지 않았다. 나라와 지방, 마을과 개인 가운데 그 누구도 이 불길한 시운을 피해가기 어려웠다.

불운했던 현대사는 우리에게 지혜 아닌 지혜를 가르쳐주었다. 감당 못할 바람이 불면 풀잎처럼 눕고, 세찬 바람을 만나면 그냥 몸을 맡기라는 교훈이 그것이다. 고대 그리스의 지도자 페리클레스Perikles가 천명했던 '아테네 시민의 덕목'과는 반대되는 삶을 살면 되는 것이다. 공적인 일에 아예 관심을 두지 말거나, 사익을 위해서는 공익을 희생할 수도 있는 영악한 태도가 바로 그것이다.

현대사의 격랑 속에서 많은 이들이 이렇게 살면서 목숨을 건졌고, 가족을 건사했다. 드물게는 그 대가로 호사를 누리기도 했다. 그러나 적지 않은 사람들은 우직한 선택을 했다. 그 결과

영모원 표지석(이영권 제공)

자기 목숨을 잃고, 가족도 파괴되었다. 제주가 그랬고, 애월읍이 그랬으며, 하귀리가 그랬다. 광풍이 불 때 납작 엎드리지 않았기에, 제주말로 '몰명한 사람' 다 죽는 일이 벌어졌다. 인구 2,800명 남짓한 하귀리는 파랑波浪을 거스르는 선택을 서슴지 않았고, 그 결과 깊은 상처를 떠안고야 말았다. 주민들의 모금으로 2003년에 조성된 하귀리 영모원英慕園은 그 과거를 매우 돈독한 방식으로 재현하고 있다.

영모원은 이질적 성격의 기념비들이 한데 모인 기념의 동산이다. 이 작은 공원 전면 중앙부의 위령단을 기점으로 왼쪽에는 〈위국절사 영현비〉와 〈호국열사 충의비〉가 있고, 오른쪽에는 〈4·3 희생자 위령비〉와 〈4·3 희생자 각명비〉가 서있다. 〈영현비〉가 이 지역 출신 독립유공자들을 기린다면, 〈충의비〉는 4·3과 한국전쟁에서 목숨을 잃은 군인과 민간인들을 추모한다. 〈위령비〉에는 사자를 위무하는 애틋한 사연이 적혀있고, 그 옆 〈각명비〉에는 4·3 희생자 명단이 빼곡히 새겨있다. 네 개의 비석 중 〈영현비〉에는 항일운동을 주도한 인물들이 적혀있고, 그 옆 〈충의비〉에는 육군과 해병, 교사와 민보단원으로서 국가질서를 수호하다 희생된 이들의 명단이 기록되어 있다. 위령단 오른쪽 가장 끝 비석에는 4·3 때문에 희생된 304명의 마을 주민들의 이름이 각인되어 있다.

이 세 개의 비석은 서로 다른 방향에서 한 가지 사실을 증언한다. 하귀리는 일찍부터 배움을 중시하는 마을이요, 의기가 넘치는 향촌이었다는 점이다. 이것이 비극을 초래했다. 제주를 비롯해 전국의 많은 지역에서 일제에 대한 항거 지도는 그 후에 전개된 민간인 학살 지도와 겹친다. 왜 그럴까? 대개의 경우 마을 단위에서 만세운동이 일어났다는 것은 그곳에 주민들의 신뢰를 받는 향촌 엘리트 세력이 있었고, 이들을 중심으로 각종 교육사업이 진행되었음을 의미한다. 이러한 자존과 자치 경험은 일제 강점기에는 독립운동으로, 해방 후에는 분단 반대와 통일 민족국가 건설 운동으로 이어졌다. 미군정의 강압정책에 대한 문제제기에서 비롯된 1947년 제주의 3·1절 발포사건은 이러한 연속성 속에서 조명해야 한다. 팽나무처럼 깊이 뿌리내린 향촌의 교육과 참여 전통은 하귀중학원으로 구현되고, 다시 단국중학교로 계승되었다.

慰靈壇

4·3 당시 전개된 토벌작전에서 단국중학교 교사와 학생들의 죽음이나 하귀초등학교에서 발생한 '눈 감으라' 사건도 이 전통과 연계된 비극이다. 양자택일의 줄서기를 강요했던 시대의 광풍은 그러나 어느 것을 택해도 안전을 보장해 주지 않았다. 제2차 세계대전 직후 결절된 냉전의 단층선은 이렇게 한반도 최남단 제주의 하귀리 마을까지 거칠게 치고 지나갔다.

세 개의 비석에 새겨진 이름들은 우리 현대사의 암울한 연속성을, 또 그 철의 궤도에서 벗어날 수 없는 지역사회와 개인 운명의 연쇄를 암시적 방식으로 재현한다.

먼저 〈영현비〉에는 강문일과 박영순을 비롯한 22명의 명단이 적혀있고, 끝부분에 '외 80명'이 부기되어 있다. 이처럼 하귀마을은 항일운동 전통이 강한 곳이었다. 일제의 '요시찰 인물'이었던 이들은 일본 오사카에서 노동운동을 조직하거나, 통항조합운동과 농민조합운동을 이끌거나, 야학 설립을 통해 항일투쟁을 전개했다. 해방이 되자 이들은 지역 재건에 주도적으로 참여했다. 하귀중학원 교사로 재직하면서 지역 인민위원회에서 활동했던 강문일과 박영순은 사실상 4·3의 시작으로 평가받는 1947년 3·1절 기념행사 후 총파업에 깊이 관여했다가 검거를 피해 일본으로 탈출했다. 덕분에 이 두 사람은 4·3의 피바람에서 벗어났고, 반세기 가까이 지난 1995년에야 영예의 건국포장을 받았다.

이와는 다른 운명을 겪은 이가 〈영현비〉에 네 번째로 적혀있는 배두봉裵斗奉(1914-1948)이다. 이 청년은 1933년 일본 오사카에서 동포들의 생존권 수호를 위해 파업을 주도했다가 6개월 징역형에 처해졌다. 귀향 후에는 야학운동에 참여했다가 다시 한 번 고초를 겪었다. 1934년의 일이다. 의기 넘치는 약관의 청년은 여기서 멈추지 않고, 농민조합 결성에도 힘썼다.

영모원 위령단과 네 비석(이영권 제공)

해방 후에는 제주를 격동시킨 1947년 3·1절 기념행사에도 적극 참여했다가 다시 한 번 옥고를 치렀다. 이번에 그를 구금한 것은 미군정이었다. 또다시 8개월 동안 영어의 신세가 되고 말았다. 시대의 요청이 있을 때마다 적극 응답했던 이 (제주말로 '똑똑하다'는 뜻을 지닌) 몰명한 청년은 바로 그 때문에 더 혹독한 대가를 치러야 했다. 4·3의 광풍이 한참이던 1948년 11월 청년 배두봉은 집에서 바둑을 두던 중 제주농업중학교로 끌려갔고, 한 달 뒤인 12월 인근 비렁못 말방앗간에서 현경호, 김원중 등 제주의 유지 여섯 명과 함께 토벌대에 의해 총살당했다. 이때 그의 나이 35세였다. 4·3은 배두봉의 목숨만이 아니라, 가족의 미래까지 빼앗았다. 개인의 명예도 마찬가지였다. '하귀 야학회 사건' 참여자 유족들이 1993년 모임을 결성하여 국가보훈처에 명예회복을 요구했으나, 신청자 10명 중 2명은 끝내 제외되었다. 배두봉도 그중 하나였다(나머지 한 명은 강창선이다). "독립운동을 했다고 해도 해방 후 국가안보에 관한 법률 위반 등 공적에 흠이 있는 경우에는 포상에서 제외된다"는 것이 그 이유였다. 이처럼 배두봉이라는 이름은 영모원의 〈4·3 희생자 각명비〉에는 포함되어 있으나, 특별법에 의해 설립된 국가기관인 4·3 중앙위원회로부터는 국가폭력 희생자로 공인받지 못했다. 고향만이 그의 삶과 죽음을 기리는 셈이다. 그렇게 그는 아직도 역사와 기억의 경계에 서있다.

〈충의비〉에는 총 47인의 희생자 명단이 새겨있다. 4·3과 한국전쟁, 월남전을 겪으며 국가의 편에 서서 질서를 수호하려다 죽은 이들이기에, 〈충의비〉라는 명칭을 붙였다. 이 중 4·3 기간에 희생된 이는 모두 12명이다. 자세히 보면, 육군 30명, 해병 5명, 경찰 2명, 교사 1명, 민보단 9명의 이름이 있는데, 민보단 단원 중에는 2쌍의 부부, 그 외에 여성 2인의 이름이 포함되어 있어 눈길을 끈다. 크지 않은 대면공동체 안에서 밀물과 썰물처럼 연쇄적으로 발생한 보복살인의 정황을 암시해 주기 때문이다. 처음엔 이들도 4·3 희생자로 함께 올리고자 했으나, 서로 다른 죽음까지 한 비석에 새기는 일이 마뜩지 않다는 반발이 있어 이름을 구별해서 비석에 적기로 했단다. 그 고민의 과정이 충분히 이해된다. 엄혹한 반공국가에서 생활해 온 유가족들로서는 다른 선택이 쉽지 않았을 것이다.

〈충의비〉에 반영된 4·3의 특징이 하나 더 있다. 4·3을 겪은 제주 주민들이 '빨갱이'의 의혹에서 벗어나기 위해 보통 사람들보다 훨씬 더 애국적 선택을 강요받은 것은 널리 알려진 사실이다. 하귀리도 그랬다. 마을 청년들 중 일부는 그래서 한국전쟁이 발발하자 '빨갱이'를 때려잡는 해병대에 지원했다. 그들의 병적은 일종의 '세탁증명서'이자 충성스런 국민으로서의 신분증이었던 셈이다. 스스로가 양민임을 입증하려다가 전쟁 중에 희생된 이들이 바로 이 〈충의비〉에 실려있다. 이처럼 국가에 대한 충성과 항거의 경계선은 분명하지 않았고, 심하게 유동적이었다. 군복 상태의 죽음이 순혈의 나라사랑만을 뜻한 것도 아니다. 마찬가지로 민간 복장의 죽음이 반드시 불온했던 것도 아니다. 그렇기에 희생자들의 죽음은 더욱더 애잔하다.

〈4·3 희생자 각명비〉에는 304인의 이름이 담겨있다("幼兒不記" 포함). 이 가운데 56명은 본적이 하귀는 아니지만 이곳에 끌려와 죽은 사람들이다. 304인 중에 무장대의 공격으로 죽은 사람은 없다. 영모원 〈각명비〉가 마을의 4·3 희생자 모두를 포함하지는 못한다는 말이다. 실제로 영모원 조성을 위해 2002년 2월에 처음 작성된 기초자료에서는 희생자 수가 400명을 넘었다. 2003년 초에는 〈각명비〉에 들어갈 329명과 〈충의비〉에 포함될 12명의 명단이 다시 정리되었다. 최종적으로 〈각명비〉에는 304명만이 남았다. 그 사이에 배제의 논리가 강하게 작동한 것이다. 유족의 동의가 없는 경우, 무장대를 지휘한 사실이 명백한 경우는 제외되었다(4·3 중앙위원회에서 인정한 희생자 명단은 모두 320명이다).

〈각명비〉와 〈충의비〉를 함께 살펴보면, 무장대에 의한 희생은 전체 가운데 5퍼센트에도 미치지 못한다. 이에 반해 토벌대에 의한 희생은 95퍼센트가 넘는다. 이 통계는 매우 특징적이다. 전체 주민 중 희생자 비율도 높았다. 인명피해가 중산간 마을에 집중되었던 사실을 감안하면, 일주도로변 마을인 하귀리의 희생자 비율 11퍼센트는 심한 편이다. 초토화 시기 중에서도 1948년 12월에 가장 많은 희생자가 발생한 것은 보복학살의 성격을 뚜렷하게 보여준다. 학살의 방식도 극악했다. 주민을 대상으로 민보단과 특공대를 만들어 토벌에 동원한 후 군경이 쉽게 총살할 수 있는 경우에도 주민들에게 창으로 찔러 죽이도록 했다. 학살극에 마을 사람들을 공범으로 참여시켜, 마을공동체의 분열을 꾀했던 것이다. 그 결과 외부의 가해자들이 원했던 대로 마을공동체는 와해되고 말았다. 바깥으로부터는 빨갱이 마을로 낙인 찍혔고, 마을 안에서는 반공국가 체제하에서 강한 억압이 지속되는 가운데 주민들 간의 갈등이 심해졌다.

분열과 갈등으로 얼룩진 상황에서 해결 가능성이 보이기 시작한 것은 1987년 6월항쟁 이후다. 전국적으로 과거사에 대한 기억이 부상하면서 1990년에 하귀발전위원회가 구성되었다. 1993년에는 마을 이름이 하귀리로 복원되었다. 4·3 후에 빨갱이 마을의 의심을 떨치기 위해 1953년 동귀리와 귀일리로 개칭했던 이름을 40년 만에 되찾은 것이다. 이후 10년 동안 마을 구성원들과 타 지역에 나가 살던 사람들은 파괴된 공동체 회복을 위해 진력했다. 그 아름다운 결과가 바로 영모원이다. 죽은 자들을 한자리에 모심으로써 산 자들 사이의 평화적 공존을 모색하는 영모원의 의미는 《제주4·3사건진상조사보고서》가 채택되기 이전인 2003년 5월에 개장된 데서 명백하게 드러난다.

오랜 세월 서로 품앗이 하며 밭을 일구고 담 자락을 맞대며 살아온 주민들 사이에 벌어진 대리학살과 보복학살의 경험을 세밀하게 살피지 않는다면, 하귀리 영모원은 우리에게 아무런 감동을 주지 못한다. '누군들 그 정도 못하랴?'는 생각을 혹시 품는 이가 있다면, 그는 고향을 모르는 사람이다. 좋은 의미에서건 나쁜 의미에서건 '지독스러운' 대면공동체에서 과거는 이미 지나가 버린 사안이 아니다. 그곳에서는 과거가 현재고, 과거의 기억이 곧 미래를 방향짓는다. 학살의 상승작용 속에서 이미 처절하게 파괴된 공동체는 그대로 지나칠 수 없는 과거요, 어떻게든 정리하지 않으면 새 출발이 불가능한 현재다. 어쩌면 제주를 모르는 '육지 것'들은, 익명의 도시에서 태어나 자란 '요즘 것'들은 이 엄혹한 현실을 이해하기 어려울지 모른다. 그렇기에 과거사를 이해하는 일은 같은 민족의 역사라고 해도 어려운 법이다.

4·3의 광풍 때문에 생겨난 마을의 갈등 구조는 형언하기 어려울 만큼 완고했다. 모든 것이 어설펐던 근대국가의 최말단에 위치하여 가해자와 희생자가 서로 뒤엉키고 중첩된 상황에서는 생존자들도 비참한 죽음을 목격한 상태이기 때문에 감당 못할 채무의식을 갖고 있었다. 살아남은 자들의 곤혹스런 상황과 힘든 결단을 헤아릴 때에야, 영모원은 우리에게 소중한 본보기가 될 것이다.

식민지배와 냉전의 과거에서 벗어나 새로운 질서를 찾아가는 이행기 사회에서 사람들은 과거사를 다루는 원칙으로 두 가지를 요구한다. 첫째가 진실이라면, 두 번째는 화해다. 진실을 강조할 경우, 정의의 원리와 적절한 처벌이 수반되기 마련이다. 그에 반해 화해를 강조할 경우, 정의에 대한 요구는 퇴색하기 마련이고, 처벌은 상징적 수준에 그치거나 그것마저도 실행되지 않는 경우가 다반사다.

좁디좁은 대면공동체에서는 진실규명이 매우 어렵다. 여러 이유에서 희생에 초점을 두다 보니, 가해의 전모를 밝히고 응분의 책임을 묻기가 쉽지 않다. 인과의 사슬이 워낙 길고 복잡한 데다가, 많은 사람이 연루되어 있기 때문이다. 때문에 마을공동체 단위에서는 화해의 가치가 실현 가능한 최선의 선택이 되기 쉽다. 가해자가 '우리' 안에, 그것도 뒤엉킨 형태로 있으니 말이다. 이 점이 바로 가해자가 집단 외부에 있었던 국내외의 수많은 학살 사건과 제주 하귀리의 경우가 다른 이유다.

하귀리 사례는 매우 소중한 우리 자산이다. 그러나 이 모델을 아무런 전제나 유보 조건 없이 화해와 상생의 보편 모델로 확대 적용하기는 어렵다. 왜 그럴까?

하귀리 모델은 어디까지나 친밀한 대면공동체에서나 논의될 수 있고, 동의될 수 있으며, 적용될 수 있다. 그 범위를 넘어 구성원들끼리 서로 개인적으로 알지 못하는 '상상된 공동체imagined community'인 민족국가 단위에까지 이 모델을 적용하게 되면, 생각지 못한 어려움에 직면할 수 있다. 무엇보다 하귀리는 거대한 토벌계획이 실행된 말단 지역들 가운데 하나다. 이것은 마을 주민들이 '초토화 작전'의 기획과 시행 과정에 주도적으로 참여할 수 없었고, 주어진 상황 속에서 희생자가 되거나, 그것이 아니라면 원치 않는 학살의 집행인이나 조력자

혹은 방조자가 될 수밖에 없었음을 의미한다. 그들의 선택은 대부분 독 안에 든 쥐들의 선택에 불과했다. 주어진 행동반경이 무척 좁았고, 선택지가 아예 없었던 만큼, 그들에게 물어야 할 책임도 명확하거나 가혹할 수 없다. 그러나 (국민)국가의 경우는 어디 그런가? 국가 단위의 사안은 인구 2천여 명의 한 마을과는 사정이 다르다. 거대한 구조에 가려있다고는 하나, 국가적 사안에서는 최종 책임자와 중간 책임자가 누구였는지, 그들에게 얼마나 권한이 부여되어 있었으며, 따라서 얼마만큼의 책임을 얼마나 물어야 할지가 상대적으로 명확하다. 그 책임이라는 것도 많은 경우 상황에서 비롯된 도덕적 책임이 아니라, 권한을 지닌 개개인에게 귀속되어야 할 법적 정치적 책임이다. 그러므로 아무런 사법적 소추나 최소한의 정치적 고백도 없이 국가 단위에서 화해를 전적으로 강조하는 것은 무책임하고 해롭다. 상황의 불가피성과 조직 논리를 국가 단위에서 거론하는 것은 매우 불순한 결과를 초래할 수 있기 때문이다.

마을공동체와 달리, 거대한 민족공동체의 미래를 기약하기 위해서는 원칙을 저버리지 않는 과거사 가공의 절차가 필요하다. 이 과정에서 불가피하다면, 외과적 수술도 감행해야 한다. 만일 우리가 국가를 민족공동체와 등치시킬 수 있다면, 민족 단위의 과거사를 처리할 때 우선해야 할 가치는 진실과 정의다. 국민국가는 피를 나눴기에 잘잘못을 따지는 것이 무용한 가족공동체가 아니다. 민족과 국민국가는, 프랑스의 지성 르낭Ernest Renan의 얘기대로, '매일매일의 선거를 통해' 그 존재의 필요성과 나아갈 방향을 재확인받아야 할 정치공동체요, 고도의 가치공동체이기 때문이다. 정서공동체로서 연대에 바탕을 둔 마을과는 차원이 다르다.

국가적 사안으로서 4·3 과거사를 다룰 때 영모원으로

대표되는 하귀리 모델을 유일의 지상至上 해법으로 제시하기는 어렵다. 책임 문제와 시시비비를 따져야 하는 국가 영역에서 하귀리는 하나의 참조 모델로서 활용될 때 적절하다. 하귀리가 하나의 역할 모델이 될 수 있는 곳은 국가가 아니라 시민사회 영역이다. 상생의 필요성에 공감하면서 공동체의 전통을 회복하고자 애쓰는 대면공동체 수준에서 영모원은 하나의 본보기가 될 수 있다. 모든 지역, 모든 대면공동체에 영모원의 길이 곧바로 적용될 수 있는 것도 아니다. 몇 가지 조건이 구비될 때 하귀리 영모원은 비로소 하나의 준거 모델이 될 수 있다. 뿌리 깊은 공동체 전통의 존재, 그 전통적 가치 회복에 대한 마을 구성원들의 인정과 염원, 가해자와 희생자의 혼재·중첩에서 비롯된 책임소재의 불투명성이 바로 그것이다. 가해자들이 과거 행위에 대해 아무런 부담을 느끼지 않거나, 그 후손들이 그 과거에 대해 전혀 민망해하지 않거나, 희생자와 생존자 사이에서 정서적 반향이 일어나지 않는 곳에서는 영모원 모델도 무력하다.

그렇다고 해서 영모원 모델의 가치를 평가절하할 필요는 없다. 영모원은 다중의 트라우마를 반영하는 기억의 터다. 그러므로 국가나 시민사회, 또는 구체적인 생활공동체에 유익한 교훈을 품고 있다. 프로이트의 얘기대로 트라우마가 소중한 것의 상실에서 비롯된 외상이라고 할 때, 하귀리 영모원이 우리에게 깨닫게 해주는 것은 무엇인가?

첫째, 4·3 당시 하귀리에 국민의 국가는 없었다. 법치국가도 없었다. 그때 그곳에는 법적 절차도 없었고, 절차를 통해 지켜야 할 내용도 없었다. 공권력이 있었고 공권력 대리인들의 약속은 있었으나, 그 약속은 지켜지지 않았다. 하여 국가에 대한 주민의 신뢰도 없었다. 하귀리에서 벌어진 일이지만, 우리 국민 전체가 유념해야 할 교훈이다. 국가를 국가답게 만들지 못하면, 국민의 국가로 만들지 못한다면, 70년 전 하귀리에서 벌어진 어처구니없는 일은 오늘 여기에서 살아가는 내가 겪게 될 일이다.

둘째, 하귀리 영모원의 희생자 비명은 인간성의 부재, 사람다움의 실종을 증언한다. 생후 몇 달 되지 않아 살해된 어린아이, 나무에 매달려 (여성을 포함한) 마을 민보단원들에게 살해된 만삭의 여인은 무얼 말하는가? 민보단원들의 목숨을 위협하면서, 야만의 행동을 강요한 군경들의 행동은 무엇을 말해주는가? 4·3 당시 하귀리에는 인간 이하의 행동이 난무했다. 살인의 광풍이 몰아칠 때 그곳에서는 인간 본연의 모습이 사라져버렸다. 사람됨의 실종은 가해자들에게서 먼저 나타났다. 그러나 그들의 비인간성은, 비록 강요된 것이기는 했지만, 주민들 사이에서도 재연되었다. 살아남기 위해 만삭의 여인을 총검으로 찔러야 했던 민보단원 여성들에게서도 사람의 모습은 사라졌다. 트라우마가 잃어버려서는 안 될 소중한 것의 상실을 뜻한다면, 인간성의 상실이야말로 하귀리가 품은 또 하나의 트라우마가 될 것이다. 지옥 같은 순간이 재발한다면, 악마의 모습은 1차 가해자에게서만 발견되지 않는다. 생명의 위협 속에서 비인간적인 선택을 강요당하는 2차 가해자에게도 악마의 형상은 양심의 상실 속에서 나타난다. 이 점에서 하귀리 영모원이 우리에게 주는 교훈은 매우 우울하고 무겁다.

셋째, 영모원은 개인 목숨과 가족과 공동체의 파괴와 상실을 함축한다. 가족이 살해당할 때, 친지가 위기에 몰렸을 때, 끈끈할 줄 알았던 인간관계는 무력했다. 그리하여 하귀리 주민들은 목숨을 잃었고, 가족을 잃었고, 용기를 잃었고, 자존감을 잃었고, 상식에 대한 기대를 잃었다. 사람을 살아가게 해주는 이 모든 것들을 외력에 의해 상실했을 때 요행히도 얄궂게 살아남은 사람들은 도대체 어디에서 살아가야 할 이유를 찾을 수 있을까?

4·3 때 하귀리가 겪은 경험은 출구를 찾기 힘든 심연이었다. 영모원은 그렇게 마을 안팎이 파괴되고, 심신이 무너진 사람들이 사람의 모습과 사람다운 세상을 회복하기 위해 분투한 결과다. 다중의 트라우마를 극복하기 위해 애쓰고 서로 의지하며 격려하는 가운데 일궈낸 성과다. 그러니 영모원이 어디 하귀리 주민들만의 공간이겠는가? 자기 상처를 혼자서는 도저히 극복할 수 없을 때, 그들은 서로의 상처를 보듬었고, 서로 간의 가해나 방조가 외력에서 비롯되었음을 일깨우며, 다시 일어서야 할 것을 서로 격려하지 않았던가? 하귀리 주민들이 영모원을 통해 우리에게 보여주는 가장 큰 교훈은 파괴되기 쉬운 인간의 길을 회복하고자 하는 애틋함 아닐까?

영모원은 과거의 흔적을 간직하고 있는 우리 기억의 터다. 영모원은 마을에 닥친 학살의 지옥도를 보여준다. 좀더 자세히 들여다보면, 영모원은 도저히 다시 일어설 수 없는 공동체의 재건을 알리고 있다. 영모원은 불편한 기억은 그냥 덮어두고 미래를 바라보며 살자는 실용주의의 탑골이 아니다. 강요된 가해와 피할 수 없었던 희생의 불가역성을 고통스럽게 직시하면서, 한때 잃어버렸던 인간다움과 희망을 지키기 위해 무른 개펄 위에 쌓아올린 연대의 방파제다. 영모원으로 표상되는 그 포구 안에서 하귀리 사람들은 이렇게 지극한 기억공동체를 만들어가고 있다.

영모원을 지극한 원융圓融의 공간으로 과장해서는 안 된다. 그곳에서는 하나의 비에 여러 종류 희생자의 이름을 질서 없이 새겨 넣지 않았다. 무장대에 의해 살해된 사람과 토벌대에 의해 살해된 사람은 서로 다른 비석에 각명되어 있다. 나는 이것을 영모원의 한계라고 생각하지 않는다. 오히려 여기서 애틋함을 느낀다. 아무리 강요된 상황이었다고 해도, 살해된 상황과 가해자가 거의 분명한데, 우익에 의해 살해된 이들과 좌익에 의해 살해된 이들을 '시대의 희생자'로 통칭하며 하나의 비석에 그 이름을 모시는 것은 오히려 인간의 정서에 반하는 것처럼 보인다. 희생자들은 그렇게 자기 운명의 결에 따라 자기 이름의 자리를 찾았다. 그리고 손을 뻗으면 닿을 만한 가까운 자리에 모셔졌다. 나는 이것이 마을공동체에서는 적절한 선택이라고 생각한다.

하나의 장소에, 혹은 일련의 비에 가해자와 희생자를 구분하지 않고 모신 사례들도 없지 않다. 독일 수상 헬무트 콜Helmut Kohl이 수도 베를린에 재개장한 노이에 바헤Neue Wache가 앞의 경우다. 보수 정치가인 콜은 프로이센 시절에 왕궁 경비대 건물로 처음 세워진 노이에 바헤를 개수해 '전쟁과 압제의 모든 희생자들'에게 헌정함으로써 국민통합의 전당으로 만들고자 했다. 이로써 전쟁 집행인이었던 나치 독일 정규군Wehrmacht과 민간인 학살에 앞장섰던 살인특무부대Einsatzgruppe 부대원들도 시대의 희생자로 둔갑했다. 그들의 잘못은 잘못된 시대에 잘못된 장소에서 태어났다는 것뿐이다. 이렇게 해서 인과의 사슬과 책임의 소재는 모두 증발해 버렸다. 명백한 가해자와 명백한 희생자를 아무런 구분 없이 시대의 희생자로 통칭하는 것은 무책임한 행위다. 다만 두 가지 이유에서 콜의 정치적 결정을 변호할 수는 있다. 첫째, 콜은 이 하나의 건물로 끝나지 않고, 유대인들을 위해 별도의 추모시설을 베를린 시내에 설립했다. 2,711개의 유대인 석관을 모티프로 조성한 홀로코스트 상기기념물Holocaustmahnmal이 바로 그것이다. 둘째, 노이에 바헤는 '상상된 공동체', '주조된 공동체', '만들어진 공동체'인 국가의 기념물이다. 그러니 이곳에서는 희생자 한 사람 한 사람의 이름이 새겨질 공간이 없는 추상적이고 상징적인 추모의 공간이다. 이곳에 와서 자기 아들이나 어머니의 죽음을 애통해하는 사람은 없다는 말이다. 영모원이 노이에 바헤와 같은 곳인가? 아니다. 영모원은 국가가 설립한 상징적 기념의 장소가 아니다. 추상적 차원의 통합을 도모하는 정치적 공간이 아니라는 말이다.

일련의 비에 가해자와 희생자를 전혀 구분하지 않고 모신 사례가 있다. 일본 오키나와에 있는 검은색 추모비(平和の礎, 평화의 추모비)가 바로 그 경우다. 태평양전쟁의 분수령이었던 오키나와 전투도 가해자와 희생자를 명확하게 구분할 수 없는 곤혹스러운 상황이었다. 미군을 죽인 사람은 일본군이었고, 일본군을 죽인 사람은 미군이었다. 이 와중에 오키나와의 많은 민간인들도 죽었다. 어떤 이들은 적극적으로 자기를 희생했고, 어떤 이들은 상황 속에서 희생되었다. 이런 뒤엉킨 전쟁의 성격을 표현하기 위해, 그 속에서 목숨을 잃은 이들을 기억하기 위해 오키나와인들은 피아 구분 없이 추모의 기념물을 마련했다. 영모원도 이 방식을 따라야 했을까? 아니다. 오키나와전은 국가 간의 정규전이었고, 희생자 수가 엄청났다. 게다가 오키나와 민간인들의 죽음을 옥쇄玉碎로 미화하려는 일본 본토의 국가주의적 기념에 대한 지역민들의 반감과 평화에 대한 염원까지 표현해야 했다. 이 점에서 오키나와 기념물은 고도의 정치적 기획이었다. 그렇기에 한 번 크게 마음먹으면 가해자-희생자를 구별하지 않고 새겨 넣는 것도 아주 어려웠던 일은 아니다. 게다가 이곳 평화의 비에는 영모원처럼 서로 연결된 역사의 전후관계가 담겨있지 않다.

영모원은 이런 이유에서 돋보이는 사례다. 각명의 비는

구분하되 안치 장소를 같게 한다는 발상에 진정성이 담겨있다. 하여, 마을공동체 단위의 기념으로서 묵직한 의미를 보여준다. 이 뜻을 주민들은 〈4·3 희생자 위령비〉에서 이렇게 밝히고 있다.

> 죽은 이는 죽은 대로, 살아남은 이는 살아있는 대로 제 자리를 찾지 못한 채 허공에 발 디디고 살아오기 어언 50여 년… 아버지보다 오래 살고 어머니보다 나이 들어서야 여기 모인 우리들은 이제 하늘의 몫은 하늘에 맡기고, 역사의 몫은 역사에 맡기려 한다. 오래고 아픈 상채기를 더는 파헤치지 않으려 한다. 다만 함께 살아남은 자의 도리로 그 위에 한 삽 고운 흙을 뿌리려 한다. 그 자리에서 피가 멎고 딱지가 앉아 뽀얀 새살마저 살아날 날을 기다리려 한다. 지난 세월을 돌아보면 모두가 희생자이기에 모두가 용서한다는 뜻으로 모두가 함께 이 빗돌을 세우나니 죽은 이는 부디 눈을 감고 산 자들은 서로 손을 잡으라. 이제야 비로소 지극한 슬픔의 땅에 지극한 눈물로 지극한 화해의 말을 새기나니, 지난 50여 년이 길고 한스러워도 앞으로 올 날들이 더 길고 밝을 것을 믿기로 하자. 그러니 이 돌 앞에서는 더 이상 원도 한도 말하지 말자.

〈위령비〉를 비롯한 네 비석을 품은 영모원은 온 세상을 반영하는 작은 이슬방울처럼, 냉전으로 귀결된 20세기 세계사, 희생의 톱니바퀴처럼 전개되었던 우리 현대사를 응시하게 해주는 소담한 기념의 동산이다. 영모원을 이질적 기억의 절충이나 강요된 화해 시도로 폄하하는 것은 온당치 못하다. 각각의 기념비는 서로 다른 색상으로 과거의 기억을 일깨운다. 이 비석들은 위령단을 심장 삼아 동맥과 정맥처럼 하나로 이어질 때 온전한 기억을 산출할 수 있다. 서로 분리해서는

여기 와 고개 숙이라
섬나라 이 땅에 태어난 이들은 모두 여기 와서 옷깃을 여미라
해방의 감격이 채 가시기도 전, 6·25의 아픔이 한반도에 닥치기도 전에 이 죄없
는 땅 죄없는 백성들 위에 아직도 정체모를 먹구름 일어나서 그 수많은 목숨들이
지금도 무심한 저 산과 들과 바다 위에 뿌려졌으니, 어느 주검인들 무참하지않았겠
으며 어느 혼백인들 원통하지 않았으랴. 단지 살아 있는죄로 소리내어 울지도 못한
마음들은 또 어떠했으랴.
죽은 이는 죽은대로 살아남은 이는 살아있는대로 제 자리를 찾지 못한 채 허공에
발 디디고 살아오기 어언 50여년... 아버지보다 오래 살고 어머니보다 나이 들어서야
여기 모인 우리들은 이제 하늘의 뭇은 하늘에 맡기고 역사의 뭇은 역사에 맡기려
한다. 오래고 아픈 상채기를 더는 파헤치지 않으려한다. 다만 함께 살아남은 자의 도
리로 그 위에 한 삽 고운 흙을 뿌리려 한다. 그 자리에서 피가 멎고 딱지가 앉아
뽀얀 새살 마저 살아날 날을 기다리려 한다. 지난 세월을 돌아보면 모두가 희생자이
기에 모두가 용서한다는 뜻으로 모두가 함께 이 빗돌을 세우나니 죽은 이는 부디
눈을 감고 산 자들은 서로 손을 잡으라. 이제야 비로소 지극한 슬픔의 땅에 지극한
눈물로 지극한 화해의 말을 새기나니, 지난 50여년이 길고 한스러워도 앞으로 올
날들이 더 길고 밝을 것을 믿기로 하자. 그러니 이 돌 앞에서는 더 이상 원도 한도
말하지 말자.
다만 섬나라 이 땅에 태어난 이들은 모두 한번쯤 여기 와서 고개를 숙이라.

아무것도 아닌 이 기념의 돌들을 한자리에 모은 것은 향촌의 혈맥을 다시 이어가려는 마을 주민들의 지혜다. 이런 선택을 봉합縫合이라고 부를 건가? 본래 하나였다가 훼손된 지체를 바늘로 한데 묶는 것이 봉합이라면, 그것이야말로 생명을 살리는 소중한 행위 아닌가?

하귀리 영모원은 추상적 화해의 공간이 아니다. 영모원은 대면공동체 안에서 서로 맞물려 발생한 희생을, 적극적 희생과 소극적 희생을 가리지 않고, '우리 것'으로 기억하는 장소다. 공동체에 대한 애정과 회복의 욕구는 매년 거행되는 위령제를 통해 확인되고 깊어진다. 지역 경우회와 유족회가 함께 위령제를 치러온 것이 벌써 5년째이다. 이러한 의례의 반복은 돌에 새긴 선한 결단을 더 굳건하게 해줄 것이다. 제사가 죽은 이가 아니라 산 자를 위함인 것처럼, 우리의 기억도 살아남은 자와 살아갈 자를 위한 것이다. 이 생명을 품는 움직임은 이미 여러 지역공동체에 반향을 불러일으켰다. 가까운 상가리와 장전리가 위령비를 세워 마을 단위의 추모행사를 시작했다. 광령1리와 하가리도 같은 길을 도모하고 있다. 애월읍 각지에서 일어나고 있는 이 움직임이 검붉게 피떡 진 우리나라 도처의 학살지에 푸른 떼를 입히는 풀뿌리 운동으로 확산될 날을 기다린다.

영모원 4·3희생자 위령비 뒷면(이영권 제공)

7/

팽나무와 올레 길의 말없는 증언

—'잃어버린 마을'

4·3은 우리 삶에서 소중한 많은 것을 사라지게 만들었다. 고향도 그중 하나다. 하늘이 허락하고, 자연이 보듬고, 모진 역사도 어쩌지 못했던 삶의 터전이 바로 그때 사라졌다. 4·3 때 없어져 버린 마을만 모두 108개다. 제주에서는 이를 '잃어버린 마을'로 부른다. '잃어버린 마을'이란 군경의 방화로 불타버린 후에 복구되지 않고 폐허로 남거나 농경지로 바뀌어버린 마을을 가리킨다. 토벌대의 출현 이후 마을에 살던 사람들은 살해되거나, 살아남기 위해 어쩔 수 없이 다른 곳으로 떠나야 했다.

북촌리처럼 해안가 마을이 더러 섞여있기는 해도, 대부분의 '잃어버린 마을'은 중산간 지역에 집중되어 있다. 이 비극은 1948년 10월 제주도 경비사령부의 포고령과 함께 시작되었다. '해안선부터 5킬로미터 이외의 지점 및 산악지대의 무허가

통행금지를 포고하고 위반하는 자에 대해서는 이유를 막론하고 폭도배로 인정하여 총살에 처한다'는 내용이었다. 섬 전체를 평정하기 위한 이 특단의 조치로 말미암아, 해발 200미터에서 600미터에 이르는 지역의 거주가 하루아침에 금지되었다. 그러나 이 포고령의 내용은 모든 마을 모든 주민에게 알려지지 않았고, 소식을 전해들은 사람들도 모두가 그 내용을 곧이듣지 않았다.

하지만 문서는 이내 현실이 되었다. 1948년 11월 계엄령이 선포된 후, 아직 마을을 떠나지 않은 사람들에 대한 학살이 대대적으로 전개되었다. 서둘러 해안가 마을로 옮기지 않은 것이 죄라면 죄였으나, 그곳 해안에는 주민들을 위한 생계대책이 마련되어 있지 않았다. 이 때문에 주민들은 반신반의하면서 살던 곳에 남아 토벌대를 맞이할 수밖에 없었다. 15세 이하 어린이와 61세 이상 노인 희생자 가운데 3/4이 초토화 작전이 강행된 1948년 11월부터 1949년 2월 사이에 발생한 것도 이런 이유에서였다.

한국전쟁이 끝나고 토벌작전도 마무리되자 정부는 1954년 4월 1일, 해안 마을로 소개되었던 중산간 주민들의 귀향을 허가했다. 많은 주민들이 고향으로 돌아갔지만, 참혹한 기억을 간직하고 있는 사람들은 원래 마을로 돌아갈 수 없었다. 그 때문에 오늘에 이르기까지 수많은 마을이 옛 터전이 파괴된 채로 남아있다. 그 가운데 대표적인 곳이 서귀포시 안덕면 동광리에 있는 마을들이다.

동광리는 지금 있는 육거리가 말해주는 것처럼 교통의 요지여서, 4·3 당시에도 적잖은 주민이 살고 있었다. 그때의 동광은 무동이왓(130여 호), 조수궤(10여 호), 사장밧(3호), 간장리(10여 호), 삼밭구석(46호)의 5개 자연촌락으로 이루어진 중산간 농촌이었다. 초토화 작전을 통해 이 자연부락들은 모두

소실되고, 간장리 마을만 복구되어 지금에 이르고 있다. 동광이 이렇게까지 파괴를 겪은 이유는 교통의 요지였기 때문이다. 중문, 대정, 한림 지역이 서로 맞물리는 이곳에서 각 지역에 주둔하던 토벌대들은 전과를 올리고자 경쟁했다. 주민들은 한림 주둔 토벌대에 잡히면 한림으로 끌려가고, 중문 토벌대에 잡히면 정방폭포에서, 대정 토벌대에 잡히면 섯알오름이나 모슬봉으로 끌려가 총살되었다. 피해가 컸던 이유는 마을의 역사에도 있었다. 1947년 8월 8일에 미군정의 곡물수집 정책 때문에 발생한 '성출 반대 사건'도 그중 하나다. 이로 인해 동광리는 이미 4·3이 발발하기 전부터 미군정의 주목을 받았고, 그 결과 1948년 늦가을부터 토벌작전이 빈번하게 전개되었다.

학살의 흔적은 마을에서 가장 큰 두 부락인 무동이왓과 삼밭구석에 가장 처연하게 남아있다. 비극은 11월 21일 군 토벌대가 들어오면서 시작되었다. 이날 무동이왓과 삼밭구석의 모든 집들이 불탔다. 하지만 작전은 이것으로 끝나지 않았다. 12월 11일과 12일 이틀 사이에 다시 한 번 끔찍한 일들이 벌어졌다. 이미 11일에 미처 피하지 못한 열한 명의 무동이왓 주민이 살해되었다. 토벌대는 이들의 시신을 수습하기 위해 살아남은 가족들이 나타날 것으로 예상하고 인근에 잠복해 있었다. 이 사실을 모르는 주민들은 이튿날 새벽에 조심스레 마을로 들어왔다. 그렇게 붙잡힌 19명의 주민은 모두 생화장되고 말았다. 하지만 더 큰 비극이 아직 남아있었다. 1949년 1월 22일, 토벌대의 추적을 피해 마을을 떠났던 주민 120여 명의 은신처가 발각되었다. '큰넓궤'로 불리는 동굴에 숨어있던 주민들은 사력을 다해 영실 인근의 볼레오름까지 도주했으나, 눈 덮인 한라산에서는 더 이상 피할 곳과 먹을 것을 찾을 수 없었다. 이내 체포된 주민들은 정방폭포와 부근에서 학살되었다.

잃어버린 마을 이미지(4·3평화기념관 전시)

이로써 오랜 세월 모질게 삶을 이어온 마을에서 인기척이 사라졌다. 집도, 가축도 모두 사라지고 말았다. 컴컴한 마루 밑에 숨어 숨죽인 채 피붙이들이 살해되는 장면을 지켜봐야 했던 유가족들에게 생존과 기억은 감당 못할 저주가 되었다. 일찍이 마을을 떠나 죽음을 모면했던 이들에게도 사정은 마찬가지였다. 존재했던 모든 것이 사라졌을 때, 생존자들에게 남겨진 것은 오직 죄의식과 애환, 그리고 헤쳐가기 어려운 역경뿐이었다.

사라진 마을에도 약간의 흔적이 남아있다. 이 흔적들은 밋밋하기 때문에 무심한 마음으로 이곳을 찾는 방문객의 눈에는 잘 띄지 않는다. 4·3과 제주의 역사를 잘 아는 가이드와 동행하지 않으면, 풍경의 의미를 파악할 수 없다. 팽나무 한 그루와 약간의 대나무, 무너져 내린 현무암 담 자락과 헛묘가 단서다. 동광에는 이 모든 것이 다 있다.

300년이 넘는 동광의 역사는 화전과 더불어 시작되었다. '춤추는 어린아이'처럼 생긴 이곳에서 사람들은 조와 메밀과 콩을 일구며, 공동체를 만들어왔다. 부지런한 자만이 살아남는 이곳에서 억척스럽게 살아오던 사람들의 꿈은 4·3과 더불어 끝났다. 130가호가 살던 무동이왓에서만 100여 명이 살해되었고, 46가호가 살던 삼밭구석에도 50여 명이 희생되었다. 이 날벼락 같은 재앙을 훗날 이 자리에 세워진 비석은 이렇게 말한다. "인가가 자리했을 대숲을 지나 아이들이 뛰어나올 듯한 올렛길을 걸어보라. 시신 없는 헛묘도 찾아보고, 유일하게 복구된 간장리 마을을 지나 큰넓궤로 발길을 돌려보라."

방문객의 마음을 가장 헛헛하게 만드는 것은 헛묘 이야기다. 1949년 1월 중산간 지역의 토벌작전이 극에 달했을 때, 자연의 품에서 목숨을 구하고자 했던 마을 주민들은 모두 체포되고 말았다. 이들은 서귀포의 단추공장 건물에 잠시 수용되었다가,

세밀한 확인 과정 없이 정방폭포에서 살해되었다. 유족들은 살아남은 자의 도리를 다하고자 했지만, 시신을 찾을 수가 없었다. 이미 바다에 떠내려갔거나 한데 뒤엉켜 있어 누가 누군지를 구분할 수 없었기 때문이다. 그 상황에서 유족이 할 수 있는 일이 무엇이었을까? 동광리 육거리 인근 밭에 있는 일곱 기의 헛묘가 그들의 망연자실함을 증언한다. 시신을 수습할 길이 없었던 9명의 가족을 위해 살아남은 임문숙 씨가 헛묘를 조성했다. 이 가운데 두 기는 부부를 함께 모셨기 때문에 죽은 이는 아홉이나, 봉분은 일곱이다. 헛묘라는 말 그대로 이 봉분에는 모두 시신이 없다. 이 텅 빈 무덤들은 모두 동광 육거리 검문소 근처 밭에 있다. 동광의 헛묘는 이게 다가 아니다. 15세의 나이로 죽음을 모면한 김여수 씨도 살아남은 자의 도리를 다하기 위해 유명을 달리한 작은 아버지의 다섯 일가족을 위해 세 기의 봉분을 만들었다. 이 헛묘는 큰넓궤로 가는 동광리 목장 입구 300미터 지점 길 오른쪽에 있다.

동광에서 발생한 4·3의 비극은 삼밭구석 한복판에 서있는 커다란 팽나무를 통해서도 확인된다. 원래는 지금 것보다 훨씬 큰, 수령 350여 년의 팽나무가 이 자리에 있었는데 태풍에 쓰러졌다고 한다. 제주의 중산간 지역에서 팽나무는 그 자리에 한때 사람 사는 마을이 있었음을 알려주는 증인이다. '폭낭'으로 불리는 팽나무는 마을 한가운데서 정자나무 역할을 해왔다. 이 '폭낭'을 기점으로 방사형으로 마을이 형성되었다. '폭낭' 아래에 돌로 쌓은 대臺는 주민들의 휴식공간으로서, 마을회관이 들어서기 전에는 공회당 역할을 했다. 삼밭구석에 홀로 서있는 팽나무 밑에는 작은 추모비가 있다. 김여수 씨가 사비로 세운 이 비석의 뒷면에는 4·3 때 희생된 그의 부친을 비롯해, 그와 함께 공동체를 이루며 살았던 마을 주민들의 이름이 빼곡히 새겨져 있다. 그 앞에 자리한 헛묘와 더불어 이 추모비는 잃어버린 마을의 기억을, 그리고 대한민국 현대사의 한 비극적 장면을 증언한다.

아름드리 팽나무와 더불어 마을의 존재를 알려주는 것은 대나무 울타리다. 대나무는 집 뒷부분 우영의 가장자리에 많이 심었다. '우영'은 집 주위의 텃밭을 이르는 제주 방언이다. 우영에는 배추와 무를 비롯한 채소를 많이 심는다. 우영 가장자리에 대나무를 많이 심은 이유는 가정마다 필요한 구덕과 차롱(바구니) 같은 죽제품 재료를 자급하기 위해서였다. 제주에서 죽제품은 먹을거리와 갖가지 용구를 보관하는 생활필수품이었다. 그러므로 중산간 들판에 서있는 한 그루의 팽나무와 주변에 산재한 대나무 울타리는 그곳에 살던 사람들을, 그들의 희생이나 이산離散을, 그리고 파괴되기 전까지는 그들을 오랫동안 따스하게 품었던 마을공동체를 그려볼 수 있게 해준다. 흔적을 통해 과거의 그림을 그리고, 그 속에서 이야기를 발견하는 일은 쉽지 않다. 4·3과 제주의 현장을 잘 아는 가이드의 설명이 없다면, 불가능할 일이다.

마을은 가족만큼이나 우리 자신과 우리 과거를 기억할 때 가장 중요한 이유를 제공해 주는 공동체다. 어린 시절 집 안마루, 창고 뒤편의 앵두나무, 구멍 난 문풍지와 그 사이로 들어오던 바람소리가 옛 기억을 떠올릴 때마다 그림자처럼 따라오듯이, 동구 밖 초입의 버드나무, 작은 연못과 그 옆의 풀숲, 마당 넓은 과수 창고와 거기서 함께 구슬치기 하던 친구들도 우리 추억의 항시적 동반자다. 얼룩배기 황소를 본 적이 없는 젊은 사람들에게도 정지용 시인의 〈향수〉는 눈 지긋이 감고 고향을 그려보게 만든다. 가족에 대한 추억에서 가족 구성원이 빠지지 않는 것처럼, 마을에 대한 우리 기억은 실상 마을공동체에 대한 기억이다.

고향 생각은 돌아갈 고향을 잃어버린 사람들에게 더욱 절실하다. 고향을 잃어버린 이유는 다양하다. 댐 개발로 인한 수몰일 수도 있고, 지진이나 쓰나미 같은 자연재해가 그 이유일 때도 있다. 그러나 역사적으로 실향失鄕의 가장 큰 이유는 전쟁이다. 국가와 민족 간의 전쟁, 한 국가 안의 내전, 이 과정에서 벌어진 학살과 파괴가 인류 역사에서 빈번하게 발견된다.

특히 유대 민족에게 역사는 실향과 추방, 이주移住와 이산離散의 연속이었다. 이 가혹한 시련은 특히 기원후 70년 로마제국의 티투스 장군이 예루살렘 성곽과 성전을 '돌 위에 돌 하나도 남지 않게' 파괴하면서 유대인의 일상이 되었다. 81년에 건립되어 현존하는 로마 최고最古의 개선문으로 불리는 티투스 개선문은 로마 역사의 번영과 유대 역사의 쇠망을 보여주는 기념물이다. 로마인에게는 영광의 기념물이지만, 유대인에게는 치욕의 기념물인 셈이다. 티투스에 이어 즉위한 도미티아누스 황제의 명령에 따라 건설된 티투스 개선문은 예루살렘 함락과 유대인 반란 진압의 장면들을 새겨 넣어, 훗날 로마로 이주해 온 유대인들의 정서에 지속적 자상刺傷을 가했다.

특히 성전 훼파는 그들에게 충격 그 자체였다. 실향과 망향望鄕은 이후 그들의 집단적 정서로 자리 잡았다. 그리하여 성전파괴를 뜻하는 '후르반Churban'은 유대인들의 집단 정서와 정체성 형성에서 2천 년 가까운 기간 동안 가장 중요한 요인이었다. 하느님이 계신 곳으로 돌아가자는 시온주의 운동은 그 직접적 결과였다.

그러나 이제 후르반은 유대적 정체성을 구성하는 넘버원이 아니다. 홀로코스트 기억이 후르반을 두 번째 자리로 밀어낸

애월읍 봉성리 자리왓—팽나무(이영권 제공)

애월읍 봉성리 자리왓—돌담거락과 우영(이영권 제공)

것이다. 홀로코스트는 유럽 유대인에게 소중한 가족의 상실을 가져왔다. 그렇기에 홀로코스트는 유대인들에게 트라우마가 된 것이다. 유대교를 믿는 정통파 유대인들은 이와 함께 공동체의 상실을 특히 가슴 아파했다. 이 고통을 달래기 위해 그들은 야드바셈 내에 거대한 공동체의 계곡valley of communities을 조성했다. 유럽 전역에 일구었던 수천 개 공동체의 파괴에서 비롯된 실향의 아픔을 원原고향인 예루살렘의 화강암 암반을 깎아 만든 이 거대한 상징적 조형물로 달래고자 했던 것이다. 이것이 파괴된 공동체를 기억하는 유대인들의 방식이다.

4·3을 겪은 제주인들은 지금 파괴된 생활공동체의 흔적들을 통해 과거를 기억하려 하고 있다. 지금 70-80대 노인이 된 사람들은 '잃어버린 마을'을 통해 살가웠던 비극 이전의 추억과 무자비했던 이주 및 학살의 기억을 대면하고 있다. 이분들이 돌아가시고 나면, 이 '잃어버린 마을'은 어떤 의미를 갖게 될까? 108개의 '잃어버린 마을' 어귀에 108개의 비석과 안내판을 설치하는 것은 어디에 소용될까? 극심한 파괴를 겪은 제주공동체를 기억함으로써 평화를 가꿔가는 노력을 촉구하는 '생명의 기념물' 역할을 할 수 있을 것이다. '잃어버린 마을'은 제주의 자연이 허락하고 양식 있는 시민사회가 보존해야 할 경고의 기념물Mahnmal이다. 아름드리 팽나무, 허물어진 올레길, 쑥대밭이 되어버린 우영이야말로 멀찍이 서서 바라보는 기념물이 아니라, 그 사이를 발로 거닐고 손으로 만지며 과거와 현재 간의 거리를 좁혀보는, 숨 쉬는 기념물, 살아있는 기념물이라고 하겠다. 이 기념물에는 두 개의 보완책이 필요하다. 방문객들이 이 스러진 마을 풍경을 자연스러운 제주 풍광의 일부로 오인하지 않도록 약간의 설명을 담은 안내판과 파괴된 마을이 간직하고 있는 이야기를 증언하는 안내자가 그것이다.

애월읍 봉성리에 서있는 표석은 자연이 허락하고 인간이 발견한 이 인문적 기념물의 의미를 절제하는 가운데서 적절하게 부각하고 있다. 그래서 그 일부를 인용한다.

> 주민들은 봉성리 입구 신명동에 터를 잡아 살기 시작한 이후 자리왓 등으로 전혀 돌아오지 않았으니, 이곳을 지나는 길손들이여, 눈을 들어 주위를 둘러보라. 저 바람에 스석대는 대숲이 있던 집터와 밭담 사이로 자그맣게 남아있는 올레, 그리고 마을의 역사와 더불어 살아온 저 팽나무를. 서러운 옛 이야기가 들리지 않는가.*

* '잃어버린 마을'에 관한 내용은 4·3연구소 이사인 오승국 선생이 오랫동안 《한라일보》에 연재한 답사기 〈오승국의 4·3 유적지를 찾아서〉에 크게 의존했다. 제주 전역에 새겨진 집단학살과 강제이주의 흔적을 동행하면서 상세하게 알려준 오승국 선생께 감사한다. 수많은 분들이 나와 비슷한 빚을 오 선생께 졌으리라고 생각한다.

8/

아름다운 풍광, 서러운 이야기
—무명천 할머니 집

홀로코스트를 생각할 때면 가장 먼저 떠오르는 사람이 있다. 유대계 독일 소녀 안네 프랑크다. 안네는 살해되어야 할 아무런 이유를 갖고 있지 않았던 소녀였다는 점에서 나치가 자행한 유대인 학살의 근원적 성격을 폭로한다. 그 때문에 안네가 남긴 일기는 '살아있는 인권교과서'로 널리 애독되어 왔다. 루스벨트 대통령의 부인이자 저명한 인권운동가였던 엘리너 루스벨트Eleanor Roosevelt 여사의 표현이다. 이차대전 이후 온 세계가 나치 범죄에 관해 침묵할 때, 《안네의 일기》는 홀로코스트를 알리는 신호탄 역할을 했다.

제주 4·3에서도 안네와 비슷한 사람을 찾을 수 있을까? 내게는 '무명천 할머니'가 바로 그런 사람이다. 두 사람 사이에는 엄청나게 많은 차이점이 있다. 그럼에도 불구하고 또렷한 공통점이 하나 있다. 무엇보다, 무명천 할머니는 토벌대의

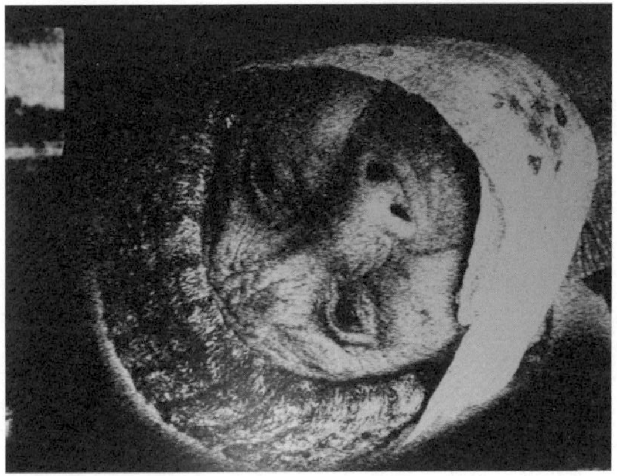

무명천 할머니(4·3평화기념관 전시)

총격을 받아야 할 이유를 갖고 있지 않았다. 치명적인 총상을 입을 때 무명천 할머니의 나이는 30대 중반이었다.

진아영秦雅英(1914-2004). 그분의 본명이다. 이 예쁜 이름의 소유자에게 감당 못할 시련이 시작된 것은 1949년 1월 12일이다. 북제주군 한경면 판포리 집 앞에서 그녀는 신원을 알 수 없는 토벌대의 총격에 아래턱을 잃었다. 오인 사고로 추정된다. 다행히 목숨은 건졌지만, 후유증으로 온전히 말을 할 수 없게 되었다. 게다가 음식도 제대로 씹을 수 없었다. 누군가의 도움이 없이는 정상적인 삶이 아예 불가능하게 된 것이다. 망가진 몸으로 부모의 곁에서 삶을 이어갔다. 부모를 여읜 후에는 언니가 살던 월령으로 옮겨왔다. 후유증 속에서 모진 목숨을 이어가던 그녀는 2004년 가을 세상을 떠났다. 이때 나이 구십 세였다.

4·3은 온 제주를 피로 적셨고, 그 피가 마른 자리들을 슬픔이 채웠다. 이때 발생한 그 어느 죽음인들 참혹하지 않겠나? 어떤 이야기인들 먹먹하지 않겠나? 그럼에도 진 할머니에게 우리 마음이 유독 이입되는 이유는 그 일 후에 그녀가 웅크리고 지내온 세월이 너무도 길었기 때문이다.

진 할머니의 집은 제주시 한림읍 월령리 선인장마을에 있다. 이곳은 국내 유일의 선인장 야생군락지가 자리해서 관광객의 발길이 끊이지 않는다. 선인장 군락 앞으로는 현무암을 바탕으로 검은색, 코발트색, 옥색 바다가 펼쳐진다. 그저 서있기만 해도 복 받은 것 같은 그곳 해변에서 얼마 떨어지지 않은 곳에 진 할머니가 살던 아주 작은 집이 있다.

마당 딸린 이 8평짜리 낡은 집이 진 할머니가 삶의 대부분을 보냈던 세상이다. 자주는 아니었지만, 외출할 때도 있었다. 그럴 때면 할머니는 훔쳐갈 것 아무것도 없는 이 집 문을 꼭

안내 INFORMATION
사단법인 무명천 진아영할머니 삶터보존회 (문의 : 064-722-2701)

잠갔다. 어쩌다 마을에 잔치집이 있어 방문할 때도 할머니는 이웃과의 자리를 피했다. 싸주는 음식을 들고 집으로 돌아왔고, 간혹 사람들과 함께 밥을 먹을 때도 등을 돌리고 앉았다. 그렇게 할머니는 세상과 등지고 살았다. 그러나 그게 할머니의 본심이었을까? 세상과 절연할 마음이었다면, 달이 비치는 한밤중에 집 문을 조용히 닫아걸고 마을로, 해변으로 걸어 나오지는 않았을 게다. 세상에 대한 그리운 마음이 없지 않았을 게다. 그런 할머니를 마을 사람들은 '모로기 할망'이라고 불렀다. 언어 장애인을 뜻하는 제주도 방언이다.

총격으로 아래턱을 잃어버린 이후 진아영은 많은 것을 상실했다. 저작 기능을 잃었고, 말을 잃었다. 어울리는 기쁨을 잃었고, 사람에 대한 신뢰를 잃었다. 그 대신 그녀가 얻은 것은 위장병과 공포심과 자괴감이었다. 트라우마였다.

바람이 심하게 불던 2014년 12월 어느 날, 4·3평화재단 오승국 팀장의 안내로 독일 학자 두 분과 함께 진 할머니 생가를 처음 찾았다. 오 선생의 설명을 통역하던 중 내 안에서 설움이 솟구쳐 올라왔다. 이내 참지 못하고 내게서 통곡이 터져 나왔다. 조그만 방, 낮은 천장, 아주 낡고 작은 양은 도시락 때문이었다. 아니, 그뿐만은 아니었다. 오 선생의 이야기를 들으며, 방 벽에 걸려있는 주름 가득한 사진을 보며, 어둠 속에서 등 돌린 채 웅크리고 있는 진 할머니의 모습이 떠올랐기 때문이다. 반지하 방문의 백열등이 켜지면 소스라치게 놀라 황급히 몸을 숨기는 바퀴벌레처럼, 칩거 아닌 칩거로 평생을 이어올 수밖에 없었던 할머니의 서러움이 내게 전해졌기 때문이다.

걸음을 옮겨 가까운 바닷가 카페를 찾아서도 들썩이던 어깨는 쉽게 가라앉지 않았다. 주문한 선인장 차가 거의 식을 무렵에야 바다를 바라볼 수 있었다. 그때 처음으로 알았다.

무명천 할머니 집 외관(이영권 제공)

무명천 할머니 집 내부(이영권 제공)

푸른 바다가 그렇게 서럽게 보일 수도 있다는 것을 말이다. 진 할머니가 살아생전 이따금 나와 바라보았을 그 바다다.

무명천 할머니의 집이 곧 박물관으로 바뀔 것이라는 소식을 얼마 전에 들었다. 덜컥 겁이 났다. 반가운 마음보다는 걱정이 먼저 든다. 여성인권의 개념이 들어가고, 평화를 설명하려는 의욕이 앞서는 예의 기념관이 그 자리에도 들어서지는 않을까 하는 걱정이다. 무명천 할머니 집만큼은 세상에서 가장 작은 생가 박물관으로 남았으면 한다. 이곳은 좋은 가이드나 선생님이 마이크 없이 인솔 학생들에게 진 할머니의 이야기를 나직이 들려줄 때 가장 큰 공감이 일어날 수 있는 장소라고 믿기 때문이다. 작은 도시락, 피 밴 무명천, 낡은 베개와 잠자리, 할머니가 분신처럼 남기고 간 신발 한 켤레만 있어도 이곳은 기억을 촉발하는 기념의 모퉁이 돌 역할을 하기에 충분하다. 국가폭력의 후유증과 여성인권에 대한 설명은 봉개동에 있는 4·3평화공원 기념관에서 하는 것이 아무래도 더 적절할 것 같다.

아울러 좋은 책이 있어 하나 소개하고 싶다. 정란희 글, 양상용 그림, 《무명천 할머니》(스콜라, 2018)다. 이런 책들을 통해 서로 다른 희생자들의 스토리가 켜켜이 쌓여갈 때, 그렇게 해서 문화적 기억이 빼곡하게 축적될 때, 4·3의 기억은 시간이 흘러도 쉽게 사그라지지 않을 것이다.

9/

시멘트 벽 총흔의 증언

—노근리 쌍굴다리

한 번이라도 사격을 해본 사람은 안다. 총소리는 우리가 생각하는 그 '탕' 소리가 아니다. '꽝' 하는 굉음에 가깝다. 소총도 그렇고, 기관총은 더 그렇다. 문제의 노근리 쌍굴다리에 갔을 때, 사격 지점이 너무 가까웠다는 사실에 무척 놀랐다. 이 거리에서 기총사격을 가했다면, 쌍굴다리 안에서 날아오는 총탄을 몸에 맞아야 했던 피난민들의 공포는 우리의 상상을 초월했을 것이기 때문이다. 답사는 항상 이렇게 무언가 아직 채워지지 못한 것을 파악하는 데 도움을 준다. 그러나 현장 확인을 통해서도, 추체험을 통해서도, 감정이입을 통해서도 도저히 채울 수 없는 것이 있다. 그 느낌이 현장을 다녀와서도 마음을 여전히 답답하게 만든다.

한국전쟁이 발발한 지 한 달 후 충북 영동군 황간면 노근리에서 민간인들에 대한 총격 사건이 일어났다. 그 일로 인해 임계리와 주곡리를 비롯해 인근 농촌 마을에 살고 있는 주민들이 큰 희생을 치렀다. 목숨을 부지하기 위해 황급히 피난길을 떠났던 주민들은 1950년 7월 25일부터 5일 동안 소총과 기관총 사격을 연이어 받았다. 그들 중 대부분은 그 전에는 총을 쏴본 적도 없고, 가까이서 사격을 받아본 적도 없었을 것이다. 5일간의 악몽 속에서 250명에서 300명 사이의 민간인이 목숨을 잃었다. 이 숫자는 추정치로, 정확한 숫자는 알기 어렵다. 평시에 발생한 일반적 사고가 아니기 때문이다.

희생자들은 국제법 표준에 따라 마땅히 보호받아야 할 비무장 민간인이었다. 전시라도 예외가 있어서는 안 되었다. 그럼에도 사달이 벌어졌다. 어떻게 그런 일이 일어날 수 있었던 것일까?

사건의 시작은 1950년 7월 23일이었다. 그날 정오 주곡리 마을에 갑자기 미군이 통역과 함께 나타났다. 그리고 소개명령이 떨어졌다. 금강 일대에 설치되었던 국군과 미군의 방어선이 흔들린 여파였다. 주민들은 가까운 임계리로 급히 피난을 떠났다. 이틀 후 임계리에 다시 나타난 미군은 후방 지역으로 한 번 더 피난길에 오를 것을 재촉했다. 임계리와 주곡리, 그리고 인근 지역까지 합해 500명에서 600명 사이의 주민이 미군의 유도에 따라 마을을 출발했다. 당일 저녁 주민들은 하가리 하천에서 노숙했다. 다음 날 4번 국도를 따라 서송원리 부근에 도착한 주민들은 다시 미군의 유도를 받아 국도가 아닌 철길로 행로를 변경했다. 그날 정오 무렵 미군 비행기가 상공에 출현했다. 그리고 갑자기 철길 위로 폭격과 기총 소사를 가하기 시작했다. 피할 곳 없었던 피난민들 가운데 다수가 그 자리에서 죽었다. 피할 곳을 급하게 찾던 주민들은 노근리 개근철교 밑으로 숨어들었다. 훗날 노근리 '쌍굴'로 알려진 바로 그곳이다.

얼마의 시간이 지났을까? 현장을 찾은 미군 일행은 피난민 현황을 파악하고 자리를 떠났다. 잠시 후 미군들이 다시 나타났다. 이번에는 쌍굴 양쪽에 기관총을 거치하고 사격을 개시했다. 그렇게 시작된 총격은 7월 29일 오전이 되어서야 멈췄다. 그 3일 동안 노근리 쌍굴은 아수라장이 되었다. 남편이 아내를 지켜줄 수 없었고, 엄마는 엄청난 공포 속에서 품속의 어린아이가 죽어가는 모습을 지켜볼 수밖에 없었다. 이유도 모르고 방책도 없는 가운데 가족과 이웃들이 아비규환 속에 차례로 죽어갔다. 학살이 자행된 그곳은 지금까지 통한痛恨의 장소로 남아있다.

우리는 지금도 피난민들이 사격에 죽어갔던 이유를 제대로 알지 못한다. 10여 년 전 나는 〈노근리 파일〉 해제 책임을 맡아, 기밀 해제된 문건들을 들여다보았다. 우리 팀에 주어진 '노근리 파일'은 이름과 달리 노근리 사건 자체에 관한 기록들만 모아놓은 것이 아니었다. AP 통신의 보도로 노근리 학살이 국제적 현안이 되자, 미국 정부는 미국 국립문서고(NARA)에 소장된 한국전쟁 자료들 가운데 민간인과 포로 학살 등 전쟁범죄와 관련된 자료들을 따로 선별해서 〈노근리 파일〉이라는 이름을 붙였다. 우리 국사편찬위원회가 넘겨받은 이 자료들의 복사본에 대한 해제 작업을 몇 명의 한국전쟁 전문가와 함께 진행했던 것이다.

방대한 분량의 〈노근리 파일〉에는 노근리 사건에 관한 단서를 담고 있는 자료들이 약간 포함되어 있다. 이 제한적인 자료들만으로는 사태의 전말과 동기를 정확하게 알 길이 없지만, 한 가지 사실만은 분명했다. '흰옷 입은 사람들'에 대한 미군의 공포가 극에 달해있었다는 점이다. 초반의 기대와는 달리 인민군과의 전투에서 연패를 경험한 미군은 이내 패닉

상태에 빠졌다. 특히 대전 전투에서 딘William F. Dean 소장이 포로로 잡힌 후에는 미군 병사들의 심리가 나락으로 떨어졌다. 아무 정보도 없이 투입된 낯선 땅에서 얼굴 구분이 쉽지 않은 이방인들과의 싸움은 미군 장병들에게 곤혹스러운 도전이었다. 전투 지역에 출몰하는 '흰옷 입은 사람들'에 대해 미군이 가졌던 공포감은 그들이 남긴 여러 건의 보고서를 통해서도 확인된다. 민간인 복장으로 위장한 인민군의 기습, 후방에서 가해질지도 모를 게릴라의 공격에 대한 두려움이 연패 상황과 결부되어 과잉대응을 초래했던 것은 분명하다.

그렇다고 해서 이런 상황이 책임으로부터의 면탈을 뒷받침하는 이유가 되기는 어렵다. 몇 차례에 걸쳐 피난민들의 상황을 미군이 직접 현장에서 파악했고, 대면 조사를 통해 피난민들 속에 게릴라가 섞여있지는 않다는 사실을 확인했기 때문이다. 무엇보다 노근리 일대에서 '흰옷 입은 사람들'에 의한 미군 공격은 없었다. 패전이 거듭된 전시 상황이기는 했지만, 좀더 세심한 관찰과 주의가 있었다면, 교전수칙에 대한 준수가 있었다면, 노근리에서의 희생은 결코 발생하지 않았을 것이다.

그 자체로 중대했던 이 사안은 1999년 AP통신을 통해 보도되면서 세계의 주목을 끌었다. 이 충격적 보도 후에 1년간의 조사를 통해 작성된 미 국방부 보고서의 결론은 모호했다. 보고서는 사건 자체를 부정하지는 않았다. 미군 제1기병사단 제7기갑연대가 인민군의 침투를 우려해 쌍굴다리 밑에 숨어있던 피난민들에게 총격을 가한 것은 사실이라고 확인했다. 그러나 피해자 수에 대해서는 보수적 태도를 취했고, 공식 명령의 존재도 확증하지 않았다. 사안의 성격상 상급부대의 명령이 반드시 있었을 텐데, 문헌 조사에 치중한 국방부는 이를 명확하게 인정하지 않았다. 전시에 발생한 수많은 사건들 배후의 명령은 그러나 문서보다는 구두 명령 형식을 띠는 경우가 많다. 당시 현장에 있던 미군 장병들 가운데 일부의 기억도 이를 뒷받침한다. 그럼에도 배상과 보상 등의 문제를 염두에 둔 듯, 보고서는 '최소주의' 원칙에 입각해 작성되었다. 그 결과 클린턴 대통령의 입장 표명도 사과가 아닌 유감으로 끝나고 말았다. 원칙에서 보면 불만스러운 결과이지만, 사안의 성격과 지난했던 진실규명 과정을 생각한다면 이것만 해도 상당한 성과였다.

쌍굴다리 밑에서 어린 아들과 딸을 잃은 정은용 선생과 전쟁 후에 태어난 그의 아들 정구도 박사에 의해 대를 이어 전개된 '1인 십자군 전쟁'이 아니었다면, 이마저의 성과도 기대할 수 없었을 것이다. 이 부자의 끈질긴 노력은 나치 독일에 가족을 모두 잃은 후 망명생활 속에서도 미국 정부와 유엔을 설득해 1948년 유엔 제노사이드 협약을 탄생시킨 폴란드의 유대계 형법학자 라파엘 렘킨Raphael Lemkin의 편력을 연상케 한다. 세상의 벽은 높지만, 진실규명을 위한 절절한 노력은 마침내 오랜 침묵을 깨고 새로운 제도를 창출하게 된다는 것을 정씨 부자는 한국 사회에 가르쳐주었다. 진실은 존재하는 것이 아니라 규명되는 것이다. 미국 대통령의 유감 표명을 계기로 노근리 사건은 비로소 진실이 되었다. 이에 대한 후속조치로 특별법이 제정되었다. 노근리 평화공원 조성은 그 결과였다.

내가 노근리 평화공원을 찾은 것은 복숭아와 조팝나무 꽃이 싱그럽게 핀 4월이었다. 비극이 벌어졌던 7월 말의 무더위를 느끼기에는 너무 이른 계절이었다. 전시관을 살펴본 후 문제의 그 장소 쌍굴다리로 가는 길은 얼마 되지 않았다. 쌍굴다리는 아직도 경부선 철로의 일부로 사용 중이기 때문에 찬찬히 살펴보기 어렵다. 평화공원에서 이곳에 이르는 길도

내왕이 빈번한 자동차 길인 데다가, 쌍굴다리의 한쪽 편 자체가 도로이기 때문에, 여느 역사적 장소처럼 고즈넉한 느낌은 전혀 없다. 쌍굴다리 밑의 절반에 해당하는 부분은 사건이 발생했던 그해 여름에도 지금처럼 시냇물이 흘렀다고 한다. 오가는 트럭 소리와 기차 소리가 컸지만, 함께 간 학생들은 개의치 않고 모든 감각을 집중해서 해설사의 설명을 들었다. 장소가 갖는 힘은 그렇게 컸다. 대량의 죽음은 그곳에 무거운 진정성을 심어 넣었다.

1934년 일제 강점기에 경부선 철도용 다리로 건축된 노근리 쌍굴다리는 길이 24.5m, 높이 6.75m, 너비 12.25m의 평범하게 생긴 아치형의 콘크리트 구조물이다. 서울을 기점으로 225km 지점에 있고, 황간역에서는 남쪽으로 3km 약간 못 미쳐 있다. 지도에서 보면 휴전선 이남 우리 대한민국의 배꼽 되는 지점에 있다. 이 쌍굴다리 밑에서 1950년 7월 26일부터 29일까지 만 3일 동안 평시라면 생각조차 하기 어려운 일이 벌어졌다.

피난의 시작은 7월 23일이었다. 불길한 조짐은 25일에 나타났다. 하가리 하천변에서 야숙하던 주민들 가운데 대열을 이탈하는 사람에게 총격이 가해지면서, 사상자가 발생했던 것이다. 본격적인 희생은 26일부터 일어났다. 그날 낮에 미군이 철로 위에서 피난민들의 짐을 샅샅이 검사했다. 이어서 어딘가와 무전으로 통화했다. 그러곤 모두 사라졌다. 잠시 후 남쪽 하늘에서 두 대의 폭격기가 날아왔다. 그리고 갑자기 철로 주변에 폭탄이 투하되었다. 지상에 있던 미군들도 기관총을 쏘며 가세했다. 100명에 가까운 피난민들이 자리에 쓰러져 목숨을 잃었다. 폭격이 끝나자 미군들은 부상당한 사람들을 확인 사살했다. 살아남은 사람들을 모두 쌍굴다리 밑으로 몰아넣었다. 사격이 이어졌다.

굴다리 밑의 사람들은 조금만 움직이거나 소리를 내도 기총세례를 받았다. 영문을 알 수 없었지만, 겁에 질린 사람들은 일체의 소리에 질겁했다. 우는 아기들도 타박했다. 생존자들은 죽음의 문턱까지 내몰린 그때 그곳에서 벌어진 일을 고통스럽게 증언한다. 어떤 아버지는 아기를 조용히 시키라는 사람들의 성화에 질려 어린 외아들을 굴 속 개울물에 밀어 넣었다. 아이는 곧 죽고 말았다.

그날 개근천愷勤川은 죽음의 강이 되었다. 시체 더미가 쌓이면서 서쪽 굴 밑을 흐르던 개천은 더 이상 흐르지 못하는 핏물 웅덩이가 되었다. 무더운 7월의 여름, 갈증을 이길 수 없던 사람들은 살아남기 위해 가족의 피가 섞인 그 웅덩이의 물을 마셔야 했다. 웅덩이처럼 고인 물 위에는 두터운 막이 생겼다. 기름인지 피인지 분간할 수 없는 그 막을 손으로 걷어내야 물이 보였다. 사람들은 자리에 엎드려 그 물을 손으로 떠먹었다. 모두가 살아남기 위해서였다.

살아남기 위해서는 모질어야 했다. 남편의 사체 뒤에 엎드려야 아내가 살고, 누구든 본능을 억제해야 살 수 있었다. 더위와 갈증, 공포를 이기지 못하고 굴 밖으로 기어 나오는 사람은 모두 죽었다. 3일이 지난 후 그곳에서 살아남은 사람은 20여 명에 불과했다.

한국전쟁 발발 후 죽음은 그렇게 어디서나 날벼락처럼 사람들을 덮쳤다. 도시에서도 농촌에서도 죽음은 언제든 발발했다. 이유가 꼭 죽은 이들에게 있었던 것은 아니다. 어떤 경우는 아무 이유도 없었다. 하지 말아야 할 무엇을 했거나 해야 할 무엇을 안 해서 죽은 것이 아니었다. 굳이 이유를 찾자면, 그때 그곳에 있었다는 것밖에 없었다. 죽느냐 사느냐 하는 문제에서 중요한 것은 상황과 총을 쥔 자들의 시선이었다.

쌍굴다리처럼 도무지 죽어야 할 상황이 아니어도 총을 쥔 자들이 의심을 품으면 죽을 수밖에 없었다. 흥남부두 철수처럼 살기 어려운 상황이어도 총을 쥔 자들 가운데 누군가가 선한 의지를 품으면 죽지 않았다. 그렇다면 생과 사는 모두 운명에 달렸던 것일까? 그렇다면, 그 운명은 어디에서 오는 것일까? 그 상황이 다시 와도 운명은 바뀌지 않는 것일까?

쌍굴다리의 총흔을 살펴보는 대학생들

쌍굴다리 위와 아래에서 참극이 연이어 벌어지기 직전, 미군 제1기갑사단과 제25보병사단은 상급부대로부터 명령을 하달받았다. 피난민 속에 적군이 숨어있을지 모르니 전투 지역에 출현하는 모든 피난민을 적으로 간주해 사격하라는 내용이었다. 제1사단 예하의 제7기갑여단은 그 지침 안에서 움직였다. 현장 지휘관의 판단에 따라 결과는 얼마든지 달라질 수 있었다. 그러니 쌍굴다리의 희생은 결코 불가피하지 않았다. 그것은 우발적 사건도 아니었고, 필연적인 사건도 아니었다.

그렇기 때문에 책임의 범위와 소재 문제가 등장하는 것이다.

〈노근리 파일〉에는 무초John Joseph Muccio 대사가 본국에 보냈던 서신이 담겨있다. 이 편지에 따르면, 주한 미군의 최고위 지휘관들은 "주민들이 남쪽으로 이동하는 것을 금지하고, 만일 난민들이 미군 방어선 북쪽에서 출현할 경우 경고 사격을 받을 것이며, 그래도 계속 전진하면 총격을 당할 것"이라는 데 합의했다. 전시 초의 다급한 상황에서 이 지침 자체를 문제시하기는 어렵다. 다만, 지침이 명령으로, 명령이 작전으로, 작전이 보고로 이어지는 매 과정에는 세밀한 상황 관찰과 신중한 결정이 동반되어야 한다. 상황이 발생한 곳이 유럽이었어도 결과가 똑같았을까? 하는 질문을 하게 되는 것도 그 때문이다.

AP 통신 기자나 미국 국방부 조사반에게 노근리에서 발생한 민간인 공격 사실을 증언한 참전 미군이 25명에 이른다. 이들 중 일부는 상부로부터 명령을 받았다고 밝혔다. 아마도 이런 명령 이전에 상황 보고가 있었을 것이다. 유감스럽게도 상황 판단과 보고에서 명령에 이르는 전 과정을 우리는 명확하게 알고 있지 못하다. 그럼에도 한 가지 사실만큼은 분명하다. 우발적 사고로 유감을 표명하기에는 최종 결정이 너무 쉽게 이뤄졌고, 결과가 너무 위중했다는 점이다.

지금도 쌍굴다리에는 총탄의 흔적들이 많이 남아있다. 어떤 것은 ○로, 어떤 것은 △로 표시되어 있다. ○ 표시는 총탄 자국만 남은 곳이고, △ 표시는 총탄이 박혀있는 곳이다. 함께 답사 간 학생들은 평화공원 해설사의 설명을 들은 후에 굴다리 외곽 곳곳에 남아있는 총탄의 흔적들을 손으로 어루만지며 사건을 추체험했다. 이곳에 직접 찾아와 비명에 사라진 생명들을 가까이서 느끼려는 학생들의 모습에서 나는 부활한 예수의 손바닥에 난 못 자국을 만지는 제자 도마의 마음을 느꼈다. 사자에게, 과거 행위에 몰입하려는 학생들의 태도에는 일종의 거룩함이 담겨있었다. 시간이 흘러 검게 바래버린 거친 시멘트 벽을 어루만지던 그 손으로, 젊은 몸에 저장된 그 느낌으로 공부에 임한다면, 이 학생들은 얼마 지나지 않아 지금껏 내가 했던 것보다 훨씬 더 많은 것을 역사에서 찾아내고 해석할 수 있을 것이라고 기대한다. 이제껏 강의실에서 보아왔던 학생들을 역사의 현장에서 다시 바라보니, 키가 더 커 보이고 품도 더 넓어 보인다. 더 큰 책임감을 느낀다. 이 젊은 친구들이 오늘과 같은 진지한 자세로 세상을 바라보고, 죽음의 흔적을 어루만지던 그 섬세한 손끝으로 역사를 더듬어간다면, 그 세상과 그 역사는 지금 우리가 경험하고 있는 것보다는 훨씬 따스하고 풍부할 것이라고 확신한다.*

노근리 평화공원의 기념물들은 미적 기준만 가지고 보면, 별다른 특징이 없다. 몇몇의 기념물은 마감의 완성도나 재질 면에서 부족한 느낌마저 준다. 그러나 바로 거기, 예술적 감성의 결핍이 있는 곳에 역사의 트라우마, 집단의 상처가 깃들어 있다.

그냥 지나치기 쉬운데, 노근리의 비극을 잘 아는 분들과 동행할 때 비로소 멈춰 서서 다시 바라보게 되는 기념물이 있다. 바로 피난민 조각상이다. 정확하게 말하자면, 남부여대 하고 길 떠난 주민들의 피난 모습을 담은 군상 아래 떨어져 있는 고무신 한 짝이 방문객의 마음을 울컥하게 한다. 이 벗겨진

---

* 더 찾아보면 좋을 책들이 몇 권 있다. 《그대 우리의 아픔을 아는가》(다리미디어)는 몇 분 되지 않는 생존자로서 그날의 진실을 세상에 알리기 위해 헌신했던 고 정은용 선생이 남긴 책이다. 그분의 아들로서 대를 이어 노근리를 위한 기억 투쟁에 매진한 정구도 박사의 《노근리는 살아있다》(백산서당)도 함께 봐야 할 책이다. 정은용 선생의 원작을 바탕으로 출간된 박건웅 글·그림, 《노근리 이야기 1부—그 여름날의 기억》(보리)은 좀더 어린 학생들까지 읽을 수 있는 책이다.

어린이 신발 한 짝은 정구도 노근리 국제평화재단 이사장 가족의 슬픈 사연을 재현하는 장치다. 노근리 사건은 정구도 박사가 태어나기 전에 일어났다. 그의 아버지는 훗날 노근리 사건을 세상에 알리기 위해 평생을 바쳤던 정은용이다. 정은용 일가가 마을 주민들과 함께 피난길을 떠난 후, 그 다섯 살짜리 아들 구필이가 도중에 신발을 잃어버렸다. 이 아이는 7월 27일 어머니 등에 업혀 죽음의 쌍굴을 탈출하던 중 미군이 쏜 총에 맞아 숨졌다. 그 전날에는 두 살짜리 딸이 할머니 등에 업힌 채 쌍굴다리 근처에서 총탄에 맞아 죽었다. 아직 살아계신 정 박사의 모친은 아직도 맨발로 길을 걷던 첫째 아이의 생전 모습을 회고하며 가슴 아파하신다고 한다. 이 이야기가 방문객의 가슴을 후벼 판다. 애초에 함께 피난을 떠났다가 아내와 부모의 간곡한 설득에 미리 남쪽으로 피난했다가 훗날 부산에서 만난 아내에게 두 자식이 죽은 이야기를 들었을 때 정은용 선생은 "이제 내 생애의 모든 행복은 끝이 났다"고 절규했단다. 이런 일이 어디 노근리에서만 벌어졌을까? 수많은 사람의 행복은 한국전쟁과 더불어 끝나고, 감당 못할 불행이 한국전쟁과 더불어 시작되었다. 이처럼 노근리는 수많은 집단학살 비극의 대표명사다. 아직 진상규명이 제대로 되지 못한 미군 관련 민간인 희생만도 120여 건에 이른다. 그래서 노근리는 수많은 전쟁범죄의 대명사다. 대명사의 괄호 주머니에 두서없이 담겨있는 각각의 전쟁범죄 사건이 기억되고 기념되려면, 또 얼마나 많은 노력이 필요할까? 생각할수록, 아득해진다.

10/

식지 않는 집단기억의 불가마
—구 전남도청

청년으로 1980년대를 살았던 사람들은 아직도 '도청 앞 광장'과 '5월의 도청'을 이야기한다. 아마 1990년대를 푸르게 살았던 이들도 마찬가지일 것이다. 그렇게 '1980년 5월', '광주', '금남로', '도청', '도청 앞 광장'은 흰 종이에 타이핑된 먹물 글씨처럼 많은 사람들의 기억 깊숙한 곳에 찍혀있을 것이다. 그걸 각인이라고 부르면 적절할까? 특별한 설명이 없어도, 그 도청이 현재의 구 전남도청을 가리킨다는 것을 이야기하는 사람이나 듣는 사람이나 모두 안다. 5월의 기억을 간직하고 있는 전남도청은 어느덧 그렇게 우리의 도청이 되어버렸다.

2011년 늦가을 밤에 나는 전남도청 앞을 계속 배회했다. 분수대 앞을 돌다 멈춰서고 가림막 쳐진 건물 쪽으로 돌아오기를 반복했다. 그때 내 모습은 어린 시절 그때는 무척 귀했던 샤프펜슬을 잃어버린 후 컴컴해진 학교 놀이터 이곳저곳을 찾아 헤매는 어린이 같았다. 그 사이 어른이 되어버린 나는 마치 그곳 도청 일대에 잃어버린 내 소중한 무엇이 있는 것처럼 아쉬워하며 숙소로 돌아가지 못했다. 잃어버린 게 있어서는 아니었다. 무언가를 얻고 싶어서였다. 누군가의 목소리를 듣고, 누군가로부터 어떤 느낌을 허락받고 싶어서였다. 절실한 마음을 열고 두드리면 채워질 수 있을 것 같은 무언가를 기다렸다.

그때 나는 여러 사람과 함께 민주인권평화기념관 운영방안 프로젝트를 수행 중이었다. 5·18의 심장이라 불리는 구 전남도청을 민주와 인권 교육의 전당으로 개조하기 위한 이 사전작업은 부담스럽지만 매력적인 도전이었다. 국가 차원에서 구상하고 문화관광부가 주관하는 '아시아 문화중심도시' 계획 속에서 한 부분을 차지하고 있었기 때문에, 어려움이 가중될 수밖에 없는 구조였다. 문화관광부는 리모델링 과정에서 '아시아'와 '문화'를 유독 강조했고, 5·18 관련 단체들은 그런 요구를 5·18 기억의 말살이나 흔적 지우기 시도로 받아들였다. 5월 광주의 기억과 교훈을 간직하면서도 지역색과 정치색을 탈각하고 아시아적 지향 속에서 문화적 양식을 통해 구현한다는 요구는 형용모순까지는 아니라고 해도, 해결하기 어려운 난제임에는 틀림없었다. 그러나 우리에게 중요한 것은 삶을 향한 의지와 파괴의 의지가 뒤엉켰던 그 현장에서 죽어간 이들의 목소리를 듣고 재현할 수 있다면 좋겠다는 소망뿐이었다.

금남로의 구 전남도청은 아직도 식지 않은 집단기억의 불가마다. 결이 다른 수많은 기억들이 서로 등지거나 맞물린 형태로 집합되어 있는 용광로다. 기억의 가공이 충분히 이뤄지지 않은 상태에서 역사의 현장을 전시공간으로 탈바꿈시키는 작업은 까다로움 그 자체다. 누가 하든지 간에 화상의 위험을 감수해야 한다. 그 때문일까? 거대한 아시아문화전당

光州日報
광주간호학원 222-5353
광주 휴대폰 백화점
FULLDOM

프로젝트가 마무리된 지금도, 이곳 도청만은 제대로 가공되지 않은 채 남아있다. 아직 식지 않은 쇳덩어리들이 거대한 봉분처럼 쌓여있는 이곳이 온전한 전시 공간으로 바뀌는 데는 앞으로도 많은 시간이 걸릴 것이다.

'도청'은 이름처럼 하나의 건물이 아니라, 기능적인 면에서 서로 관계된 6개 건물로 이루어진 복합공간이다. 여기에는 전남도청 본관과 회의실과 별관, 전남 경찰청 본관과 민원실, 직원들의 체력 단련장으로 쓰였던 상무관이 포함된다. 이 다섯 개의 행정동과 한 개의 보조건물에 광장과 분수대까지 더해질 때 '도청'이라는 역사적 행위공간이자 5월 기억의 콘테이너가 재구성된다.

6개 건물 가운데 핵심을 차지하는 도청 본관은 본래 일제 강점기인 1930년에 준공되었다. 그 2층 건물이 3층으로 증축된 것은 1970년대였다. 이곳은 5·18 초기에는 항쟁지도부와 시민수습대책위원회가 활동했던 시민공동체의 중심이었다. 계엄군이 무력진압을 강행했을 때는 결사항전을 각오했던 시민 무장공동체의 보루였다. 그러므로 이곳에는 투쟁과 희생을 둘러싼 수많은 기억들이 공존한다. 어쩌면 서로 이질적이고 서로 충돌할 수도 있는 기억의 파편들을 세심하게 살펴보면서 이야기로 재현하는 일은 부담스럽기는 해도 신명나는 작업이 될 것이다.

본관의 각 층 면적은 420평방미터(10m×42m)에 불과하다. 130평이 채 되지 않는 협소한 면적이다. 1층은 주 출입구 앞쪽의 캐노피와 주 출입구 홀, 계단실로 이어지는 중심축을 따라 좌우 대칭으로 구성되어 있다. 1970년대에 증축된 3층은 기둥 없이 칸막이벽으로 구획된 사무공간이다. 전형적인 행정용 건물이기 때문에, 전시공간으로 활용하기에는 불리하기 그지없다.

2007년에 실시한 정밀안전진단에서는 D등급을 받았다. 이 모든 사항은 현대사의 한 획을 그은 이 역사적 건물을 전시공간으로 개조할 때 여러 가지 제약을 가한다. 그렇다고 해서 이 공간을 옛 모습 그대로 보전하는 최소 개조의 길이 최선의 선택일까? 5·18의 중심에서 활동했던 분들은 당연히 이 길을 원할 것이다. 격렬한 저항과 희생의 장소였던 데다가 현대사의 기억까지 간직된 이곳을 기억과 교육의 전당으로 가공하는 프로젝트는 복원과 보전의 좁은 스펙트럼 안에서 방향을 잡아야 할 것이다.

인접한 도청 회의실 역시 1932년 일제에 의해 준공된 지하 1층, 지상 2층의 건물이다. 이곳은 5·18 민주항쟁 당시 본관과 더불어 시민군의 최후 항전지였다. 항전이 끝난 후에는 가족들이 희생자들의 얼굴 사진을 확인했던 통곡의 장소였다. 역사성 넘치는 이 공간은 구조 면에서 본관보다는 전시에 더 유리한 곳이다. 각 층은 447평방미터(16.4m×27.27m)의 면적을 기본 모듈로 삼는다. 층당 면적은 135평 정도로, 본관과 큰 차이가 없다. 회의실은 본관과 기능적으로는 물론 구조적으로도 연결되어 있다. 이곳을 전시와 교육의 전당으로 개조하는 사람들이 주목해야 할 점이다. 지상 1층은 정면의 주 출입구와 함께 도청 본관 전면의 외부 공간에 면한 출입구와 부 출입구로 진입이 가능하다. 지상 2층도 우측면에서 본관과 연결되어 있다. 이 때문에 사람들의 이동도 하나의 물 흐름처럼 이어졌다. 시민군에게도 그랬고, 진압군에게도 그랬다. 회의실 역시 본관처럼 안정성 평가에서 D등급을 받았기에, 지속적으로 활용하기 위해서는 구조적 보강이 필수적이다.

앞의 두 건물이 처절함과 처연한 사연들을 품고 있다면, 상무관은 기저에서부터 슬픔을 발산하는 장소이다. 애도해야 할 이유를 갖고 있는 방문객이 자기 마음을 표현해야 하는 곳이 있다면, 바로 여기다. 공권력에 의해 살해된 망자들이 누워있던 곳이기 때문이다. 열 지어 즐비하게 놓였던 나무 관들, 그 위에 덮인 태극기, 오열하는 어머니. 그때 그날의 풍경이다. 모든 슬픔은 상실에서 비롯된다. 어머니는 자식을 잃었고, 투사들은 동료를 잃었다. 그 슬픔은 깊고 아득하다. 상무관이 기념의 공간으로 거듭나야 한다면, 소중한 사람, 소중한 가치의 상실을 재현하는 감성적 공간이 되어야 할 것이다. 상무관은 항쟁 기간 동안 목숨을 잃은 시신들의 안치소요, 희생자들을 위한 임시 분향소였다. 그러므로 가족들에게 이곳은 절망의 장소였다. 1960년대 후반에 준공된 이 단층 건물은 그 공간적 특성 때문에도 잃어버린 친지와 소중한 가치의 상실 때문에 애도하지 않을 수 없는 공명의 공간으로 가꾸기에 적합하다. 하지만, 그 흔한 피에타는 어떤 식의 변형된 형태로도 이곳에는 설치하지 않는 것이 좋겠다. 자식 잃은 어머니로 형상화하기에는 우리가 잃은 것이 너무 많기 때문이다. 상실의 다양한 결들을 표현하기 위해서는 아마도 다른 길을 찾아야 하지 않을까 싶다. 이곳은 넓이 972평방미터(18m×27.87m), 높이 9.54미터의 한 통 공간이기 때문에, 상실·공허·울림을 표현하기에 매우 유리하다. 살아 움직이는 기억 만들기를 꿈꾸는 이들에게는 기회다. 어떤 것을 채우기 위해 애쓰기보다는, 오히려 절제와 포기를 통해 상무관은 슬프고도 아름다운 기억의 터로 거듭날 수 있을 것이다.

도청 앞에는 광장이 펼쳐져 있다. 광장 한가운데 분수대가 있다. 우리나라 도시들 가운데 이처럼 수많은 도로들이 맞물리는 도심 한복판에 행정과 상업용 건물들이 전후좌우에 운집한 곳이 또 있을까? 광장은 광주 구도심의 핵심에 있다. 이곳은 교통의 허브였고, 지금도 그렇다. 교류의 중심 지대여서 유동 인구도 많다. 일제 시대 이래 오랫동안 행정과 사법 기관들이 집결되어 있어 역사적 향취도 진하게 풍긴다. 그래서 이곳은 민주항쟁의 중심이었다. 그러므로 이 광장은 당시의 기억을 생생하게 되새길 수 있는 최적의 옥외 공간이다.

그 때문에 이곳은 지금 5·18 민주광장으로 불린다. 민주주의는 광장에서 펼쳐진다. 광장에서 잉태되고 성장한 민주주의의 역동성은 바로 이 광장에서 가장 잘 표현될 수 있다. 가꾸기에 따라서 이곳은 실제적으로만이 아니라 의미론적으로도 한국 민주주의의 상징적 장소가 되기에 충분하다.

1980년 5월 이 광장에서 시민들은 분수대를 연단 삼아 수많은 집회를 열었다. 야단법석野壇法席이었던 이 장소에서 난상토론이 벌어졌고, 토론이 끝날 무렵이면 시민들의 뜻이 결집되었다. 하여, 이곳은 하버마스Jürgen Habermas가 그토록 중시한 공론의 장이 되었다. 이곳에 모인 이들은 공중公衆이었다. 결집된 공중은 이곳에서 항쟁의 의지를 불태웠다. 그리하여 그들 가운데 일부는 민주주의의 방패와 창이 되길 자처하며, 무장한 시민군이 되었다. 정당한 국가권력의 작동이 멈췄을 때, 사람들은 국민의 국가를 살리기 위해 이곳에서 선서했다. 하여, 이곳은 베버Max Weber가 말한 선서공동체Eidgenossenschaft의 탄생을 증언하는 현장이다. 서로 무관하거나 이따금 조우하거나 이해관계 속에서 경쟁하던 이들이 평등한 형제들로 구성된 공동체의 일원으로 변모한 곳이기 때문이다. 찰나의 순간이었지만, 이곳에서 코뮌처럼 아름다운 시민공동체가 생겨났다. 시민공동체는 자치공동체고, 밥상공동체였으며, 선서공동체였고, 자기 판단의 기준을 지닌 가치공동체였으며, 최후에는 누굴 공격하기 위해서가 아니라 지켜야 할 가치를 수호하기 위해 결성된 방어공동체였다.

사실 이들을 이끈 것은 추상적 민주주의의 이상이 아니었다. 몇몇 사람에게는 저 멀리 있는 이상이 가치의 지향점이 되었겠지만, 대다수의 시민에게 중요했던 감정은 눈앞에서 펼쳐지는 기이한 장면들에 대한 공분公憤이었다. 공권력의 오용과 남용, 궤도를 벗어난 힘의 행사가 아니었다면, 시민들은 그렇게까지 분노하지 않았을 것이다. 사람을 한데 모으고, 모인 사람들을 하나로 만든 것은 의분義憤이었다. 풀뿌리같이 거센 무언가에 기초한 이 의분은 역사의 고비마다 나타나 좀처럼 굴러가지 않는 역사의 수레바퀴를 굴리는 동력이 되었다. 역사 속 의적과 의병이 칭송받는 것처럼, 의분으로 뭉쳤던 찰나의 공동체야말로 광주 일원에서 전개된 5월의 운동에서 후세대가 기억해야 할 소중한 대상이다. 1848년 바리케이드 경험과 1871년 코뮌에 대한 기억이 오늘날 유럽에서 민주주의의 발전을 재촉했던 것처럼, 광장공동체와 그에 대한 기억도 우리 미래를 만들어가는 데 필요한 역사의 유산으로 가공해야 할 것이다.

혁명과 민주주의 발전에서 희생자들과 그들에 대한 장례식은 중요한 고비마다 큰 역할을 해왔다. 미국의 역사가 찰스 메이어Charles Mayer가 일컬었던 바, '희생의 정치'는 1980년 5월 이곳 광장에서 선명하게 출현했다. 1980년 5월 수많은 희생을 치렀던 광장은 그 후에도 수많은 민주열사들의 장례 행렬이 망월동으로 향하기 전에 시민들에게 마지막 인사를 고한 노제 장소가 되었다. 혼이 깃들고 혼을 위무하던 이곳이야말로 죽은 자들과 산 자들이 교감하기에 좋은 곳이다. 그 중심에 분수대가 있다. 분수대는 본격적인 항쟁에 앞서 수많은 시민들이 둥글게 모여 앉아 토론하고 결의를 다졌던 장소다. 그렇기에 분수대는 막강한 상징의 힘을 갖고 있다. 분수대는 1980년 5월 21일에 벌어진 최초 집단 발포의 증인이다. 분수대는 5월 열사들의 연단이었다. 분수대는 또한 추도식이 열릴 때 희생자들의 시신을 안치한 제단이었다. 민주주의가 시민의 종교라면, 분수대는 희생자들의 죽음에 민주주의의 수호자라는 의미를 부여해 주는 제단이 되었던 것이다. 그렇다고 해서 그 희생자들을 순교자로 승화하려는 욕망까지 이곳에 형상화해야 할 필요는 없다. 그 과도한 의미부여가 사자들에게 지나친 엄숙성을 부과하는 순간, 방문객과 사자들 간의 거리는 멀어지고, 사자들은 대상화되기 쉽기 때문이다. 민주주의의 수호신을 거대한 조각 군상으로 형상화하려는 오류는 4·19묘지로 족하다. 광주만큼은 그 천박한 기념의 덫에 걸리지 않았으면 좋겠다.

지금쯤이면 이제까지 이야기했던 공간은 5·18 기념의 중심으로 완전히 거듭나 있어야 했다. 그러나 현실은 전혀 그렇지 못하다. 도청 별관의 처리 방향이 가장 큰 이유가 되어왔다. 동선과 전망 확보를 위해 별관을 없애야 한다는 제안이 오랫동안 논쟁의 한 축에 있었다면, 다른 한 축에서는 별관을 포함한 모든 건축물과 유적을 원형대로 보존해야 한다는 주장이 강하게 제기되어 왔다. 현재 별관은 본관과 가까운 쪽 절반가량이 철거되고, 철골구조물을 통해 그 자리에 존재의 흔적을 남긴 상태다. 5·18 유가족회와 부상자 동지회 등 유관단체들을 중심으로 줄기차게 제기되어 온 원형 복원 요구는 최근 들어 정부에 의해 전향적으로 수용되기 시작한 것 같다. 주장은 두 가지로 요약된다. 별관 자체가 항쟁의 주요 장소였다는 것이 구체적 이유라면, 좀더 큰 이유는 역사적 현장에 대한 훼손은 곧 역사의 훼손이라는 명분에 있다. 전시와 교육 공간으로서 도청 일대 장소의 정체적 효용성을 높이기 위해 부분 철거도 타당한 이유를 갖고 있다. 그러나

5·18을 자기 삶의 전부나 일부로 받아들이는 당사자들은 공간의 부분적 파괴와 변형이 기억의 소실로 이어질 것이라고 우려한다. 5·18을 부정하거나 폄훼하는 주장이 아직도 공공연하게 제기되는 상황을 감안하면, 이들의 불안과 염려가 기우만은 아니다. 국민들 사이에서 5·18 기억이 경향적으로 약화되고, 강도마저 떨어지는 요즘의 분위기도 원형 보존에 대한 요구를 강박적으로 제기하게 만드는 것 같다. 사건과 깊이 관계된 당사자들의 주장은 효용과 기능에 관한 모든 논의보다 우선적으로 존중되어야 할 것으로 보인다. 기념의 문화는 기억의 정치를 이길 수 없고, 그보다 앞서 나갈 수도 없다. 심미적 논의와 후세대를 포스트 기억의 증인으로 육성하기 위한 교육 전략은 정치적 합의가 도출되고 정치적 지평이 요동하지 않는 상태에서만 본격화될 수 있다. 그러므로 도청 일대의 공간을 기념의 공간으로 온전히 가공하는 데는 아직도 상당한 시간이 필요할 것이다.

사실史實 보존에 역점을 두면서 전시공간으로 활용되는 '5·18 기록관'이 이미 아주 가까운 곳에 설립되었기 때문에, 도청 일대는 장소적 진정성과 역사적 아우라에 힘입어 천혜의 넓은 공간을 십분 발휘하는 방향으로 개발될 것이다. 이 공간이 행정적으로 이곳을 품고 있는 아시아문화전당과 앞으로 얼마나 조화를 이룰지 자못 궁금하다. 아시아와 문화에 방점을 찍어야 한다는 요구가 강할수록, 5·18의 정치적 성격과 광주의 지역적 정체성 문제가 거세게 제기될 것이다. 이 문제는 거듭된 논의와 합의 속에서 해결하면 된다.

앞으로 노력을 경주해야 할 것은, 풍부한 스토리텔링 자산을 어떻게 수집하고 가공해서 이 자리에 옥내 전시로, 옥외 기념물로, 교육 프로그램으로 구현할 것인지의 과제다. 1980년

5월 이곳에 모였던 사람들의 삶의 궤적을 추적하는 노력이 이제까지 상당히 진행되어 왔고, 그 가운데 일부는 역사문화 해설사들을 통해 방문객들에게 잘 전달되고 있다. 앞으로도 1980년 5월을 분기점으로 그 이후에 다양한 사람들의 삶이 어떻게 전개되어 왔는지 탐색하는 연구가 꾸준하게 진행되어야 할 것이다. 그렇게 해서 확보된 이야기의 줄기들을 파악하고, 그 속에 흐르고 있는 질서들을 찾아내다 보면 5월의 메가 스토리가 점차 모습을 드러낼 것이다. 이러한 사람 이야기들이 상설전과 기획전, 전람회와 연주회, 영상과 이미지를 통해 아시아문화전당의 각 시설들 속에서 표현된다면, 세대의 종식과 더불어 소멸되기 쉬운 5·18의 사건기억들도 장구한 생명력을 가진 문화기억으로 승화될 것이다. 그렇게 되면 도청 일대는 사건의 광장에서 기억의 숲으로 확장될 수 있을 뿐만 아니라, 역사와 기억이, 체험기억과 추체험기억이 유영하고 서로 맞물리는 문화적 기억의 생태계로 뿌리내리게 될 것이다. 그렇게 되려면 1980년 5월 역사의 소용돌이 속에서 도청 일대에서 탄생한 소통과 결사와 항거와 희생의 무수한 개인 체험들이 서로 맞물려 만들어냈던 소통공동체와 결사공동체와 항거공동체와 희생공동체의 명멸에 관한 기억들을 채집하고 가공하며 구현하는 작업이 꾸준하게 이루어져야 한다. 이러한 과정을 통해서만 과거의 어느 한 순간, 어느 한 지역에 귀속되지 않는 확장된 기억공동체가 만들어질 수 있을 것이다. 이를 통해 5·18은 대면공동체face-to-face community로서 한 지역의 경험이 아니라 시간과 공간의 구속을 초월하는, 그리하여 장구한 생명을 부여받는 상상된 공동체imagined community로서 인류의 기억으로 승화될 수 있다. 도청 공간은 이처럼 생동하는 기억 공동체를 만들어가기 위한 실험실이요, 운동장이다.

II/

등을 맞댄 두 묘역

—국립5·18민주묘지와 망월동 묘지

2015년 5월 18일 광주 외곽에 있는 높지 않은 산 양 사면에서 보기 드문 광경이 연출되었다. 〈임을 위한 행진곡〉의 제창 여부를 둘러싼 해묵은 갈등이 행사 당일까지 해결되지 못한 탓에, 5·18 기념식이 아예 두 쪽 나버리고 말았다. 보훈처가 주관하는 제35주년 기념행사는 예정대로 북구 운정동에 있는 '국립5·18민주묘지'에서 개최되었지만, 같은 시간 망월동 구 묘역에서 또 다른 행사가 진행된 것이다. 기념의 대상은 같았지만, 두 행사는 세 가지 점에서 달랐다. 첫째, 운정동에서 열린 공식 기념식에서는 〈임을 위한 행진곡〉을 합창했다. 그에 반해 망월동에서는 이 노래를 제창했다. 모든 참석자가 함께 노래한 것이다. 둘째, 운정동 행사에는 나라를 대표하는 입법·사법·행정부의 주요 인사들이 집결했던 반면에, 망월동에는 제창 거부 방침을 수용하지 않은 일부 정치인과 통합진보당, 민주노총, 진보연대 같은 단체들이 참여했다.

셋째, 운정동은 엄숙했으나, 망월동은 뜨거웠다. 1980년 이후 우리나라 정치를 지배해 왔던 국가와 시민사회 사이의 대립이 이날 하나의 정지화면처럼 강렬하게 표출된 것이다. 운정동이 국가를 상징한다면, 망월동은 시민사회를 상징한다. 망월동 기념식은 운정동 공식 행사에 대한 대항집회였던 것이다.

재밌게도, 운정동 국립묘지와 망월동 시립묘지는 행정구역은 달라도, 실제로는 같은 산에서 다른 방향으로 뻗어 나온 자락에 가깝다. 말하자면, 두 묘지는 서로 등을 맞대고 있다. 특징과 태생에서 봐도 두 묘지는 서로 떼려야 뗄 수 없는 관계에 있다. 망월동 묘지와 운정동 묘지는 모녀관계다. 망월동이 운정동을 잉태하고 출산했다. 사회가 잉태하고, 국가가 건설한 것이다. 그러나 망월동이 잉태한 국립5·18민주묘지는 양식과 풍경 면에서 어머니 되는 망월동 묘지와 크게 다르다. 이 기묘한 관계를 이해하려면, 1980년 이후 우리 현대사를 돌아보지 않을 수 없다. 각각 신묘역과 구묘역으로 불리는 운정동과 망월동의 두 묘역은 어쩌면 이행기 정의를 실현해 온 우리의 최근 과거를 매우 상징적이고 압축적으로 보여준다. 여기에는 좋은 특징은 물론 나쁜 특징까지도 담겨있다.

1980년 5월 27일, 시민군이 결사항전의 의지를 다졌던 전남도청이 계엄군에 의해 장악되었다. 교전 과정에서 살아남은 자들은 체포되었고, 죽은 자들은 앞서 죽은 자들과 함께 매장되어야 했다. 계엄군은 5·18의 망자들을 트럭에 싣고 망월동 광주시립묘원 제3묘역에 묻었다. 사자에 대한 예의와 절차는 생략되었다. '폭도'로 명명된 사자들 가운데 가족의 의지에 따라 선산으로 간 분들도 있었지만, 그렇지 못한 주검들은 청소차에 실려와 이곳에서 '처리'되었다.

이후 망월동 제3묘역은 물론, 이곳을 찾는 이들에게도

'불온'의 낙인이 찍혔다. 살아남은 자들과 유족들은 제상을 차리는 것도 수월치 않았다. 추모객들의 발길이 이어졌지만, 당국은 갖은 방법을 동원해 그 발길을 막았다. 이듬해인 1981년 5월 17일 망월동 제3묘역에서 유족과 시민·학생을 포함해 400여 명이 참여한 가운데 첫 추모제가 열렸지만, 행사를 조직한 유족회장은 국가보안법과 집시법 위반 혐의로 10개월을 복역해야 했다. 그럼에도 추모의 발길이 끊어지지 않자, 당국은 안장된 희생자들의 시신을 다른 곳으로 옮기도록 집요한 공작을 전개했다. 그 결과 1982년부터 3년 동안 24명의 주검이 이장移葬되었다.

그러나 그럴수록 묘역을 찾는 이들은 더 늘어났다. 묘역 참배가 곧 투쟁이 되었다. 그렇게 신군부가 만든 시궁창은 꽃동산이 되어버렸다. 이 추모의 동산은 시간이 흐르며 한국 민주주의의 야적장이 되어갔다. 1980년대부터 민주화 시위나 노동운동 과정에서 숨진 이들이 안식하고 예우받는 공간으로 거듭난 것이다. 1987년 6월 민주화 시위 중에 경찰 최루탄에 맞아 숨진 청년 이한열도 그중 하나다.

확장과 변화를 거듭하던 망월동 묘역에 변화가 일어난 것은 1997년이다. 1993년 문민정부 출범과 더불어 천명되었던 신묘역이 인근에 완성되면서, 대대적인 이장이 실행되었다. 주검이 옮겨간 자리엔 149기의 가묘가 조성되었고, 망월동 시립묘지엔 구묘역이란 별칭이 붙었다.

신묘역은 2002년 7월 국립5·18묘지로 승격되었고, 4년 후에는 다시 '국립5·18민주묘지'로 개칭되었다. 시립 구묘지와 국립 신묘지 사이에는 치열한 기억투쟁이 존재한다. 기억의 공인을 위한 5월운동이 없었다면, 신묘역의 탄생은 불가능했을 것이다. 국민이 가세한 5월운동을 통해 '국가에 의한 죽음'이 국가에 의해 기념되는 일이 벌어지게 되었다. 국가는 시민사회의 요구에 5만 평의 대지로 통 크게 응답했다. 이를 통해 '폭도'의 죽음은 '민주열사'의 죽음으로 개명되고, 그들에 대한 예우는 보훈의 차원에서 이루어지게 되었다.

이와는 별도로 기념문화와 생동적 기억의 창출이라는 면에서 보면, 신묘역은 아쉬움을 넘어 적잖은 문제점을 갖고 있다. 신묘역은 5만 평(188,201m²)이 넘는 광대한 부지 위에 조성되었다. 총 10개 구역으로 구성된 묘역 면적만 해도 3천 평을 넘는다. 이것 자체야 문제될 것이 없지만, 설계에서부터 국가의례를 염두에 둔 전형적 추모 공간으로 기획되었다. 가장 상징적인 것은 묘지 중앙에 솟아오른 고딕의 첨탑이다. 높이 40미터에 달하는 이 탑은 우리나라 전통 사찰에서 흔히 볼 수 있는 당간지주를 모티프로 삼았다. 서로 대칭적인 두 개의 사각 기둥으로 이루어진 탑신 중앙부에는 손 모양으로 감싸쥔 알 모양의 형상, 곧 난형환조가 있다. 의미하는 바는 쉽게 짐작되지만, 표현 양식의 진부함 때문에 감동이 허락되기 어렵다. 이 탑은 그 앞에 놓여있는 거대한 석조 '추념의 문'과 하나가 되어 이곳을 걸어 들어오는 방문객을 압도한다. 한옥 양식의 '역사의 문'을 지나 추념문을 통해 중심부의 탑까지 이르는 과정은 지극히 위압적이다. 하여, 국립 현충원 모델을

확대 적용한 것 같은 이런 공간 구성이 민주주의를 위해 국가폭력에 맞서 싸웠던 다양한 시민 희생자들을 추모하는 데 최적의 효과를 발휘하게 하는지 물음을 던질 수밖에 없다.

단차까지 두면서 오와 열을 맞추어 조성되어 있는 묘역도 마찬가지다. 봉분의 크기와 모양에서부터 비석의 색깔과 글씨에 이르기까지 집단과 제복을 연상케 하는 이 질서 충만한 방식이, 목표와 결과는 하나로 수렴될 수 있지만 과정과 방식만큼은 지극히 다양했던 시민 희생자들의 삶과 죽음을 적절하게 표현하고 있는지, 끝없는 의혹이 마음속에서 일어난다. 이러한 획일적 성격의 국가주의 공식은 참배의 의례에서도 재연된다. 대학 학과 단위의 답사차 방문한 학생들에게도 국가 최고 지도자들의 공식 의례가 그대로 적용되는 것을 경험하는 순간,

5·18묘지 묘역

망월동묘지 전경

인솔자로서 그 자리에 있던 나는 아연실색하지 않을 수 없었다. 모든 것이 일 년에 한 번 있는 5·18 공식 기념행사의 재판이라니.

갈 때마다 느낀 거지만, 국립5·18민주묘지에서는 민주의 훈향熏香을 맡아보기 어렵고, 난장亂場의 여지를 찾아보기는 더 어렵다. 묘지의 모양이 어떠한들 가족에게는 별 상관없을 것이다. 오히려 가족들은 국립묘지 방식의 기념, 거대한 봉분에 안도할 수도 있다. 그러나 이곳에서 애도의 이유를 찾고 싶어하는 일반 방문객들에게는, 그리고 한 세대가 지나 5·18이 더 이상 동시대인의 기억이 아니게 되는 날이 온다면, 현재의 묘지는 최적의 장소가 될 수 없다.

단 5·18 문화해설사들의 설명만큼은 이 죽음의 공간에 생기를 불어넣는다. 묘역의 봉분들을 넘나들면서 들려주는 희생자들의 이야기는 방문객들에게 넉넉한 감동을 준다. 해설사들이 열정적으로 들려주는 적극적 희생자들의 의지는 시민의 용기를 북돋아 주고, 소극적 희생자들의 운명은 국가폭력에 대한 경계감을 갖게 해준다. 이 모든 이야기들은 사자들에 대한 애도로 귀결된다. 준비된 해설사들이야말로 저장기억을 활성기억으로 바꿔주는 소중한 휴먼파워다. 교육은 그만큼 힘이 세다.

5·18 국립묘지가 참배객에게 최적화되어 있다면, 등을 맞댄 망월동 묘지는 추모객에게 적합한 곳이다. 같은 묘지임에도 좀더 밝고, 좀더 생기가 흐른다. 두 묘지를 찾는 많은 사람들의 느낌이다. 그 이유는 뭘까? 쉽게 말할 수 없지만, 저기 운정동에 없는데 여기 망월동엔 있고, 여기 망월동엔 없는데 저기 운정동엔 있는 걸 찾아보면 되지 않을까? 보이지 않는 이유도 있겠지만, 우리는 그 세계를 알 수 없기 때문이다.

망월동에는 느슨한 정도의 질서가 있으나, 자로 잰 듯한 규칙은 없다. 모든 국립묘지는 위로는 수많은 법령의 지배를 받고, 밑으로는 무수한 규칙과 관례에 의해 규율된다. 개인 묘역의 크기와 봉분의 규모, 비석과 상석의 크기와 재료 등 모든 것이 정해진 규칙에 따른다. 심지어 비석의 글씨체도 같다. 통일성과 동일성의 원칙은 균질성으로 이어지기 쉽다. 그래서 국립묘지와 그 모형을 따르는 제복 입은 사람들, 곧 전몰자들의 주검을 모시는 곳이 되어왔다.

망월동 역시 시 산하 도시공사의 관리를 받는 공립묘지이기 때문에 수많은 규칙이 작동한다. 그러나 그 규칙들은 무질서를 방지하기 위해 필요한 최소한의 원칙에 가깝다. 규칙과 규칙 사이에는 사자들의 다양한 사연과 그들을 기리고자 하는 이들의 마음이 마음 가는 대로 표현될 여지가 있다. 그 여지 가운데 가장 큰 것이 비석의 형식과 내용이다.

> 여보/당신은 천사였오/천국에서 다시 만납시다.
>
> —진홍 아빠가.

임신 8개월 때 집 앞에서 교사인 남편을 기다리다가 계엄군의 총에 희생된 젊은 가정주부 최미애 씨의 무덤 앞에 있는 묘비다. 아직 태어나지 못한 아이와 평생을 함께하기로 약속했던 아내, 이 두 생명을 기리는 남편의 통곡이 이렇게 실려있다. 이곳에 안장된 최 씨에게는 총격을 받을 당시 세 살의 아들까지 있었다. 엄마 잃은 그 사내아이의 이름이 진홍이었나 보다. 이 앞에서 방문객은 한 번도 만난 적 없는 그녀를 깊이 애도한다. 지독하게 정제되고 절제된 이 짧은 구절에 가슴 미어지는 사람은 아마 나만이 아닐 것이다.

벗을 위하여 제 목숨을 바치는 것보다 더 큰 사랑은 없다.

성서 〈요한복음〉 13장 15절이다. 망자는 기독교인이었나 보다. 1980년 5월 27일, 만 16세의 나이로 죽은 홍비호 군에게 JOC 회원들이 헌정한 비문이다(묘지번호 29).

망월동 묘지의 무덤들은 이처럼 각각의 목소리를 내고 있다. 어떤 이들의 무덤 앞에는 살아남은 이들의 마음을 새기기에는 비석만으로 부족했는지, 고인의 소지품이나 삶의 흔적이 담겨있는 책상용 캘린더도 투명한 플라스틱 박스 속에 남겨있다. 모든 사람에게는 각자의 음성이 있고, 고유의 음문이 있다. 무덤은, 그리고 그 앞의 비명은 그 음성과 음문을 기억하는 이들이 남긴 것이다. 먼저 가버린 선배, 혹은 친구, 혹은 아들을 기리며, 이곳을 찾는 이들은 자신이 죽은 후에 어떤 사연들이 남겨질지를 생각할 기회를 얻는다. 그 생각에 따라 사람들은 세상을 살아갈 것이다. 그렇게 하여 죽은 이들은 살아남은 자들을 통해 펼치지 못한 자신의 나머지 삶을 살아간다. 그게 역사다.

많은 사람들은 망월동이 오래되었고, 허름하다고 말한다. 봉분의 크기도 일정하지 않다고 말한다. 그런데 그 말들은 모두 푸념이 아니다. 그래서 이렇게 느낌대로들 말한다. '하지만' 대리석 추모탑이 우뚝 솟은 새 묘역보다는 구묘역이 털썩 주저앉아 술 한 잔 따르기가 편하다고 말이다. 군 연병장과 마을 동산의 차이라고 해야 할까?

방문객들이 느끼는 풍취의 차이를 이제는 아우라Aura가 있고 없음으로 표현해도 되지 않을까? 그렇다. 망월동에는 아우라가 있다. 아우라가 무언가? 성스러운 존재가 내뿜는 후광이다.

종교에 연원을 둔 이 용어는 언제부턴가 어떤 사람, 어떤 물건, 어떤 장소를 에워싸고 있는 고유의 분위기를 뜻하는 말로 확산되어 왔다. 미학에서는 예술 작품에서 우러나오는, 흉내 낼 수 없는 고고한 분위기를 뜻한다. 베냐민Walter Benjamin의 얘기대로라면, 아우라의 원천은 원본성과 현존성이다.

많은 사람들은 망월동 묘지를 '민주의 성지聖地'로 표현한다. 망월동 제3묘역은 출발에서부터 심상치 않은 곳이다. 이곳은 폭도로 명명된 사람들의 시신이 투기된 곳이다. 제대로 된 장례절차도 없이 주검들은 이곳에 매장되었다. 권력을 잡은 신군부는 이들의 사체와 함께 5·18의 기억까지 이곳에 파묻어 버리고 싶어했다. 살인과 매장을 통해 완벽한 봉인을 원했던 것이다. 추모객의 방문과 애도를 막고자 했던 것도 같은 이유에서였다.

이 과정을 압축해서 돌이켜 보면 마치 신약성서의 한 장면을 보는 것 같은 생각이 든다. 고난 속 민중을 대변했던 예수가 모반의 혐의를 쓰고 살인자의 형틀인 십자가에서 처형되었다. 예수의 사체는 적절한 절차 없이 공동묘지 한 켠의 석굴에 투기되었다. 로마 총독부는 시신의 수습과 장례를 저지하기 위해 석굴을 큰 돌로 막고 군사들에게 지키도록 했다. 하지만 민간의 일부에서는 인간의 도를 다하기 위해 장례만큼은 치르고자 시신을 감쌀 아마포와 향유를 준비하고 총독 빌라도의 관청을 설득했다. 제자들도 개별적으로 시신을 찾고자 애썼다.

차이가 있다면, 하나밖에 없다. 예수는 부활했으나, 망월동에 묻힌 사자들은 다시 살아나지 못했다는 것이다. 그러나 이 차이점은 이내 사라진다. 예수의 죽음과 부활과 승천 후 그의 뜻이 제자들을 통해 승계되었던 것처럼, 망월동 망자들의 뜻도 그들을 기억하는 이들을 통해 계승되고 확산되었다. 문제는 기억이고, 기억하려는 의지다. 그리하여 신군부의 의지와는 정반대로 5·18 기억은 확산되었다. 망월동은 도청과 더불어 그 기억의 발원지로 커왔다. 1997년 이곳에 매장되어 있던 사자들의 유해가 새로 조성된 인근의 국립묘지로 이장되었어도, 망월동의 원본성에는 아무 변함이 없다.

오히려 원본성과 현존성에 기인한 망월동의 아우라는 묘지의 연속성과 확장성 때문에 점점 더 확대되는 중이다. 1980년 5월 27일 126기의 시신이 이곳에 묻힌 이후 망월동은 기성 질서와 시류時流에 거세게 저항하고 역류逆流를 꿈꾸다 스러진 이들의 무덤이 되어왔다. 1987년 박종철과 더불어 자기 죽음을 통해 6월항쟁의 기폭제가 되었던 청년 이한열이 이곳에 묻혔다. 박종철과 더불어 이한열의 죽음은 5·18에 대한 우리의 부채감과 직결되어 있다. 그뿐인가? 저항의 시를 통해 5·18을 고발하고 잠든 우리 기억을 일깨웠던 김남주도 1994년 이곳에서 영면에 들었다. 시인은 자신의 시 〈망월동에 와서〉를 통해 사자들을 이렇게 위로했다.

> 파괴된 대지의 별 오월의 사자들이여
> (…)
> 누명쓴 폭도로 흙속에 바람 속에 묻혀 있습니다.
>
> (…)
> 당신들은 결코 죽음의 세계로 간 것이 아닙니다.
> 당신들은 결코 망각의 저승으로 간 것이 아닙니다.
> (…)
> 쓰러진 당신들의 육체로부터 수없이 많은
> 수없이 많은 불굴의 생명이 태어나고 있습니다.

망월동 묘지 - 김남주 시인의 묘

(…)

그들은 다시 태어나

(…)

당신들이 미처 다 부르지 못한 노래를 부르고 있습니다.

그들은 새로 태어나

(…)

당신들이 미처 다 걷지 못한 길을 걷고 있습니다.

(…)

그들은 당신들처럼 전진하고 있습니다.

몇 백 명의 생명이 염원했던 길은 그렇게 역사의 기억을 통해 많은 사람이 따라 걷는 길이 되었다. "차라리 죽어/다시 깨어나리라/진정 역사가 원하는 인간이 되기 위하여/힘을 길러 나오리라"고 일기장에 썼던 대학생 박선영도 1987년 분신자살 후 이곳에 묻혔다. 그의 무덤에는 '묘지번호 54'가 부여되어 있다. 우리 밀 살리기 운동에 앞장서며 '들꽃처럼' 살다가 2016년 서울에서 열린 민중궐기대회에서 물대포에 맞아 사망한 농민 백남기도 이곳에서 쉴 곳을 찾았다.

이렇게 망월동 묘지는 어느덧 민족민주 열사들의 안식처가 되었다. 세상의 질서에 편입되기를 거부하거나 혁명을 꿈꾸는 이들이 아직도 베를린 로자 룩셈부르크Rosa Luxemburg의 묘지를 찾듯이, 민주주의와 민족번영의 가치를 추구하는 이 땅의 시민들이 망월동 제3묘역을 참배한다. 그리하여 망월동은 국립묘지가 아니면서도, 국민의 묘지가 되었다. 시민사회를 대표하는 시민의 무덤이 되어버린 망월동은 남양주 마석의 모란공원과 더불어 앞으로도 오랫동안 사회적 기억의 산실로서 수많은 방문객들을 맞이할 것이다.

망월동 묘지 – 전두환 비 밟기

망월동 묘지를 찾는 사람들은 추구하는 가치 때문에 세상에 밟힌 경험들이 많다. 우리 사회를 이끌어 가는 주류와는 기질부터가 다르기 때문이다. 이렇게 저항하고 치이고 밟혀온 사람들에게 망월동 묘지는 무언가 밟아볼 수 있는 색다른 경험을 제공해 준다. 제3묘역을 찾는 이들에게 들머리에 있는 비석은 밟히기 위해 뉘여있다. '전두환 기념비'로 불리는 돌덩어리가 바로 그것이다. 1982년 전남 담양군 마을을 방문했던 당시 대통령 전두환이 세운 비를 광주·전남 민주동지회가 1989년 부숴 이곳에 묻어둔 것이다. 쓰러진 비석 밟기는 망월동의 통과의례가 되었다. 그러므로 이 비석은 설립 취지와는 다르게 후대를 위한 경고의 비석이 되어버렸다. 의도와 결과가 판이할 수 있다는 진리를 어느 누구가 이 비석처럼 잘 말해줄 수 있을까?

12/

작지만 견실한 기억의 터

—5·18민주화운동기록관

우린 지금 전멸 직전에 있다. 온 힘을 다해 독일군을 두 번 물리쳤지만, 더 강력하게 무장해서 돌아오겠지. (…) 난 우리가 대단한 일을 벌였고, 우리가 감행한 이 행동이 엄청난 가치가 있다고 믿는다. (…) 건투를 빈다, 친구야. 우리가 다시 볼 수 있을지 모르겠구나! 이제 내 생애의 꿈은 이루어졌다. 유대인 무장봉기와 복수가 현실이 되었으니 말이다. 이로써 난 유대 전사들이 수행한 놀라운 영웅적 투쟁의 증인이 되었다.*

1943년 4월 23일, 폴란드 바르샤바 시내 게토에서 유대인들이 벌떼처럼 일어선 지 4일 후에 봉기를 주도한 24세의 청년

---

* 《홀로코스트가 남긴 편지들》이라는 책에서 인용한 이 글은 야드바셈의 위탁을 받아 Walter-Zwi Bacharach가 편집한 자료들 속에 포함되어 있다. 히브리어에서 독일어로의 번역은 Maurice Tszorf가 맡았다. Walter-Zwi Bacharach (ed.), Dies sind meine letzten Worte. Briefe aus der Shoah (Göttingen: Wallstein Verlag, 2006). PDF파일로 된 자료를 온라인상에서는 www.yadvashem.org에서 확인할 수 있다.

모르드카이 아니엘레비치Mordechaj Anielewicz가 친구 이츠하크 추키어만Yitzhak Cukierman에게 보내는 마지막 편지의 한 부분이다. 나치 독일을 상대로 처절하게 전개된 이 투쟁은 6주 만에 유대인들의 패배로 끝났다. 일방적 패배였다. 요행히 살아남은 사람들은 그 자리에서 총살되거나, 아우슈비츠를 비롯한 절멸수용소로 끌려가 살해되었다. 투쟁의 총지휘자였던 아니엘레비치는 편지를 쓴 지 두 주 후에 독일군의 손에 죽고 말았다.

청년 아니엘레비치가 생의 마지막에 남긴 편지 원본은 이스라엘 청소년들 사이에서 가장 애독되는 기록이다. 오늘날 이스라엘의 고등학교 1학년 학생들은 한 주간의 일정으로 유럽에 흩어져 있는 홀로코스트 현장을 찾는다. 이 여정에는 '산 자들의 행진'이라는 제목이 붙는다. 이차대전이 끝나기 직전, 나치가 홀로코스트와 관련된 일체의 증거를 남기지 않기 위해 수용소 수감자들을 독일 내륙을 향해 두 발로 걷게 몰아갔던 '죽음의 행진'을 염두에 두고 선택한 이름이다. 명칭에서부터 비장미가 넘쳐난다. '산 자들의 행진' 마지막 방문지는 유대인 게토항쟁 기념물이 있는 바르샤바다(1970년 빌리 브란트 독일 수상이 무릎 꿇은 사건 때문에 전 세계적 명소가 되었다). 어둠이 내릴 무렵 인솔 교사는 옹기종기 모여있는 남녀 학생들에게 청년 아니엘레비치의 비장한 편지를 읽어준다. 이를 통해 학생들은 70여 년 전의 사건을 전 인격적으로 추체험한다. 이렇게 편지 한 통을 통해 현재는 과거와 만나고, 과거는 현재가 된다.

기록은 누구에게나 중요하다(여기서 기록은 문자기록만이 아니라, 이미지·음성·영상 등 증거력을 갖는 일체의 자료를 뜻한다). 그러나 훨씬 더 절실하게 기록에 매달리는 사람은 강자보다는 약자다. 가해자가 일체의 기록을 없애기 위해 전력을 기울일

바르샤바 게토의 녹슨 우유통(워싱턴 홀로코스트기념관)

때, 희생자는 필사적으로 기록 확보와 보전에 매달린다. 기록 없이는 사건도 없기 때문이다. 나치 독일은 그 때문에 보고와 관리를 위해 필요한 최소한을 빼놓고는 학살과 관련된 문서와 영상과 사진을 아예 생산하지 못하도록 했다. 패망이 임박했을 때, 학살을 총지휘했던 친위대 대장 힘러는 일체의 기록은 물론, 가해행위의 흔적이 될 만한 단서를 모두 파괴하도록 독려했다. 그렇게 해서 아우슈비츠를 비롯한 절멸수용소의 가스실과 화장시설이 파괴되었고, 그곳에 남아있던 소수의 생존자들마저도 살해되었다.

이에 맞서 증거를 확보하기 위한 유대인들의 투쟁도 치열하게 전개되었다. 아우슈비츠 수용소의 유대인 저항조직은 연합국 정보당국에 전달하기 위해 목숨을 걸고 살인도구인 치클론 B 가스통의 포장지를 빼돌렸다. 이보다 더한 것은 청년 역사가 에마누엘 링엘블룸Emanuel Ringelblum이 바르샤바 게토 안에서 만든 조직 '오넥 샤밧Oneg Shabbat(안식일의 기쁨)' 활동이었다. 1944년 바르샤바 시내 은신처에서 가족과 함께 나치에 발각되어 목숨을 잃기 전까지 링엘블룸과 그의 동료들은 바르샤바 게토 안에서 벌어지는 모든 일들을 관찰하고, 그 결과를 기록으로 만들었다. 게토 주민들에 대한 전면적 소개 작전이 임박하자 링엘블룸은 수많은 자료들 가운데 가치가 높은 것들을 선별해서 3개의 금속 우유통에 담아 땅속에 묻었다. 몇 년에 걸친 이 모든 활동의 이유를 링엘블룸은 동료들에게 이렇게 말했다. "단 하나의 사실도 누락되지 않도록 모든 것을 기록해야 한다. 틀림없이 그렇게 될 테지만, 때가 오면 이 세상으로 하여금 살인자들이 저질렀던 것을 읽고 알도록 하기 위해서다."

링엘블룸은 옳았다. 나치는 모든 것을 없애고자 했다. 증거가 없으면 사건은 없었던 것이 되기 때문이다. 그래서 오넥

UNESCO
유네스코 세계기록유산
5·18 Archives UNESCO Memory of the World
광주광역시
5·18민주화운동기록관

샤밧은 모든 증거를 남기고자 애썼다. 오넥 샤밧은 나치를 괴멸시킬 물리적 힘은 없었지만, 나치의 의도를 좌절시킬 의지는 있었다. 비록 3개의 우유통 가운데 1개는 아직도 찾지 못한 상태지만, 이차대전 직후 발굴에 성공한 나머지 2개를 통해 바르샤바 게토의 참상과 나치 독일의 가해행위가 세상에 낱낱이 밝혀졌다. 오넥 샤밧이 남긴 기록을 통해 우리는 지금도 바르샤바 게토를 연구하고, 교육하며, 기억한다. 약자가 강자를 이길 힘은 진실에서 나오며, 진실은 기록을 통해 채굴된다. 기록이 우리에게 중요한 이유다.

유대인들에게 링엘블룸 아카이브가 있다면, 우리에게는 '5·18민주화운동기록관'이 있다. 구 전남도청에서 가까운 금남로 221에 자리한 이 7층짜리 건물은 예사롭지 않은 방식으로 현대사의 한 부분을 재현한다. 기록으로 기억을 촉구하는 기억의 터를 누가 찾는다면, 나는 기꺼이 이곳을 첫 번째로 추천하고 싶다.

'5·18 기록관'은 젊다. 개관한 지 3년밖에 안 되었고, 전시 방식도 참신하다. 그렇다고 이곳이 '체험학습'이 가능할 만큼 최신 미디어로 무장한 첨단의 장소는 아니다. 오히려 장소의 역사성과 자료의 진정성에 방문객을 대하는 진중함이 더해진 교과서적 장소에 가깝다. 그럼에도 이곳이 내게 매력적으로 보였던 이유는 무엇일까?

부담스러운 과거사 기억을 세계적 차원에서 선도해 온 것이 홀로코스트라면, 우리나라에서 그와 유사한 역할을 수행해 온 것은 5·18이다. 5·18은 기억투쟁 국면에서만이 아니라 기념문화에서도 주도적 역할을 담당해 왔다. 어떤 면에서 5·18은 비서구 지역에서 발생한 국가폭력과 민주화운동의 연구와 교육, 기억과 기념에서 아무도 가지 않은 길을 개척하는 전초 수색대

5·18기록관 입구

역할을 해왔다. 5·18 민주화운동은 진상규명, 책임자 처벌, 명예회복, 기념사업, 배상이라는 5대 원칙에 입각해 조직적으로 전개되어 왔다. 이러한 원칙과 실천은 실제로 가깝게는 필리핀, 태국, 인도네시아의 민주화에 상당한 영향을 주었고, 과거사 가공에서는 더 많은 지역에서 그 이상의 역할을 담당해 왔다. 적어도 이행기 정의 실현에서는 우리나라와 5·18이 확실히 하나의 선도모델이 되고 있다.

5·18 민주화운동 기록의 유네스코 세계기록유산 등재도 그 이유 중 하나다. 흩어져 있는 기록유산의 체계적 수집과 보존, 정치적 발전과 교육을 위한 활용은 민주화 이후의 민주화 과정에서 핵심적 사안이다. 이러한 기대와 여망에 부응하기 위해 설립된 기관이 '5·18민주화운동기록관'이다. 기록에 기초한 전시, 전시를 활용한 교육을 표방하는 '5·18 기록관'이 1980년 5월의 역사적 현장 가운데 하나인 광주 가톨릭센터에 자리잡은 것은 그 자체로 의미 있는 일이었다.

내게 궁금했던 것은 그 수많은 소장 자료들 가운데 어떤 것이 선별되어, 어떤 방식으로 전시되고 있는지였다. 전체 7층 가운데 상설전에 할애된 공간은 1, 2, 3층과 6층 일부다. '기억의 창고'를 자처하는 5·18 기록관은 그리 크지 않은 전시 공간에 어떤 질서를 부여하고 있을까?

1층의 가용 면적은 다른 층에 비해 작다(각 층당 면적은 730평방미터다). 방문자센터를 비롯해 필수적인 여러 기능에 양보해야 했기 때문이다. 1층은 군부독재 청산과 민주화를 요구했던 5월 16일의 횃불 대행진을 시작으로 전개된 10일간의 항쟁과 이후의 기억투쟁까지 주요 사건들을 시간적 흐름에 따라 보여준다. 5·18이 유일무이한 사건으로 비화된 것은 두 개의 조건이 결합된 결과였다. 두 번째가 역사를 통해 확인되어 온 광주·전남의 의기義氣라면, 첫 번째는 시운時運과 관계된 것이었다. 마키아벨리는 《군주론》에서 운명을 여신이라 불렀고, 그 여신은 시간에 따라 움직임을 달리한다고 갈파했다. 시간을 타고 광주에 나타난 운명의 여신fortuna은 그러나 지극히 비극적인 색채를 띠었다. 바로 전날인 5월 15일, 서울에서 일어난 대규모 시위가 시내 중심부 진입을 눈앞에 두고 서울역 앞에서 회군을 결정함으로써, 그렇게 하지 않았더라면 그곳에서 시행되었을 대대적 진압작전이 그곳 아닌 다른 곳에서 벌어진 것이다. 그렇게 서울은, 그리고 전국의 국민은 광주에 대해 의도치 않게 채무자가 되어버렸다. 광주는 서울이 피해간 피의 사건을 며칠 후에 겪었다. 5·18이 한갓 지역의 사건으로 기념되어서는 안 될 이유다.

1층 전시장에서 가장 눈에 띄는 것은 〈투사회보〉다. 4·3 때와 마찬가지로 5·18도 전면적인 보도통제와 함께 진행되었다. 안으로부터의 정보 유출과 밖으로부터의 응원 유입을 신군부가 완전 차단하면서 광주는 철저히 고립되었다. 이 고립무원의 상황에서 벗어나기 위해서는 정보의 공유가 무엇보다 필요했다. 이 때문에 신군부의 언론통제는 집요했고 철저했다. 언론은 마비되었고, 공론장은 작동을 멈추기 직전이었다. 이런 상황에 직면해서 '그것이 실제로 어떠했는가?'를 파악하고 알리기 위해 시민들이 움직였다. 침묵하는 언론을 대신해 시민들이 자발적으로 만들어 배포한 것이 바로 〈투사회보〉였다. 〈투사회보〉는 시민공동체의 생존과 움직임을 알려주는 확고한 증거다.

〈투사회보〉가 피 같은 정보를 공급하는 박동기 역할을 할 때, 평범한 시민들은 부상당한 동료들을 위해 헌혈했다. 이렇게 흩어진 개인들은 시민들로 바뀌어갔고, 일찍이 경험해 보지 못한 하나의 공동체가 탄생했다. 1871년 파리 코뮌처럼, 서로 이해관계를 놓고 다투던 시민들의 사회가 공동체로 승화되는 순간은 전대미문의 위기가 닥쳤을 때다. 임진년 의병운동이 그랬고, 3·1 만세운동이 그랬던 것처럼, 찰나의 순간이었지만, 숭고한 공동체가 다시 한 번 생겨났다. 그러므로 부상자들을 위해 줄지어 헌혈했던 모습을 담은 사진들이 1층 전시장에 배치된 것은 매우 적절하다. 사진이 증언하는 그 모습은 대동大同 세상에 대한 시대의 염원을 보여준다. 지극히 평범한 상식이 피의 흐름을 바꿔 아름다운 공동체를 만들어냈다. 선한 행동이 모여 형제애에 입각한 선의의 정치공동체를 이룩한 것이다. 이 형제적 연대를 가감 없이 보여주는 오브제가 바로 양은 대야다. 서민들의 삶을 상징하는 이 양은 대야에 여러 사람이 가져온 음식이 모여 섞여 그 전에 한 번도 만난 적 없는 사람들의 양식이 되었다. 누군가는 먹을거리를 보태고, 누군가는 밥을 지으며, 누군가는 그 밥을 먹고 총을 잡는 일이 한자리에서 전개되었다. 그 모임이 바로 자치공동체인 코뮌이었다. 시간이 흐르고 흘러 사람들이 지금 알고 있는 거의 모든 것을 잊게 될 때가 와도, 이 자치공동체의 순간이야말로 꼭 기억되어야 할 5·18의 의미일 것이다. 공동체는 이렇게 1980년 5월 광주에서 여러 모습으로 나타났다. 소통의 공동체는 각종 회보와 도청 앞 광장에서 살아났고, 피의 공동체는 헌혈을 통해 만들어졌으며, 거친 주먹밥은 밥상공동체를 일구었고, 공수부대 진입 전 도청 안에 있던 시민군은 고대 그리스 아테네 평민들이 구성했던 것과 같은 전사공동체를 탄생시켰다. 이것이 바로 능동적 시민이요, 시민사회며, 민주주의였다.

2층 전시실에는 '5월의 기록'이라는 제목이 붙어있다. 참

적절한 선택이다. 5·18 기록관에는 두 개의 과제가 부여되어 있다. 하나가 5·18의 모습을 있었던 그대로 보여주는 것이라면, 다른 하나는 소장 기록을 통해 5·18을 재현함으로써 기록의 가치를 입증하는 것이다. 이 점에서 5·18 기록관은 넉넉하게 과제를 수행하고 있다.

전시실 톤 구성에서 강력한 역할을 하는 것은 총탄 자국 선명한 기둥들이다. 전시실 여러 곳에 배치된 이 아트워크는 이곳에서 가까이 있는, 총탄 자국 가득한 전일빌딩과 오버랩되어 공간 전체에 비장한 긴장감을 불어넣는다. 국가폭력을 이보다 더 명징한 방식으로 보여줄 수 있을까? 노근리 쌍굴다리의 무수한 총흔이 수많은 설명을 불필요하게 만드는 것처럼, 이곳의 총탄 자국 가득한 기둥들도 조명과 어우러져 작은 공간에서 큰 서사를 펼쳐갈 수 있게 해준다.

전시 기획자는 방문객의 오감 전체를 염두에 둔다. 2층이 유독 강한 인상을 주는 이유는 물론 재현하는 사건의 엄청난 폭력성 때문이다. 내게 중요한 이유는 더 있다. 국가폭력과 시민들의 대항폭력 사이에 존재했던 긴장을 적절한 방식으로 재현하기 때문이다. 탄흔 가득한 기둥들은 우리 촉각을 예민하게 만들고, 피아노와 전통 국악기를 통해 들려오는 〈임을 위한 행진곡〉은 방문객을 때로는 애절하게 만들고, 때로는 분노케 한다. 우리 학생들과 답사 길에서 이곳을 찾았을 때 가장 강한 인상을 받은 것은 시민군 청년의 눈빛이다. 성인의 눈높이에서 마주한 사진 속 그 청년의 눈빛은 5월 광주의 도청 앞 광장에 운집했던 시민들의 의기義氣를 증언한다. 이렇게 한 장의 사진이 적절한 장소에 자리할 때, 전시는 성공을 예약한다. 옆을 돌아보고 있는 청년의 얼굴 표정은 그 위에 적힌 제목을 웅변하듯 뒷받침한다. '우리는 왜 총을 들 수밖에 없었는가?'

수 밖에 없었는가' 라는
없어서
5-25

우리의 시각은 애도의 마음을 촉발한다. 2층 전시실 말미에 있는, 빛바랜 여인의 한복과 버선, 그리고 그 뒤에 있는 피 묻은 태극기 사진이 그렇다. 젊은 시민군의 눈을 응시하면서 충일했던 가슴은 이 장면에 이르러 처연함으로 바뀐다. 누가 이들을 이렇게 만들었나? 독립투사들의 태극기와 이들의 태극기는 어떻게 다르고, 어떻게 같은가? 이곳의 태극기에는 두 가지 의미가 중첩되어 있다. 그 하나는, 5월 광주에서 죽은 사람들은 국기國基를 뒤흔든 폭도가 아니라, 진정으로 나라를 사랑했던 애국시민이라는 것이다. 바꿔 말하면, 외부로부터의 침략이 있었다면 똑같은 방식으로 조국을 위해 결연하게 싸웠을 충성스러운 국민이라는 것이다. 다른 하나는, 종잇장처럼 구겨진 민주주의를 살려내기 위해 그것이 무엇인지 정확하게 맛보아 알지도 못한 상태에서 자기를 적극적으로 희생한 사람들의 마음속 가치를 함축하고 있다. 망자가 된 그들이 지향했던 가치는 무엇이었을까? 그것은 헌법에 천명되기는 했지만 아직은 이 땅에서 온전히 구현된 적이 없는 공화주의일 것이다. 무조건적 충성이냐 불법한 국가기구에 대한 저항이냐 라는 양자택일적 상황에 처했을 때, 5월 광주의 많은 시민들은 후자를 택했다. '나라다운 나라'를 만들겠다는 소박한 신념에서 출발하여 그들은 시민적 방식으로 국가를 만들고자 했다. 이른바 '시민 공화주의'의 신념이다. 소박하지만 충직했던 그때의 신념이야말로 오늘날 우리가 본받아야 할 자산 아닐까? 기록관 2층에서 나는 '시민 공화주의'의 상징으로서 태극기를 만났다.

전시장 전체에서 작지만 지속적으로 들려오는 〈임을 위한 행진곡〉은 전시실 끝부분에 마련된 악보를 통해 자기 거처를 찾는다. 이미 이 곡을 알고 있는 방문객은 색 바랜 악보를 통해, 그 밑에 있는 설명을 통해 꼭 알아야 할 것을 알게 된

학생처럼 기쁨을 느낀다. 그렇다. 시가 세상의 변화를 탐지하고 전파하는 가장 빠른 전령사라면, 그 시에 올라탄 노래는 시대의 담과 국경의 벽을 쉽게 넘어선다. 이렇게 임을 위한 행진곡은 '노래하는 혁명singing revolution'의 상징이 되었다. 이제 이 노래는 홍콩에서도, 발트해 3국에서도, 중남미에서도 불린다. 이 노래의 날개 위에서 5·18의 기억은 존속했고, 지속되었으며, 확산되어 왔다. 앞으로도 그럴 것이다.

3층은 역사의 분수령을 증언하는 기록들을 한자리에서

볼 수 있게 해준다. 민주주의와 인권 발전에 초점을 두었기에, 이 자리에는 5·18 기록에 앞서 유네스코 세계 기록유산으로 등재된 영국의 대헌장Magna Carta, 뉴질랜드의 여성 참정권 탄원서, 남아공 넬슨 만델라의 재판기록 사본과 함께 5·18 기록이 전시되어 있다. 유네스코가 수여한 인증서도 있다. 이를 통해 전시는 5·18이 세계사적 사건이었다고 말한다. 등재된 5·18 기록은 총 4,275권, 858,904쪽에 달한다. 이곳을 방문했던 나와 우리 학생들에게 감명을 준 또 하나의 기록물은 몇 권의 취재수첩이다. 휘갈겨 쓴 글씨로 가득 찬 나의갑 기자와 김영택 기자의 수첩들이다. 보도 통제는 국가폭력의 서막이자 완결이다. 기자들은 이 점을 누구보다 잘 안다. 그렇기에 모든 보도가 통제되었을 때 몇몇의 기자는 그 부당한 명령에 반발해 취재하고 보도했다. 현장성 높은 기자들의 취재 기록은 그래서 시대의 증인이 되고, 역사의 기록이 된다. 옥중에서 쓴 수기들이 그런 것처럼, 취재는 기자의 삶을 바꾸고, 세상을 변화시킨다. 19세기 프랑스를 뜨겁게 달궜던 드레퓌스 재판 현장을 중계한 헤르츨Theodor Herzl의 경우가 그랬고, 세기의 예루살렘 재판에서 피고 아이히만의 일거수일투족을 보도했던 아렌트Hannah Arendt의 경우도 그랬다.

전시된 수첩의 주인공들 가운데 한 사람인 나의갑 기자가 이제는 이 기록관의 관장이다. 그때의 열정이 유지된다면, 5·18 기록관이 보관하고 있는 수많은 자료들은 다양한 저장기억들을 생동하는 활성기억으로 탈바꿈시켜 갈 수 있을 것이다. 기억은 아무리 큰 사건에 관한 것이라 해도 시간이 흐름에 따라 증발되고 소실되어 결국에는 소멸한다. 그러므로 수집과 보존 이상의 노력이 우리에게 요구된다. 우리 시대를 대표하는 기억의 창고인 5·18 기록관을 생동하는 기억의 산실로 활용하는 교육활동이 넘쳐났으면 좋겠다. 기록이 스스로 말하지는 않을 테니까 말이다.

13/

자책의 사슬을 풀어준 포옹

—제37주년 5·18 기념식

무덤들 앞에서 보기 드문 광경이 벌어졌다. 수많은 참석자들이 지켜보는 가운데 검은색 소복 차림의 30대 여인이 단상에서 내려오는 중이었다. 이 모습을 지켜보던 60대 남성이 자리에서 일어나 여인에게 다가갔다. 상황을 모르는 여인은 등을 돌려 자기 갈 길을 가다가, 행사요원의 안내를 받고서야 노신사를 향해 돌아섰다. 검은색 양복 차림의 노신사는 친척 어른 같은 표정으로 여인을 꼭 안아줬다. 그렇게 몇 초가 흘렀다. 그 자리에 있던 참석자들과 티브이를 통해 행사를 시청하던 국민들의 눈이 촉촉이 젖었다. 어떤 이들은 울기까지 했다. 슬퍼서는 아니었다. 감격 때문이었다. 이렇게 되기까지 37년이 걸렸다. 이곳저곳을 떠돌다 나이 들어 고향 집 마당을 다시 밟은 나그네를 지켜보는 이웃의 마음이 그럴까? 사람의 마음은 그렇게 서로 통할 수 있는 것인가 보다.

화면을 보면서 귀향이란 단어를 생각했다. 돌아와야 할

것이 제자리를 찾았기 때문이다. 떠돌던 영혼이 자기 자리를 찾고, 인륜의 질서가 회복되는 시간이었다. 소복 입은 여인의 이름은 김소형. 37세. 초면의 여인을 따스하게 포옹해 준 남자는 취임한 지 얼마 되지 않은 이 나라의 대통령이었다. 2017년 5월 18일 오전, 제37주년 5·18민주화운동 기념식이 열린 광주 국립5·18민주묘지에서 벌어진 일이다.

김소형은 1980년 5월 18일생이다. 공교롭게도 거대한 소용돌이의 핵심이었던 광주 시내 전남도청 부근의 한 작은 병원에서 태어났다. 아이의 출산 소식을 들은 아버지 김재평은 근무지인 전남 완도를 떠나 쌍촌동 친척 집으로 서둘러 돌아왔다. 나흘 후인 5월 22일 김재평은 창문을 뚫고 날아든 계엄군의 유탄에 목숨을 잃었다. 가족의 안전을 위해 문을 닫다가 벌어진 일이다. 김재평은 그때 28세였고, 김소형은 결혼한 지 3년 만에 태어난 첫딸이었다. 그 아이는 자신의 서른일곱 번째 생일이기도 한 제37회 5·18 기념식 추도사에서 이렇게 말했다. "철없었을 땐 이런 생각도 했다. 때로는 내가 태어나지 않았다면, 아빠 엄마는 지금도 참 행복하게 살아계셨을 텐데." 꼭 같은 경험을 하지 않았어도 우리는 느낄 수 있다. 그 이유 없는 자책감을 우리는 이미 마음으로 안다. 김소형의 자책감은 본인이 어떻게 할 수 없는 문제였다. 그 가슴에 박힌 못은 이웃을 통해서, 이웃의 공감을 통해서, 이웃의 공감 표현을 통해서만 뽑힐 수 있었다. 그날 그 기념식의 대통령은 나라의 통수권자였을 뿐만 아니라, 그녀의 이웃이었다. 결핍이 일상화된 국민은 대통령에게서 딱히 기대하는 게 없었다. 일부의 국민이 '만족'을 기대했을 뿐이었다. 국민이 대통령에게 건 기대는 어렵지 않은 일이었다. 취임 후 첫 참석과 〈임을 위한 행진곡〉 제창이면 충분했다. 그러나 그날 거기서 대통령의 행동은

기대를 뛰어넘어 '감동'을 낳았다. 이웃이 되어 이제는 성인이 된 소녀의 자책감을 달래주는 따듯한 포옹 때문이었다. 대통령은 기념식이 끝난 후 김소형과 함께 그녀의 아버지 김재평의 묘역을 참배했다. 묘역 앞의 사진 속 아버지는 이제 어른이 되어 그 자리를 찾은 딸보다 훨씬 더 앳되어 보였다.

그날 기념식장의 장면들은 모두가 철저한 연출이었을까? 나는 아니었을 거라고 생각한다. 하지만, 연출이면 어떠랴? 정치는 연극이라는데, 그 연극, 잘만 하면 되지 않았나? 책임져야 할 곳에서 추모의 책임을 다 하고, 추모제를 진정한 기념의 축제로 승화시켜, 공감과 연대, 해원과 상생을 맛보는 자리를 만드는 것 또한 국가가 할 일이기 때문이다. 연출이라면 그 기획을 담당했던 공무원들은 모두 칭찬받아 마땅하다. 사실, 제37회 5·18 기념식이 특별히 잘 된 것은 아니다. 그 전까지의 기념식이 국민의 기대에 크게 못 미쳤을 뿐이다.

아무리 국가기념식이라고 하더라도, 의례는 의례다워야 의례다. 이전까지의 5·18 기념식은 진부했거나 억압적이었다. 진부한 것이야 머리를 맞대고 지혜를 짜내면 고칠 수 있지만, 국가기구(의 일부)가 작정하고 억압하는 경우라면, 싸우는 것 외에는 방법이 없다. 이 경우는 문화가 아니라 정치가 문제이기 때문이다.

다른 기념식들도 그렇지만, 5·18 기념식의 경우도 많은 문제를 갖고 있다. 감동적 의례를 만들기 위해 문화적 고민을 할 틈이 없었다. 최근 몇 년은 특히 그랬다. 모든 갈등은 정치에서 비롯되었지만, 정치는 그 갈등을 제대로 풀지 못했다. 봉합도 못했다. 〈임을 위한 행진곡〉 문제가 대표적이다. 박근혜 정부 출범 이후 과거사를 바라보는 눈이 인색해졌고, 5·18은 다시 부담스러운 과거사로 전락했다. 이 부담은 천박하게도 〈임을

위한 행진곡〉을 국가기념식에서 불러야 할지 여부로, 부른다면 합창으로 할지 제창으로 해야 할지 여부로 표출되었다. (극)보수 진영은 노래 자체를 반대했지만, 이행기 정의 실현의 부담을 안고 있는 국가기구로서는 그것마저 막을 수 없었다. 그렇게 해서 내려진 미봉적 결론이 합창이었다. 총대는 국가보훈처가 멨다. '국가를 위한' 죽음을 현창하기 위해 설립된 기구가 '국가에 의한' 죽음을 기리는 것은 아무래도 어색했나 보다. 프랑스 대혁명이 그랬던 것처럼, 국민국가 형성 이후에는 '국가를 위한' 죽음이 꼭 국가들 간의 전쟁에서만 발생하지 않는다. 국가에 대항하다 발생한 '국가에 의한' 죽음이 결국에 가서는 '국가를 위한 죽음'인 경우가 허다하기 때문이다. 그러나 우리 국가는, 그리고 특히 보훈처는 제복 차림의 죽음만 보훈 대상으로 삼는 편의주의적 관성을 보여왔다. 이런 몰이해와 편협한 식견이 합창이라는 꼼수를 초래한 것이다. 하지만 모든 꼼수가 그렇듯이, 합창의 형식은 국민 가운데 어느 누구도 만족시키지 못하는 하지하책下之下策이었다.

1982년 당시 전남대 대학생이었던 김종률이 작곡한 〈임을 위한 행진곡〉은 최근 15년 동안 수많은 논쟁과 갈등을 낳았다. 처음부터 그랬던 것은 아니지만, 편협한 우향우 정치는 모든 타협과 상호이해의 여지를 다 소각시켜 버렸다.

1997년 정부가 주관하는 공식 행사로 격상된 5·18 민주화운동 기념식에 2004년 참석한 노무현 대통령은 악보를 보지 않고 〈임을 위한 행진곡〉을 불러 화제가 되었다. 하지만 이때만 해도 제창에 대한 비판이 거세게 제기되지는 않았다. 이명박 대통령 집권 후에도 상황은 크게 바뀌지 않는 것처럼 보였다. 집권 첫 해인 2008년 이 대통령은 5·18 민주화운동 기념식에 참석해 제창 순서에 이르자 〈임을 위한 행진곡〉을 두세

소절 따라 불렀다. 언론들은 이 사실을 관심 있게 보도했지만, 아직 정치적 쟁점이 되지는 않았다.

문제는 5년 뒤부터 시작되었다. 2013년 보훈처가 〈임을 위한 행진곡〉을 제창하는 대신 합창단이 노래할 때 원하는 사람은 일어나 함께 부르도록 지침을 변경했던 것이다. 순서가 되자 박근혜 대통령은 태극기를 들고 일어섰다. 대통령의 움직임은 느리고 어정쩡했다. 확신 없는 행동이었다. 대통령은 노래를 부르지는 않았지만, 자리에 선 채로 이따금씩 국기를 흔들었다. 강운태 시장의 간곡한 사전 호소가 아니었다면 아마 대통령은 태극기를 흔들지 않을 테고, 어쩌면 자리에서 일어나지도 않았을지 모른다. 대통령과 동행한 주변 인사들의 행동을 통해서 짐작하면 그렇다. 일단 대통령이 기립하자 어떤 사람도 앉아있어서는 안 되었다. 모두가 일어섰다. 하지만 이후의 행동은 판이하게 달랐다. 대한민국의 정치지형과 정치문화의 단면이 표출된 것으로 보아도 좋을 상황이 벌어졌다. 보훈처장은 입을 굳게 다물고 있었고, 집권당과 제1야당 대표는 노래만 따라 불렀다. 노회찬 정의당 원내대표는 손을 높이 흔들며 큰 소리로 노래했다. 우리나라 제도권 정당의 스펙트럼은 이 스냅 사진 한 장으로 깔끔하게 정리되었다. 재미있는 것은 같은 장면을 놓고도 해석이 달랐다는 점이다. 어떤 사람들은 그래도 대통령은 노래하지 않았다고 했고, 어떤 사람들은 대통령이 사실상 노래를 한 것이라고 해석했다. 이런 제각각의 해석은 〈임을 위한 행진곡〉을 더 정치화시켰고, 5·18 기념의례는 그럴수록 더 경직되었다.

5·18이 한국정치를 읽는 가늠자인 것처럼, 5·18 기념식과 '행진곡'은 이미 승패가 결정 난 줄 알았던 기억정치의 새 고지가 되어버렸다. 장악해도 큰 이득이 없지만, 잃게 되면 손실이 클

것만 같은 우려가 정치적 해결을 더 어렵게 만들었다. 불편한 조짐은 이미 2009년부터 있었다. 이 해 이명박 대통령은 기념식에 참석하지 않았고, 그에 앞서 보훈처는 〈임을 위한 행진곡〉을 본 행사에서 빼서 식전행사에 포함시켰다. 게다가 무대 위의 합창단이 합창해야 할 곡으로 규정하기까지 했다. 5개월 후 행정안전부는 공식행사에서 민중의례를 따르는 공무원을 징계하라는 지침을 각 기관에 내려 보냈다. 〈애국가〉 대신에 〈임을 위한 행진곡〉을 부르고, '순국선열과 호국영령에 대한 묵념' 대신에 '민주열사에 대한 묵념'을 거행하는 것을 더 이상 용납하지 않겠다는 표시였다. 정부의 조치는 여기서 끝나지 않았다. 같은 해 12월 보훈처는 5·18을 기리기 위해 '5월의 노래'를 공식 제정해서 보급하겠다고 밝혔다. 물론 시민사회의 강한 반발에 부딪혀 이 계획은 곧 철회되었다.

하지만 정부의 마지노선은 명확했다. 2010년 기념식에서도 '행진곡'은 식전공연에서 합창단이 불렀다. 2011년부터는 다시 본 행사에 포함되긴 했지만, 합창단이 합창하고 원하는 사람만 따라 부를 수 있도록 했다. 정치가 실종되고 이런 군사적 노선을 고집하면서, 급기야 2015년 제35주년 기념식은 두 군데서 개최되고 말았다. 정치력의 결핍 때문에 취약한 봉합선마저 파열되는 것을 막지 못했던 것이다.

이때의 정치력이란 합창과 제창 중 어느 하나를 선택하거나, 기술적 방식 자체를 절충하는 것에 있지 않다. 〈임을 위한 행진곡〉의 합창과 제창을 요구하는 각각의 입장 가운데, 훨씬 더 많은 사람이 훨씬 더 간절하게 요구하는 방식을 수용하는 것이 바로 정치다. 왜냐하면 5·18 기념식은 희생 당사자와 시민사회가 국가폭력에 대해 국가가 져야 할 것으로 요구해 온 책임을, 그에 어울리는 방식으로 거행할 때 비로소 의미를 가지는 행사이기 때문이다. 희생자들의 시신이 묻혀있는 바로 그 장소에서 방식의 융통성이나 다양성을 요구하는 것은 책임 수행에 대한 변명을 넘어 거부 의사를 표명하는 것일 뿐이다.

작년을 기점으로 이제 〈임을 위한 행진곡〉은 5·18 기념식에서 시민권을 회복했다. 그러나 행진곡의 장래는 여전히 불투명하다. 우리는 여전히 얼음산을 기어오르고 있고, 우리가 신은 신발은 징 박힌 등산화가 아니기 때문이다. 바닥에 기름칠한 쇠 구두다. 민주주의가 후퇴하면 '행진곡'도 언제든 퇴장당할 수 있다.

하지만 이것만이 문제의 전부는 아니다. '행진곡' 복원은 최악의 상황을 모면했다는 것을 알려줄 뿐이다. 우리의 바람은 여기서 한 걸음 더 나아가 최선의 기념의례를 만들어가는 것이다. 과도한 엄숙성과 형식미, 진부함과 타성에 젖은 기념의례는 그날의 그 사건을 생생하게 기억하고 있는 세대가 사라질 경우 급격하게 힘을 잃게 될 것이다. 어떻게 보면 우리는 기억의 확산에 대한 기대보다 기억의 침식에 대한 우려가 더 큰 시대에 살고 있다. 5·18 기억의 왜곡과 부식을 막아냈다고 해서, 그 기억의 미래가 보장되는 것은 아니다. 기념의례는 각종 기념시설들과 더불어 기억의 침식과 실종을 막아낼 수 있는 효율적 미디어들 가운데 하나다. '행진곡' 제창을 회복한 지금 5·18 기념의례에 필요한 것은 변화와 갱신이다. 광복절 기념행사에서 어느 방송 합창단이 곱디고운 모습으로 태극기를 흔들며 부르는 〈신독립군가〉에서 공감과 환희를 느끼지 못하는 것은 나만의 문제일까? 그것은 꼭 내가 광복군 출신의 은사 김준엽 선생님과 함께 불렀던 〈신독립군가〉의 진한 추억에 사로잡혀 있기 때문만은 아니다.

5·18 기념의례에서 여전히 유지되어야 할 것은 무엇이고, 갱신되어야 할 것은 무엇일까? 갱신이 필요하다면, 그 걸음은

어디를 지향해야 할까? 공식 의례와 식전·식후 행사를 분리하여, 후자에 파격을 더하고 실험을 도모하는 것이 최선일까? 공식 의례의 억압성에 대한 저항은 답이 있는 게임이었지만, 진부함에서의 탈피와 생동성의 창출은 그렇지 못하다. 어떤 사람들은 5천 년 넘게 유대인들의 출애굽 기억을 보존시켜 온 유월절 절기 행사에 주목한다. 하지만 유월절 의례는 변화가 아니라 반복과 지속에 초점이 있고, 그것이 가능했던 이유는 출발에서부터 종교적 성격을 띠었기 때문이다. 그러므로 여기서 기억창출의 비결을 쉽게 얻기는 어려울 것 같다.

무엇보다 국가를 위해 죽은 이들에 대한 기념의례를 국가에 의해 살해된 사람들에게 준용하는 자세에서만큼은 이제 벗어나야 한다. 그렇다고 해서 국가에 의한 죽음을 기념하는 다른 지역의 의례들 가운데 우리가 모방해도 좋을 경우가 있어 보이지도 않는다. 총체적인 대안 전략과 방법 제시는 아직 어렵다. 그렇기에 문제의식의 공유와 진지한 토론이 무엇보다 시급하다. 거기서 얻어질 결론이 감수성의 증대가 될지, 거세되어 온 저항적 성격의 강화가 될지, 문화적 난장의 전개가 될지, 잘 모르겠다. 어떤 결론이 난다고 해도, 국가예산에 의해 국가의 틀 안에서 국가의 관리 속에 이루어지는 국가폭력에 대한 기념의례가 밑바닥에서부터 솟아오르는 역동성을 충분히 수용할 수 있을지도 아직은 모르겠다. 하지만 기념의례에 참석하는 5·18 부상자들과 희생자 유가족들의 안색과 거동을 살펴보면, 지금 이후의 기념의례에 관한 논의가 시급해 보인다.

14/

상설전보다 특별전이 더 좋은 곳

—세종로 대한민국역사박물관

대한민국의 중심이 서울이라면, 서울의 중심은 세종로다. 거기서도 가장 눈에 띄는 곳에 리모델링 작업을 통해 새로 태어난 지상 8층의 건물이 있다. 우리나라 현대사를 펼쳐 보이고자 만든 '대한민국역사박물관'이 바로 그것이다. 여기서는 띄어쓰기가 중요하다. 아무 음절도 띄어서는 안 된다. 내 수업을 듣는 학생들에게 이곳을 찾아보고 리포트를 쓰도록 했더니, 외국인 유학생을 포함한 몇 명은 엉뚱한 곳에 다녀와 보고서를 제출했다. '대한민국(의) 역사박물관'으로 이해한 이 친구들은 '서울 역사박물관'이나 '국립 민속박물관'을 다뤘다.

광화문이 바로 보이는 곳, 정부종합청사 바로 건너편, 미국 대사관 바로 옆. 이보다 더 좋은 자리는 있을 수 없다. 모든 면에서 축복에 가까운 자리다. 이 기회의 땅에 2012년 '대한민국역사박물관'이 문을 열었다. 신축은 아니었다. 박정희 시대에 정부청사로 시작되어 경제기획원과 문화공보부 건물로 사용되던 행정 건물을 개축했으니, 처음부터 박물관 용도로 건축된 건물보다는 전시에 불리한 면도 있다. 18개월의 작업을 거쳐 만들어진 박물관은 6,444평방미터의 대지에 11,117평방미터의 면적을 보유한다. 전시면적만 생각하면, 상설전을 기준으로 총 2,962평방미터다.

대한민국역사박물관 전경

대한민국역사박물관은 탄생부터 많은 논쟁을 불러일으켰다. 뉴라이트 역사관에 편향된 박물관 건립에 반대하는 의견이 거세고 많았다. 충분한 준비 없이 개관한 '졸속' 박물관이라는 지적도 매서웠다. 어느 하나도 허투루 들을 수 없는 비판들이다. 하지만 박물관은 이미 탄생했고, 서울의 요충지에 이미 존재한다. 뿐만 아니라 성장을 거듭할 것이다. 이미 변화도 시작되었다. 상설전이 박물관의 과거 모습을 보여준다면, 올해 들어 잇따라 열리고 있는 특별전은 앞으로 펼쳐질 대한민국역사박물관의 미래를 보여줄 것이다. 일련의 특별전들을 통해 우리는 앞으로 바뀌게 될 상설전의 방향까지

不遠復

가늠해 볼 수 있다.

상설관은 1876년부터 오늘에 이르는 현대사를 네 개의 전시실을 통해 재현한다.

먼저, '대한민국의 태동'으로 이름 붙은 제1전시실은 1876년부터 1948년까지 다룬다. 개항에서부터 광복까지다. 시작은 강화도 조약이다. 일본과 맺은 이 불평등조약을 필두로 영국, 독일, 러시아, 프랑스와의 조약이 이어졌다. 충분히 준비되지 않는 개방은 혼선을 초래했지만, 이와 함께 근대를 향한 주체적 시도도 이어졌다. 독립문 건립과 독립공원 조성을 목표로 창설된 독립협회가 대표적이다. 시련에 대한 우리 민족의 응전은 대한제국 수립으로 이어졌다. 하지만 자주적 근대국가의 꿈과 노력은 제국주의 일본의 강점과 더불어 끝내 좌절되었다. 그리고 엄청난 파도가 밀어닥쳤다. 수탈의 시대는 인적 수탈에서 정점을 찍었다. 징병과 징용, 일본군 위안부가 그것이다. 이 파도에 식민지 조선의 선배들은 3·1운동, 임시정부, 독립군 투쟁으로 맞섰다. 다시 도래한 자유는 거저 얻은 것이 아니었다.

제1전시실은 이후 본격 등장하게 될 대한민국 역사의 서시序詩다. 이 72년의 서사敍事는 '그럼에도 불구하고'로 압축되고, 태극기로 상징된다. 감당하기 어려운 외부로부터의 도전에 당당히 맞섰다는 '그럼에도 불구하고'의 내러티브는 상설전에서 네 개의 태극기를 통해 표현된다. 가장 오래된 데니Owen N. Denny 태극기는 근대 국민국가를 자주적으로 창출하겠다는 고종의 꿈을 표상한다. 광복을 통해 좌절된 꿈을 이루겠다는 결의의 흔적이 김구 주석의 서명을 담은 태극기와 수많은 용사들의 손자국이 남아있는 광복군 태극기에 담겨있다. 여기에 하나의 태극기가 더 등장한다. 투레이어 특수 영상으로 제작된 8·15 광복 동영상에 등장하는 태극기가 바로 그것이다.

SOUTH KOREA

마지막 흥남탈출
Last Exit from Heungnam

앞의 세 개와는 달리 물성物性 없는 이 마지막 태극기는 광복의 기쁨을 표현한다. 전국을 뒤덮은 태극기의 물결은 1948년 최초의 헌법을 통해 표상되었다. 이로써 오랫동안 연기처럼 아른거리던 공화주의가 드디어 형체를 갖추게 되었다. 다만 그 실현 방향이 시민 공화주의로 갈지, 아니면 국가 공화주의로 갈지는 앞으로 정해질 일이었다.

대한민국역사박물관 – 3.8선 분단

그러나 그 앞날은 밝지 않았다. 해방공간에서 광폭으로 전개되던 논의와 실험들은 곧 급격하게 축소되고 만다. 38선 획정 때문이었다. 자유 진영과 공산 진영 간의 냉전 속에서 한반도에 닥친 분단의 운명을 구현하는 방식이 방문객의 주목을 끈다. 전시 공간 전면에 38선 팻말이 설치되고, 바닥에는 38선이 표시되어 있다. 오른쪽에는 38선 이남의 상황 전개를, 왼쪽에는 38선 이북의 사태 추이를 사진과 실물자료를 통해 재현한다.

본격적인 내러티브는 제2전시실에서 시작된다. 여기서는 1948년 대한민국 정부 수립에서 1960년 4·19혁명과 그 직후까지 다룬다. 전시의 중심에는 한국전쟁과 전후 복구가 있다. (물론 이곳에서는 '한국전쟁' 대신 '6·25전쟁'이라는 표현을 일관되게 쓰고 있다. 이것은 단순히 취향의 문제가 아니라, 정치적 신조와 역사를 보는 눈과 직결된 일이다.) 전쟁 자체의 재현은 대한민국역사박물관의 주 관심이 아니다. 그것은 용산 전쟁기념관의 일이다. 여기서는 전쟁 중에 온 국민이 겪어야 했던, 혹은 전후에 닥친 생존을 위한 투쟁이었다. 전쟁이 남긴 환경의 도전에 우리 국민은 재건의 노력으로 응답했다. 우리 국민의 불굴의 의지는 몇 개의 오브제나 시설을 통해 재현된다.

대한민국역사박물관 – 메러디스 빅토리호

한국전쟁의 의미는 전시장 내에서 압도적 크기로 부분 재현된 함선 '메러디스 빅토리Meredith Victory'에서 선명하게 드러난다. 이 배가 어떤 함정인가? 1950년 흥남철수 당시

군수물자 수송을 포기하는 대신 1만 4천여 명의 피난민을 거제 장승포항까지 운반해 준 미국 화물선이다. 영하의 추위가 엄습했지만, 3일간의 항해 동안 사망자는 단 한 명도 없었다. 오히려 5명의 새 생명이 배 안에서 탄생했다. 메러디스 빅토리호는 이처럼 아사와 익사 직전의 사람들을 생명의 포구까지 실어다 준 고마운 손길이었다. 상황은 사람들을 죽음으로 몰아갔으나, 살겠다는 의지와 살리겠다는 의지가 맞물려 기적을 일구어낸 것이다. 영화 〈국제시장〉을 통해 더 널리 알려진 '메러디스 빅토리호'가 전시장 한가운데 배치된 것은 탁월한 선택이다.

전시는 한국전쟁이 동시대인들에게 부과했던 궁핍한 삶의 틀을 또 다른 방식으로도 표현한다. 허름하게 재현된 판잣집이 그것이다. 핍진했던 그 시대의 삶은 밀가루 구호 포대를 통해 방문객에게 전달된다. 미국이 원조품으로 보낸 이 포대에는 '팔거나 다른 물건과 바꾸지 말 것'이란 문구가 영문으로 적혀있어, 방문객에게 더 진한 느낌을 갖도록 해준다. 이렇게 시작된 밀가루 도입은 우리나라의 농업구조와 곡물 소비 성향만이 아니라, 삶 전체에 영향을 끼쳤다. 이 원조 포대를 바라보는 느낌은 방문객의 연령대에 따라 크게 다르다. 70대에게는 아직도 현재 같은 과거일 테고, 50대에게는 귀에 못이 박힐 정도로 친숙한 간접 경험일 테며, 10대와 20대에게는 멀찍이 떨어져 있는 과거가 될 것이다. 이렇게 해서 박물관에는 갑자기 이야기가 넘쳐흐른다. 먼저는 박물관이 전시를 통해 방문객에게 말을 건네지만, 어느 순간부터는 방문객이 전시에 말을 건다. 그리고 다시 어느 때부터는 방문객들 사이에 이야기가 오고간다. 할아버지가 이야기하고, 손자 손녀가 묻는 상황이 생겨난다. 현대사 박물관을 찾는 가족 단위 방문객

사이에서 흔하게 벌어지는 일이다. 소통과 이해는 그 다음이다.

전시는 여기서 그치지 않는다. 전시가 진정으로 보여주고 싶어하는 것은 어떤 도전과 시련도 결국은 이겨내는 한국인의 의지다. 이 의지가 콩나물 같은 교실을 통해 재현된다. 전시는 한국전쟁기의 교실을 통해 우리 국민 특유의 학구열과 향학열을 보여준다. 교육을 통한 인적 자본 육성이 이후 전개될 발전의 원동력이었다는 것이다. 폐허를 딛고 일어서는 한국인의 강한 의지는 정치적으로도 '사건'을 만들었다. 4·19혁명이 바로 그것이다. 그러나 이 미완의 혁명은 전시 내러티브의 정점에 있지 않다. 오히려 다가올 사건과 시대를 위한 하나의 계단 정도로 비친다.

4·19혁명은 그 후에 닥친 혼란과 함께 제3전시실의 초두에 등장하는 5·16을 통해 해소된다. 제3전시실은 대한민국의 성장과 발전을 보여준다. 시간으로 보면 1961년부터 1987년까지다. 방문객은 전시의 서사가 5·16에서 시작될 것으로 예상한다. 그러나 정치적 사건으로서 5·16 쿠데타는 보이지 않고, 쿠데타 주도세력이 펼쳐간 경제개발계획과 실천이 돋음체 글씨처럼 부각되어 전시된다. 대한민국역사박물관의 위치와 건물 자체가 이 서사를 뒷받침하는 증거다. 이 박물관과 바로 옆의 미국 대사관 건물은 1960년대에 지어진 쌍둥이 건물로, 노장세대의 기억 속에 경제성장 역사의 상징처럼 남아있다. 이 두 건물은 미국의 원조금 500만 달러로 세워졌고, 현재 박물관이 된 광화문 바로 앞의 건물은 국가재건최고회의와 경제기획원이 있던 곳이기 때문이다. 1961년 당시 건물 준공식 때의 자료도 이곳에 전시되어 있다.

1960년대와 70년대를 살았던 우리 국민은 '산업역군'으로 묘사되어 있다. 국가는 국민을 동원했고, 국민은 살기 위해 그

동원에 기꺼이 응했다. 동원과 호응의 소용돌이는 해외로도 분출되었다. 전시는 독일로 파견 간 광부와 간호사, 중동 건설현장에서 일한 건설노동자들의 월급명세서, 송금영수증, 일기, 사진첩을 통해 이 시대의 분위기를 살갑게 전해준다.

가장 공들인 전시는 '대한민국 1호' 코너다. '불가능을 가능으로 일군 기적'을 강조하는 이 코너는 컨테이너가 선적된 모습과 H빔 구조물로 전시공간을 연출했다. 현 LG전자의 전신인 금성(Gold Star)에서 생산한 국산 1호 라디오와 국산 고유모델 1호로 불리는 현대 자동차의 포니도 전시되어 있다. 포니는 1982년 뉴질랜드로 최초 수출됨으로써, 우리나라를 수출하는 나라로 바꾸어 주었다(그때는 수출이 곧 애국이었던 시대였다!). 이 변화하는 나라의 모습은 현대중공업이 건조한 애틀랜틱 배런호 모형과 거대한 수출 화물선 영상을 통해 확증된다. 이 거대한 배들은 앞의 제2전시실에 등장했던 미국 화물선 '메러디스 빅토리호'와 강하게 대조되며, 우리 국민이 이룩한 격세지감의 비약적 발전을 보여준다.

우리는 흔히 박정희 대통령이 통치했던 1960, 70년대를 '개발독재 시대'로 일컫는다. 그렇다면, 대한민국역사박물관은 이 시대를 적절하게 구현하고 있을까? 아직은 그렇지 않다. 방문객 중 한 사람으로서 내가 보기에, 이곳의 전시에서 개발은 고딕의 대문자로, 독재는 흐린 소문자로 쓰여있다. 한마디로 말해, 비대칭적이다. 이 의도적 비대칭성은 여러모로 드러난다. 거대한 시설과 장치, 입체감을 주는 미디어 배치에서 산술적 균형은 전혀 준수되지 않았다. 예를 들어 청계천 피복공장은 실제로도 비루했지만, 전시에서 다뤄지는 방식도 비루하다. 기러기 같은 오른쪽 날개에 더해 참새 같은 날개를 왼쪽에 붙여놓은 느낌이다. 박물관은 전시를 통해서 방문객에게 하고 싶은 말을 한다. 특별한 일이 없는 한, 대화는 일방적이다. 화자가 말을 하고, 청자는 '소감'을 갖게 되는 것이 일반적이다. 그러나 어떤 방문객은 전시되지 않은 것을 발견하고, 부당하다고 느끼며, 박물관을 비판하기도 한다. 대한민국역사박물관을 찾아본 내 학생들 중 많은 수가 독재와 민주화의 전시 비중이 적은 것에 대해 문제를 제기했다. 민주화운동 전시 코너도 마련되어 있기는 하다. 김지하 시인의 시 〈타는 목마름으로〉로 시작되는 이 부분은 그러나 개발독재 시대의 위광에 비춘다면 여전히 부족하다. 미술관이 아닌 기념관과 기념박물관에서는 '보는 만큼 알게 된다'는 명제보다는 '아는 만큼 보인다'는 명제가 우선하는 것 같다. 방문객에 따라서는, 박물관이 보여주고 싶지 않아 하는 것까지 볼 수 있으니 말이다.

그래서인지, 리포트 작성을 위해 이곳을 찾은 100명가량의 우리 학생들 가운데 다수가 특별전이었던 〈제주 4·3, 이젠 우리의 역사〉에 더 많은 지면을 할애했다.

지난 세 달 동안 대한민국역사박물관이 개최한 〈제주 4·3, 이젠 우리의 역사〉는 4·3 발발 70주년을 기념해 기획된 특별전이다. 이제껏 4·3은 5·18과 더불어 우리 사회의 기억운동을 이끌어 온 양축 중 하나였다. 2000년의 특별법 제정, 2003년의 《제주4·3사건 진상조사보고서》 완성, 2014년의 4·3 희생자 추념일 지정은 적잖은 성과였다. 그러나 인명 피해 규모와 사건 자체가 갖는 의미에 비하면 그 성과가 충분하다고 보기는 어렵다. 이런 상황에서 대한민국 수도의 중심부에서 좀더 많은 국민이 한국과 세계 현대사에서 중요한 이 사건을 살펴볼 수 있도록 한 것은 박물관 본연의 과제에 부응하는 좋은 기획이었다.

그렇다면, 이 특별전은 제주 4·3을 지방사의 범주를 넘어

명실상부하게 우리 국민의 역사로 재해석하는 데 성공했다고 볼 수 있을까? 제주에서의 4·3 전시와는 다른 점을 갖고 있을까?

전시는 낯선 지방의 역사를 환기시키며 시작된다. 척박한 자연환경, 그 속에서 살아가기 위해 배양된 강인한 생활력과 공동체 형성이 제주의 특성으로 제시된다. 1947년 3·1절 기념행사장에서 발생한 발포 사건은 해방이 되었어도 기다리던

봄은 오지 않았음을 알려준다. 다음 해에 계획된 5·10 총선거와 그에 반대하여 발생한 4·3 봉기는 지방이 중앙의 역사로 비약하고, 중앙이 지방의 역사를 집어삼키는 계기가 되었다. 1948년 8월에 수립된 신생 대한민국 정부는 제주의 봉기를 체제 정통성에 대한 도전으로 여겼다. 그 결과 계엄령이 선포되고 무차별적인 진압작전이 전개되었다. 어린이, 노인, 여성을 포함해 민간인 희생자가 3만 명에 이르렀다.

이 서사를 알리기 위해 특별전은 하나의 꽃을 상징 이미지로

삼았다. 전시의 처음에도, 마지막에도 동백꽃이 등장한다. 3층 전시실 입구 좌측의 벽 전체를 장식하고 있는 포스터부터가 그렇다. 현무암 돌담의 틈 사이사이에 피어난 동백꽃들은 검은색 배경 때문에 더 찬란하게 돋보인다. 하지만 그 붉은 꽃들은 시련의 시대를 보여주는 메타포다. 이미 70주년을 기념해 제작 배포한 배지도 동백꽃이다. 동아시아 바깥 지역에서는 분포하지 않아 가장 동아시아적인 꽃으로 불리는 동백꽃은 붉디붉은 그 색뿐만 아니라, 꽃잎이 통째로 떨어지는 속성 때문에, 상실의 슬픔을 자아내는 미디어로 적합하다. 이런 이유에서 통꽃 동백은 처연한 죽음을 상징한다. 하여, 동백꽃은 4·3 전시의 CI(Corporate Identity)가 되었다.

사실, 동백꽃은 1층에도 있다. 박물관 입구를 지나기 전, 벽면에 걸려있는 대형 포스터를 통해 방문객은 이미 동백꽃과 처음 만난다. 〈제주도와 얼굴 없는 이들〉이라는 옥외 조형작품은 4·3을 모르는 이라고 하더라도, 무언가 불길하고 슬픈 일이 그때 그곳에서 벌어졌다는 것을 짐작하게 해준다. 시간이 충분한 방문객이라면, 박물관 1층에서 〈영상으로 보는 '동백꽃 지다'〉를 감상할 수 있다. 강요배 화백의 작품들이다. 제주의 색으로 제주의 풍경을 그려낸 강 화백이 가장 잘 그려낸 것은 4·3을 겪어낸 제주의 사람들이다.

이번에도 예술가들의 힘이 컸다. 이 작은 공간을 4·3에 관한 학습관으로 만들 수는 없었다. 그렇다고 해서, 봉기와 학살의 흔적을 담은 진본 유물로 이 공간을 채울 수도 없었다. 남아있는 것이 별로 없을 뿐만 아니라, 그 파편적인 조각들은 한데 이어놔도 복잡한 역사 이야기를 두텁게 보여줄 수 없기 때문이다. 그 때문에 전시 기획자들은 옥외에서 1층으로, 1층에서 다시 특별전이 열리는 3층으로 이어지는 정서의 동선을 구축할 수밖에 없었다.

특별전에 들어와 가장 먼저 경험하는 것은 허허로운 건물 안에서 소년처럼 보이는 두 사람이 작은 틈새 사이로 바깥 동정을 살피는 불안한 모습이다. 방문객의 눈은 자기 눈높이에서 자기 눈을 응시하는 듯한 두 소년의 눈을 본다. 시선의 만남에서 감정이 일어난다. 그 감정은 동요다. 기념관 기획자들이 전시 초입에서 기대하는 내적 동요다. 이제 방문객은 예민해진 정서로 관람을 이어간다.

곧이어 방문객은 '살암시민 살아진다'는 제주 방언과 조우한다. '살다 보면 (그렇게 고통을 껴안고 어쩔 수 없이 모질게) 살아가게 된다'는 뜻이다. 4·3의 광풍이 지나간 후, 기혼 여성의 절반이 과부가 될 수밖에 없었던 엄혹한 현실을 말해주는 문구다. 무명천 할머니의 삶도 그중 하나다. 젊은 때 입은 총상으로 아래턱을 잃어버린 채 사람들과 등지고 세상의 무게를 견디다 살아간 무명천 할머니의 삶은 수많은 제주 여성의 생애를 대변하는 집합단수collective singular다.

'붉은 제주' 역시 불안한 색채로 피의 학살을 경험한 우리나라 최남단의 화산섬을 그려낸다. 묘연한 이 그림의 느낌은 이어서 등장하는 산방산 풍경을 통해 구체적 이유를 발견한다. 이명복의 작품 〈침묵〉이다. 제주를 대표하는 풍경 중 하나인 이 묵직한 산의 모습은 그러나 그 앞 전면에 가득한 무덤들을 통해 우리에게 무언가를 알려준다. 깊이 파묻혀 있는 주검들을 통해 언어적 표현을 초월하는 경험들을 고발한다. 강요배에서 박경훈에 이르는 예술가들과 〈애기동백 꽃의 노래〉를 노래한 최상돈에서 〈순이삼촌〉의 현기영에 이르는 문인들이 아니었다면, 이번 4·3 특별전도 상설전에 살짝 얹힌 밋밋한 별미 정도로 끝나고 말았을 것이다.

마지막으로, 특별 전시실 끝에는 찬찬히 살펴보지 않으면 그 의미가 잘 보이지 않는 것이 하나 있다. 벽에 나란히 걸린 다섯 개의 액자, 또는 거울이 그것이다. 왼쪽의 네 개는 액자지만, 오른쪽 끝의 마지막 액자는 거울이다. 네 개의 액자에는 4·3 당시 지위 상실이나 목숨의 희생을 무릅쓰고 죽음의 위기에 몰린 이웃들을 구했던 의로운 사람들의 모습이 담겨있다. 각 그림의 하단에는 그 주인공들이 했던 말을 담았다. 첫 번째 초상은 성산포 경찰서장 문형순이다. 엄준한 상부의 명령과 기세등등한 특무대의 감시에도 불구하고 경찰서 마당에 끌려온 사람들을 문형순은 서장 직권으로 귀가시켰다. 그 자리에 머물러있었으면 곧 죽게 될 주민들을 돌려보낸 이 강단 있는 인물이 남긴 말이 여름날 사이다처럼 우리 가슴을 시원하게 만든다. "부•당•함•으•로•불•이•행!" 상당한 권한을 보유한 사람만 할 수 있는 표현이다. 하지만 권한이 있던 사람들 가운데 그 권한을 의롭게 발휘한 사람은 드물다.

문형순과 달리, 나머지 세 명의 의인은 평범한 사람들이다. 특별한 배움이 없었던 이들은 이제까지 역사책에 등장할 기회가 없었다. 상식에 바탕을 둔, 공감에서 비롯된, 선한 행동 때문에 이 특별전에서 우리가 본받을 사람으로 초대된 것이다. "혼저 곱으라." 빨리 숨으라는 뜻이다. 빠른 상황판단과 기지로 사람들을 구할 때 그림 속 해녀가 한 말이다. 그 오른쪽 농부는 마을의 질서를 대표했던 사람이다. 사람들의 행방을 집요하게 묻는 토벌대에게 "모른다, 몰라"로 일관해서 '몰라 구장'이라는 별명을 얻게 된 분이다. 사실, 살인의 규모는 그 마을 지도자들의 태도에 의해 좌우되지 않았던가? 이분의 뚝심이 유독 고마운 이유다. 그 다음은 "도르라 도르라". 아이를 업고 있는 아주머니가 다급하게 남긴 말이다. "달려라, 달려라!"

얼른 도망가라는 뜻이다. 이 짧은 일상어들이 사람을 살린 생명의 언어였다. 증오의 언어가 넘쳐나는 오늘날에는 이 말들이 더 아쉽다. 말 자체가 아니라, 그 말을 한 사람들이 참으로 아름답다.

이들의 초상화 오른쪽 끝에는 거울이 달려있다. 그 앞에 서면, 방문객 자신의 모습이 나타난다. 나에게 갑작스럽게 이런 상황이 생긴다면, 나는 어떤 말을 하게 될까? 어떤 행동을 취하게 될까? 짧은 순간에 어떻게 대처할지에 대한 물음이 우리 마음을 불편하게 할 수 있다. 그러나 우리와 비슷한 사람, 어쩌면 배움과 지위에서 우리보다 못한 제주의 이 이웃들이 했던 말과 행동을 생각한다면, 우리에게는 희망이 생긴다. 어쩌면 나도 그렇게 해볼 수 있지 않을까라는 생각이다. 이 생각을 방문객들이 할 수 있다면, 특별전은 이미 성공한 것이다. 그런 성공작을 이어간다면, 대한민국역사박물관은 과거의 누에고치에서 미래를 위한 비단실을 자아낼 수 있을 것이다. 부단한 갱신을 통해 이 박물관이 우리 사회에 희망의 실타래를 제공해 주었으면 좋겠다. 그것이 대한민국 박물관 공화국 1번지에 있는 국가대표선수 대한민국역사박물관의 소임이다.

15/

진부하지만 울림이 있는 공간

—용산 전쟁기념관

대한민국 국민 가운데 절반 이상이 찾은 명소가 서울에 여럿 있다. 용산에 있는 전쟁기념관도 그중 하나다. 1994년에 처음 문을 연 후 14년 만에 1천만 명이 이곳을 방문했고, 6년 후인 2014년에는 누적 방문객 수가 2천만 명을 돌파했다고 한다. 연간 방문객이 이미 200만 명을 넘어섰고, 외국인 관람객도 계속 증가해 전체의 10퍼센트를 차지한다. 놀라운 결과다.

여기에는 장소의 힘도 한몫한다. 시내 한 중심에서 가까운 것도 그렇고, 지하철 4호선과 6호선이 교차하는 더블 역세권인 것도 그렇다. 여기에, 어쩌면 이것보다 더 중요한 점이 하나 더 있다. 용산이 갖고 있는 역사성과 독특한 색깔이다. 서울역에서 삼각지를 지나 한강대교 방면으로 달리면서 보면, 그 서쪽은 초록 계열의 색으로 덮여있다. 연두에서 청록까지, 그리고 그 모든 것이 한데 뒤섞인 전투복 색이 삼각지, 남산, 한강으로 둘러싼 일대를 특징짓고 있다. 그렇게 오랫동안 용산은 군의 주둔지였고, 이제는 박물관들이 들어선 공원으로 탈바꿈하는 중이다. 거기에 전쟁기념관이 있다.

전쟁기념관은 역사성과 지세적 조건 모두에서 예사롭지 않은 곳에 자리 잡았다. 전쟁기념관은 육군본부가 떠난 자리에 1994년 개관했다. 1989년에 육군본부가 계룡대로 이전하지 않았으면 불가능할 일이다. 이에 앞서 현재 전쟁기념관 부지를 포함한 용산 일대는 미군 주둔지였(고 대부분은 지금도 그렇)다. 1945년 미군이 진주하기 전에는 일본군이 주둔했다. 일본은 1894년 청일전쟁 승리 후 이곳에 병력을 상주시킨 후, 러일전쟁이 발발한 1904년부터 1945년까지 40년 동안은 아예 이 일대의 주인으로 행세했다. 일본에 앞서서는 청의 군대 3천 명이 이곳에 주둔했다. 1882년 임오군란 직후부터였다. 그 이전 고려 시대 원나라 군대의 주둔까지는 굳이 거슬러 올라가지 않아도 되겠다. 이처럼 용산은 군사적으로 매력 만점의 장소였다. 도성과 가까운 데다가 한강까지 지근거리에 있어, 나라의 중심을 군사적으로 통제하기 좋은 곳이었기 때문이다. 이런 요충지에 호국의 필요성을 역설하는 기념관을 짓는 것은 누구든 예상할 수 있는 일이었다.

용산의 이런 역사가 현재 전쟁기념관의 지형topography을 결정한다. 전쟁기념관 바로 앞에는 국방부 청사가 있다. 왼쪽은 아직도 미군부대 병영이다. 그 중심에 미8군 사령부와 한미연합사령부가 있다. 오른쪽에는 그 과거를 딛고, 최신식 고층 오피스텔 건물들이 하늘을 향해 치솟아 있다. 뒤편 역시 아직 미군 주둔지로 남아있다. 일부는 미국대사관 신축 부지로 정해졌다.

이런 이유에서 전쟁기념관 부지는 수탈의 과거와 번영의 미래 사이에서 호국의 현재적 과제를 국민의 소명으로 강조하기에 최적의 장소이다. 전쟁을 기념하는 일은 어처구니없는 짓이라는 사회 일각의 비판에도 불구하고, 바로 이 장소에 전쟁기념관이 들어선 것도 이 때문이다.

이곳에서 방문객에게 가장 강한 인상을 주는 전시는 건축이다. 건축 전체가 탁월해서는 아니다. 어떤 이들은 전쟁기념관을 위압적이라고 느끼고, 어떤 이들은 위용을 느끼게 해준다고 말한다. 호오好惡가 갈린다는 말이다. 비판은 주로 건축 전문가들에게서 비롯된다. 비평가들은 주 출입구의 캐노피와 신고전주의 양식, 석재의 채택 때문에 이 공간이 방문객에게 중압감이나 권위적인 느낌을 갖게 만든다고 지적한다. 하지만 일반인들의 느낌은 전문가들과 다른 것 같다. 좌우대칭의 거대한 석재 건축물과 열주들은 '힘센' 건축주인 국가를 만족시킬 뿐만 아니라, 다수의 일반인들을 안도하게도 한다. 외침과 분단의 과거, 상대적으로 짧은 근대화 과정을 겪은 우리 국민들의 속내를 생각하면, 충분히 이해되는 일이다. 내 개인적 판단이나 취향과는 다르지만, 이해하고 있어야 할 점이라고 생각한다. 이런 일은 국가 규모에서 조성된 기념공원과 기념관, 기념묘지와 기념물에서 줄곧 반복되어 왔기 때문이다. 국민 대중의 취향은 앞으로 바뀌어가겠지만, 현재로서는 새로운 기념관을 세울 때마다 중요하게 고려해야 하는 상수다.

전쟁기념관은 대지 북쪽에 좌우대칭의 거대한 단일 매스로 앉혀있고, 양쪽 끝에 긴 회랑을 두어 평화의 광장을 ㄇ자로 둘러싸고 있다. 그렇게 해서 ㅁ자 모양이 된 광장은 북쪽과 남쪽이 각각 잔디밭과 수水공간으로 조성되어 방문객에게는 원형으로 느껴진다. 건축가 이성관은 하늘과 신성을 상징하는 이 원형 광장이 전사자 명비가 안치된 좌우 회랑에 의해

SONS AND DAUGHTERS WHO ANSWERED THE CALL
The Monument of the Korean War Veterans
한 번도 만난 적이 없는 국민을 지키라는

싸여있으며, 선열에 의해 보호받고 있는 우리나라를 상징한다고 설계의도에서 밝혔다. 기념의 광장에서 이곳을 거쳐 기념관 정문으로 향하게 될 방문객이 이곳 광장에 서서 바로 그런 느낌을 받게 될지는 알 수 없다. 서있는 공간 자체가 너무 광대하기 때문이다. 그러나 발걸음을 회랑으로 옮기는 순간, 방문객은 분명 매우 강한 느낌에 사로잡히게 된다. 그 느낌은 내 경우에 호국영령의 보호를 받고 있다는 안도감이 아니었다. 길고 거대한 열주 회랑을 조용히 걸을 때 갖게 되는 신전 같은 느낌이 첫 번째라면, 두 번째는 깊은 애도의 감정이었다. 엄청난 규모의 전사자 명비들이 그곳에 있었기 때문이다. 워낙 많은 전사자들의 이름이 새겨져 있기 때문에 한 사람 한 사람을 애도하기는 어려웠지만, 그 명비들 위에 표기된 참전국가의 이름들을 보며 뒤엉킨 감정을 느꼈다. 지구 어디에 있는지도 잘 모르던 'Korea'까지 와서 싸우다 스러진 이들에 대한 안타까움이 먼저였다. '이들 모두에게 가족이 있었을 텐데.' 그리고 감사와 빚진 느낌까지. 그 끝은 숙연함이었다. 사자의 명부가 갖는 힘은 그렇게 크다. 이 자리에 17만 명의 파괴된 소우주들을 기록한 명부가 없었다면, 아마 나는 이곳 전쟁기념관을 다시 방문하지 않았을 것이다. 그리고 우리 학생들에게도 방문을 권하지 않았을 것이다. 명부를 품고 있는 회랑은 내가 전쟁기념관에서 가장 좋아하는 곳이다. 전쟁은 도대체 얼마나 많은 사람을 소비하는가? 그렇게 수많은 우주를 일회성 자원으로 소모하길 주저하지 않는 국가는 도대체 어떤 존재인가? 국가란 '국민 개개인의 행복을 실현하기 위한 도구'일 뿐이라는 공리주의의 주장은 전쟁 상황에서 어처구니없을 정도로 무력해진다. 전쟁은 국민을 위해 봉사해야 할 당나귀 같은 국가를 괴물Leviathan로 만드는 저주스러운 상황일까? 아니다. 천성에서부터

전쟁기념관 전경

전쟁기념관 회랑

괴물Behemoth 같은 국가가 전쟁을 만든다. 그러니 엄청난 희생을 수반하는 전쟁을 피하기 위해 우리는 국가에 걸어놓은 고삐를 더 강하게 다잡아야 한다. 이것이 바로 전쟁기념관이 회랑을 통해 내게 주는 교훈이다.

기념의 광장에서 평화의 광장을 거쳐 기념관 입구의 거대한 캐노피를 지나 로비에 이르는 과정은 끝없는 상승이다. 여기까지가 건축가의 몫이고, 그 다음부터는 전시 기획자들과 큐레이터들의 몫이다. 건축가 이성관은 자신의 역할을 책 겉표지 만들기에 한정했다. 책 속의 내용은 전시 담당자들이 할 바라는 것이다. 이제 방문객은 수평의 길을 걷게 된다.

방문객이 처음 맞닥뜨리는 것은 상설전이 아니다. 실시간으로 전송되는 독도 화면이다. 일본과의 영유권 문제를 환기시키며 국토에 대한 애정을 불러일으키기 위해 추가된 장치다. 방문객에 따라서는 쇼핑몰 주 통로 한가운데서 쇼핑객의 발길을 가로막는 할인상품 카트처럼 보일 수도 있다. 애국하는 방식에서까지 기념관 측과 일치하지 않는다면 말이다.

전쟁기념관은 사실 한국전쟁 기념관이다. 전쟁 발발 전까지의 전쟁사는 배경에 지나지 않는다. 그 후도 마찬가지다. 그러므로 전시의 성패도, 효율도, 감동도, 여운도 한국전쟁에 달렸다. 로비는 기념관의 2층에 있기 때문에, 전쟁 역사실 I, II를 보기 위해 일부러 한 층 내려가지 않는다면, 자연스럽게 한국전쟁을 주 테마로 다루는 6·25 전쟁실 I, II를 관람하게 된다. '6·25 전쟁실 I'은 먼저 38선 분단과 남북한 정부 수립에서 개전까지의 상황을 짧게 다룬다. 전시는 전쟁이 명백한 남침이었음을 강조하면서, 그 증거로서 유엔의 참전 결정을 제시한다. 그리고 인천 상륙작전과 낙동강 전선에서의 총 반격이 9월 28일 서울 수복을 정점으로 그려진다.

개전 초의 암울했던 상황은 '6·25 전쟁실 II'에 와서 급변한다. 전시는 압록강에 도달한 국군 제6사단 병사들이 수통에 강물을 담는 복합 디오라마를 통해 이 상황을 극화한다. 색깔도 변한다. 컴컴했던 장면들이 끝나고, 밝은 조명 속에서 푸른색이 등장한다. 이후 중공군 개입과 흥남·원산 부두 철수, 재반격과 전선의 교착, 정전협정 체결까지 시간의 흐름에 따라 다뤄진다. 많은 곳에서 스크린과 디오라마가 등장해 전시의 입체성을 끌어올리고자 했다. 대대적인 리모델링을 통해 어린이와 가족 단위 방문객에게 많은 볼거리와 체험의 소재를 제공한 것이 예전의 전시에 비해 눈에 띈다. 그러나 인터액티브 미디어의 적극적 활용이 꼭 전시 효과 상승으로 이어지는 것은 아니다. 충분한 사전 구상과 마무리에 이르는 세심한 손끝이 없다면, 대대적인 개보수의 목적은 실종되고 만다. 전쟁의 참상과 후유증을 다룬 부분은 기대에 못 미친다. 창살을 통해 중앙청을 배경으로 파괴된 서울 시내를 바라보는 공간이 대표적이다. 너무 작고 구성방식이 조잡하다.

여기까지만 보면, 전시 내러티브나 기술적 구현에서 전쟁기념관만의 특징을 발견하기 어렵다. 장면을 극적으로 보여줄 수 있는 개인들의 사연은 거대한 상황 속에 묻혀버렸다. 포연과 총탄 속에서 외치는 병사들의 목소리처럼, 다양한 전쟁 경험의 음절들이 전시 전체에 걸쳐 명확하게 완결된 형태로 표현되지 않는다. 몇 개의 진품과 증강현실을 통해 한국전쟁 전개의 통상적인 내러티브를 재확인할 수 있을 뿐이다.

이런 밋밋함은 2층 계단을 끝으로 예상치 못하게 사라진다. 3층 유엔(UN)실에 오면서 전시는 분위기뿐 아니라 구현 방식에서도 큰 변화를 보여준다. 이제야 사람이 보이고, 사람들의 이야기가 나타나기 시작하기 때문이다. 이 전시실을 통해 반도의 전쟁은 동족상잔의 내전에서 벗어나 세계사의 한 획으로 웅비한다. 한국전쟁에서는 수많은 사람들이 참가했고, 싸웠고, 죽었다. 그들에게는 배웅하던 가족이 있었고, 살아 돌아오기만을 학수고대하던 가족이 있었다. 여기에서 간절한 기원祈願과 냉혹한 좌절 간의 간극이 발생했다. 우리 대한민국은 자신의 뜻에 반해 안온했던 삶을 전쟁에 저당 잡힌 이 모든 사람들에게 발언할 수 있는 기회를 훨씬 전에 부여해야 했다. 늦었지만 이제라도 마련되었으니, 다행이다. 유엔실은 그 엄청난 삶과 죽음의 기억들을 재현하는 데 필요한 최소한의 공기公器다.

3년 1개월간의 전쟁에서 3만 7천여 명의 유엔군이 목숨을 잃었다. 이들의 희생은 '제2의 조국, 대한민국'으로 명명된 전시실 제1존zone의 유엔기 및 눈물방울 이미지 월image wall과 유엔 기념공원을 통해 연출된다. 바닥에는 희생자 묘비들의 이미지가 명멸한다. 방문객은 바로 그 위를 걸어가게 된다. 내가 서있는 모습은 거울 벽을 통해 내게 확인된다. 우리의 삶은 그들의 죽음을 딛고서야 가능했던 것이다. 하여, 이 자리에 들어선 내국인 방문객은 우리가 그 사자들에게 지고 있는 빚을 생각하게 된다. 이 자리를 떠난 후에도 그 빚을 갚을 방법에 대해서까지 생각해 볼 수 있다면, 더 이상 바랄 게 없을 것이다. 외국인 방문객들의 반응도 매우 적극적이다. 참전 국가 출신의 방문객들은 여행자로 왔다가 이곳에서 자기나라, 자기 국기, 자기 선조를 발견하고, 대한민국과 자국 간의 양자적 관계를, 그리고 지구적 세계사 시대의 무게감을 실감할 수 있다.

여기서 갖게 된 방문객의 느낌은 '기억의 장'에 들어서면서 심화된다. 63개국과의 인연이 펼쳐지는 이곳에서 방문객은 또 한 번 공감과 애도의 순간을 경험할 수 있을 것이다. 천정에 달려있는 각국 군인들의 전투복 차림 사진들은 한국전쟁의 추상적 이해를 저지한다. 수많은 병사들의 사진 모양이 또 하나의 의미를 함축한다. 바로 군번 인식표 모양이다. 운명처럼 균일했던 그 틀 안에 다양한 장면, 다양한 표정이 담겨있다. 이처럼 한국전쟁은 진영 간 투쟁이나 처절한 땅뺏기 싸움이었을 뿐만 아니라, 거대한 도가니 속에서 펼쳐지거나 굴절되거나 좌절된 다양한 사람들의 생존과 전몰의 이야기 더미였다. 이러한 이야기들은 사진과 함께 패널에 적힌 사연들을 통해 재현된다.

한국전쟁 참전국들 가운데는 의료 인력을 보내준 나라들도 있었다. 스웨덴과 덴마크도 그랬다. 몇 년 전 워싱턴을 방문했을 때, 미국 주재 덴마크 대사관저에 초청받았다. 대사 부부와 이야기를 나누던 중 워싱턴 국립 홀로코스트기념관에 전시되어 있는 '덴마크의 배Danish Boat'가 화제에 올랐다. 이차대전이 한창일 때 나치 독일의 절멸작전 때문에 위기에 처했던 유대인들을 구하기 위해 덴마크 어부들이 목숨을 걸고 전개했던 구조활동 이야기였다. 덴마크 사람들이 나치의 감시를 피해 작은 어선에 유대인들을 태워 스웨덴으로 도피시킨 아름다운 스토리를 전시장 한가운데 있는 보트가 증언한다. 실물이다. 덴마크 대사는 이야기 끝에 한국전쟁 때 덴마크가 병원선을 파견했던 이야기를 아느냐고 물었다. 알고는 있지만 자세한 사정은 모른다고 하자, 대사는 내게 당부했다. 그 선한 이야기들을 한국 사회에 널리 알려달라고 말이다.

그렇다. 한국전쟁이 한창일 때, 전방의 군인들이 한 치의 땅이라도 뺏기 위해 목숨을 바쳤다면, 후방의 여러 군인과 민간인들은 한 명의 목숨이라도 구하기 위해 동분서주했다. 흥남부두 철수에서 피난민들을 구했던 메리디스 빅토리호는 그렇게 아름다운 수많은 헌신의 이야기들 가운데 하나다. 수많은 배들이 익사 직전의 고아와 민간인들을 건졌고,

돌보았다. 우리들이 잊지 말아야 할 기억들 가운데 소중한 부분이다. 유엔실 전시에서 단편적이긴 하지만, 이 인도적인 이야기를 발견할 수 있으니, 참 다행이다.

전쟁기념관의 내러티브는 국가와 민족을 중심에 놓는다. 국가주의와 민족주의라는 명칭을 꼭 써야 할 만큼 철두철미하지는 않지만, 개인보다는 국가와 민족을 전면에 부각한다. 오랜 역사, 반복된 외침, 무수한 위기. 이 모든 것들의 최정점에 한국전쟁이 있다. 개인과 국가의 관계는 '멸사봉공滅私奉公'의 지침으로 규정되어 있다. 실제로 한국전쟁은 멸사봉공의 연속이었다. 개인들의 무수한 죽음, 자발적이고 헌신적인 죽음으로 국가가 존속했고, 국민이 살아남았다. 전쟁은 발발한 이상, 이겨야 할 사안이다.

하지만 한 가지 물음이 남는다. 전쟁기념관의 모든 서사는 반드시 전쟁 안에 함몰되어야 하는가? 전쟁을 항상 주어진 현실로 전제하고, 승리를 위해 자기를 희생한 이들의 이야기들만의 이야기여야 하는가? 전쟁이 발발하지 않도록 강군을 육성하지 못한 것만을 교훈 삼고, 승전을 위해 사력을 다한 학도병을 롤 모델로 삼아야만 하는가? 이런 전시의 메가 스토리에는 구멍이 너무 많다.

우리 용산 전쟁기념관에는 두 개의 큰 구멍이 있다.

첫째, 국가에 대한 개인의 책임이 과하게 제시되는 데 반해, 개인들에 대한 국가의 책임은 거의 다뤄지지 않는다. 국가는 개인들의 존재근거raison d'être로서 그곳에 재현되어 있다. 국민에 앞서 국민을 속이고 도주했던 최고 책임자 이야기, 적군의 도하를 막기 위해 충분한 예고와 소개 과정 없이 한강대교를 폭파했던 이야기, 우리 안의 희생을 야기한 국민방위군 이야기는 결코 전쟁의 잔여물이 아니다. 전쟁은 여러 개의 얼굴을 갖고 있다. 그 가운데 전쟁기념관 전시는 관용 여권에 부착할 정면사진의 연속에 가깝다. 전시에 만연했던 과잉 국가폭력이 국가주의 메가 스토리에서는 보이지 않는다. 전쟁의 측면에 대한 묘사는 없고, 배면에 대한 묘사는 실종되었다. 전쟁에 대한 기념은 전쟁에 대한 기억들을 재현하는 것이다. 윤곽선 뚜렷한 유일의 집단기억만 재현하려 했기에, 전쟁기념관의 서사는 참으로 단조롭다. 전시 면적이 엄청나기에 이 단조로운 느낌은 더 극심해진다.

둘째, 전쟁기념관에는 전쟁에 대한 성찰의 여지가 없다. '싸워 이겨야 한다'는 강박이 옥내외 전시를 모두 지배한다. 재미 학자 갈홍이 지적했던 것처럼, 대한민국 용산의 전쟁기념관은 일본 도쿄 시내 야스쿠니 신사에 인접한 류슈칸遊就館과 크게 다를 바가 없다. 이 비유가 도움이 될까? 우리 전쟁기념관은 둑이 무너진 뒤에 온몸을 다해 수습하는 개인들의 이야기로 가득 차 있다. 하지만, 전쟁기념은 이것만으로는 부족하다. 제방에 관한 이야기까지 해야 한다. 둑에 관한 이야기는 무너지지 않을 둑을 세워야 한다는 것만 포함하지 않는다. 꼭 그곳에 그런 댐과 제방을 세워야 하는지에 관한 이야기까지 포함해야 한다. 이 중요한 측면들이 빠져있다는 점에서, 전쟁기념관의 내러티브는 단조로울 뿐만 아니라 위험하기까지 하다.

전쟁기념관의 서사를 한마디로 정리하면, 'freedom is not free'다. 자유는 거저 주어지는 게 아니라는 뜻이다. 맞다. 자유는 거저 주어지지 않는다. 그러나 피를 치루는 것만이 자유를 보장하는 방법은 아니다. 싸우지 않고 공존할 수 있는 가능성을 모색할 수 있게, 공공의 일에, 국가적 사안에 국민이 처음부터 관여할 수 있도록 격려하는 것도 '공짜'가 아니다. 싸워 이길 수 있는 준비태세 확립은 군의 목표이지 국가의 목표가 아니다. 양구에 있는 전쟁기념관이나 육군사관학교 교정에 있는 육군박물관과 온 국민을 대상으로 하는 전쟁기념관이 같은 신조와 원칙을 강조하는 것은 아무리 생각해도 적절치 못하다.

여기에서 노르망디 상륙작전의 전장 가까이에 세워진 캉Caen 기념관을 생각한다. 그곳 옥외 전시장 입구에는 총신이 구부러진 권총 형상의 거대한 기념물이 방문객을 맞이한다. 전쟁을 다루지만, 전쟁 그 자체와 전쟁에서의 승리를 내러티브의 지고선으로 삼지 않겠다는 표시다. 용산 전쟁기념관과는 확연히 비교되는 기본개념이다. 캉 기념관이 전쟁을 방편으로 삼은 '평화 기념관Mémorial pour la Paix'으로 호평받는 이유다. 피습된 참수리정이야 분단과 이질적 체제 대치의 현실에서 얼마든지 전시 가능한 오브제이지만, 중고무기 박람회장을 방불케 하는 나머지 옥외 전시장의 오브제들은 후하게 평가해 봐야 '소년'의 호기심을 만족시키는 놀이동산일 뿐이다. 전쟁에 관한 두터운 내러티브를 용산 전쟁기념관에서 확인하려면 얼마나 기다려야 할까? 아직은 가늠이 되지 않는다.

16/

질서 속의 무질서
—동작동 국립 서울 현충원

근대국가는 총력전을 마다하지 않는다. 전쟁을 회피하지 않는 게 모든 국가의 속성이지만, '국민의 국가'를 표방하는 근대국가의 전쟁은 과거 왕조국가에 비해 훨씬 더 처절하다. '국민 대 국민'의 싸움은 나라의 주인 된 국민 전체의 생존과 번영이라는 이데올로기적 명분이 걸려있기에 사력을 다하지 않을 수 없다. 그러므로 국민국가 간의 전쟁은 엄청난 희생을 낳는다. 총력전의 완성은 인적 자원의 총동원에 있다. 그 결과 대량의 죽음이 발생한다. 일차대전 기간에 죽은 사람은 군인과 민간인을 합쳐 2천만 명에 달한다. 그중에 절반 가까운 970만 명이 군인이나 군속이다. 이차대전은 전장이 광역화되면서 더 많은 희생자를 낳았다. 무려 6천만 명 이상이 목숨을 잃었다. 일차대전의 경우 인구 4,500만 명이었던 영국은 최소 74만 명 이상의 전몰장병이 발생했다. 인구 4천만 명의 프랑스는 최소 135만 명의 군인이 목숨을 잃었다. 이 두 나라의 상대였던 독일은 6,500만 명

가운데 203만 명의 장병이 희생되었다. 이 엄청난 죽음이 어떻게 가능했을까? 이 많은 주검을 어떻게 처리했을까? 그리고 이 대량의 죽음에 어떤 식의 의미부여가 이루어졌을까? 국립묘지는 이 모든 물음에 대한 대답의 단서를 갖고 있다.

전쟁 중, 그리고 전쟁 후 희생 장병의 시신 처리는 매우 중요한 국가적 사안이었다. 시신부패에 따른 전염병 차단을 위해서도 그랬고, 가족의 일원을 잃은 유가족들에 대한 위무를 위해서도 그랬다. 즉답은 전장 가까운 곳에 신원확인 없이 대량 매장을 실행하는 것이었지만, 정답은 별도의 군인묘지 조성이었다. 하지만 이것만으로는 충분치 않았다. 그렇게 해서 탄생한 것이 국립묘지다. 유럽이 이 길을 열었고, 미국이 그 길을 따라갔으며, 우리도 그 길을 본받았다. 한국전쟁에서 발생한 희생자 가운데 한국군은, 군사편찬연구소 통계에 따르면, 14만 명에 육박한다. 우리도 이 대량의 죽음을 어떻게든 수습해야 했다. 1957년 동작동 국군묘지의 설립이 그 첫걸음이었다면, 다음 수순은 군인묘지를 국민의 묘지, 즉 국립묘지로 격상시키는 것이었다.

길고 깊은 호흡에서 보면, 국립묘지의 탄생과 성장은 우리나라의 근대화 과정을 비춰주는 거울과도 같다. 국립묘지는 근대국가와 근대사회와 근대문화의 특성들을 때로는 흐릿하게, 때로는 명료하게 반영한다. 이제는 '국립 서울 현충원'으로 명명된 동작동 국립묘지를 세밀하게 살펴보는 이유도 여기에 있다.

근대국가의 흔적으로서 최초의 국립묘지는 동작동이 아니라 장충동에 있다. 지금 신라호텔 자리에 세워졌던 장충단奬忠壇이 바로 그것이다. 1900년 10월 27일, 즉위한 지 37년째를 맞은 고종은 이곳에 국가를 위해 싸우다 죽은 장병들의 위한 위령시설 건립을 명했다. 1895년 을미사변 때 일인들의 손에서 명성황후를 지키려다 순국한 훈련대장 홍계훈과 궁내부대신 이경직의 혼령 위로가 직접적인 계기였지만, 1894년 동학혁명 진압에 투입되었다가 희생된 장졸들까지 포함하는 국립시설이 탄생한 것이다. 남소영南小營 유지를 부지로 택함으로써 장충단의 의미는 더 부각되었다. 제사는 원수부元帥府 주관하에 매년 봄과 가을에 장례원掌禮院이 거행했다. 장졸만이 아니라 산화한 궁인들까지 포함한 점에서, 장충단은 전몰장병 위령시설을 넘어 제국의 유지와 발전을 위한 국립 현충원 기능을 부여받았다고 하겠다. 이런 의미는 장충단 설립 이듬해에 육군 법원장 백성기가 올린 상소문을 통해 확인할 수 있다.

> 훌륭하고 충성스러운 사람을 드러내 표창하는 것은 임금이 세상 사람들을 격려하고 어리석은 사람들을 분발시키기 위한 것입니다. 의리를 지키고 절개를 위해 죽은 신하가 있으면 사당을 세워 제사를 지내니, 육신사六臣祠나 사충사四忠祠 따위가 이것입니다. 그런데 오직 근년에 의리를 지켜 죽은 정승이나 재상들에 대해서만은 아직껏 미처 그렇게 해주지 않고 있으니, 이것이 어찌 흠이 되는 일이 아니겠습니까? (…) 이들이 죽음으로 절개를 드러낸 것이 옛 충신들보다 무슨 크게 못한 점이 있다고 겨우 자기 집 사당에서 제사나 받을 뿐 따로 한 칸의 사당도 가지지 못하고 있으니, 충성에 보답하고 절개를 표창하는 은전에 있어 과연 어떠합니까? 지난날 장충단을 특별히 만들어 제사를 지낸 뒤로 군사들이 이루 형언할 수 없이 감격하고 고무되었습니다. 그런데 위의 여러 신하들이 한 목숨 바쳐 순국한 충렬忠烈은 실로 한때의 싸움에서 죽은 장수나 군사들보다 더한 점이 있는데, 단지 군사가 아니라는

> 이유로 유독 제단에서 제사지내는 대상에 끼지 못하였으니, 선후가 도치되었다고 할 만합니다. (…) 삼가 바라건대, 속히 유사有司에게 명하여 대책을 강구하여 시행하게 하소서.

고종의 대답은 간결하고 명료했다. "충성을 표창하고 절개를 장려하는 데 어찌 문관과 무관을 구별하겠는가? 진달한 내용은 자못 일리가 있으니, 장례원掌禮院으로 하여금 품처稟處토록 하겠다."

이 점에서 보면, 장충단은 국립묘지에 흡사하다. 다만, 취지가 그럴 뿐, 형식에서는 오늘날과 다소 차이가 있다. 예를 들어, 홍계훈과 이경직은 배향配享되었지만, 일반 병졸들은 그렇지 않았다. 제국의 위령시설이었을 뿐, 아직은 국민국가의 온전한 국립묘지는 아니었다는 말이다. 또한 장충단은 시신이나 유해가 안장되는 묘지가 아니라, 야스쿠니 신사와 비슷한 사당 형식을 취했던 점에서도, 현재의 국립 현충원과는 다르다. 제사를 거행하기 위해 3층 기단 위에 15칸으로 조성된 제단과 장충단 비를 품은 1칸짜리 비각이 핵심 시설이었고, 부속건물들이 몇 동 있었을 뿐이다. 그럼에도 백성들 사이에서 장충단이 갖는 의미는 자못 컸다는 사실은 1910년 경술국치를 전후하여 애창된 〈한양가漢陽歌〉가 확인해 준다. "남산 밑에 지은 장충단 저 집 나라 위해 몸 바친 신령 뫼시네./태산 같은 의리에 목숨 보기를 터럭같이 하도다./장한 그 분네."

장충단은 일제 강점과 더불어 없어져 버렸다. 일제는 민족정기 말살을 위해 장충단을 한갓 공원으로 바꾸고, 안중근 의사에게 살해된 이토 히로부미를 위해 영내에 박문사博文寺를 지었다. 그렇게 민족기억에 대한 디가우징Degaussing이 이루어졌다. 그럼에도 장충단에 대한 기억은 사라지지 않았고,

해방 후에 일제에 의해 건립된 시설들을 철거하고 국립 위령시설의 기능을 다시 이어갔다. 1946년 1월 국방경비대가 창설 이후 북한군과의 국지적 교전, 제주 4·3 및 여수·순천 사건, 각 지역의 작전에서 전사한 장병들이 장충사奬忠祠에 안치되었다. 전사자 수가 점차 증가함에 따라 육군본부가 1949년 말 서울 근교에 묘지 후보지를 물색했으나, 한국전쟁 발발과 더불어 이 작업은 중단되었다. 전쟁이 장기화하고 희생자 수가 급증하자 1952년 5월 국방부가 주관하여 육해공군 희생자 전체를 아우르는 국군묘지 설립을 결정했다. 이후 동작동에 묘지가 조성되기까지 장충단은 그 기능을 이어갔다. 동시에 전시에는 과도기적으로 부산 범어사와 금정사에 순국 전몰장병 영현 안치소를 설치했다. 하지만 이런 어정쩡한 태도로 가족을 희생한 국민을 위로하고, 국민에게 장차 마찬가지의 희생을 요구하기는 어려웠다. 제국의 군주가 백성에게 충성을 장려하는 방식은 이제 시대착오적이었다. 국민의 나라에서는 국민 개개인의 자발적 충성이 필요했다. 국가의 역할은 그런 적극 희생을 묘지와 의례를 통해 공공의 장에서 부각하는 것으로 바뀌었다. 장충奬忠의 시대는 가고 현충顯忠의 시대가 도래한 것이다.

1952년 5월 26일 국방부 주관으로 편성된 3군 합동 답사반은 11월부터 이듬해 9월까지 국군묘지 선정을 위해 10개 지역을 답사했다. 우이동, 덕소, 소사, 팔당댐 인근 지역 등이 검토 대상이었다. 이 과정에서 지관 지창룡池昌龍의 역할이 컸던 것으로 알려져 있으며, 이승만 대통령의 재가에 따라 동작동이 최종 결정되었다.

1957년에 와서 유해 안장 기능을 갖춘 명실상부한 국군묘지가 개장했다. 1952년 11월 3일 군묘지설치위원회 구성을 기준하면 5년이 걸렸지만, 1954년 3월 1일 육군 공병단의 착공을 기준하면 3년이 소요된 셈이다. 이 기간 동안 기본개념 수립에서부터 설계에 이르기까지 어떤 논의가 진척되었는지는 분명하지 않다. 장차 국립묘지로 승격될 중앙의 대표 국군묘지가 어떻게 탄생되었는지를 밝히는 것은 우리나라의 공적 기념문화 발전에서 핵심을 차지하는 문제다. 기획자들과 설계자들에게 우리의 사자숭배 전통이 얼마나, 어떻게 영향을 주었는지, 서구의 묘지들 가운데 어떤 것을 표준으로 삼았는지를 확인하지 못한다면, 이후 수십 년간 새로운 시설과 조형물이 들어서면서 거듭된 국립묘지 진화의 양상을 조형적인 면에서 검토하는 것밖에는 남을 일이 없다. 그러나 이제까지 알려진 바로는, 이 과정에서 치열한 토론은 별로 없었던 것 같다. 전국에 산재한 주검들을 한시바삐 한데 모아야 한다는 현실적 요구, 전후 재건 위주의 국가 역량 투입, 묘지 조성을 주도했던 군 특유의 상명하달 문화, 기념문화에 관심을 가진 전문가들의 부재가 이유였을 것이다. 그 당시에 할 수 있었던 최선의 노력은 전쟁에서 산화한 사자들에게 적합한 길지吉地를 마련하는 것 정도였다. 우리, 또는 동아시아의 사자숭배가 근대 서구의 영향을 받으면서도 독특한 색채를 띠는 점이 있다면, 이런 풍수사상이 그중 하나일 것이다.

모든 것이 급박하게 돌아갈 때라서, 현재까지의 자료만 가지고는 동작동 묘지의 공간 배치를 누가, 어떤 원칙에 따라 제시하고 실행에 옮겼는지가 불분명하다. 몇몇 학자들은 위원회가 선택된 부지의 지형 여건 속에서 묘역과 동선에 초점을 맞추면서, 미국 하와이의 펀치볼Punchbowl 묘지나 알링턴Arlington 묘지를 주로 참조했을 것으로 추측한다. 공식 명칭이 '국립 태평양기념묘지National Memorial Cemetery of the Pacific'인 펀치볼 묘지는 1949년 개장 당시에는 평장 형식을 택한 각 묘지 앞에 임시방편으로 전사자의 인적 사항이 담긴 나무십자가를 세웠다가 1951년에 와서 화강암 평석으로 교체했다. 미리 고지된 사항이었지만, 이 과정에서 유가족들의 거센 항의를 피할 수 없었다. 유가족이 선호한 것은 십자가였기 때문이다. 이에 반해 알링턴은 석재 묘비를 채택했다. 이 때문에 오늘날 알링턴을 찾는 우리 방문객들은 그곳에서 우리 동작동의 풍경을 연상하기 쉽다. 사자의 무덤 앞에 비석을 세우는 우리의 전통문화 때문에도 친근한 느낌은 더할 것이다. 구릉 같은 지형의 유사성도 알링턴을 동작동과 가깝게 느끼게 한다. 이런 이유에서 동작동의 원형을 알링턴에서 찾는 것이다. 여기에 또 하나의 추측성 사실이 추가된다. 미국 문화에 친숙한 이승만 대통령이 우리에게도 알링턴과 같은 국립묘지가 필요하다고 믿었고, 그의 관심과 소신 속에 한국전쟁 전사자들을 위한 묘지가 조성되었다는 것이다. 개연성 있는 추측이다. 이 모든 일들은 당시의 기록이 남아있지 않은 데서 비롯된다.

하지만, 이 편리한 추측이 사실과는 거리가 있다는 주장이 최근에 제기되었다. 강인철 교수와 김종엽 교수의 연구가 그것이다.* 이에 따르면, 1938년 이전 식민지 조선에 조성된 일본군 묘지들이 동작동의 모델이었던 것으로 추정할 수 있다. 그 근거가 흥미롭다. 동작동 국군묘지 형성에 영향을 주었을 가능성이 높은 모델 후보는 미국의 알링턴 국립묘지, 1951년에

* 다음 네 편의 글에 힘입어 동작동 묘역 조성과 변화에 관해 이해할 수 있었다. 김종엽, 〈기념의 정치학—동작동 국립묘지의 형성과 그 문화·정치적 의미〉, 《인문과학》, 제86집(2004), 13-41; 강인철, 〈동작동 국립묘지와 그 내부 불평등의 역사적 기원〉, 《종교연구》, 제77집, 제3호(2017), 9-38; 정호기, 〈국민국가의 신성성과 "죽은 자 모시기"—국립묘지의 조성과 유지를 중심으로〉, 《호남문화연구》, 제36집(2005), 209-244; 정호기, 〈일제하 조선에서의 전쟁사자 추모 공간과 추모 의례〉, 《사회와 역사》, 제67집(2005), 129-164.

유엔군사령부가 부산에 조성한 유엔군 묘지, 식민지 시대의 일본 군묘지, 이렇게 셋이다.

최종 선택에 앞서 우리는 몇 개의 역사적 사실에 주목해야 한다.

첫째, 1950, 60년대 동작동에는 묘역 구분과 묘비 크기의 차별은 있었지만, 묘지 면적의 차별이나 묘지 형태의 차별은 존재하지 않았다. 말하자면, 그때는 장군과 사병의 구별 없이 모두가 같은 크기의 평평한 묘에 안장되었다. 작은 평장平葬 무덤들의 거대한 물결 위에 소수의 중형 혹은 대형 봉분들이 섬처럼 솟아오른 오늘날의 풍경은 1970년대 이후에야 생겨났다는 점이 중요하다. 봉분 없는 평장 방식은 서구 양식의 영향 말고는 설명하기 어려운 대목이다. 식민지 시대 이전의 우리 묘지들은 말할 것도 없고, 1938년 이전에 조성된 일본군 묘지들도 대부분 봉분이 있는 형태였기 때문이다.

둘째, 동작동 국군묘지가 공원묘지 방식을 택한 것도 서구적 양식의 영향을 암시해 준다. 그렇다면, 알링턴이 이 서구적 양식의 표본이었을까? 현재의 묘비 풍경에서 보면, 그렇게 보인다. 하지만, 시간의 증언은 그렇게 간단하지 않다. 현재의 유엔군 묘지 묘비는 땅바닥에 누워있는 수평형이지만, 초기에는 그렇지 않았다. 유엔군 묘지가 개장된 1951년에 찍은 사진들은 기독교 국가 출신 전사자들의 묘 앞에 흰색의 목제 십자가 묘비가 세워져 있었음을 보여주기 때문이다. 이 수직의 종교적 상징이 현재와 같은 와식臥式의 세속적 형태로 변경 설치된 것은 1960년대 말이었다. 묘비의 양식과 재질 변화는 미국과 독일을 비롯해 세계의 수많은 군묘지에서 확인되는 사항이다.

그렇다면, 부산의 유엔군 묘지가 동작동의 어머니일까? 상황은 그렇게 단순한 답변을 허락지 않는다. 동작동 묘지가 상석 위에 묘비를 세우는 방식을 택하고 있기 때문이다. 이 때문에 어떤 학자들은 식민지 시대 일본군 묘지의 영향을 강조한다. 하지만, 1950년대 동작동 묘비의 대다수는 화강석 재질의 석비가 아니라 나무로 만든 흰색의 목비였다. 이 목비들을 석비로 교체하는 석비건립사업은 5·16 쿠데타 이후에 시작되었다. 이게 무슨 뜻일까?

목비에는 좌대座臺가 있을 리 없다. 그러니 좌대 위에 비신碑身을 올려놓는 일도 있을 수 없다. 그러므로 상석 위에 놓인 석비를 근거로 일본군 묘지의 직접적 영향을 얘기하기 어려워진다. 게다가 모든 목비가 석비로 교체된 뒤에도 동작동의 장교와 사병 묘역에 있는 석비의 좌대 부분은 모두 콘크리트였고, 크기도 너무 작아서 상석 기능을 감당하기 어려웠다. 그 때문에 1988년부터 '석비좌대 교체사업'이 10년간 대대적으로 추진된 것이다. 이 모두가 유가족들의 오랜 숙원이었다고 묘지관리소는 밝힌다.

그렇다면 결론은 무엇일까? 동작동의 어머니는 누군가?

앞에서 짧게 살펴본 것처럼, 동작동은 어느 하나의 원형에 따라 조성되지 않았다고 보는 것이 합리적이다. 그럼에도 불구하고 어린 시절의 생김을 통해 세 추정 모델들과의 친화 정도를 파악할 수는 있다. 민둥산에 조성되어 아직 공원묘지의 느낌을 주지 못하던 1950년대와 1960년대 초의 동작동 국군묘지는 식민지 시기, 특히 1938년 이전에 조성된 일본식 군묘지의 경관과 매우 흡사했다. 이 점에서 동작동 묘지는 구식 일본군 묘지의 확대판처럼 보였다. (1938년 이후 일본군 묘지는 그 이전과 상당히 다른 양식으로 조성되었다. 1871년에 처음 등장한 일본군 묘지의 특징이 평등성과 불평등성의 혼재에 있었다면, 1938년 육군묘지규칙 제정과 더불어 출현한 신묘지는 무엇보다 묘역과 묘표에서 차별을 철폐한 점에서 획기적이었다. 이때부터 일본도 서구 국가들을 모방하여 계급이 아니라 전투와 전쟁 단위로 묘역을 구분함으로써 전우戰友 의식을 고양시켰다. 이로써 전사자들 간의 평등이 강조되었다.)

이렇게 볼 수 있는 유력한 근거는 무얼까?

첫째, 동작동은 참전한 전쟁이나 전투에 따라 묘역을 구별하는 서구 묘지들과 달리 계급에 따라 구획되었다. 둘째, 묘비를 포함한 묘표墓標의 크기에도 계급에 따라 차등을 두었다. 셋째, 묘의 면적이 계급과 무관하게 동일했다. 넷째, (봉분이든 평장이든) 묘의 형태나 모양도 계급과 상관없이 같았다. 다섯째, 묘표가 수평이 아닌 수직 방식이었다. 여섯째, 합장合葬 방식이 아닌 1인 1묘 방식이었다. 일곱째, 전사자들의 유골을 납골당이나 탑에 납골하지 않고 모두 매장했다.

그렇다고 해서 구 일본군 묘지와 초기의 동작동 간에 유사점만 있는 것은 아니다. 차이도 적지 않다. 무엇보다 구 일본군 묘지는 대부분 봉분이 있었다. 구 일본군 묘지가 화장한 유골만 매장했던 데 비해, 동작동 묘지는 유골 매장과 시체 매장을 모두 허용했다. 게다가 동작동이 대규모의 공원묘지를 지향했던 데 비해, 구 일본군 묘지가 공원묘지 방식을 택했는지도 불분명하다.

결국 동작동의 기원을 찾는 문제는 복합적 형질에 대한 해석의 문제가 되기 십상이다. 일본식 모델의 영향이 컸다 해도, 이것이 순수한 일본식 기념문화 전통의 반영이라고 보기는 어렵다. 이미 여기에는 메이지유신 이후 서구 문화의 영향도 담겨있다. 그러니 해석이 어려운 만큼 현실도 복잡하다. 해석의 강조점을 어디에 두든 간에, 1950년대 동작동의 모습을 놓치지 않는 것이 중요하다. 거기서부터 지금까지의 변화를 추적해야 한다. 이를 통해 우리 국가와 사회 차원의 사자숭배 변화를 읽을 수 있다. 변화의 파악에서부터 우리 기념문화의 발전에 대한 모색도 시작될 수 있을 것이다.

현재의 모습과 달리 1950년대 동작동 묘지에는 근대적 평등성이 상당히 강하게 구현되었다. 무엇보다 모든 묘의 면적은 사자死者의 계급과 상관없이 유골 묘는 1평, 시체 묘는 2평으로 동일했다. 이 규정은 1969년까지 유지되었다. 이런 평등주의적 성격은 그러나 장군-장교-사병의 묘역 구분과 묘비 크기의 차이 때문에 현저하게 제한받았다.

묘역 내부의 불평등은 1960년대부터 심화되었다. 권력자들의 차별화 욕망이 가장 큰 요인이었다. 그 분기점은 국립묘지 승격 직후인 1965년 7월 29일에 이뤄진 초대 대통령 이승만의 안장이었다. 당시 법규에 의하면, 시체 매장일 경우 6.6평방미터(2평)를 초과할 수 없었다. 그러나 이승만의 묘역은 1,653평방미터(500평)에 달했다. 게다가 무덤의 모양도 법에 규정된 평장이 아니라 봉분을 갖췄다. 이런 초법적 처사 때문에, 동작동의 이후 풍경은 완전히 바뀌게 되었다. 묘지 한복판에 난데없이 거대한 왕릉王陵 하나가 들어선 후, 장택상을 비롯한 많은 권력자들이 망자로서 국립묘지의 평등성 파괴에 앞장섰다. 이런 부정적 변화는 1970년대에 와서 제도로 정착되었다.

이 역행적 경향에 반하는 결정이 아예 없었던 것은 아니다. 사자 간의 평등을 도모하는 전쟁별 묘역이 '월남전 묘역'과 더불어 처음으로 등장했던 것이다. 이런 제도적 결정은 2013년 파월 국군사령관 채명신 장군이 자기 유언에 따라 이 묘역에 사병들 자리에 묻힘으로써 소중한 결실을 보았다. 하지만 이것은 국립묘지의 '재봉건화' 추세 때문에 더 돋보였던 예외적 현상에 불과했다.

동작동의 풍경은 1970년을 기점으로 전과 후가 크게 다르다. 이 해에 개정 시행된 국립묘지령 때문이다. 먼저 묘역 구분이 아예 공식화되었다. 더 노골적인 것은 묘의 면적이었다. 장교와 사병은 3.3평방미터(1평)로 고정되었지만, 국가원수와 장군은 26.4평방미터(8평)로 늘어났다. 국가원수 묘역은 2006년의 법 개정을 통해 다시 264평방미터(80평)로 확대되었다. 묘의 형태도 다변화되었다. 예외 없는 평장의 원칙은 이제 사라졌다. 봉분을 만들지 않고 평평하게 매장하는 평토장平土葬 또는 평장平葬은 평범한 사람들에게만 적용되었다. 묘 두름돌이나 다른 구조물을 이용해 직사각형에 가깝도록 평평하게 흙을 북돋아 메우는 평분平墳이 허용되고, 그것으로 만족하지 못하는 권력의 소유자에게는 전통적인 반원형의 봉분封墳이 허여되었다. '재봉건화'로까지 명명할 수 있는 동작동의 변화는 세계적 추세에 역행하는 독특한 현상이었다. 이런 추세는 사회 민주화 속에서 거듭되는 비판에 직면하면서 2006년 이후에 비로소 평등화의 방향으로 반전되기 시작했다. 2006년에는 장교와 사병의 묘비 크기를 같게 만들었고, 2017년에는 장교와 사병의 묘역 통합이 이루어졌다. 장교-사병 묘역 통합은 동작동이 아닌 대전에서 벌어진 일이다. 대전의 '천안함 46용사 특별묘역'과 '서해수호 특별묘역'은 계급별 묘역의 성격을 철저히 넘어섬으로써 전투별 묘역의 취지를 온전하게 구현했다. 이 점에서 보면, 대전은 동작동의 발전된 모습이라고 하겠다. 동작동에는 아직도 시대를 역행하는 가능성이 강하게 남아있다. 충혼당 내의 봉안실은 계급차별이 심해져 장군-장교-부사관-사병으로 구획되어 있다. 야외 묘역에서는 장교·사병 통합 묘역으로 발전하고 있는 데 반해, 옥내 묘역에서는 더 엄격한 계급별 분화가 이루어지고 있는 것이다.

1964년의 동작동 국립묘지 모습(공공누리)

이제 묘역에서 벗어나 기념물의 풍경을 바라보자. 오늘날 공공 기념시설 조성에서는 필수화된 발전의 로드맵 없이 출발한 국군묘지라면, 공간의 확장과 시설의 건립을 통해 진화 과정을 살펴볼 수밖에 없다. 1954년 3월 1일에 정지 공사를 시작한 후 3년에 걸쳐 7만여 평(238,017m²)의 묘역을 먼저 조성하고, 그 후 1968년 말까지 연차적으로 광장 3만 평(99,174m²), 임야 27만 평(912,400m²), 공원·행정지역 5만여 평(178,513m²)을 확보해 나갔다. 국군묘지관리소는 공사가 한창이던 1955년 7월에야

발족했다. 이보다 앞서 최초의 시설물로서 '무명용사탑'과 '무명용사문'이 건립되었다. 최초로 안장된 것도 무명용사 영현이었다. 아직 묘역이 제 모습을 갖추기 전인 1956년 1월 16일의 일이다. 신분이 확인된 전몰장병의 최초 안장이 1957년 4월 2일에 거행된 것을 생각하면, 이 날짜의 의미는 매우 크다.

국립묘지의 탄생과 성장에서 무명용사에 주목하는 것은 우리나라만의 일이 아니다. 우리보다 앞서 조성된 서구

국가들의 묘지에서도 무명용사는 국가와 사회의 주 관심사였다. 예를 들어, 규모 면에서 미국에서 두 번째로 큰 국립묘지인 알링턴에는 일차대전, 이차대전, 한국전쟁, 베트남전쟁의 무명용사기념물이 각각 건립되었다. 무명용사기념물은 공간적으로도 국립묘지에서 중요한 위치에 자리한다. 왜냐하면, 무명용사기념물은 국가와 유가족과 국민을 이어주는 연대의 상징이기 때문이다. 이들을 하나로 묶어주는 것은 희생에 대한 부채감과 애도하는 마음이다. 아무리 공동체적 성격을 강조해도 민족 그 자체는 대면공동체face-to-face community가 아니다. 민족을 하나의 결속력 강한 공동체로 창안inventing하기 위해서는 그러므로 전쟁과 희생에 대한 기억, 이 중에서도 특히 무명용사들의 헌신에 대한 기억이 절실하다. 무명용사들은 공동체가 되기에는 규모가 너무 큰 국민을 하나의 공동체, 상상된 공동체imagined community로 만들어주는 초강력 결착제다. 애잔함과 숭고함을 띠는 무명용사들의 죽음은 그렇게 해서 국립묘지 내에 최상의 장소와 적절한 물성을 구비한 기념물을 통해 구현된다.

무명용사들 중에서도 방문객들의 마음을 가장 애틋하게 만드는 이들은 학도병들이다. 한국전쟁 발발 후 나라가 위기에 처하자 약 5만 명으로 추산되는 학생들이 참전했고, 그 가운데 7천여 명이 목숨을 잃었다. 그 가운데 포항 지구에서 전사한 학도의용군 김춘식 등 48명의 무명용사 유해가 무명용사탑의 반구형 석함분묘에 안장되었다. 1964년 4월의 일이다. 가매장되었던 유해 발굴과 안장은 조국을 위해 죽은 이에게 조국에서 살아가는 사람들이 표할 수 있는 최소한의 예의다. 이 무명용사탑의 애초 위치는 지금의 자리가 아니다. 1967년 현충탑이 들어서면서 장소를 옮기며, 이름도 '학도의용군 무명용사탑'으로 개칭되었다.

국군묘지가 국립묘지로 승격된 후 생긴 가장 중요한 조형적 변화는 높이 31미터의 현충탑 건립이다. 1967년 9월 30일에 세워진 현충탑은 전사자 위패실과 납골당을 포함하고 있기 때문에, 이 자리에 앞서 있었던 무명용사탑의 의미를 확대 계승하고 있다. 하늘에서 내려다보면, 탑의 모양은

십자형(十)이다. 조국을 위해 희생된 이들이 죽어서도 동서남북 4방향에서 나라를 수호할 것이라는 기원에서다. 탑 앞에는 오석으로 된 평판 제단이 설치되어 있고, 그 바로 앞에 향로와 향합대가 놓여있다. 향로는 현충탑 건립 1년 후인 1968년에 건군 20주년을 기념하여 국방부가 봉납했다. 향로 아래 부분에 각

군 장병들의 인식표가 녹아들어 있는 점이 특징적이다. 본래는 위령의 상징인 향로 전체를 인식표를 녹여 제작하고자 했지만, 기술적인 어려움 때문에 이렇게 차선의 방법을 택했다고 한다. 향로 오른쪽의 향합대 전면에는 '충혼'이 새겨있고, 양 옆에는 무궁화 문양이 각인되어 있다.

현충탑 좌우에는 높이 2.4미터의 화강암 석벽이 마치 제상 뒤편에 쳐놓는 병풍처럼 자리한다. 좌우 길이가 각각 23미터에 이르러 탑 전체에 공간적인 안정감을 부여한다. 그 왼쪽 끝에는 5인의 애국투사상이, 오른쪽 끝에는 5인의 호국영웅상이 서있다. 애국투사상은 국권회복을 위해 헌신한 순국선열을, 호국영웅상은 국토방위에 몸 바친 육해공군, 해병대, 경찰을 상징한다. 여기까지가 최기원의 작품이다.

현충탑에서 지나치지 말아야 할 것은 그 안에 있는 위패봉안관이다. 그 지하에는 납골당이 설치되어 있다. 총면적 693평방미터(210평)의 위패봉안관 벽면(369.6m², 높이 4.1m)에는 시신이나 유골을 수습하지 못한 총 103,244명의 사자 명비가 새겨있다. 동아시아 추모문화 전통에서 죽은 사람의 혼을 대신하는 의미에서 주로 사당에 안치되는 위패는 중국 주周나라 이래로 본래 (밤)나무로 제작되며, 주신主身과 받침대〔趺〕로 구성된다. 본래 유교적 기원에서 출발한 위패는 죽은 사람의 이름을 본관이나 벼슬과 함께 기록하여 제사 지내기 위해 제작되었다가, 불교에 전용되면서 다양한 문양이 추가됨으로써 장엄미가 더해졌다.

국가를 위해 싸우다 희생된 이들의 위패를 국민적 추모의 공간에 모시는 시설은 동아시아 공적 기념에서 대단히 중요한 의미를 갖는다. 이곳에 모신 이들은 공적 제사를 통해 개인의 이름이 영세토록 기억될 수 있기 때문이다. 신분제

국가에서 근대국가로 넘어가는 이행기에서 설립된 야스쿠니 신사와 장충단이 국민들에게 중요했던 것도 바로 이 점 때문이었다. 이렇게 새로 창안된 전통은 동작동 국립묘지에서는 위패봉안관을 통해, 우이동 4·19묘지에서는 유영봉안소를 통해 계승되었다. 특이한 것은 이런 국가적 기념의 모형이 대전 현충원과 호국원들만이 아니라, 제주 4·3평화공원이나 광주 5·18묘지에도 그대로 구현되었다는 점이다. 우리 유족들에게는 그만큼 국가적 형식을 통해 구현되는 국가적 인정이 절실하게 중요했던 것 같다.

서울 현충원 현충문

위패봉안관 중앙에는 영현승천상이 있고, 천정에는 영령들의 안식과 승천을 기원하는 천국의 모습이 부조되어 있다. 그 바로 아래 지하에는 148.5평방미터(45평) 크기의 무명용사 봉안실을 마련했다. 이곳에는 신원을 확인할 수 없는 국군 전사자 5,778위가 안치되어 있다. 2000년부터 시작한 한국전쟁 전사자유해 발굴사업을 통해 수습된 무명용사 1,126위의 유해도 안치되어 있다. 무명용사들의 유골을 모아놓은 납골당은 서구의 수많은 전쟁기념시설에서 핵심을 차지한다. 애국을 강조하는 이들에게는 결기 어린 헌신을 각오하는 곳이기 때문이다. 그러므로 이곳에는 무용을 강조하는 사나이들의 남성성을 강조하는 조소와 부조가 넘쳐나기 쉽다. 독일 라이프치히 외곽에 있는 (후퇴하는 나폴레옹의 군대를 독일의 여러 군주국가 연합군이 패퇴시킨 것을 기억하기 위해 설립된) '민족전쟁기념물Völkerschlachtdenkmal'이 가장 대표적인 경우라면, 우리 동작동의 위패봉안관도 그에 못지않다. 내부 모서리 6개소에 호국영령을 지키는 상이 서있기 때문이다. 6개의 우람한 수호신상은 각각 천·지·해·산·목·화를 상징한다.

현충탑 완공 2년 후인 1969년에는 거대한 현충문이 현충탑 입구에 세워졌다. 전통적인 기와지붕 형태를 띤 콘크리트 소재 현충문은 전체 면적이 231.4평방미터에 이를 만큼 큰 규모다. 공식 참배객들을 위한 대기실과 관리실까지 마련된 점에서, 현충문은 일반적 기대를 크게 넘어서는 규모를 자랑한다.

사자들이 묻힌 묘지에서 대문은 삶과 죽음을 구획 짓는 경계다. 문은 이 경내에 들어서는 이에게 경건함을 갖출 것을 요구한다. 왜냐하면 방문객의 삶은 안장된 이들의 희생에 힘입어 유지되고 있기 때문이다. 그리하여 이곳을 찾는 이는 단순한 방문객이 아니라 참배객이 된다. 그러므로 참배객은 손에든 음료수 컵을 내려놓고 옷매무새를 다시 정돈하며 의미로 충만한 곳에서 그 의미를 감지할 마음의 준비를 요구받는다. 그 의미란 산 자를 위해, 공동체를 위해, 후세를 위해 자기 결단을 통해 이루어진 희생을 말한다. 문 안의 모든 시설과 조경은 이 숭고미를 극대화하는 데 초점을 두고 조성된다.

이 점에서 현충문은 속세와 성소를 구분하는 경계의 징표다. 이 선 바깥의 세계가 일시적이고 유동적이며 변화를 거듭하는 일상의 세계라면, 선 안쪽의 세계는 의미로 충일한 영원의 세계를 지향한다. 개인으로서는 소멸되었지만 민족과 국가를 위한 자기희생 때문에 기억공동체로서 민족국가 안에서 그 이름이 기억되는 점에서 안장된 사자들은 항구적 의미를 부여받는다. 이 점에서 현충문은 민족종교의 사원으로 향하는 입구 역할을 한다. 다른 묘지들과 달리 현충문을 포함한 좌우 지대가 담장으로 되어있어, 사원으로서의 분위기는 배가된다.

대문에는 전통 속에서 확인되어 온 종교적 의미가 부여된다. 불교 사찰에서 일주문, 일본의 신사에서 도리鳥居, 우리 전통 사당에 축조된 다양한 이름의 문과 같은 역할을 현충문이 떠맡고 있다. 묘지는 아니지만 홀로코스트 희생자들을 추모하기 위해 예루살렘에 세워진 기념공원 야드바셈의 입구에 세워진 거대한 문 모양의 시설도 속계와 성소의 영역을 가르는 기능을 하고 있다. 이 개방형 문에 새겨있는 구약성서의 한 부분인 〈에스겔서〉 37장 14절은 종교적 아우라를 더한다. "내가 또 내 영을 너희 속에 두어 너희가 살아나게 하고 내가 또 너희를 너희 고국 땅에 두리니." 우리 현충원의 현충문이 그만큼의 종교적 아우라를 갖고 있지는 않지만, '충忠'이라는 글자 속에 엄숙한 유교적 삶의 신조가 깊이 새겨져 있는 것도 사실이다.

적잖은 사람들이 현충문의 과도한 크기를 비판한다. 그 거대함으로 인해 수직성을 지향하는 현충탑이 제한을 받는다는 점이 그 이유 중 하나다. 그러나 동작동 현충원의 크기와 현충탑 주변의 공간을 생각하면, 현충문이 현재보다 작아도 이상해 보일 것이다. 아무튼 독립 건물로서의 기능까지 갖춘 기이한 형태가 현충문의 특징인 것만은 틀림없다. 이 거대한 한옥 양식의 문에 내가 주목하는 이유는, 이 양식이 이후에 만들어질 여러 국립묘지에 하나의 전형을 제공해 주었기 때문이다.

4·19묘지 상징문과 5·18묘지 민주의 문 같은 매머드 문의 효시가 바로 현충문이었다.

충혼탑과 현충문을 필두로 동작동 경내에는 수많은 기념물이 서있다. 대통령 묘역을 제외한 전체 묘역의 풍경이 획일적으로까지 정돈되어 있는 데 반해, 기념물의 경관은 여러 면에서 뒤섞임과 무질서를 표출한다. 양식의 다양성이라는 말로 표현하기에 어려울 정도로 혼종성이 심한 편이다. 아마도 거대한 로드맵의 부재와 다양한 소집단들 사이의 경쟁이 이런 결과를 가져온 것 같다.

현충원의 기념물 풍경에서 먼저 드러나는 모습은 전통이다. 가장 전형적인 것은 '충성 거북상'이다. 거북은 충직과 장수를 상징하는 동물이기에 오래전부터 충신의 사당이나 비각 앞에 거북상을 설치했다. 그런데 '충성 거북상'이 처음부터 하나의 계획 속에서 이곳에 건립된 것은 아니었다. 충청남도 조치원의 한 누각에 있다가 일제 때 일본으로 옮기기 위해 반출되어서 성동구 행당동에 있던 거북상을 1958년 7월에 정문 안쪽 광장 입구로 옮겨왔다. 1972년에는 이 거북상 등 부분에 시계탑을 건립하면서 현재의 자리(제23묘역 좌측 도로 새빛길 끝)로 옮겨왔다. 1990년에는 여기에 무궁화 꽃잎 모양의 자연석을 상석으로 올리고, 서경보 스님이 '충' 자를 새긴 것이다.

거북상이 삼국 시대 이래 애용되어 온 기념물 양식 중 하나라면, 최근에 건립되기는 했지만 현충문 역시 고려 말 조선 초의 사당전과 극락전 형태를 모방했다는 점에서 동작동 묘지에 깃들어 있는 전통의 유산을 강화하는 역할을 한다. 이 밖에도 전통과의 연계를 명시적으로 보여주는 소재들이 적지 않게 발견된다. 각종 기념물과 묘역 부근에 배치되어 있는 용, 사자, 호랑이, 거북 등의 석조 동물상, 무후선열제단의 선녀도 문양과

십장생 문양, 위패봉안관 천장의 선녀도가 그렇다. 제단 위의 향로 문양도 마찬가지다.

이와는 달리 서구의 기념물 양식을 직접적으로 차용한 경우도 발견된다. 함준호 장군 현충비가 그렇다. 이 현충비는 본래 함 장군이 전사했던 수유동 전장에 1958년에 건립했던 것을, 주택가 개발 압력 때문에 1969년 국립묘지로 이전했다. 규모도 크지 않고 미학적인 특성도 없지만, 오벨리스크 양식을 채택하고 있다는 점에서 동작동의 풍경을 다채롭게 한다. 오벨리스크 양식은 다른 곳에서도 발견된다. 1967년에 건립된 현충탑이 바로 그것이다. 현충탑은 자리잡은 위치와 의미 면에서 모두 중대한 위상을 차지하기에, 동작동 기념의 풍경에 큰 영향을 준다. 함준호 장군 현충비가 본래 계획에 없던 것을 우연한 계기에 따라 옮겨온 것에 비해, 현충탑은 처음부터 동작동 성역화 계획 속에서 건립되었다는 점에서 우리의 주의를 끌기에 충분하다. 오벨리스크 양식의 본래 목적대로 현충탑은 양적 숭고미를 도모하고 있다. 다만, 오벨리스크 양식의 채택이 서구 기념문화의 직접적 영향인지에 대해서는 해석의 여지가 남아있다. 왜냐하면 1945년 이전의 일본군 전쟁기념물과 위령시설 중에도 이 양식을 채택한 경우가 있기 때문에, 어쩌면 일본화된 서구 문화의 영향으로 보는 것이 더 타당할 수도 있기 때문이다. 추모비와 각종 기념비, 묘지와 묘비 등 전쟁 관련 기념시설에 초점을 맞춰 서구가 일본에, 일본이 한국에 끼친 영향의 계보를 파악하는 것은 우리 기념문화의 전통과 정체성을 파악하는 데 매우 중요한 작업 중 하나다. 앞으로 이 영역에 관한 심층 연구가 필요해 보인다.

서구의 영향은 충혼승천상에서도 엿보인다. 그리스풍의 의사擬似 고전주의 양식을 차용하고 있기 때문이다. 사실

기념조형물에 깃들어 있는 고전주의 양식은 4·19 민주묘지를 비롯해 전국의 여러 기념시설에서 발견된다. 이것은 아마도 웅비하는 의지를 표현하고자 하는 가치지향적 사고와 이 양식 사이에 존재하는 친화적 성격에서 비롯된 것으로 보인다. 충혼승천상은 또 다른 측면에서도 동작동의 특징을 대변한다. 전면에 가득한 무궁화 때문이다. 태극기와 무궁화 문양이 전국의 호국 추모 관련 시설뿐만 아니라 민간인 희생자 묘지 곳곳에 각인되어 있는 것을 생각하면, 충혼의 상징으로서 무궁화는 우리 사회 기념의 기본문법 중 하나라고 봐도 무방하겠다.

마지막으로 주목할 것은 기념물 곳곳에 각인된 언어다. 동작동은 세계의 거의 모든 국가 건립 전쟁기념시설들과 마찬가지로 민족과 국가의 영원성을 강조하고 싶어한다. 그리고 무명용사들을 비롯해 수많은 장병들의 조국과 민족을 향한 자발적 희생을 이 영원성의 징표로 삼고자 한다. 그리하여 모든 국립묘지는 희생자 개인 개인의 죽음을 영원을 위한 헌신으로 미화한다. 국립묘지 건립자들은 이들의 죽음을 숭고한 죽음으로 만들기 위해 어휘 선택에 고심한다. 그 결과 민족주의 출현 이후 세계의 국립묘지는 무용과 헌신의 의미를 부각하는 나름의 언어들을 주조해서 기념물과 기념의례에 각인해 왔다. '충혼', '호국영령', '위령', '간성'이 그 대표적 예다. 이 용어들 가운데 대부분은 근대적 용어이며, 영원불멸을 지향하면서 유사 종교적 색채를 서슴지 않는다. 동작동에는 공식 명칭으로 채택된 '현충'을 비롯해 '충의', '순국선열' 같은 용어들이 빈번히 출현한다. 이 어휘들이 우리의 전통에서 비롯된 용어라면, 앞에서 언급한 충혼, 영령, 그리고 이 둘의 조합인 충령과 전사자 유골을 납골한 충령탑忠靈塔, 더 나아가 이들에 대한 위로를 의미하는 위령은 지극히 근대적인 용어다. 그러나 이 용어들은 국립묘지 제도를 창안해 낸 서구 국가들이 아니라, 근대화된 군국주의 일본에서 기획되고 주조되어 널리 유통된 용어다.

일본 제국주의는 국가를 위한 죽음, 특히 전쟁으로 인한 죽음을 '영령'으로 표현했다. 이 용어는 일본에서도 러일전쟁 이후에야 점진적으로 사용되기 시작했다. 일제 치하에서 서정주 같은 시인은 〈무제—사이판 섬에서 전원 전사한 영령을 맞이하며〉 같은 시를 헌정함으로써, 일본의 기념문화가 자연스럽게 우리 사회에 자리잡는 데 기여했다. '전몰자戰歿者'라는 표현도 마찬가지다. 일제는 전쟁에서 사망한 군인과 군속을 '전몰자'로 표현했다. 전사자와 전병사자를 포함한 개념이다. 이러한 용례는 오늘날 '전몰장병'이라는 표현으로 우리 사회에서 유통되고 있다. 호국신사라는 제도와 더불어 일제는 떠났고, 일본식 초혼제는 사라졌지만, 그때의 용어와 기념의례 가운데 일부는 아직도 남아있다. 너무 자연스러워서 우리가 특별히 인식하지 못할 정도다.

동작동에서는 군국주의 일본에서 장려되었던 용어들이 너무 많이 보인다. 식민지 이후의 기념에서도 식민지 치하에 뿌리내린 양식과 언어들이 하나의 견고한 틀을 이루고 있는 것 같다. 적절한 대안적 용어의 모색이 필요한 대목이다. 그러나 그 대안이 영원성 부각에만 초점을 맞춰 예전과 유사한 용어에 의한 대체만을 표방해서는 충분치 못하다. 민주주의와 시민사회의 가치가 새로운 용어의 발굴과 선택에도 작용해야 할 것이다.

이와 같은 의식적인 노력은 동작동 서울 현충원에서 시작되어야 한다. 왜냐하면 동작동은 수많은 우리나라 국립 현충시설 중 하나가 아니라, 국가대표 기념시설이기 때문이다. 동작동의 뒤섞임과 무질서, 절충과 실용적 혼합은 동작동의 문제로 끝나지 않는다. 동작동은 이미 하나의 전형이 되어, 대전 현충원과 호국원을 넘어 민간인 희생자 묘역에서까지 그 형식과 내용이 확대 재생산되고 있기 때문이다.

III

바다 건너 기억의 터를 찾다

17/

기억을 새기는 가해자의 방법
—뮌헨 나치기록센터와 베를린 테러의 지형도

전시는 건축에서 시작되어 방문객의 마음에서 끝난다. 그만큼 건축이 중요하다는 말이다. 잘된 건축은 이미 전시의 성공을 예고한다. 심혈을 쏟은 건축과 공들인 전시가 함께 이루어질 때 그렇다. 설계 전부터 건축가와 전시 준비팀이 충분한 권한과 시간을 가지고 이야기를 나눌 수 있으면 더없이 좋은 결과를 기대할 수 있다. 그런 전시관이 전 세계에 몇 개나 될까? 6개월 내에 공정을 마무리하는 건축공사처럼, 상설전을 개관하는 경우를 가까이서 봐서 그렇다. 진득한 협업의 과정은 피곤하지만 결과에서는 유익하다. 이 협업은 어떻게 가능할까? 이 호기심이 내 발걸음을 세계의 여러 전시장으로 이끈다.

이차대전 이후 독일의 기념문화 변화를 공부하던 중 군 묘지들을 탐방하러 독일을 방문했을 때, 그곳 전문가 한 분에게 뮌헨의 '나치기록센터NS-Dokumentationszentrum'를 소개받았다. 독일 군 묘지 전문가로서 예술사가이기도 한

푸어마이스터Christian Fuhrmeister 박사와 인터뷰 약속을 잡을 때, 내 관심사를 묻더니 꼭 봐야 할 곳으로 추천해 준 곳이다. 이름이나 출발 개념에서 보면, 광주의 5·18 기록관과 비슷한 곳이다.

독일에는 이미 '나치기록센터'라는 이름의 기념시설이 여럿 있다. 쾰른에도 있고, 뉘른베르크에도 있다. 쾰른의 나치기록센터는 예전의 비밀국가경찰 감옥이 있던 곳에 세워졌다. 뉘른베르크의 경우는 더 스펙터클하다. 나치당 전당대회가 열렸던 바로 그 엄청난 지대에 세워졌기 때문이다. 뉘른베르크 전당대회, 뉘른베르크 인종차별법, 뉘른베르크 전범재판. 이렇게 나치 역사에서 중요한 일들이 연이어 벌어진 장소에 기록센터가 들어서는 것은 어쩌면 당연지사다.

어디 그뿐인가? 예전에 강제수용소가 있던 작은 마을 오스트호펜Osthofen에도 나치기록센터가 있다. 라인란트-팔츠Rheinland-Pfalz 주가 세운 주립 기관이다. 히틀러가 전쟁 말기에 많은 시간을 보낸 독수리 요새가 있는 베르히테스가덴Berchtesgaden의 지하벙커도 나치기록센터로 탈바꿈해서 개장했다. 애초에는 미군 휴양시설로 이용되다가, 1999년 바이에른 주의 결정에 따라 나치 역사 기념교육시설로 개관되었다. 정식 명칭은 오버잘츠베르크 기록센터Dokumentation Obersalzberg다.

이런 현상이 나쁜 일은 아니다. 자기 몫의 책임을 자기가 지겠다는 마음의 발로니까 말이다. 우후죽순처럼 독일 도처에 많은 나치 관련 기념시설들이 지금도 들어서고 있는 것은 그만큼 나치 체제가 악마의 발톱을 곳곳에 심어놨기 때문일 것이다. 물론 그 발톱 역할을 각 지역사회가, 주요 인물들과 평범한 이웃들이 자처하기도 했을 터다. 그래도 다행인 것은 자기 지역사회의 범죄를 모른 척 외면하지 않는 독일인들의 태도다. 성찰을 위한 회고는 다다익선이다. 그만큼 건강한 미래 사회를 위한 투자이기 때문이다. 자칫 현상만 보면 짓고 또 짓고 하는 지역사회 간의 경쟁으로 비칠 수도 있지만, 그 속을 들여다보면 그 진정성이 느껴진다. 격렬한 논쟁 없이 세워진 기념시설이 별로 없기 때문이다.

히틀러 지하벙커를 활용한 나치기록센터(베르히테스가덴)

뮌헨도 자기만의 나치기록센터를 갖고 싶어했다. 그리고 뮌헨은 그럴 만한 이유가 충분히 있었다. 나치의 흑黑역사에 관한 한, 뮌헨도 결코 뉘른베르크나 베를린에 뒤지지 않기 때문이다.

뮌헨에는 나치당 중앙당사NSDAP-Parteizentrale가 있었다. '갈색집Braune Haus'으로 불렸던 이 건물이 대변하는 것처럼, 뮌헨은 나치당의 성장과 권력 장악 과정에서 중요한 역할을 담당했다. 뮌헨이 그 역할을 했다는 것은, 뮌헨 시민이 그 역할을 했다는 것이다.

뮌헨은 나치당이 창당된 곳이고, 1923년 히틀러와

Kurt Eisner und der
Freistaat Bayern
Kurt Eisner and the
Free State of Bavaria
Wählerinnen u. Wähler!
Unabhängigen Sozialdemokratie
Kurt Eisner!

루덴도르프Erich Ludendorff가 이끄는 폭동이 일어난 곳이며, 이차대전이 끝날 때까지 나치당 지도부와 사무처가 있던 곳이다. 이처럼 뮌헨은 나치운동의 '수도'였고 나치 체제의 중추 가운데 하나였다. 이렇게 뮌헨의 쾨니히스플라츠Königsplatz 부근, 브리에너 거리Brienner Straße 일대는 역사적 진정성을 제대로 갖춘 곳이다. 뮌헨 시는 바로 이 자리에 전시와 교육 기능을 핵심으로 하는 기록센터 건립을 결의했다. 이후 바이에른 주와 연방정부가 함께 참여하기로 결정하면서, 뮌헨의 나치기록센터는 자연스럽게 다른 곳에 먼저 설립된 기관들보다 훨씬 더 주목받는 장소가 되어버렸다.

뮌헨 나치기록센터는 나치로부터의 해방 70주년을 기념하여 2015년에 개관했다. 2018년에는 센터 앞의 작은 공간을 아예 홀로코스트 생존자 가운데 한 사람의 이름을 따서 막스 만하임 광장Max Mannheimer Platz으로 명명하고, 공식 주소도 '막스 만하임 광장 1번지Max-Mannheimer-Platz 1'로 바꿨다. 이렇게 해서 과거 기억에 대해서만이 아니라 공간에 대해서도 '덮어 쓰기'가 완성되었다.

2008년 설계 공모가 시작될 때, 발주자 측은 장소의 역사적 의미에 각별히 유념할 것을 요구했다. 건물 설계와 외부 공간 조형은 장소에 담긴 역사는 물론 주변에 있는 예전의 나치 건축물들과도 근본적인 단절을 명확하게 표현해야 했다. '갈색집', 총통 건축물Führerbau, 영예의 사원Ehrentempel으로 이어지는 과거 나치당 구역과의 단절을 표현하기 위해서는 극적인 대조가 필요했다.

공모 결과, 48개의 작품 가운데 베를린의 건축가 베첼Georg Scheel Wetzel의 제안이 1등으로 선정되었다. 베첼은 정육면체를 출발점으로 삼았다. 큐빅을 구성하는 선 하나의 길이는

뮌헨 나치기록센터 – 역사적 경관 속 오른쪽 흰색 건물(홍석률 제공)

뮌헨 나치기록센터 – 전시(홍석률 제공)

22.5미터다. 이 주사위 형상을 통해 그는 주변에 있는 '갈색집'과 연관되지 않으면서, 가해자들의 장소를 표기하고자 했다. 이와 함께 그는 얇은 금속판들을 외부 소재로 채택함으로써, 나치 시기 건축 유산들에 대한 다양한 시각적 관계를 표현하고자 했다. 이를 통해 진정성을 구비한 장소들이 기록의 일부로 승화되도록 하기 위해서였다.

간결한 정육면체 형태 외에 베첼의 작품에 특색을 부여하는 또 하나의 요소는 소재다. 단아한 흰색 시멘트가 건물의 안팎을 결정짓는다. 큐빅 모양과 더불어 이 흰색을 통해서도 건물은 주변 환경과 극명한 대조를 이룬다. 전면부 또한 방문객에게 강한 인상을 주기에 충분하다. 밝은색의 벽체가 부분적으로는 한 층의 높이를 넘어서는 어두운 유리창과 선명하게 대비되기 때문이다.

건물은 지상 6층, 지하 2층으로 이루어져 있다. 2개 층으로 된 지하는 각 층의 면적이 지상 각 층의 두 배에 달한다. 지상 1층은 로비로 사용된다. 전시공간은 2층부터 5층까지이며, 6층은 사무실과 회의실로 쓰인다. 모두에게 개방되는 상설전은 4층에서 시작되기 때문에, 방문객은 로비에서 엘리베이터를 타고 올라가 계단을 따라 내려가면서 전시를 관람한다. 2층에서는 특별전이 열린다.

실내 디자인에서 눈에 띄는 것은 두 개 층 높이에 해당하는 얇은 금속판들이다. 천정까지 이어진 이 금속판들을 통해 생겨난 천공 덕분에, 한 층의 층고가 3.5미터에 불과하지만 개방감과 더불어 강렬한 인상을 방문객에게 준다. 2,820만 유로의 설립 예산은 3자 협약에 따라 연방·주·시 정부가 균등하게 분담했다.

뮌헨의 나치기록센터는 건축이 그런 것처럼, 전시도 절제에 절제를 더해, 극도의 단순함을 추구한다. 발주자는 전시 설계팀에 다음 다섯 가지를 요구했다.

- 장소의 역사적 토포그라피를 충분히 구현할 것
- 기억과 학습의 중추적 장소로서 센터의 성격을 염두에 둘 것
- 전 연방 네트워크의 한 부분으로서 센터의 이중적 과제, 즉 나치 체제의 역사 및 결과와 대면하는 과제와 역사적 진정성을 갖춘 장소에서 미래지향적 방식으로 수행해야 하는 역사-정치 교육의 과제를 수행할 것
- 나치당의 성장과 권력 장악에서 뮌헨의 역할에 주목할 것
- 미래 세대에게 관용과 민주주의의 중요성을 일깨울 것

이 틀 속에서 '뮌헨과 나치즘'을 주제로 삼은 상설전이 마련되었다. 전시는 나치즘의 발상지이자 모판으로서 뮌헨의 역할을 부각하는 데 초점을 맞춘다. 이어서 뮌헨이 1945년 이후 이 나치 과거사와 어떻게 대면해 왔는지를 보여준다.

전시는 다뤄야 할 영역을 33개의 소주제로 나눴다. 이 소주제들은 총 1,000평방미터에 이르는 4개 층의 전시공간에서 조명시설을 구비한 대형 틀 속에서 요약된 정보로 제공된다. 33개의 소주제는 4개의 주요 부분으로 구성되어 있다. 첫 번째 부분은 나치당이 출현해서 성장하던 시기를 다룬다. 이를 위해 일차대전 종전과 1918년 말에 발발한 11월혁명Novemberrevolution이 서사의 배경으로 소환된다. 두 번째 부분에서는 나치 국가의 작동방식과 나치 시기의 생활조건에 대한 설명이 이어진다. 세 번째 부분에서는 이차대전의 영향을 다룬다. 여기서는 뮌헨만이 아니라 전쟁이 발발한 모든 지역의 상황까지 그린다. 마지막 부분에서는 1945년 나치 체제 붕괴와

더불어 나치즘이 현재까지 미친 영향과 결과가 재현된다.

전시는 사인그래픽과 기록사진의 조합으로 일관한다. 너무 심할 정도다. 이렇게 된 가장 큰 이유는 전시의 개념을 결정한 사람들이 역사가였다는 점에 있다. 오랜 준비 과정에서 개념 설정을 둘러싸고 난항을 거듭하던 뮌헨 시는 4인의 역사가에게 하나의 위원회를 구성해서 새로운 기본개념을 시급히 제출할 것을 요구했다. 호케르츠Hans Günter Hockerts, 크라우스Marita Krauss, 롱리치Peter Longerich, 네어딩거Winfried Nerdinger가 바로 그 주역이었다. 후에 초대 관장으로 임명된 네어딩거를 포함한 이 4인의 대학 교수는 한결같이 인지적 접근을 중시했다. 그들의 전시 기본원칙은 말 그대로 기록을 통한 재현Dokumentation이었다.

물론 여기서 기록이 문헌기록만을 의미하지는 않는다. 다양한 종류의 문서와 텍스트 외에도 사진과 영상을 이용한 투사, 미디어스테이션 활용까지 포함한다. 그럼에도 전시의 기조는 매우 텍스트적이다. 영상은 가해자와 희생자, 동조자와 저항자들의 행위동기와 행동반경을 이해하는 데 적합한 개인 전기 재현에 집중된다. 이 지극히 독일적인 학습기념관형 전시에 변화를 주는 유일한 장치는 유리창이다. 보통의 경우 전시공간에서 유리창은 가리는 것이 원칙이지만, 여기서는 그렇지 않다. 거대한 유리창들은 나치 시대의 건축 유산들을 거리를 두고 조망할 수 있게 해준다. 어떤 건축물을 바로 앞에 서서 바라보는 것과 좀 떨어져 있는 다른 곳에서, 유리창을 통해 내다보듯 조망하는 것은 의미의 구성방식에서 크게 다르다. 관찰자가 서있는 위치, 그리고 그 장소의 영향을 직접 받는 시각에 따라 동일한 건축은 전혀 다른 대상으로 감지될 수도 있다. 이렇게 해서 뮌헨의 나치기록센터에서는 나치 시기의 건축물들을 포함하여 역사적 진정성을 갖춘 주변의 장소들 자체가 텍스트로서 해독되는 것이다.

인지적 접근과 정보 제공을 강조하는 접근방식은 독일의 많은 전시시설에서 공통적으로 나타난다. 나치 시기를 다룰 때 특히 그렇다. 이런 방식은 희생자의 나라인 이스라엘은 물론, 주변 유럽 국가들이나 미국과도 구별되는 특징이다. 독일인들은 가해와 희생의 수많은 이야기들을 구조 속에서 조명하는 버릇이 있다. 극미세 분업이 이루어졌던 나치 국가에서 독일 국민의 선택과 행동은 대부분 그들이 차지하고 있던 삶의 자리와 지위에 따라 결정되었다. 여기에 초점을 맞추고자 한다면, 인지적 접근이 중요할 수밖에 없다. 정서적 접근이나 인터액티브 미디어는 선택과 행동에서 99퍼센트의 길을 따르지 않았던 예외적 인물들을 설명할 때만 제한적으로 활용된다. 구조 속 행위에 대한 냉정한 관찰이 독일 역사교육의 특성이라면, 그 특성은 바로 이곳 뮌헨 나치기록센터에서 전형적으로 나타난다. 센터가 예상하는 방문객 평균 체재시간은 90분이지만, 방문객의 연령과 지적 수준, 방문 형태와 가용시간에 따라 그 길이는 크게 달라질 수 있다.

뮌헨 나치기록센터에서 지나칠 수 없는 요소가 하나 더 있다. 센터 주위에 다양한 방식으로 설치되어 모니터들이다. 이 모니터 속 영상과 장치들도 공모전을 통해 선정되었다. 하이젠베르크 형제Benjamin & Emanuel Heisenberg와 오일렌부르크Elisophie Eulenburg의 당선작은 나치 시대의 핵심 문서들을 소재로 삼아 텍스트와 이미지 콜라주로 가공했다. 이 영상들은 가해자와 희생자들이 직접 작성했던 기록들을 조합한 것이다. 이를 통해 나치 시대의 알려진 행위자들과 알려지지 않은 행위자들의 시각이 반영된다. 그중에는 강제수용소 철조망 담 자락에서 발견된 14세 소년 하임Chaijm의 작별 편지도 담겨있다. 급히 지나치는 방문객에게는 그저 흘러가는 영상일 뿐이지만, 유심히 바라보는 방문객에게는 옷깃 여미고 과거를 성찰하게 만드는 역작들이다.

모양이 예사롭지 않기는 베를린에 있는 테러의 지형도 Topographie des Terrors도 마찬가지다. 진통 끝에 탄생한 이 기념시설은 옷차림과 분위기로 말하는 개성파 배우 같다. 옛 동서베를린 경계에 있던 미군초소 체크포인트 찰리Checkpoint Charlie 자리에서 포츠담 광장Potsdamer Platz을 향해 걸어가면 얼마 지나지 않아 길 위쪽에 스산한 분위기의 건물이 나타난다. 몇 년 전 겨울, 습기를 한껏 머금은 칼바람이 불던 날, 쉬지 않고 내리는 눈까지 맞아가며 베를린을 걷다 이 건물과 만났다. 황량한 자갈밭 위에 꾸미기를 포기한 채 그냥 서있는 직육면체의 시멘트 건물이 바로 테러의 지형도다. 이름과 건축물의 모양새는 이 건물이 들어서 있는 자리의 역사를 접할 때 쉽게 수긍된다.

오늘날 베를린 크로이츠베르크Kreuzberg 구 니더키르히너가Niederkirchnerstraße 8번지로 표기되는 이 자리는 테러를 일삼던 나치 국가기구의 핵심 기관들이 모여있던 곳이다. 그래서 나온 이름이 '테러의 지형도'다. 이곳을 가리키는 예전의 명칭은 프린츠 알브레히트가 8번지Prinz-Albrecht-Straße 8였다. 이 자리에는 나치 테러의 핵심기구인 비밀국가경찰Gestapo 본부가 있었고, 바로 옆에는 1934년부터 친위대 보안국(SD) 본부가 있었다. 이 건물은 1939년부터 유대인 강제이송과 학살을 담당했던 친위대의 제국보안국(RSHA) 본부로도 사용되었다. 프린츠 알브레히트가 9번지Prinz-Albrecht-Straße 9에 있던 프린츠 알브레히트 호텔Prinz Albrecht Hotel은 1934년부터 친위대 대장 힘러Heinrich Himmler의 집무실로 사용되기도 했다.

바로 이 자리에 과거사를 반면교사로 삼는 기념관을 세우려는 움직임은 일찍부터 있었다. 베를린 시 창건 750주년을 맞은 1987년, 〈테러의 지형도〉라는 이름으로 전시회가 개최된 후, 후속작업으로 기록센터 건립 논의가 시작되었다. 1992년에는 상설전 기능을 갖춘 기록센터를 세우기 위한 재단이 출범했다.

베를린 테러의 지형도 – 베를린 장벽에서 본 모습(전진성 제공)

1993년 공모전 당선작을 선정할 때만 해도 모든 계획은 순조롭게 보였다. 테러의 공간을 둘러싸는 단순한 형태를 강조했던 발주자의 기본 원칙에 따라, 스위스 출신의 건축가 춤토어Peter Zumthor의 작품이 호평 속에 선정되었다. 그러나 나치 강제수용소 막사를 모티프로 삼은 그의 야심작은 기술적으로 실현하기 까다로웠다. 특히 그의 구상에서 핵심을 차지하는 시멘트 들보 형태의 지주Betonbalken-Tragwerk가 문제였다. 그 때문에 예상보다 건축비가 훨씬 더 들게 되자, 건축주인 베를린 시는 난색을 표했다. 건축가와의 시 사이의 소송을 비롯한

TERRORS

심각한 갈등 끝에 토르소 상태의 건물이 마침내 철거되고 말았다. 2004년에 벌어진 일이다.

다음 해 열린 새로운 공모전에서 여성 건축가 빌름스Ursula Wilms의 작품이 선정되었다. 그녀의 제안은 지극히 단순했다. 지하층을 포함해서 총 2층의 직육면체 유리 건물이 전부였다. 가용면적도 지상과 지하를 합해 3,500평방미터에 불과했다. 전체 소요 비용을 연방과 시 정부가 반분해서 2007년 개시된 공사는 나치로부터의 해방 65주년을 기념하여 2010년에 끝났다.

테러의 지형도 상설전시 면적은 크지 않다. 800평방미터에 지나지 않는다. 240여 평밖에 되지 않는 이 작은 공간에 어떻게 거대한 살인국가의 모습을 표현할 수 있을까? 전시팀은 두 가지 선택을 해야 했다. 하나는 전시'실'의 개념에서 벗어나야 했다. 크지 않은 공간을 최대로 살리기 위해 격벽을 치지 않기로 했다. 내용 면에서도 선택과 집중을 했다. 그렇게 하여 나치 체제에서 보안기구들의 발전과 기능만을 상세하게 설명하는 방안이 채택되었다.

여기서도 역사가들의 발언권은 결정적이었다. 일반적으로 전시의 내용을 결정하는 측이 역사가들이라면, 전시의 형식과 언어 결정은 큐레이터들에게 위임된다. 그러나 뮌헨 나치기록센터와 마찬가지로, 테러의 지형도에서도 큐레이터의 역할은 보조적인 선에 머물렀다.

그렇게 탄생한 상설전시의 제목은 무척 길다. 〈테러의 지형도—빌헬름 가와 프린츠-알브레히트 가에 있던 비밀국가경찰·친위대·제국보안국Topographie des Terrors. Gestapo, SS und Reichssicherheitshauptamt in der Wilhelm- und Prinz-Albrecht-Straße〉이다. 전시의 기본 형태는 구획되지 않은 전시공간을 길게 채우고 있는 입간판형 패널들이다. 패널의 대부분은 사진으로 가득 차 있고, 그와 함께 주제에 따라 사본 문서로 정렬된 탁자들이 배치되어 있다. 방문객은 다섯 개의 주제로 구획된 내용을 따라가면서 살펴보는 방식이다. 한 국면에서 다른 국면으로의 이행은 표제에 해당하는 장면과 설명의 색상으로 구분한다. 주황색에서 주홍색으로, 거기에서 다시 선홍색으로 바뀌는 식이다. 이렇게 전체적 통일성과 단계별 다양성을 암시하면서, 전시는 나치의 권력 장악, 친위대와 경찰로 대표되는 테러 행사 기관들, 제3제국 내에서 실행된 테러·박해·절멸, 점령 지역 내에서 자행된 친위대와 제국보안국의 활동, 이차대전 종전과 전후 시대로 이어진다. 연대기적 순서를 기본으로 하면서, 공간적으로는 동심원적 확대가 이루어진다. 언어는 독일어와 영어로 표기되어 있다. 기본적인 내용에 만족하지 못하는 방문객은 컴퓨터 스테이션과 함께 별도로 준비되어 있는 서류 파일들을 통해 좀더 많은 정보에 접근할 수 있다.

하지만 전체적으로 음성자료와 영상자료의 활용은 극도로 절제되어 있다. 이런 자료를 기대하는 방문객은 상설전시장 관람 후에 지하의 매체자료실로 내려가야 한다. 이곳에서는 시공간 속에서 복잡하게 얽혀있는 사건들과 인물들을 파악하기 위해 상세한 전자지도를 제공한다. 이를 통해 방문객은 나치 친위대와 경찰의 지역별 중심을 확인하고, 유럽 전체의 공간 속에서 범죄가 어떤 양태로 자행되었는지 한눈에 파악할 수 있다. 아울러 나치 테러 체제의 근간을 이루었던 강제수용소 시스템을 우선은 거시적으로, 그 다음에는 매우 세밀하게 살펴볼 수 있다. 이러한 시공간적 접근을 통해 방문객은 희생자들이 그 테러의 그물망을 벗어나는 것이 얼마나 어려운 일이었는지도 이해할 수 있게 된다. 왜냐하면 전시가 궁극적으로 겨냥하는 것은 테러 시스템에 대한 구조적 파악을 바탕으로 방문객이 광범위한 희생자 집단과 그 구성원들의 운명에 관해 숙고하도록 하는 것이기 때문이다.

뮌헨 나치기록센터에서와 마찬가지로, 테러의 지형도 전시는 전시장 내의 패널과 지하의 심화학습시설로 마감되지 않는다. 확 트인 유리창을 통해 방문객이 과거 테러 시스템의 중심에 와있다는 느낌을 갖도록 하는 데서 전시는 완성된다. 그러나 나치의 청사들이 기록센터 바로 주변에 기념물처럼 남아있는 뮌헨과는 달리, 이곳에서는 테러의 심장 역할을 했던 건물들이 이미 폭파되어 보이지 않는다. 남아있는 것은 기껏해야 예전 친위대 막사 지하실 잔해와 비밀국가경찰 감옥 담장 잔해뿐이다. 그렇다면 거대한 통유리창을 통해 방문객들에게 무엇을 보여줄 것인가?

남쪽 방향으로는 아카시아 숲이 있다. 그리고 그쪽에는 1970년대에 운영되었던 자동차 경주로Harrys Autodrom의 잔해가 보인다. 하지만 직접 내다볼 수 있는 대부분의 면적은 철도 레일 위에 까는 잡석들로 가득 차 있다. 보이는 것만 가지고는, 이곳 테러의 지형도는 과거의 모습을 직접적으로 연상하기 어렵다. 따라서 뮌헨과 달리, 과거와 현재 사이의 거리를 가늠하는 것도 어렵다. 누군가의 설명 없이는, 과거의 나치 체제와 현재의 민주주의 체제 사이에 존재하는 단절과 연속성을 풍경 속에서 가늠하기가 쉽지 않다. 가이드가 필요한 이유가 여기에 있다.

빌헬름 안할터 거리Wilhelm- und Anhalter Straße에 연접한 아카시아 작은 숲에는, 나치의 본래 계획에 따르면, 오늘날 대지의 북동부까지 합해서 제국보안국을 위한 기념비적 건물 두 동이 들어서게 되어있었다. 자동차 경주로 잔해는 이차대전 이후의 유산이다. 그러므로 이 자리도 시대와 삶의 흔적이 켜켜이 쌓인 역사적 지층이다. 보여야 할 건물이나 유적이 직접

1945

시야에 들어오지 않기 때문에 건축가가 채택한 장치가 바로 철로 잡석이다. 엄청난 분량의 잡석은 허망함 속에서 스산함을 보여주고, 어쩌다 일부러 나아가 그것을 밟아보는 방문객에게는 작지만 거친 소리로 화답한다. 그 소리는 과거로부터 들려오는 경고음이다.

테러의 지형도 전면부 풍경은 다른 방향에서 바라본 모습과 약간 다르다. 일부러 특징 없이 철제로 조성한 건축물 전면은 로비의 방문객이 바라봐야 할 풍경을 염두에 두고 설계되었다. 바로 그곳에는 테러의 지형도 신축 과정에서 의도적으로 배제된 과거 역사의 기념물이 있다. 베를린 장벽 잔해가 바로 그것이다. 니더키르히너 가Niederkirchnerstraße를 따라 200미터가량 남아있는 베를린 장벽은 나치 테러 시스템의 결과 독일인들이 치러야 했던 역사의 죄과를 상징적으로 보여준다. 이곳에서는 별도의 야외전시가 진행된다.

테러의 지형도는 방문객에게 그리 친절한 전시장이 아니다. 기록 위주의 고지식한 전시를 표방하는 곳이다. 범죄의 현장 한복판에 세워졌기 때문에, 진정성을 입증할 오브제를 배치하지도 않았다. 마치 '눈 있는 자는 와서 보고, 귀 있는 자는 와서 들으라'는 식이다. 이것이 가해 과거를 고발하는 독일식 전시의 특징일까? 마치 과거 독일 민족주의의 상징으로 삼았던 떡갈나무 잎의 단순함을 보는 듯하다. 사실 스스로의 가해 과거를 돌아보는 데 복잡한 장치는 필요가 없다. 수식과 장식은 사건과 무관한 관찰자들에게나 필요할 것이다. 테러의 지형도는 이렇게 건축과 전시를 통해 자기의 본분을 다하고 있다. 마치 독일식 통곡식빵처럼 진중하게 말이다.

18/

작은 전시, 큰 반향
—베를린 안네 프랑크 센터

광포한 나치 지배의 흔적은 베를린 시내 곳곳에 남아있다. 베를린 중구Berlin-Mitte에 있는 오라니엔부르크 거리Oranienburger Straße도 그중 하나다. 나치당이 집권하기 전까지만 해도 이 거리 일대는 부유한 중산층이 살던 구역이었다. 수많은 회사 사무실이 있었고, 백화점이 있었으며, 다양한 공공시설이 있었다. 유대교 회당도 있었다. 이 구역은 대표적인 유대인 촌으로 불렸다.

히틀러가 수상으로 임명되기 한 주 전인 1933년 1월 24일, 31번가에 유대박물관이 개관했다. 그로부터 얼마 지나지 않아 나치 돌격대 대원들이 이곳으로 몰려왔다. 1933년 5월 10일, 그들은 이 박물관에서 약탈한 책들을 오페라 광장Opernplatz에서 불태웠다. 그 유명한 분서사건이 벌어진 것이다. 시인 하이네Heinrich Heine가 예언했던 것처럼, 책을 불태우는 자들은 능히 사람도 불태울 수 있는 자들이었다. 먼저 책을 태운 자들은

5년 후인 1938년 11월 9일, 독일 전역의 유대인들을 공포에 떨게 했던 '수정의 밤Reichskristallnacht'에 오라니엔부르크 거리에 있는 유대교 회당에 불을 질렀다. 그로부터 채 4년이 되지 않아 유럽의 유대인들은 학살되어 불에 태워졌다. 그 결과 한때 유대인으로 넘쳐났던 이 거리는 히틀러가 예언했던 대로 유대인 없는 거리가 되어버렸다.

같은 시대에 오라니엔부르크 거리와 맞닿은 로젠탈

거리Rosenthalerstraße에 빗자루와 솔을 만드는 작업장이 있었다. 주인 오토 바이트Otto Weidt는 유대인 시각장애인과 청각장애인들을 고용하고 있었다. 유대인 강제이송에 반대했던 그는 자신이 고용하고 있던 유대인들을 지키기 위해 온갖 방법을 사용하다가, 마침내는 그들 중 일부를 작업장 내에 숨겼다. 유대인 은닉에는 큰 처벌이 따랐지만, 바이트는 개의치 않았다. 그가 여러 가지 설비로 위장했던 은신처를 포함해 그 작업장은 오늘날 그의 선행을 기억하기 위해 박물관으로 개조되었다. 그 이름이 오토 바이트 맹인작업장 박물관Museum Blindenwerkstatt Otto Weidt이다.

안네 프랑크 센터 가는 길

안네 프랑크 센터 입구

오토 바이트 박물관에서 몇 걸음 더 걸어 들어가면, 낡은 건물들 사이로 낯익은 소녀의 얼굴을 벽에서 볼 수 있다. 《안네의 일기》 주인공 안네 프랑크다. 이미 70개 국어 이상으로 번역되었고 2009년에는 유네스코 기록문화유산으로까지 등재된 《안네의 일기》를 통해 친숙해진 안네 벽화가 있는 건물 2층이 베를린 안네 프랑크 센터Anne Frank Zentrum다. 자칫하면 길을 잃기 쉬운 외진 곳에 있는 작은 박물관이지만, 이곳을 무시하는 사람은 없다. 안네 프랑크 센터는 외형은 작아 보이지만, 행보만은 광폭인 예사롭지 않은 기관이다.

위치를 이곳에 잡은 것도 특별한 이유가 있다. 로젠탈 거리 39번지 일대는 나치 집권 직전인 1930년대 초에 유대인 회당과 학교, 양로원과 각종 단체, 코셔koscher의 예법을 지키는 식당이 밀집한 지역이었다. 하지만 오라니엔부르크 거리와는 달리 하층의 유대인들 거주지였다. 안네 프랑크 센터가 위치한 건물 자체는 예전에 세탁공장이었다. 그래서 지금도 일대의 분위기는 칙칙한 편이다.

유대 문화나 역사, 반유대주의와 인종주의를 주제로 한 전시관은 유럽과 독일에 넘쳐난다. 안네 프랑크를 전시하거나 교육하는 기관도 여럿이다. 그럼에도 이곳에 안네를 주제로 한 센터가 또 문을 열었다. 그러니 당연히 대답해야 할 질문이 있다. '그런데 또 왜?'라는 차별성에 관한 질문이다.

안네 프랑크 센터는 암스테르담에 있는 안네 프랑크 하우스Anne Frank Huis의 독일 파트너 기관이다. 그러나 지부나 자매기관은 아니다. 전시와 교육 목적으로 독일 시민단체가 만든 공익기관이다. 1994년 나치로부터의 해방 50주년을 기념하여 국제 순회전 〈안네 프랑크의 세계 1929-1945Die Welt der Anne Frank〉를 베를린 6개 지구에서 개최하고자 준비하던 시민활동가들이 의기투합하여 설립한 시설이다. 신설 과정에서 영국과 미국에 있는 안네 프랑크 센터의 협력도 있었다. 핵심적 취지는 안네 프랑크의 조국 독일에서 안네가 갖는 의미를 충분히 살리자는 데 있었다. 초기의 전시와 운영에서는 암스테르담 안네 프랑크 하우스가 도움을 주었다.

안네 프랑크 센터의 특징은 전시에서부터 나타난다. 소규모 전시장의 한계를 극복하기 위해 센터는 선택과 집중을 해야 했다. 그 결과 안네의 생애를 시대의 콘텍스트 속에서 조명하고, 한 시대를 수많은 독자들이 공감하는 소녀의 일기를 통해서 설명하는 방식을 채택했다.

〈오늘 이곳의 안네 프랑크Anne Frank. hier & heute〉라는 제목의 상설전은 연대기적 순서에 따라 구성되었다. 방문객 입장에서 왼쪽 벽에는 안네가 성장하며 거쳐갔던 삶의 현장들이 사진 속에 펼쳐져 있다. 베를린, 암스테르담 등 우리에게 낯익은 도시의 장면들이 가족들의 모습과 함께 보인다. 오른쪽 벽에는 같은 시대 유럽에서 발발한 역사적 사건의 장면들이 독일을 중심으로 전시되어 있다. 넓지 않은 회랑 한가운데 서있는 방문객은 양쪽을 번갈아 가며 볼 수 있다. 이와 동시에 주목할 것은 전시장의 천정이다. 사진들이 두 줄로 이어져 걸려있다. 왼쪽은 안네의 얼굴사진들이, 오른쪽은 해당 연도와 함께 그해의 핵심 사건들이 하나씩 걸려있다. 안네와 가족의 삶은 오른쪽 연도와 사진의 구속을 직접적으로 받는다. 1933년 히틀러가 집권했을 때 안네는 철부지 어린아이였다. 유대인에 대한 박해가 공공연해지자 안네는 영문도 모르고 부모를 따라 암스테르담으로 이주한다. 이른바 난민Flüchtling이 된 것이다. 그리고 새로운 곳에 대한 적응이 이야기된다. 학창 생활이 순조롭게 이어지는 듯싶다가, 1940년 나치 독일군이 네덜란드를 점령한다. 점령정책이 네덜란드 유대인에 대한 박해와 강제이송으로 이어지자, 1942년 안네의 가족은 은신의 결심을 실행에 옮긴다. 그리고 마침내 1944년의 발각과 체포, 경유 수용소 격인 베스터보르크 수용소Kamp Westerbork 수감, 아우슈비츠 수용소 이송, 베르겐-벨젠 수용소 재이송, 1945년의 죽음. 시대의 격랑이 한 소녀와 가족을 죽음으로 몰아갔던 과정을 두 눈으로 확인하면서, 방문객은 안네의 죽음이 불가피하지 않았다는 것과, 죽어야 할 이유가 안네에게 있지 않았다는 사실을 알게 된다. 여기서 인종주의와 반유대주의, 불관용과 차별, 근거 없는 박해와 절멸 정책의 문제점을 방문객은 어린 나이라고 해도 직관적으로 느낄 수 있다. 안네 프랑크 센터의 타깃 그룹이 어린이와 청소년이라는 점을 생각하면, 한눈에 모든 것이 들어오는 이 전시는 성공적이었다.

이제는 아쉽게도 이 전시를 볼 수 없다. 2018년 11월 20일부터 상설전 교체가 있었기 때문이다. 모든 것은 방문객의 사진과 기억 속에만 남아있다. 새로운 전시의 제목은 〈안네에 관한 모든 것Alles über Anne〉이다. 제목이 '하룻밤에 읽는 세계사'처럼 값싼 분위기를 풍기는 것 같아 달갑지는 않지만, 숙고된 기본개념을 바탕으로 남Veronika Nahm이 주도한 새 상설전도 여러 면에서 참신하다.

새 전시는 무엇보다 현재와의 연관을 중시한다. 그리고 안네 개인이 아니라, 나치에 의해 살해당한 어린이들의 생애사를 조명하는 데 좀더 초점을 둔다. 말하자면, 이곳에서 안네는 박해당한 수많은 어린이들의 대표단수로 등장하는 것이다. 여기서 과거와 현재를 이어주는 연결의 끈은 반유대주의와 난민이다.

전시는 안네의 두 가지 면을 강조한다. 하나는 유대인이기 전에 독일인이었다는 것, 다른 하나는 조국 독일의 박해 때문에 원치 않게 난민이 되었다는 것이다. 이 모든 것을 가능케 한 것은 독일인들 사이에 널리 퍼져있던 반유대주의였다는 점이 강조된다. 여기서 어린이 방문객들은 한 가지 사실을 생각하게 된다. 오늘날에도 반유대주의가 여전히 사라지지 않고 있다는 점이다. 과거에도 이런 인종 우월적 태도와 배타적 사고가 어린이들의 죽음을 초래했다면, 오늘날에도 얼마든지 그와 비슷한 일이 재연될 수 있다는 경각심을 불러일으키는 데 전시의 첫 번째 목적이 있다.

전시는 특히 청소년들에게 두 번째 문제의식을 갖게 한다. 바로 정체성의 문제다. 안네는 유대인이었고, 독일인이었으며, 네덜란드인이었다. 조국이었던 독일에서는 배척받았지만, 이방인이었던 네덜란드인들은 안네를 환대했고, 은신을 돕기까지 했다. 그렇다면, 누가 진정 안네와 가족의 이웃이었던가?

옛 전시의 강점은 새 전시에도 계승된다. 바로 연대기 속에서 유대계 독인이었던 소녀 안네의 생애를 조명하는 것이다. 그리고 인상적 장면의 연속을 통해 연대기는 느낄 수 있는 무엇으로 바뀐다. 안네가 가고 싶어하는 수영장, 학교, 영화관 앞에 모두 '출입금지' 표지가 있다. 이 모든 것을 나라의 법이 금지했다는 사실이 어린이와 청소년들을 놀라게 한다. 그리고 인솔한 선생님에게 묻는다. "그럼, 안네는 어딜 가야 되는 거예요?" 이를 통해 어린이들은 나치 시대와 현재 간의 거리를 심각하게 느낄 뿐만 아니라, 어처구니없는 체제와 그것을 가능케 했던 편벽된 인종주의에 대한 문제의식을 갖게 된다.

이런 느낌이 들 무렵, 전시는 두 번째 부분으로 넘어간다. 바로 오늘날의 문제들이다. 현재에서 과거로 향하는 호기심을 어린이들에게 자극하는 이 문제들은《안네의 일기》텍스트에서 도출된다. 그래야 독자-방문객의 심정적 지지와 구체적 근거를 확보할 수 있기 때문이다. 독자-방문객은 이곳에서 무엇을 발견할까?

첫째, 안네와 가족의 세계를 휘감고 있었던 반유대주의다. 그 반유대주의와 박해를 피해 안네와 가족은 겨울옷을 몇 겹이나 껴입은 채, 트램이나 버스를 타고서가 아니라, 걸어서 은신처로 몰래 숨어들었던 것이다. 둘째, 박해를 받으면서도 박해가 끝나고 나면 모든 사람들이 어떤 종류의 차별도 없이 다시 어울리게 될 미래를 꿈꾸었던《안네의 일기》속 유토피아적 희망은 역사를 조명하는 빛일 뿐 아니라, 독일 어린이와 청소년들이 살고 있는 현재를 밝히는 빛이 된다. 이렇게《안네의 일기》텍스트는 역사적 콘텍스트를 넘어, 현재의 삶의 별자리 속에서 읽힐 수 있게 된다. 텍스트의 확장이며, 활성화이다. 셋째, 안네의 다중 정체성 의식은 독일의 현재적 콘텍스트 속에서 다소 급진적으로 해석된다. 하여, 전시와 설명에서는 난민이면서 트랜스젠더면서 동성애자인 사람들의 문제까지 제시된다. 우리 한국인의 입장에서는, 또 학부모의 입장에서는 기겁할 문제다. 그러나 우리 시대를 살아가는 한 사람으로서나 부모로서는, 외면할 수만은 없는 문제다.

또 하나 재미있는 것은 기념의 문제다. 전시를 활용한 수업에서는《안네의 일기》와 전시를 바탕으로 기념의 현안을 제기한다. 그리하여 학생들에게 구체적으로 생각해 볼 수 있도록 만든다. 기념물을 만든다면 어떤 모양으로 만들어야 할까? 비용은 어떻게 조달하지? 그리고 제막식에는 누굴 초청하면 좋을까? 이런 문제와 가볍게 씨름하면서, 어린 방문객들은 '기념의 공화국'에 사는 국민들답게 자기 시대 기념정책과 기념문화에 발 딛기를 연습하는 것이다. 이 과정이 생각보다 수월한 것은, 어린 방문객들이 이미 이에 관해 단편적인 정보들을 갖고 있을 뿐만 아니라, 전시의 주인공 안네와 비슷한 또래이기 때문이다. 센터는 10세 이상부터 전시를 충분히 이해할 수 있을 것으로 기대한다.

전시 접근성을 높이고자 애쓴 센터의 노력도 돋보인다. '모든 장애로부터의 자유Barrierefreiheit'라는 전시구성 원칙에 따라, 시각장애인과 고도 청각장애인, 또 학습장애인을 위한 장치를 전시 전반에 심어두었다. 손으로 직접 만져볼 수 있는 오브제들, 점자, 입체형 활자, 수화 영상, 매우 쉬운 단어들로 구성된 사인그래픽이 그 결과물이다. 이 모든 것은 박물관 교육이 하나의 학문분과로 자리 잡은 상황이기 때문에 가능한 일이다. 경험의 축적과 연구 없이는 이만큼의 시도가 쉽지 않을 것이다. 그러나 센터의 활동 면면을 보면 더 놀랍다.

전시는 안네 프랑크 센터의 한 축일 뿐이다. 이 작은 공간에 관장을 포함해 30명의 직원과 활동가들이 속해있다. 그중 상설전과 순회전을 담당하는 사람이 12명, 청소년 네트워크와 교육을 담당하는 사람이 8명이다. 직원의 2/3가 전시와 교육에 투입되어 있으니, 박물관으로서는 매우 이상적인 구성이다. 나머지 10명 가운데 6명도 출판과 홍보 담당자다.

안네 프랑크 센터는 찾아오는 방문객을 맞이하는 오프라인 전시장에 머물지 않는다. 교육 프로그램과 연계된 순회전시에만 6명을 투입한다. 부르는 곳은 어디든 찾아갈 뿐만 아니라, 부르지 않는 곳도 찾아간다. 아웃리치out reach에 힘쓰는 활동성이 이 센터를 작지만 큰 기관으로 만든 원동력이다.

동시적으로 운영하는 다섯 개의 순회전 가운데 가장 주목할 것은 〈너의 안네. 한 소녀가 쓰는 역사Deine Anne. Ein Mädchen Schreibt Geschichte〉다. 이 전시는 '청소년이 청소년을 안내한다'는 원칙에 따라 설계된 '또래교육Peer Education' 프로그램이다. 안네의 생애사를 통해 인종주의와 차별 문제에 초점을 맞추는 이 전시활용 교육이 강조하는 것은 자유, 평등, 민주주의의 가치다.

전시는 안네의 고향인 독일 프랑크푸르트에서의 유년기, 나치 박해를 피하기 위해 선택한 네덜란드로의 망명, 암스테르담의 생활, 행복했던 학창 시절, 힘겨운 은신생활, 베스터보르크와 아우슈비츠와 베르겐-벨젠으로 이어지는 강제수용소 경험으로 구성되어 있다. 특히 마지막 장면들과 관련해서는 안네 가족의 은신을 도왔던 사람들의 관점에서 이야기가 전개된다. 이를 바탕으로 이어지는 토론에서는 청소년들 스스로가 현재 그리고 앞으로 할 수 있는 일이 무엇인지를 이야기한다. 2012년 독일 연방의회에서 처음 선보인 후, 이 전시는 지금까지 센터의 대표적 순회전으로 꼽힌다. 또래 가이드는 이틀간의 훈련 세미나와 피드백 세미나에 참석해야 한다.

이와 더불어 센터가 오랫동안 역점을 두어온 활동이

'안네 프랑크의 날' 행사다. 안네의 생일에 이루어지는 이 계기교육에는 독일 전역에서 매년 150개의 학교, 2만 명 이상의 학생과 교사가 참여한다. 2018년의 경우 '구조와 저항'을 주제로, 나치의 유대인 박해에 저항해서 유대인들을 도왔던 사람들을 다뤘다. 용기 있는 사람들을 기억하고 육성하기 위해서다.

나는 베를린 안네 프랑크 센터에서 독일에 특화된 역사기반 정치교육의 세 가지 모습을 보았다. 첫째는 처음부터 교육활동을 염두에 둔 전시설계, 그리고 철저하게 전시를 활용하는 교육이다. 둘째는 수용자를 지향하는 움직이는 교육이다. 아웃리치 수업은 전 세계 기념시설에서 공히 중시하는 영역이다. 그럼에도 여기에 필요한 원칙과 전략을 강구하고, 적극적으로 수용자를 찾아가 설득하는 곳은 그리 많지 않다. 안네 프랑크 센터의 5개 순회 전시교육 프로그램 중에는 소년원을 찾아가서 진행하는 프로그램도 있다. 이외의 다른 기관에서 비슷한 프로그램을 실행하고 있는지 나는 잘 모르겠다. 셋째, 나는 '아우슈비츠 없는 아우슈비츠 교육'이 가능한 사례를 이곳 안네 프랑크 센터에서 보았다. 정서적 부담을 주지 않으면서, 집단학살의 민낯을 지나치게 묘사하지 않으면서, 부담스러운 역사에서 출발하여 평화를 지향하는 교육을 해나갈 수 있다면, 이 어찌 우리의 바람이 아닐까? 그러므로 안네 프랑크 센터는 작지만 큰 전시교육기관임에 틀림없다.

19/

복원과 보존의 차이

—아우슈비츠의 두 수용소

아우슈비츠는 지상의 지옥이었다. 이탈리아 출신의 화학자로서 아우슈비츠 생존자인 프리모 레비Primo Levi가 기억하는 아우슈비츠는 그렇다. 체험에 바탕을 둔 그의 수기 《이것이 인간인가?》에서 레비는, 아우슈비츠에서 사람이 아닌 사람은 살인의 유희를 일삼은 나치 친위대원만이 아니었다고 고통스럽게 증언했다. 희생자의 일원으로서 힘겹게 살아남은 생존자들도 마찬가지 신세였다는 것이다. 인간의 양심을 지키려는 이들은 결코 살아남을 수 없었기에, 레비는 살아남은 스스로를 책망했다. 목숨을 구한 대가로 그 자신이 어떤 경우에도 잃어서는 안 될 인간의 존엄성을 상실했다는 것이다. 물론 우리는 잘 안다. 레비의 비참한 처지는 그의 탓이 아니었다. 이 끔찍한 결과에 대한 책임은 전적으로 가해자의 것이다. 힘겹게 살아남은 이들에게 책임을 물을 사람은 어디에도 없다. 그 사실을 누구보다 잘 알고 있던 레비도 결국 트라우마를 견디지 못하고 자살로 노년의 생을 마감했다. 소련군 진주와 더불어 그는 아우슈비츠를 떠났지만, 아우슈비츠는 평생토록 그를 떠나지 않았던 것이다.

두 세대가 넘게 지난 다음에도 우리를 불편하게 만드는 사실이 있다. 아우슈비츠는 신이 만들지 않았다는 것이다. 그곳은 사람이 만든 지옥이었다. 사람을 도구화하고, 마침내는 사람을 사람으로 여기지 않았기에 벌어진 일이었다. 직접 경험하지 않은 세대에게도 아우슈비츠가 두려운 것은 바로 그 때문이다. 사람을 대하는 우리의 태도가 바뀌지 않는다면, 그 야만은 얼마든지 우리 사이에서도 재발할 수 있기 때문이다.

아우슈비츠는 문명의 이름으로 야만이 자행된 공간이다. 그 때문에 아우슈비츠는 자본주의적 근대문명 속에 웅크리고 있는 불길한 가능성을 상징하는 메타포가 되어버렸다. 동시에 아우슈비츠는 언어의 한계를 넘어서는 그 끔찍함 때문에, 어느덧 시간의 기준이 되어버렸다. 독일의 지성 아도르노Theodor Adorno가 '아우슈비츠 이후의 교육'을 역설하고, '아우슈비츠 이후 시를 쓰는 것은 야만'이라고 한 다음부터, 아우슈비츠는 우리 인간의 시간을 계측하고, 우리가 현재 걸어가고 있는 길의 좌표를 가늠케 해주는 시점始點이 되어버렸다. 진보를 향해 달려왔던 인류의 시계가 거기서 멈추고, 고장 난 인류시계에 태엽을 다시 감은 것이 그때 이후라면, 아우슈비츠는 하나의 시간이 맞다. 불길한 그 과거가 미래에 다시 출현하지 않기를 바라는 점에서 보면, 아우슈비츠는 묵시론적 의미에서 이미 시간화verzeitlichen 되어버렸다고 해도 좋을 것이다.

아우슈비츠는 상징인 동시에 현실의 공간이다. 상징으로서 아우슈비츠가 우리로 하여금 현존하는 아우슈비츠를 찾게 만든다. 아우슈비츠가 기억과 기념의 공간으로 변모한 후 그곳을 찾은 사람이 3천만 명을 넘는다고 한다. 최근에는 세계 각국에서 매년 100만 명 이상이 그곳을 방문하고 있다. 아우슈비츠 생존자로서 폴란드 외무부 장관까지 역임한 바르토셰프스키Władysław Bartoszewski 교수는 아우슈비츠를 "인류 역사상 가장 큰 묘역"으로 일컬었다. 아우슈비츠는 무덤 없는 묘역이다. 대부분의 수감자들이 살해된 후 재가 되어 흩뿌려졌기 때문이다.

방문객들은 무엇을 보기 위해 아우슈비츠를 찾고, 그렇게 찾은 그곳에서 무엇을 발견하는 것일까? 그곳에 수감되었던 생존자나 유가족이 아니라면, 왜 많은 사람들이 아우슈비츠를 찾는 것일까? 무엇을 배우기 위해서일까? 아니면 무언가를 느끼기 위해서일까? 이 물음은 이차대전 이후 폴란드 사회에 매우 중요했다. 국제 유대인 사회에도 마찬가지였다. 모든 문제는 폐허가 되어버린 아우슈비츠를 어떻게 해야 할까? 하는 문제로 이어졌다. 이 물음은 선택의 질문을 수반했다. 이 공간을 다시 이 민족 수난의 현장으로서 원형 복원할 것인가? 아니면 미증유의 범죄와 씨름하며 희생을 애도하는 보편적 기억의 장소로서 간주하여 유적 보존에 힘쓸 것인가? 이 두 개의 방향을 놓고 논쟁은 오늘날까지 이어지고 있다.

역사의 땅 아우슈비츠는 엉킨 실타래처럼 복잡한 곳이다. 굉장히 많은 것이 착종되어 있고, 상이한 층위를 갖고 있다. 그러니 그곳에서 도출하는 교훈도 서로 다르고, 그곳에 부여하는 의미도 각양각색이다.

무엇보다 아우슈비츠 수용소는 하나가 아니었다. 아우슈비츠는 하나의 단일 수용소가 아니라, 거대한 규모의 복합수용소였다. 먼저, 그곳에는 세 개의 대규모 수용소가 있었다. 오슈비엥침 외곽에 관리본부가 위치한 주 수용소가

있었고, 거기서 3킬로미터 떨어진 비르케나우에 두 번째 수용소가 만들어졌다. 아우슈비츠에서 6킬로미터 떨어진 모노비츠에 세 번째 수용소가 만들어진 것은 그 다음 일이다. 현재 박물관이 있는 제1수용소가 주 수용소였다. 이곳은 아우슈비츠 일대의 수많은 단위 수용소 관리를 책임진 본부가 있었다. 최초의 살인가스 실험이 행해진 곳이지만, 대량학살은 이곳에서 벌어지지 않았다. 학살의 현장은 아우슈비츠-비르케나우로 불리는 제2수용소였다. 절멸을 목적으로 만들어진 이곳에서는 110만 명가량이 희생되었고, 그중 유대인은 90만 명 정도로 추산된다. 아우슈비츠-모노비츠 수용소로 불리는 제3수용소는 군수물자 생산과 관련된 중공업 공장시설에 노동력을 공급하기 위해 설치되었다. 이 외에도 1942년부터 1944년 사이 아우슈비츠 외곽에는 총 47개의 부속 수용소와 외곽 지소들이 속속 건립되었다. 모두가 경제적 목적에서였다. 이렇게 아우슈비츠의 수용소들은 설립 목적에서 각각 차이가 있었다.

물론 직적접인 동기는 달랐어도, 아우슈비츠의 수용소들을 비롯한 나치 강제수용소들은 기본적 특성을 공유하고 있었다. 무엇보다 모든 강제수용소는 친위대Schutzstafel(SS)가 설립하고 관리하던 국가기구였다. 관리는 친위대 산하의 경제행정국Wirtschaftsverwaltungshauptamt(WVHA)이, 강제이송과 학살은 제국보안국Reichssicherheitshauptamt(RSHA)이 담당했다. 종종 갈등이 발생했던 것도 이 이원체제 때문이었다. 경제행정국은 유대인 노동력 활용에 치중했던 데 반해, 제국보안국은 유대인 절멸을 도모했기 때문이다. 그러나 나치 체제 전체에서 보면, 양 기구 간의 갈등은 중요하지 않았다. 전쟁을 추진하면서, 체제 전체가 유대인의 절멸을 향해 달려갔기 때문이다. 시간이 갈수록 나치

아우슈비츠 제1수용소 전경

아우슈비츠 제1수용소 건물 내부

독일에 중요했던 것은 유대인의 경제적 가치가 아니라, 유대인을 한시바삐 파괴해야 하는 '시간의 경제'였다. 운 좋게도 노동력이 있다고 해서 가치 있는 인간으로 잠시 분류되어 아우슈비츠-모노비츠로 갔던 유대인도 대부분 3개월에서 6개월이면 체력이 고갈되어 죽기는 매일반이었다. 아우슈비츠-비르케나우에 도착한 사람들 가운데 80-90퍼센트는 플랫폼에 내리자마자 가스실로 직행했었다.

아우슈비츠 제2수용소 비르케나우 철로

아우슈비츠 일대는 전 유럽에서 모인 사람들로 비극적 성시를 이뤘다. 희생자들은 유럽 전역에서 실려 왔다. 덴마크 코펜하겐에서, 그리스 데살로니키에서, 프랑스 파리에서, 폴란드 바르샤바에서, 언어를 달리하는 유대인들이 가축용 화차에 실려 이곳으로 끌려왔다. 가해자들도 마찬가지였다. 관리를 위해 독일인과 오스트리아인들이 왔고, 치안 유지를 위해 우크라이나인들도 왔다. 이곳을 거쳐 간 친위대 대원만 총 8천 명에 달한다. 그러니 온갖 사건과 이야기와 기억이 넘쳐날 수밖에 없다. 서로 엉킨 가해자들 이야기, 희생자들 이야기, 조력자들 이야기가 넘쳐난다. 가해자는 누군가의 희생자였고, 희생자는 또 자기보다 약한 사람에게는 가해자였다. 도덕적 면죄부를 주는 것은 아니지만, 이곳에 모인 대부분의 사람들은 시대의 희생자였다. 가해자들도 대부분 주류에서 벗어나, 시대에 적응하고자, 운명에 순응하고자 했던 소시민들이었다. 이 점은 훗날 1963년 프랑크푸르트에서 열린 아우슈비츠 관리자들에 대한 재판에서 세밀하게 폭로되었다. 영화 〈책 읽어주는 남자〉

아우슈비츠 제2수용소 비르케나우 객차

속 끝부분 장면이 바로 이 재판이다. 법정에 선 대부분의 피고는 악마가 아니었다. 다만 악마가 그들을 통해, 일상적 관리지침을 통해, 행정을 통해 움직였을 뿐이다. 그것이 나치 체제의 본질이었다. 그렇게 해서 그들은 악마의 하수인으로 전락했다.

왜 하필 아우슈비츠였을까? 왜 나치 독일의 엘리트들은 이곳을 수용소 제국의 또 다른 중심으로 삼았던 것일까? 이유는 간단하다. 지도에서 보면 아우슈비츠는 유럽의 중앙에 있다. 아우슈비츠는 지리적으로 학살의 심장이 되기에 적합했다. 그러면서도 동시에 독일에서는 멀리 떨어져 있어야 했다. 독일 국민들이 들어서는 안 될 소식이기에, 친위대는 가급적 본국에서 먼 곳을 택해야 했다.

아우슈비츠의 세 수용소 자리에는 고통스러운 삶과 죽음의 흔적들이 남아있다. 오늘날 박물관이 자리한 제1수용소의 수감자 수는 평균 1만 2천 명에서 2만 명 사이였다. 1940년 초여름에 세워지기 시작한 이 수용소에는 폴란드 민족 엘리트에서부터 소련군 포로에 이르기까지 다양한 사람들이 수감되었다. 처음에는 남성 위주였고, 후에 여성을 위한 막사들이 만들어졌다. 이곳에서는 사이클론 B 가스를 통한 최초의 살상 실험이 행해졌다. 실험 성공 보고가 베를린에 도착한 지 얼마 되지 않아, 살인특무부대Einsatzgruppe에 의한 대면 학살은 공장식 학살로 대체되었다. 최초의 생체실험도 이곳에서 이루어졌다. 하지만 이곳에서 벌어지는 죽음은 자살이나 탈진과 질병에 의한 죽음이 아니라면, 대부분 총살형이었다. 희생자들이 남긴 대다수의 유품도 여기서 수습되었다. 왜냐하면 비르케나우의 경우 절멸의 흔적을 은닉하기 위해 대부분의 시설이 파괴되고, 증거들이 소각되었기 때문이다. 현재 박물관에 전시되어 있는 2톤가량의 여성 머리카락도 그중 하나다.

나치 제국 최대의 절멸수용소였던 비르케나우의 제2수용소는 철저하게 파괴되었다. 1944년을 기준으로 9만 명 이상을 수감했던 이곳에는 본래 300여 동의 목조건물이 있었다. 그 대부분은 대강 만든 수감자 막사들이었다. 하지만 현재는 10여 개의 막사와 폭파된 100여 개 건물의 잔해만 남아있다. 이와 함께 13킬로미터에 이르는 수용소 울타리, 총 연장 10킬로미터가량의 수용소 도로, 2킬로미터 정도의 열차 선로가 잔존되어 있다. 모노비츠 제3수용소의 경우, 남아있는 것이 거의 없다.

모든 것이 폐허였던 수용소 해방 직후, 폴란드 정부와 학계, 생존자들은 이 장소를 어떻게 처리해야 할지를 놓고 고민에 빠졌다. 전후 복구에 여념이 없었던 데다가, 경제적 여력도 없었던 폴란드로서는 자력만 가지고 전면적인 복원을 도모할 수 없었다. 하지만, 이곳에 수감되었던 당사자들의 생각은 달랐다. 돌 하나도 훼손되는 것을 거부했고, 역사의 현장을 있었던 그대로 복원할 것을 요구했다.

그리고 세월이 흘렀다. 1990년대 현실 사회주의의 붕괴와 냉전의 종식은 아우슈비츠에도 큰 변화를 가져왔다. 그 사이에 폴란드는 경제적 어려움에서 벗어났고, 생존자들은 더 이상 각 국가에서 주변적 자리에 머물러 있지 않게 되었다. 냉전의 억압적 사고가 붕괴되자, 각양각생의 이질적 기억이 분출했다. 아우슈비츠는 폴란드 땅에 있을 뿐, 폴란드만의 땅이 아니게 되었다. 독일인의 기억과 정치에서, 유럽 전체에서 아우슈비츠가 갖는 힘은 과거에 비할 수 없을 만큼 커져버렸다. 그에 비례하여 아우슈비츠는 단순히 국가폭력의 현장이나, 힘없이 죽어갔던 수감자들의 이야기를 회상하는 곳이 아니라, 싸울 수 없었던 극한의 조건 속에서도 싸웠던 의기의 현장으로 이야기되기 시작했다. 폴란드 민족의 성지와 보편악의 현장으로서 의미가 충돌했다. 또 기념물 건립을 둘러싸고 세속의 힘과 여러 종교 분파들의 관심이 충돌하는 공간이 되어버렸다. 하버드대학의 역사가 메이어Charles Mayer가 말한 '희생의 정치'가 여기서처럼 치열하게 전개되는 곳도 찾아보기 어려울 정도다. 하나의 필적할 사례가 있다면, 그것은 뮌헨 근방의 다하우Dachau다. 오직 다하우뿐이다.

이런 복합적 배경 속에서, 아우슈비츠를 있었던 대로 복원해야 한다는 목소리가 커져왔고, 앞으로도 사정은 크게 바뀌지 않을 것이다. 채우려는 의지가 비워두자는 요청을 압도하고 있다. 복원의 요구 자체는 문제가 없다. 보존을 위해서도 복원의 노력은 필수적이다. 무엇보다 유물의 경우가 그렇다. 2002년에 설립된 아우슈비츠 박물관의 보존작업실은 그동안 많은 일을 수행해 왔다. 11만 점에 달하는 희생자들의 신발을 보존 처리했고, 비르케나우의 가스실 내 철 구조물

잔해를 살려냈다. 독일 의사 클라우베르크Carl Clauberg가 사용했던 생체실험용 산부인과 진료 의자와 수십여 점의 휠체어를 원형에 가깝게 복원한 것도 보존작업실이다. 그대로 놔두면 삭아버리기 쉬운 문서고의 원본 자료들에 대한 처리 작업도 상당 부분 수행했다. 이런 일들은 증거의 확보와 유지 차원에서 후대의 의무임이 틀림없다.

그러나 옥외로 나가면, 사정은 달라진다. 현재 박물관의 관리 지역 내에는 수감동을 포함하여 150개 이상의 건물이 있다. 비르케나우의 경우, 4개의 가스실과 소각장을 비롯한 300여 개의 수용소 폐허가 관리되고 있다. 이 밖에 총 연장 13킬로미터에 달하는 3천6백 개의 철조망 설치용 시멘트 기둥도

관리 대상에 포함되어 있다. 수용소 터 내부에 있는 도로, 배수로, 철도레일과 플랫폼, 램프 시설, 하수처리장, 옥외 방화수 저장시설도 흔적이 남아있다. 이런 잔흔들에 대한 유지와 관리, 교육적 목적에 부응하는 몇 개 수감시설의 복원은 필수적이다.

그러나 복원의 의지가 넘쳐날 때, 그리하여 있었던 모습 그대로를 찾아오는 방문객들에게 보여주겠다는 신념이 충일할 때, 그때부터 방문객의 공감적 상상력은 급격하게 축소될 수 있다. 역설적으로 들리겠지만, 실제로 그렇다. 생존자들의 생물학적 소멸과 더불어 아우슈비츠 기억이 위협받고, 홀로코스트 부정론자들의 주장이 드세질 것이라는 염려가 복원의 강박을 정당화해 주지는 못한다. 당사자가 아닌 사람들에게, 홀로코스트와는 무관한 후세대에게 필요한 것은 비르케나우 터에 원형대로 다시 세워질 300개의 목조 수감자 막사가 아니다. 막사의 터, 훼손된 가스실, 쇠잔해진 철조망 지지용 시멘트 기둥, 그리고 그 기둥에 박혀있는 녹슨 쇳조각. 아우슈비츠를 찾아온 방문객이 비르케나우에서 봐야 할 것이 이 이상일까? 동시에 9만여 명이 살기 위해 몸부림치다가 죽어간 그 역사를 떠올리기에는 지금 남아있는 폐허와 잔흔이 오히려 낫지 않을까 생각한다. 우리의 인식과 상상은 오감에서 출발한다. 시각은 그 다섯 개의 감각들 가운데 하나일 뿐이다. 우리의 시각은 또한 명확하게 존재하는 것만 포착하지 않는다. 때로는 존재하지 않는 것을 포착하고, 때로는 어슴푸레하게 파편적으로 존재하는 것에 더 주의하면서 현존하지 않는 것을 포착하기도 한다.

제1수용소의 경우, 그곳 박물관에 소장된 유품들과 기록들의 경우, 복원이 철칙이다. 그러나 제2수용소의 경우는 다르다. 제1수용소를 복원한 것처럼, 제2수용소를 복원할 필요는 없다.

최소한의 복원을 통한 보존이 바람직하다.

많은 방문객이 비르케나우에서 기대하는 것은 역사적 현장에서 시간의 거리를 느껴보는 것이다. 1945년 1월 17일 소련군에 의해 해방되기 전 수용소의 일상을 눈으로 확인하기 위해서가 아니라, 두 세대가 넘게 지난 지금 남아있는 잔해 속에서 두 세대 전의 일상을 가늠해 보고자 함이다. 부재의 현장에서 존재의 과거로 들어가는 단서를 찾기 위해 사람들은 그 먼 곳을 일부러 찾아가는 것이다. 녹슨 철조망보다, 낡은 플랫폼보다 스산한 과거를 우리에게 더 잘 그려볼 수 있게 해주는 것은 없다. 추리와 상상이 없다면, 학습과 공감의 준비가 없다면, 경험하지 못한 세대에게서는 기억을 기대할 수 없다. 기념비적 규모의 가시적 복원은 이 모든 것을 돕기보다는, 방해할 확률이 훨씬 더 크다.

그럼에도 아우슈비츠 일대를 예전의 모습에 가깝게 복원하려는 강박은 좀처럼 사라지지 않는다. 한 가지 이유가 기억의 정치에 있다면, 또 다른 이유는 행정에 있다. 유럽 각지에서 후원이 잇따르면서, 조직으로서 박물관은 존재 이유를 입증하고 몸집을 키울 기회를 찾기 때문이다. 하지만 적어도 비르케나우는 그 자체가 기념물로서 남아있을 때 가장 호소력이 있을 것이다. 더 많은 시설에 대한 복원은 신기루를 좇는 욕망의 발걸음, 허망한 절규에 가깝다. 이 문제가 비단 아우슈비츠에서만 나타나는 일일까? 서양에서만 벌어지는 일일까? 나는 아니라고 믿는다. 지금 여기 우리나라에서도 비일비재하게 벌어지고 있다.

20 /

진묘의 문화, 가묘의 정치

—예루살렘 올리브산과 베를린 홀로코스트 상기기념물

베를린 한복판, 2,711개의 가묘

독일의 수도 베를린은 '기념의 공화국'으로 불린다. 이 공화국의 중심에 브란덴부르크 문이 있다. 이곳에서 남쪽으로 한 블록 내려가면, 베를린의 새로운 상징이 된 기이한 기념물이 나타난다. 공식 명칭은 '살해당한 유럽 유대인을 위한 기념물Denkmal für die ermordeten Juden Europas'이지만, 독일 사람들은 짧게 '홀로코스트 상기기념물Holocaust-Mahnmal'로 부른다. 나치 범죄를 저지른 독일의 특수한 상황을 반영한 '상기기념물'이라는 표현은 후세를 위한 경고의 기념비라는 뜻을 가졌다. 예전의 기념물이 '영광의 기념물Ehrenmal'이었다면, 아우슈비츠 이후 독일 사회에서 전통적 기념물은 발붙일 자리를 잃어버렸다. 범죄국가 국민으로 전락한 독일인들에게 필요한 것은 이제 전통적 방식의 기념물이 아니라, 돌아보고, 곱씹고, 성찰하며 부담스러운 과거와 지속적으로 대면하기 위한 '걸림돌'이다. '홀로코스트 상기기념물'이 대표적인 '걸림돌'이다. 이 모퉁이 돌은 나치 독일로부터의 해방 60주년에 맞춰 2005년 5월 10일에 제막되었다.

홀로코스트 상기기념물이 세워진 자리는 본래 동서 베를린을 갈랐던 장벽이 있던 곳이다. 이차대전 때는 범죄국가를 지휘했던 총통실과 벙커가 가까운 거리에 있었다. 현재는 외국 대사관들이 밀집해 있다. 이런 금싸라기 땅 19,000평방미터, 곧 5,750평의 경사진 대지에 독일인들은 기묘한 형태의 기념물을 세웠다. 콘크리트로 만든 2,711개의 직사각형 석주石柱들이 격자무늬 패턴으로 파도치듯 펼쳐져 있는 장면은 방문객을 당황하게 만들기에 충분하다. 길이 2.38미터, 너비 0.95미터, 높이 0.2미터에서 4.7미터 사이의 동일한 모양의 석주가 남북 방향으로 54개, 동서 방향으로는 87개가 줄지어 서있다.

하늘 높은 곳에서 바라보면 파도처럼 보이지만, 가까이서 보면 영락없는 공동묘지다. 석관으로 가득한, 잿빛 공동묘지다. 비 오거나 흐린 날, 황혼이 지기 직전에 가보면, 을씨년스럽기 그지없다. 석주와 석주 사이로 난 좁은 길을 따라 들어가면 들어갈수록 고립감과 압박감이 커진다. 석주들이 안쪽으로 약간 기울어져 있는 데다가, 시선마저 좌우로 차단되기 때문이다.

그래서 비평가들은 이곳을 지독히 불편한 공동묘지라고 부른다. 하지만, 이 기념물을 설계한 미국의 건축가 아이젠만Peter Eisenman은 이런 해석을 부정한다. 그는 제안서에서 방문객으로 하여금 내적 동요를 일으키도록 하기 위해 회색의 각진 기둥 모양을 택했을 뿐, 공동묘지와는 무관하다고 밝혔다. 격자형으로 보이는 일렬의 직사각형 기둥들은 인간적 감성을 결여한 나치 독일의 일사불란한 명령체계를 구현하기 위함이었다고 밝혔다.

2,711이라는 숫자도 특별한 의미가 없다고 아이젠만은 강조했다.

그러나 관찰자들은 아이젠만의 설명과 달리, 예외 없이 공동묘지를 연상한다. 서구의 방문객은 이곳이 마치 매장되지 못한 채 버려지거나 표시 없는 구덩이에 던져진 유대인들을 위한 공동묘지처럼 보인다고 입을 모은다. 돌보는 사람이 없어서 황폐해진 오래된 공동묘지에 온 것 같은 느낌이라고 말이다. 유대인이거나 유대인의 장례문화에 관해 조금 아는 사람이면, 이곳에서 확실히 유대인 공동묘지를 떠올리게 된다.

예루살렘 올리브산의 유대인 묘지

유대인들은 종교적 전통에 따라 화장을 거부한다. 그들은 성전시대부터 매장을 고집해 왔고, 지금도 그렇다. 그 긴 전통을 가장 잘 보여주는 곳이 예루살렘 올리브산에 있는 유대인 묘지다. 올리브산에 조성된 묘지는 우리 식으로 말하면, 최고의 음택陰宅이다. 무엇보다 예루살렘 구시가지, 성전 옆 시온산Mount Zion이 한눈에 보이는 곳이기 때문이다. "여호와의 명대로 시온으로 돌아가자"고 노래해 왔던 유대인들의 로망은 노년이 되면 이곳에 와서 살다가, 이곳에 묻히는 것이다. 올리브산 유대인 묘지는 성전산 건너편, (여호사밧 골짜기로도 불리는) 기드론Kidron 골짜기가 보이는 능선을 따라 전개되어 있다. 성전산에서 기드론 골짜기만 건너면 바로 묘지다. 유대 전통에 따르면, 메시아가 올리브산 위에 나타나 성전산으로 머리를 돌리면, 죽은 자들의 부활이 시작된다. 이곳은 바로 부활이 시작되는 생명의 땅인 것이다. 그 때문에 올리브산 묘지의 값은 지금도 턱없이 비싸다.

올리브산 묘지는 예루살렘에서 가장 오래되고 중요한 묘지다.

고고학적 발굴 성과에 따르면, 이곳의 매장은 제1차 성전시대인 3천 년 전부터 시작되어 지금까지 지속되고 있다. 그 결과 여기에는 지금 총 7만 기에서 30만 기의 무덤이 존재하는 것으로 알려져 있다. 이 때문에 겟세마네 동산 오른쪽 올리브산은 묘지 일색이다. 예루살렘 특유의 연한 색 화강암이 이 산 한쪽을 완전히 뒤덮고 있어, 장관을 연출한다. 올리브산 유대인 묘지는 다듬어진 수많은 돌조각들에 비친 유대(인)의 역사라고 해도 무방하다.

본래 유대인들은 죽은 자의 시신을 석굴에 매장했다. 예수의 무덤이 그랬던 것처럼 말이다. 제1차 성전시대와 제2차 성전시대에 예루살렘의 유대인들은 올리브산 사면에 산재된 굴 속에 조상의 시신을 매장했다. 현재와 같은 석관묘지가 조성되기 시작한 것은 16세기부터다. 그 후 석관은 유대인들의 상징이 되었다. 그들은 어디를 가든 공동체를 구성했고, 유대인만의 공동묘지를 조성했다. 그러므로 유대인 공동묘지의 존재는 그곳에 유대인들이 다수 살았다는 것을 알려주고, 공동묘지의 규모는 공동체의 규모가 어느 정도였는지를 알려준다. 유럽에 흩어진 유대인들의 이산diaspora 공동체의 흔적을 알려주는 것도 바로 그들의 공동묘지다.

유럽의 유대인 공동묘지—유대 공동체와 문화의 석경石鏡

유럽 전역에는 수많은 유대인 공동묘지가 있다. 로마에 상륙한 유대인이 서유럽을 지나 동유럽으로 이동했던 경로를 따라 예외 없이 그들의 공동묘지가 발견된다. 우리는 그 크기를 통해 유대인 공동체의 규모를 추정할 수 있다. 또 그곳에 있는 최초 묘비의 연도와 마지막 묘비에 새겨진 연도를 통해, 또 중간에

단절이 존재한다면 그 간격을 통해, 그 지역 유대인 공동체에 어떤 일들이 벌어졌는지를 짐작할 수도 있다. 내가 유럽을 찾을 때마다 프라하, 바르샤바, 우지, 할레 같은 주요 도시의 유대인 묘지를 방문하는 것도 그 때문이다. 출생증서와 사망자 기록부가 움직일 수 없는 역사의 증거라면, 공동묘지도 그렇다. 특히 유대인에게는 말이다. 어느 곳에 정착하든지 유대교 회당과 더불어 공동묘지를 세웠으니 그렇다.

유럽에서 가장 흥미로운 유대인 공동묘지를 품은 도시는 프라하다. 이 도시의 구 유대인묘지Old Jewish Cemetery는 유럽에서 가장 큰 유대인 묘지 중 하나다. 15세기 전반기부터 시작된 매장은 1786년에 끝났다. 묘비의 연도가 어느 순간에 끝나버리면, 어떤 문제가 생긴 것이다. 수용능력이 다했거나, 유대인 공동체에 무슨 문제가 생긴 것이다. 프라하에서는 이때 대규모 전염병이 발생했다. 그 때문에 더 이상의 매장은 금지되었고, 새로운 공동묘지는 성외로 내몰렸다.

프라하를 비롯해 오랜 역사를 지닌 유럽의 유대인 묘지는 여러 겹의 지층을 통해 역사를 간직하고 있다. 조상들에 대한 예의를 중시했던 유대인들은 토지가 부족한 경우에도 자기 손으로 옛 무덤들을 없애지 못했다. 박해가 생활이었던 그들에게 묘지용 토지 구입은 언제나 쉬운 일이 아니었다. 운이 따르면 합법적으로 토지를 구매할 수 있었지만, 그렇지 못한 경우에는 옛 묘지 위에 흙을 덮어 새로 묘역을 조성했다. 가장 심한 경우는 12층까지도 존재한다. 이 덕분에 옛 무덤들이 오늘날까지 남아있다. 문제는 그때마다 옛 묘비를 새 층 위로 끌어 올려야 했다는 것이다. 오늘날 남아있는 많은 묘지에서 묘비들이 심하게 밀집되어 있는 이유가 바로 여기에 있다. 인접한 도로보다 묘지 안의 땅이 몇 미터씩 높은 이유도 같은

독일의 공동묘지 풍경 – 생과 사의 공존

홀로코스트 상기기념물 외경 일부

이유에서다. 이 때문에 처음에는 목책 같았던 묘지의 담 자락이 나중에는 벽돌이나 돌로 바뀌었다. 높아진 흙을 유지하기 위해서는 튼튼한 담이 필요했기 때문이다. 우리의 삶이 켜켜이 쌓여 역사가 되어온 것처럼, 죽음도 그렇게 켜켜이 쌓이고 이어져 역사가 되었다.

역사는 묘석과 묘비에도 묻어있다. 유럽 유대인들의 묘비는 크게 두 가지 형태를 취하고 있다. 좀더 오래된 것은 나무나 돌로 된 평판 형식이다. 직사각형이 기본이지만, 윗부분의 마감 처리만큼은 다양한 방식으로 이루어져 있다. 이보다 나중에 출현한 것이 텐트tumba(히브리어로는 ohel이라고 한다) 모양이다. 작은 집 모양을 한 이 형태는 바로크 시대 이후에 출현했다. 이것이 더 일반화된 형태다.

묘지 안에서 보이는 묘비들은 제각각의 개성을 드러내지만, 묘지의 담 위에 올라서서 바라보면, 그 차이들을 관통하고 있는 공통점이 보인다. 기본 양식의 공통성도 그렇지만, 히브리어, 혹은 이디시어로 쓰였다는 점에서 그렇다. 이렇게 묘지는 유럽 유대인의 삶과 성취, 그리고 죽음을 집합적으로 보여준다. 유대인 공동묘지에는 죽어서도 간직하려는 유대인의 전통과 정체성에 대한 자의식이 아로새겨 있다.

한때 폴란드 제2의 도시였던 우지Łodz의 유대인 공동묘지는 유럽 유대인의 또 다른 역사를 증언한다. 1892년에 개장한 넓이 44헥타르의 우지 묘지는 18만 기에서 23만 기의 무덤을 품고 있다. 한때 폴란드에서 제일 컸던 곳이며, 지금도 세계 최대의 유대인 묘지들 가운데 하나이다. 이곳이 바르샤바와 더불어 폴란드 유대인들에게 최대 비극의 장소였다는 사실은, 적어도 서양 사람들에게는 널리 알려져 있다. 바로 이곳에 나치가 만든 초대형 게토ghetto가 있었기 때문이다. 모든 게토가 열악한

홀로코스트 상기기념물 – 높은 석관들 사이

환경에 시달렸지만, 우지 게토는 생활필수품 밀반입까지 매우 엄격하게 통제되었기 때문에 가장 많은 희생자를 낳았다. 독일인들이 리츠만슈타트Litzmannstadt로 불렀던 이곳의 공동묘지에 홀로코스트 시기 유대인 희생자들의 무덤이 유독 많은 이유도 그 때문이다.

독일 베를린의 유대인 묘지

오늘날 베를린에는 5개의 유대인 묘지가 있다. 이 가운데 1672년에 개장하여 1827년까지 매장이 이루어졌던 함부르크 거리Hamburger Straße에 있는 구 유대인 묘지는 이차대전 때 심하게 파괴되었다. 히틀러가 강력하게 추진한 세계수도Welthauptstadt 건설계획의 일환으로 대대적 묘역 파괴와 더불어 묘비도 거의 망실되었다. 유대인 밀집 지역에 묘지가 있었기 때문이다. 살아있는 유대인의 절멸을 계획하고 있던 나치 독일이 죽은 유대인을 존중할 이유는 없었던 것이다. 이차대전 후 복구된 이곳에는 유대인으로서 독일 계몽사상의 발전에 지대한 공헌을 한 철학자 모제스 멘델스존Moses Mendelssohn(1729-1786)의 무덤이 있어 독일인과 유대인 관광객의 발길이 끊이지 않고 있다. 멘델스존이 독일 유대인과 독일 역사에 남긴 족적을 보려면 다니엘 리베스킨트Daniel Libeskind의 파격적 설계 덕분에 베를린의 명소가 된 유대박물관das jüdische Museum을 방문하면 된다.

이와 더불어 또 하나 중요한 유대인 묘지는 베를린 시내 바이센제Weissensee에 있다. 1880년에 개장되어 11만 기 이상의 묘를 품고 있는 이곳 묘지는 이차대전 때 파괴를 모면한 데다가 오늘날에도 매장이 계속되고 있어 방문객이 가장 많다. 그런

만큼 이곳에 안장된 이들의 묘비를 통해 방문객은 홀로코스트 이전에 베를린 유대인 공동체가 겪은 급속한 변화, 독일 사회에 동화되려는 강한 의지, 과학·예술·기업에서 유대인들이 보여주었던 성취를 긴 호흡 속에서 파악할 수 있다.

텅 빈 공동묘지, 홀로코스트 상기기념물

이처럼 묘지는, 사적 개인들이 죽어서 우연히 한자리에 모인 경우가 아니라면, 그곳에 묻힌 자들이 공유하고 있던 정체성을 암시적 방식으로 보여주게 마련이다. 우리의 생각과 달리, 사실 유대인들은 하나가 아니다. 유대교를 믿는지 여부에 따라, 같은 유대교 신봉자들 사이에서도 종파와 전통에 따라 유대인들은 서로 갈린다. 이미 베를린에 유대인 묘지가 있음에도 불구하고, 근본주의적 성향을 띤 하레디haredi 공동체가 별도의 묘지를 같은 거리에 따로 조성한 것을 봐도 그 내용을 짐작할 수 있다.

그럼에도 넓게 보면, 유대인들은 이산공동체로서 공통의 운명과 공통의 정체성을 의식하고 있었다. 그들을 하나로 만든 것은 외부로부터의 박해와 유구한 전통에 대한 내적 자의식이었다. 유럽에 산재한 공동묘지는 이러한 공동의 정체성을 확인시켜 주는 기억의 처소였다. 마을 없는 묘지가 없듯이, 묘지 없는 마을도 없다. 그런 점에서 유대인 공동묘지는 유대인들의 흔적을 확인케 해주는 역사적 기념물이라고 할 수 있다. 공동묘지를 가리키는 'necropolis'는 '죽은 자들만의 도시'가 아니라 죽은 자들이 산자들과 함께 거하는 곳이다. 유대인들에 대한 증오가 유대인 묘지와 묘비의 훼손으로 표출되는 것도 같은 이유다. 고향을 떠나 유리해야 할 운명 때문에, 온전한 사체가 안장된 진묘眞墓의 전통은 유대인에게 특히 중요했다.

000
Norge 765
Norwegen
Danmark 116
Dänemark
Nederland 100.000–102.000
Niederlande
Shqipëria ca. 100
Albanien
Україна · Бела
Sowjetische Gebiete: Ukrai

그런 유대인들에게 안장해야 할 시신이 없다는 것은 실로 망연자실한 일이다. 파괴된 묘지는 다시 수축하면 되지만, 잃어버린 시신은 어떻게 해볼 수가 없는 일이다. 유대인들이 1957년부터 '모든 사자에게는 이름이 있다'는 구호하에 홀로코스트 이후 희생자들의 이름을 찾기 위해 진력하고 있는 것도 이런 절박한 사정 때문이다.

홀로코스트 상기기념물이 베를린에 그 모습을 드러냈을 때, 가장 빈번하게 제기된 비판은 희생자들의 이름을 새길 곳이 없다는 것이었다. 텅 비어있는 가묘도 허무하지만, 더 공허한 것은 그 가묘들이 주인이 실종된 이름 없는 무덤이라는 것이다. 기념물 이름에서 가해 주체의 이름이 빠져있다는 것도 문제였다.

이런 거센 비판 때문에 본 계획에 없었던 내용이 조성 과정에서 추가되었다. 기념물 지하에 신축된 정보학습실Ort der Information이 바로 그것이다. 이 공간에 이스라엘 야드바셈으로부터 제공받은 300만 명에 달하는 희생자들의 인적 사항이 보관됨으로써, 비판은 다소 수그러들었다.

지상의 기념물이 집단의 운명과 익명성을 통해 학살의 구조적 성격과 체계성을 드러내고자 했다면, 지상의 기념물 지하 동쪽 끝에 위치한 정보학습실은 개개인의 비극적 운명에 초점을 둔다. 강제 이송 당하던 유대인들이 기차 창밖으로 던진 편지를 전시하거나, '가족들의 방'에서 유대인 열다섯 가정의 기구한 운명을 다루는 것도 이 때문이다. '이름들의 방'에서는 야드바셈에서 제공받은 명부 속 희생자의 이름을 들려준다. 이와 동시에, 네 개의 전시실에서 다양한 방식으로 지상에 있는 석관 모양을 재현함으로써, 지상과 지하의 연계성을 시각적으로 환기시킨다.

이렇게 지하의 정보학술관 전시를 통해 밸러스트를

갖추게 되면서, 설계자 아이젠만의 의도는 좀더 긍정적으로 수용될 수 있게 되었다. 그는 석관에서 석관으로 이어지는 좌우의 직선들을 통해 살인국가의 명령을 마치 공장에서처럼 무사유적으로 실행에 옮겼던 독일 관료 시스템과 독일 국민들의 과거를 보여주고자 했다. 동일한 패턴의 지속과 통일성은 나치 지배체제의 특성만 보여주는 것이 아니다. 유대인들이 겪어야 했던 동일한 운명도 함께 표현하고 있다.

희생자의 입장에서 보면, 넓은 대지에 조성된 잿빛 석관들은 빠져나갈 틈이 없는 그물 속에서 느껴야 했던 고독, 무력, 절망을 암시한다. 이러한 느낌은 기념물 중심부로 걸어 들어가면서 심화된다. 양쪽의 석주가 더 높아지고, 그마저도 안쪽으로 기울었으므로, 고립감은 극대화된다. 만약에 방문객이 으스스한 느낌을 유발하는 밀실공포증eerie claustrophobia을 느낀다면, 그것이야말로 설계자와 건축주가 의도한 바다. 개인의 학살을 추모하는 기념물이라면 이러한 설계는 등장하지 않았을 것이다. 그러나 집단학살처럼 익명성과 체계성을 강조해야 하는 경우라면, 추상화된 유대인 묘지를 연상케 하는 아이젠만의 방식은 유효적절하다. 미증유의 대량학살을 기념하는 데는 특단의 양식이 필요하기 때문이다. 희생된 이들에게는 각각 이름이 있으나, 희생의 순간에는 그 이름이 아무런 역할을 하지 못했던 사건을 기억하기 위한 기념이라면 말이다. 수직만을 마냥 지향하는 우리 기념문화에도 이런 횡적 기념물이 하나쯤 있으면 좋겠다. 이왕이면 서울에서 볼 수 있으면 더 좋겠다. 현실의 그 기념물이 아니라, 그 착상과 착상까지의 지난한 과정을 말이다.

21 /

토포그래피에 새겨진 이스라엘 현대사

—헤르츨기념관-야드바셈-국립묘지

우리가 어떤 사람을 살필 때 그의 코나 눈만 보지 않고 전체적 인상을 보는 것처럼, 기념물이나 기념의 장소를 관찰할 때도 마찬가지다. 기념물이 위치한 주변의 자연적 특징, 곧 경사도나 등고선, 고도를 먼저 살펴보는 것이 상례다. 인문학자의 관찰은 여기서 끝나지 않는다. 주변의 유적이나 건물 등 인문적 환경까지 관찰의 대상이 된다. 혹은 토포그래피topography라는 말을 탄생시킨 고대 그리스와 로마에서의 용법에 맞게, 해당 지역의 역사와 문화까지 살펴보기도 한다.

기념을 생각하는 사람들도 넓은 의미의 '지세'를 뜻하는 토포그래피에 관심을 갖는다. 우리가 관찰하는 대상은 그 대상을 잉태하거나 그 대상이 자리하고 있는 콘텍스트에 대한 이해가 없는 사람에게는 자기 모습을 잘 드러내지 않기 때문이다. 관찰자는 때로 건축주의 입장에 서서 생각해야 한다.

건축주가 가장 먼저 신경 쓰는 것이 장소와 양식이기 때문이다. 바로 그곳에 바로 그런 모습의 시설물이 서도록 공들인 발주자의 속마음을 모른다면, 관찰자의 해석은 엉뚱한 비평이 되기 쉽다.

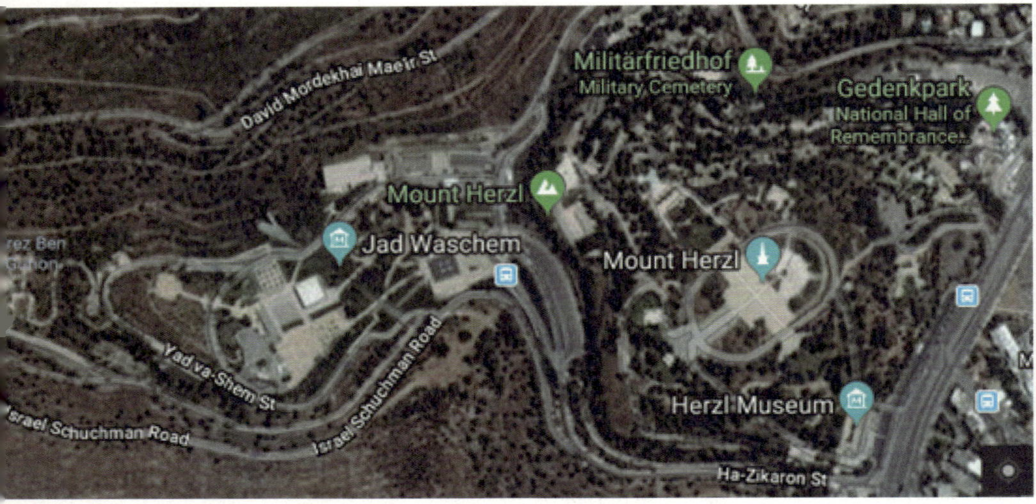

이스라엘 현대사와 직결된 국립 기념시설이 밀집한 예루살렘 서쪽 기념의 언덕Har Ha-Zikaron 일대는 특히 이런 토포그래피적 접근을 요구한다. 이 지역에는 국립 추모의 전당National Hall of Remembrance, 국립묘지, 홀로코스트 희생자들을 추모하는 국립기관인 야드바셈Yad Vashem, 시온주의의 창시자를 기념하는 테오도어 헤르츨Theodor Herzl 박물관이 밀집해 있기 때문이다. 이 점을 생각하면 기념의 클러스터라고 해도 되겠지만, 실제로는 그 이상이다. 이 네 개의 시설이 하나의 지체처럼 서로 맞붙어 있기 때문이다. 이 가운데 헤르츨 박물관에서부터 우리의 관찰을 시작해 보자.

예루살렘 시내의 시청 앞에서 트램 1번을 타고 헤르츨

언덕Har Herzl 정거장에 내리면 제일 먼저 마주하게 되는 이정표가 헤르츨 언덕 입구다. 여기서 몇 분만 걸어 들어가면 헤르츨 박물관이 나타난다.

헤르츨은 누군가? 그는 시온주의의 창시자다. 그래서 이스라엘 사람들은 그를 국부로 생각한다. 현존하는 이스라엘 국가의 이념적 창시자인 것이다. 헤르츨(1860-1904)은 헝가리 부다페스트에서 태어났지만, 청년 시절 오스트리아의 수도 빈으로 이주했다. 이차대전 전까지는 헝가리도 오스트리아의 영토에 속해 있었으니, 변방의 엘리트가 제국의 중심으로 이주한 정도로 이해하면 된다.

헤르츨의 삶은 1894년부터 1895년 사이에 빈에서 발간되는 《신자유신문Neue Freie Presse》 특파원으로 파리에 체재하면서 큰 변화를 겪는다. 프랑스 지식사회를 두 진영으로 갈라버린 드레퓌스Dreyfus 재판을 가까이서 취재하게 된 것이다. 유대인이기 때문에 독일 첩자라는 억울한 누명을 쓴 이 프랑스 대위의 고난 속에서 헤르츨은 앞으로 유럽 유대인에게 닥칠 불길한 전조를 보았다. 이 일을 계기로 헤르츨은 반유대주의의 거센 파도에 대응하는 유일한 방법은 온전한 이스라엘 국가를 수립하는 길이라고 확신하게 되었다. 이후 그는 3년 동안 전력을 기울여 1897년 스위스 바젤에서 제1회 세계 시온주의자 대회World Zionist Congress를 개최했다.

헤르츨은 유대인이었지만, 열렬한 세속주의자였다. 유대교는 물론 유대 문화의 전통도 따르기를 거부했다. 심지어는 자기 아들에게도 할례를 베풀지 않았다. 그 때문에 유럽의 주요 유대인 지도자들은 헤르츨을 멀리했다. 그런 이유가 더해져 1904년 죽기 전까지 헤르츨은 이스라엘 국가 건설을 위해 매진했지만, 구체적 성과를 보지는 못했다. 다만 그의 영향을 받은 유럽의 유대인 청년들이 영국군의 신탁통치하에 있는 팔레스타인 땅에 이주하면서, 건국의 기회를 모색하는 정도였다. 헤르츨의 불길한 예언은 불행하게 그의 가족에게도 적중되었다. 그렇게 거의 대부분의 유럽 유대인은 홀로코스트의 비극을 피하지 못했던 것이다.

40여 년간 불꽃 같은 삶을 살다 간 헤르츨의 생애와 비전을 역사적 콘텍스트 속에서 재현한 곳이 바로 예루살렘의 헤르츨 박물관이다. 4D 영상까지 구비한 이 박물관의 전시는 크게 네

헤르츨 박물관 입구

부분으로 이루어져 있다. 제1실이 시온주의로 향하는 도정을 보여준다면, 제2실은 시온주의 실현을 위한 헤르츨의 치열한 정치활동을 재현한다. 제3실은 헤르츨이 빈에서 수행했던 연구 활동과 결과를 쇼 케이스에 담아 보여준다. 의미심장한 것은 제4실이다. 여기서는 헤르츨의 책 《오래된 새 나라The Old New Land》에서 묘사된 바, 온전한 이스라엘에 대한 그의 비전과 실제 이스라엘 국가의 성취를 비교함으로써, 이스라엘이 앞으로 나아가야 할 바를 보여주고 있다. 이 점에서 헤르츨 박물관은

세속적 시온주의의 전당이라고 불러도 무방할 것이다. 이 박물관의 운영 주체가 국가가 아닌 세계 시온주의자 기구World Zionist Organization라는 사실이 그래서 중요하다. 많은 한국인들의 짐작과는 달리 시온주의가 상징으로 내거는 시온산은 실제로는 높고 거대한 산봉우리가 아니다. 예루살렘 구시가지 한 켠에 자리한, 자그마한 언덕이 바로 시온이다. 이 시온을 유대인들이 돌아가야 할 영원한 고향으로 만든 것은 물론 여호와의 단호한 명령이 담긴 구약성서다. 그러나 유대교를 믿지 않는 세속의 유대인들에게는 이보다 더 중요한 것이 있다. 바로 그곳에 있는 다윗왕의 무덤이다. 유대인의 근대적 민족주의인 시온주의에서 시온의 푯대가 되는 것은 그곳에 안장되어 있는 다윗왕 시대에 대한 기억이다.

이 세속적 시온주의를 가장 규모 있게, 또 감성적 방식으로 보여주는 곳이 인접한 야드바셈 기념공원이다. 헤르츨 기념관에서 도로를 따라 걸으면, 채 5분이 걸리지 않는다. 야드바셈은 이름 자체부터 기억을 강조하는 유대인의 전통을 선명하게 드러내준다. 구약성서의 〈이사야서〉 56장 5절에 기록된 바, "내가 내 집에서, 내 성 안에서 아들이나 딸보다 나은 기념물과 이름을 그들에게 주며 영원한 이름을 주어 끊어지지 아니하게 할 것이며"에서 유래된 '기념물과 이름'이 바로 야드바셈יָד וָשֵׁם이다. 자손이 없는 고자라도 그 이름이 잊히지 않도록 만군의 주가 기억하시겠다는 것이다! 실로 놀라운 구절이다. 실제로 유대인의 전통에서 기억이란 '그 이름을 기억하는 것Zachor'을 뜻해왔다. 야드바셈은 홀로코스트의 희생자들과 나치 독일에 저항했던 용사들의 이름을 잊지 않겠다는 국민적 의지의 표현이다. 야드바셈 당국은 스스로를 '살아있는 기념물'로 천명한다.

홀로코스트 기억의 전당으로서 야드바셈은 1953년에 설립된 후, 지난 두 세대 동안 기념, 자료수집 및 보존, 연구, 교육의 4대 과제를 수행해 왔다. 이 가운데 국민적 차원에서 가장 중요한 것은 생생한 집단기억을 이어갈 수 있게 해주는 기념의 창출이었다.

야드바셈은 해발 804미터 높이의 헤르츨산 서쪽 사면에 있다. 이스라엘 사람들은 이 헤르츨산을 기념의 언덕이라고 부른다. 1953년 18헥타르의 부지에 첫 삽을 뜨면서 시작된 조성작업은 여전히 진행 중이다. 마스터플랜은 있지만, 한 정권,

야드바셈 입구

한 세대가 공간을 독점적으로 완공하려고 하지는 않았다. 후대의 몫과 지혜를 믿기 때문일 것이다.

야드바셈의 첫 공사는 아카이브였다. 기록 수집과 보존이 어느 무엇보다 중요하다는 것을 유대인들은 수천 년의 역사를 통해 알고 있었다. 그 다음은 박물관이었다. 그러나 최초의 박물관은 지금 존재하지 않는다. 2005년에 훨씬 더 넓은 신개념의 박물관 계획이 구체화되기 시작되면서, 과거의 박물관

공간은 현재 미술관으로 쓰이고 있다. 이 신박물관에 관해서는 민주화운동기념사업회가 출간한 《세계의 역사기념시설》에 내가 기고한 글 〈홀로코스트 기억의 중심 야드 바셈〉을 참조하길 바란다. 여기서는 방문객의 입장에서 눈에 들어오는 기억의 지형에 관심을 한정하고자 한다.

왼쪽으로 바로 보이는 박물관을 논외로 하면, 방문객 센터에서 보안검사를 마친 이들이 제일 먼저 마주하게 되는 것은 '열방 의인의 길Avenue of the Righteous Among the Nations'이다. 이 길을 따라 걸어가면, 좌우측의 나무마다 하단에 이름이

새겨진 팻말들을 볼 수 있다. 그 이름 중에는 스필버그 감독의 영화 〈쉰들러 리스트〉를 통해 널리 알려진 오스카 쉰들러Oskar Schindler도 있다. 이 길은 쉰들러처럼 자신의 생명, 자유, 지위의 박탈 위험을 무릅쓰고 죽음의 위협에 처한 유대인들을 대가 없이 도와주었던 비유대인들을 기억하기 위해 조성되었다. 이스라엘 정부는 '의로운 이웃'을 찾기 위해 은퇴한 대법관이 위원장 직을 맡는 국가위원회를 구성하고, 엄격한 심사과정을

거쳐 공인된 의인에게 표창장과 감사의 메달을 수여한다. 그 영예의 이름들은 야드바셈 기념공원 안에 있는 '열방 의인의 동산Garden of the Righteous Among the Nations'에 있는 화강암 벽에 기록된다. 2011년을 기준할 때, 24,300명 이상의 개인들이 '열방의 의인'으로 공인되었다. 유대인들은 아무리 공적이 커도 '열방의 의인'이 될 수 없다. 왜냐하면 유대인들에게 유대인 구조는 당연한 의무로 간주되기 때문이다.

이렇게 보면, '열방의 의인'은 야드바셈을 관통하는 주요 키워드 중 하나인 셈이다. '열방 의인'의 내러티브는 공원 내에 설치된 세 개의 조형물을 통해 강화된다. 유대인들을 탈출시키는 데 사용되었던 스웨덴의 구급차Swedish Ambulance, 한 마을 사람들이 유대인들을 숨겨주었다가 안전지대로 탈출시킨 이야기를 기리기 위한 프랑스 르샹봉 기념물Monument to Le Chambon-sur-Lignon, 이와 비슷하게 용기를 보여준 네덜란드 주민들을 기념하는 니우란데 마을 기념물memorial to the village of Nieuwlande이 바로 그것이다. 이 세 개의 기념물은 별다른 조형상의 특징은 없지만, 인도人道의 향기를 담고 있어 아름답다. 하지만 '열방의 의인' 서사가 야드바셈 공원의 알파요 오메가는 아니다. 야드바셈이 기념하고자 하는 세 가지 가운데 '열방의 의인'은 어쩌면 전략적 방편에 가깝다. 가시적 풍경의 주조를 구성하는 주축은 다른 데 있다.

야드바셈의 기억 지형도에서 핵심을 이루는 축은 누가 뭐라 해도 시온주의 서사다. 다만 그 안에서 저항을 강조하느냐, 아니면 희생을 강조하느냐 하는 선택의 길이 있을 뿐이다.

저항의 서사를 가장 인상적으로 대변하는 기념물은 이름이 좀 길다. '나치 독일과 싸운 유대 장병들과 빨치산 전사 기념물Monument to the Jewish Soldiers and Partisans who fought against Nazi Germany'이 바로 그것이다. '장병'은 아직 국가를 갖지 못한 유대인들이 연합국 군대의 일원으로 싸운 경우를 가리키고, '빨치산'은 거주지 인근에서 기존 빨치산 조직에 가입하거나 독자적으로 투쟁을 전개했던 경우를 가리킨다. 이스라엘에서는 1948년 건국 이후부터 이 무장투쟁을 강조해 왔다. 조상들이 '도살장에 끌려가는 양들처럼' 힘없이 죽지 않았다는 것을 후세대에게 가르치기 위해서였다. 이와 더불어 중요한 것이 1943년 4월 19일 폴란드 바르샤바 게토에서 일어난 유대인 항거를 기념하는 '바르샤바 게토 광장Warsaw Ghetto Square'과 그 광장에 서있는 '추모의 벽Wall of Remembrance'이다.

그러나 남성성 넘치는 이 두 개의 거대 기념물보다 내 마음을 더 끄는 것은 '빨치산의 파노라마Partisans Panorama'다. 멀리서 보면 붉게 녹슨 나무 같지만, 가까이 가서 보면 나뭇잎 하나하나가 사람 모양을 하고 있다. 더욱이 그 속에는 같은 모양의 사람이 없다. 모두가 다른 자세를 취하고 있다. 동유럽 숲속에서 고단한 빨치산 투쟁에 참여했던 수많은 남녀들의 다양한 사연들이 그

속에 녹아들어 있다. 나는 여기서 예술의 힘을 느낀다. 강철로 만든 수직의 기념물 '영웅들의 기둥Pillar of Heroism'은 대표적인 실패작이기 때문에, 따로 거론하지 않겠다. 설계자는 저항가들의 웅혼雄渾을 말하고 싶어했지만, 방문객은 아우슈비츠-비르케나우 수용소의 굴뚝을 연상한다니 말이다.

시온주의 서사의 또 한 가지는 희생이다. 규모 면에서 희생을 가장 인상적으로 보여주는 것은 '가축용 화차—강제 이송되는 사람들의 기념물Cattle Car: Memorial to the Deportees'이다. 이 작품 역시 신홀로코스트박물관을 설계한 유대인 건축가 모셰 삽디Moshe Safdie의 손으로 만들어졌다. '어린이 기념물Children's Memorial'도 그의 작품이니, 야드바셈 곳곳에 그의 손길이 깃들어 있다고 해도 과언은 아니다. 철길 조형물 끝에 얹혀있는 가축용 화차는 실제로 수많은 사람들을 운반했던 진품이다. 철길 끝에 달려있는 이 저주받은 화차는 푸른 하늘을 배경으로 삼고 있어 더욱 애잔해 보인다.

그 밖에 희생을 표상하는 기념물은 대부분 어린이를 모티프로 삼았다. 600만 명의 유대인 희생자들 가운데 어린이가 150만 명이니, 적절한 선택이다. 게다가 어린이가 주는 약자로서의 공감의 힘을 생각하면, 모든 것이 이해될 수 있다. 이 중 가장 고전적인 것은 야누스 코르샤크 광장Janusz Korczak Square의 기념물이다. 겁에 질린 아이들을 조심스럽게 품고 있는 유대인 고아들의 아버지 코르샤크 박사의 모습은 방문객의 가슴을 시리게 한다. 코르샤크는 가명이며, 본명은 헨리크 골드슈미트Henrik Goldschmidt다. 이 고아들의 대부는 탈출을 권유받았음에도 불구하고 거절한 후, 1942년 8월 5일 트레블링카 절멸수용소에서 200명의 아이들과 함께 죽었다. 죽음은 어떤 경우든 누구에게든 두렵고 참혹한 것이지만,

Deutsche
Reichsbahn
11689
C

아빠같이 믿고 따르던 코르샤크 원장님이 곁에 있어 아이들의 마지막 길이 조금은 더 낫지 않았을까?

코르샤크 기념물에 비하면, 삽디가 설계한 어린이 기념물은 파격적일 정도로 새롭다. 적어도 처음 만들어졌던 시점에서는 그랬다. 야드바셈의 화강암반을 굴착해 들어가, 거대한 무덤을 연상케 하는 공간에, 별처럼 빛나는 작은 전구들 외에는 그 어떤 조명도 허락하지 않는 이 어린이 기념관은 내 마음을 사로잡았다. 모든 방문객은 손잡이에 의지해 어둠 속을 조심스럽게 걸어가면서, 예민해진 청각으로 희생된 소년 소녀의 이름과 나이를 듣는다. 밖에 나와서도 귓속 잔향은 방문객의 마음에 애도의 정서를 유발하기에 충분하다.

여기에 또 하나의 어린이 기념물이 2015년에 추가되었다. '홀로코스트의 어린이들—하늘을 잃어버린 별들Children in the Holocaust: Stars Without a Heaven'은 '어린이 기념물'에 이어 희생된 어린이들을 별에 비유한다. 애잔한 것은 그들을 품고 지지해 줄 하늘이 없었다는 점이다. 이 공간에서 주인을 잃어버린 장난감들을 바라보는 방문객의 마음은 난감하기 그지없다. 나중에 태어난 사람 특유의 미안한 마음 때문이다.

야드바셈 풍경의 주조가 시온주의인 것은 맞지만, 공원 전체가 시온주의 일색은 아니다. 이곳을 시온주의의 동산이 되지 않게끔 만들려는 정치적 투쟁은 건립 때부터 있어왔다. 물론 그 중심에는 유대교를 믿는 정통파Orthdox가 있었다. 이들은 국민 전체 인구의 1/6, 혹은 1/7의 세를 가지고 있다. 그렇기 때문에 사태를 주도할 힘은 없어도, 누군가 주도하는 사태를 지연시키거나 수정할 정도의 힘은 있었다. 국민기억의 전당을 둘러싼 정치적 갈등은 종종 타협을 낳았다. 그 흔적을 우리는 지금 야드바셈의 곳곳에서 볼 수 있다.

미술관 가까이에 있는 유대교 회당이 가장 또렷한 결과다. 야드바셈의 중심인 박물관과 인접한 자리에 회당이 신설됨으로써, 정통파로서도 어느 정도 체면은 세울 수 있었다. 정통파의 입장을 이보다 분명하게 인정해 준 흔적은 '추모의 전당Hall of Remembrance'에서 찾을 수 있다. 홀로코스트 희생자들에 대한 국가적 추모행사 장소인 이곳에는 영원히 꺼지지 않는 불이 타고 있다. 이스라엘을 공식 방문하는 국빈들이 참배하는 곳도 바로 여기다. 우리의 현충원 역할을 하고 있는 셈이다. 이 점에서 '추모의 전당'은 세속적 신전의 지성소 역할을 부여받았다고 해도 무리가 아니다. '추모의 전당'에 드리운 아우라는 건물의 외관에서도 드러난다. 건물의 벽 부분은 구약의 예법에 따라 다듬지 않은 돌들을 쌓아 축조했고, 지붕은 모세의 성막 형태를 취하고 있기 때문이다.

정통파의 종교적 지향을 직접적으로 표현한 것은 아니지만, 이들의 요구에 따라 만들어진 장치가 또 하나 있다. 야드바셈 제일 안쪽 기슭에 새로 조성된 '공동체의 계곡Valley of the Communities'이 바로 그것이다. 화강암 지반 여러 곳을 파내어 인공의 길을 낸 이 계곡 곳곳에는 나치 침략 때문에 파괴된 유럽 전역 유대인 공동체의 이름들이 히브리어와 로마자로 각인되어 있다. 홀로코스트를 '나라가 없어서 치러야 했던 비극'으로 보는 시온주의자들과 달리, 유럽 사회에 동화된 데 대한 하느님의 징벌로 해석하는 정통파로서는, 홀로코스트 때문에 상실한 가장 소중한 것을 토라로 상징되는 유대교의 유산과 유대 공동체 그 자체로 보기 때문이다.

이처럼 야드바셈의 모습은 지난 60년 동안 꾸준히 바뀌어왔다. 앞으로도 야드바셈의 풍경은 점점더 다채로워질 것이다. 그 덕분에 야드바셈을 찾는 방문객 수도 꾸준히 증가해서, 현재는 매년 100만 명 이상이 이곳을 찾고 있다. 이스라엘 정부의 통계에 따르면, 야드바셈은 방문객 숫자를 기준으로 통곡의 벽Western Wall에 다음갈 만큼 관광객들에게도 매력적인 장소로 꼽힌다.

이 야드바셈 등 뒤에 또 하나의 민족종교 성지가 있다. 이스라엘 국립묘지다. 이곳의 묘역과 기념물들은 이스라엘 건국 직전부터 지금까지의 역사를 죽음의 잔영 속에서 보여준다. 이곳에 안장된 최초의 인물은 이스라엘의 이념적

국부인 헤르츨이다. 죽기 한 해 전인 1903년에, 헤르츨은 유언장에 이렇게 기록했다. "나를 금속관에 담아 내 아버지 곁에 묻어달라. 거기서 유대 민족이 이스라엘 나라Eretz Israel로 내 유해를 이장할 때까지 기다리겠다. 내 아버지, 내 누이, 내 가까운 친척들도 죽으면 그곳으로 이장해 주길 바란다."

헤르츨의 기대보다 늦기는 했어도, 2006년에 그의 딸 파울리네Pauline와 아들 한스Hans의 유해까지 그의 옆자리로 이장되었다. 다만, 그의 셋째인 딸은 홀로코스트 기간에

살해되어 매장지를 알 수 없기에 이 자리에 묻히지 못했다. 그 외에는 부모의 유해까지 모두 이장되었기 때문에, 헤르츨의 유언은 한 세기 만에 성취되었다고 하겠다.

1949년 여름 그의 유해가 빈에서 이곳으로 이장된 후, 그의 이름이 곧 이 산의 이름이 되었다. 같은 해 11월, 건국과 더불어 발발한 독립전쟁War of Independence 때 예루살렘 일대에서 죽은 장병들이 이곳에 안장되었다. 그로부터 2년 후인 1951년에 이스라엘 정부는 이곳을 전몰장병과 국가 지도자들을 위한 국립묘지로 조성하기로 결정했다. 토목설계는 히람Asher Hiram이,

조경설계는 길라디Haim Giladi가 맡았다. 두 사람 모두 헝가리 태생의 유대인이다.

국립묘지 전체의 무게중심 역할을 하는 헤르츨 묘역 일대는 민간인 묘역으로 조성되었고, 그 뒤쪽이 군인묘지다. 민간인 묘역에는 이츠하크 라빈Yitzhak Rabin 수상과 당대를 호령했던 여걸 골다 메이어Golda Meir 수상을 비롯해 저명한 민족 지도자들이 안장되어 있다. 이 밖에도 세계 유대인 조직을

대표하는 명사들도 이곳에 잠들어 있다. 물론 모든 유명 인사들이 이곳에 묻히지는 않았다. 예를 들어, 이스라엘 국민의 영웅 벤구리온David Ben-Gurion은 벤구리온 교육공동체(미드레셋, Midreshet Ben-Gurion)에, 노벨 평화상 수상자인 베긴Menachem Begin 수상은 올리브산 유대인 묘지에 안장되었다.

민간인 묘역에는 평범한 사람들도 묻혀있다. 테러 희생자 묘역과 기념물은 이스라엘 현대사의 특성을 웅변적 방식으로 드러낸다. 이곳에는 팔레스타인 땅에 나라를 세우기 위해 애썼던 1851년부터 현재까지 테러로 인해 죽은 이들이 묻혀있다. 1940년 12월 살바도르 호와 함께 수장된 204인의 유대인 집단무덤은 오늘날 지중해에서 벌어지고 있는 난민 사건들을 연상케 하여 방문객을 숙연하게 만든다.

이스라엘 국가가 걸어온 역정을 잘 보여주는 것은 군 묘지다. 수많은 묘비와 묘역, 그리고 기념물에는 간난신고의 과정이 암각화처럼 기록되어 있다. 모든 국가의 탄생과 성장에는 희생이 따르게 마련이지만, 이스라엘의 경우는 그 정도가 유독 심하다. 이스라엘과 맞물려있는 주변 국가 국민들이나 이스라엘 내의 팔레스타인인들도 그렇겠지만 말이다. 군 묘지에서 규모와 위치 때문에 가장 먼저 눈에 들어오는 것은 '작전 중 실종된 장병들의 동산Garden of the Missing in Action'이다. 수습되지 못한 시신들을 가묘로 대신 안장한 곳이기에, 방문객의 마음은 애잔해질 수밖에 없다.

유대인들이 나라 없는 국민이었음을 입증해 주는 기념물들도 즐비하다. 소련의 '붉은 군대'에 편입되어 싸웠던 유대인 장병들, 폴란드 군의 일원으로 싸웠던 유대인 장병들, 이슈브Yishuv(팔레스타인에 있던 유대인 공동체) 출신 의용군 전사자들, 1943년 영국 여객선(SS Erinpura)과 함께 침몰한

국립 추모의 전당 내부(Karine Nahon)

140인의 팔레스타인 출신 유대인 장병들, 1941년 영국군 지휘하에서 '갑판장 작전Operation Boatswain' 수행 중 실종된 23인의 유대인 특수부대 전사들을 위한 기념물이 모두 이차대전 동안에 일어난 희생을 증언한다.

그 다음에는 건국 이후의 희생에 대한 증거들이 각양각색의 돌에 새겨져 있다. 1948년 5월 28일 예루살렘 구시가지 내 유대인 구역에서 산화한 유대 전사 기념물, 1968년 침몰한 잠수함 다카르Dakar와 운명을 함께한 69인의 장병들을 위한 기념물, 1948년 독립전쟁 전후에 여러 곳에서 죽은 이들을 위한 집단무덤들이 바로 그것이다.

중년의 한국인들이 기억하는 1982년 제1차 레바논전쟁 때 '갈릴리 평화' 작전 수행 중 사망한 장병들, 6일 전쟁과 욤 키푸르 전쟁Yom Kippur War에서 죽은 이들을 위한 묘역도 있다. 이 모든 묘역에서 장병들은 계급과 소속 부대의 구분 없이 나란히 묻혀있다.

여기까지가 산화한 유대인들을 위한 기억의 장소라면, 비유대인들을 위한 기념의 터도 있다. 기독교인이나 무슬림, 드루즈Druze 민병대 등 이스라엘 방위군의 제복을 입고 싸우다 죽은 이들도 이곳에 안장되어 있다. 말 그대로 방문객은 피로 얼룩진 격동의 중동 현대사를 기념의 언덕 북사면에서 추체험하게 된다.

(누군가에게는 가해자가 되었을 수도 있는) 이 수많은 희생자들의 공간을 지나온 방문객에게 정리되지 않은 감정을 정리할 기회를 주는 사유의 공간이 국립묘지 입구에 있다. 혹은 이곳에서 윤곽을 그려본 후에 국립묘지 탐방을 시작할 수도 있다. 이 장소가 바로 '이스라엘 전몰장병을 추모하는 국민의 전당National Memorial Hall For Israel's Fallen'이다. 이곳은 1860년부터

오늘에 이르기까지 조국 수립이나 수호를 위해 목숨을 잃은 군경과 민간인을 추모하기 위해 2017년에 건립되었다.

이 최신의 건축물은 예사롭지 않은 외관과 인테리어로 설계 당시부터 화제의 대상이 되었다. 킴멜Etan Kimmel과 암라니Limor Amrani가 설계한 5,000평방미터 규모의 이 작품에서 가장 돋보이는 것은 방문객의 정서를 휘감는 나선형 벽체다. '이름들의 벽Wall of Names'으로 명명된, 총 250미터에 이르는 이 벽체는 23,000개 이상의 콘크리트 벽돌로 이루어졌다. 심상치 않은 것은 이 각각의 벽돌에 전몰장병의 이름과 사망일이 기록되어 있다는 점이다. 이 개인들은 각 개인의 추모일에 맞춰 백열등에 의해 조명된다는 점에서 감동적이다.

내부가 이렇게 방문객의 감성적 공명을 불러일으키는 것에 비하면, '국립 추모의 전당' 외양은 지나칠 정도로 소담하다. 건축가는 '예루살렘의 돌Jerusalem stone'이라 불리는 연한 색 화강암의 곡선을 특징으로 하는 이 일대 구릉의 지형에 순응하기 위해서였다고 밝힌다. 그렇게 함으로써 '국립 추모의 전당'은 연함 화강암으로 이루어진 '거룩한 성' 예루살렘과도 조화를 이루고자 했다. 터무니, 곧 지문地紋에 맞게 집을 세우고 싶었다는 말로 번역하면 두 건축가의 뜻이 우리 독자들에게 전달될 수 있을까?

22/

애도의 미디어
—부다페스트 다뉴브 강둑과 워싱턴 홀로코스트기념관의 신발들

신발은 주인의 분신과도 같다. ID 카드가 발명되기 훨씬 전부터 신발은 가장 확실한 신분증 역할을 해왔다. 연모하는 마음으로 애타게 콩쥐를 찾아온 젊은 고을 원님의 손에 들려있던 것은 콩쥐가 잃어버린 꽃신이다. 무도회장에서 황급히 사라진 신데렐라를 애타게 수소문하던 왕자가 간직했던 것도 작고 예쁜 유리 구두 한 짝이다. 그뿐인가? 부여에 남겨진 유복자 유리琉璃가 꿈에 그리던 아버지 고주몽朱蒙을 만났을 때, 주몽이 사랑하는 여인에게 정표로 두고 간 신발 한 짝이 유리의 손에 들려있지 않았다면, 둘의 부자관계는 입증되지 못했을 것이다. 그렇다면 당연히 다른 사람이 고구려의 제2대 왕이 되었을 테다. 비류가 그 자리를 차지했더라면, 백제의 탄생도 없었을지 모른다. 서양도 마찬가지다. 그리스 신화 속 영웅 테세우스 왕자가 아테네로 찾아가 그리운 아버지 아이게우스를 만났을 때도 그 손에는 젊을 적 아이게우스가 표표히 떠나며 훗날 테세우스의 어머니가 될 정인에게 징표로 건네준 한 짝의 신발이 들려있었다. 인류 문명의 역사 대부분은 신발과 동행했다.

하여 신발을 대하는 우리의 태도는 다른 사물을 바라볼 때와 사뭇 다르다. 신발은 살아 움직이는 사람의 됨됨이를 일러주는 증인이기 때문이다. 농부의 해진 고무신은 자연에 밀착해 가족을 부양해 온 가장의 고된 삶을 증언하고, 흙 묻은

노동자의 작업화는 그가 어디에서 무엇을 하며 땀 흘렸는지를 알려준다.

그렇기에 신발은 삶의 이력이다. 발자국 찍힌 곳까지가 그 주인의 삶이며, 주인 없이 남겨진 신발은 그에게 일어난 일을 암시해 준다. 워싱턴 한복판 베트남전 기념물Vietnam War Memorial 앞에 놓인 낡은 군화를 바라보는 방문객의 마음이 애잔한 것도 같은 이유다. 전장에서 마주한 유골은 우리를 소스라치게 만들지만, 그곳에서 수습된 군번인식표는 우리를 애도하게 만든다. 녹슨 인식표보다 우리의 애도하는 마음을 배가시키는 것은 주인 잃은 군화다. 남겨진 신발은 주인의 부재를 확증하는

증언이요, 주인이 피하지 못한 운명을 알려주는 사후의 증인이다.

어디 그뿐인가? 우리에게도 비명에 사라진 주인의 부재를 일깨워 주는 낯익은 신발 하나가 있다. 1987년 6월, 직선제 쟁취를 위해 민주항쟁의 물결이 전국을 휩쓸 때, 서울 신촌의 연세대 정문 앞에서 한 청년이 시위 도중 발사된 최루탄 때문에 목숨을 잃었다. 최근에 개봉된 영화 〈1987〉의 주인공 이한열이 바로 그다. 피격된 직후, 이한열은 청춘과 함께했던 신발을 잃었다. 그 순간, 청년의 신발은 자기 주인을 잃어버렸다. 그렇게 주인 떠난 자리에 남겨진 그 신발은 다행히도 수습되어, 주인의 삶과 꿈과 죽음을 우리에게 증언하고 있다. 삭아서 망실될 뻔했던 신발이 다시 복원되었다는 소식에 우리는 얼마나 안도했던가? 연세대 교정에 세워진 기념물과 함께 이 한 짝의 운동화는 아름다웠던 청춘의 증인으로, 또 진취적이었던 시대의 증언으로 남아있게 될 것이다.

고대 신화와 전근대 시대의 민담 속에서 한 짝의 신발들은 모두 주인을 찾았다. 옛 이야기 속에서 잃어버린 신발은 끊으려야 끊을 수 없는 연인들의 인연과 가족의 혈연을 다시 이어주는 해피엔딩의 상징으로 등장한다. 그러나 극단의 세기, 대량학살의 시대에 주인 잃은 신발은 감당 못할 운명을, 상상을 초월하는 인간악을 암시해 주는 고발장이다. 헝가리의 수도 한복판을 흐르는 다뉴브강 제방 위에 놓여있는 예순 켤레의 신발이 바로 그런 경우다.

헝가리 국회의사당에서 멀지 않은 곳에 소중한 기념의 장소가 있다. 이 장소는 흩어진 기념의 조각들로 구성되어 있다. 이 '다뉴브강둑 위의 신발들Shoes on the Danube Bank'은 방문객의 애도와 예술가의 탄성을 자아내는 조형물이다. 영화감독

토가이Can Togay의 구상에 여류 조각가 파우어Gyula Pauer의 감각이 더해진 이 작품은 부재不在를 형상화한다.

1944년 12월과 1945년 1월, 그 차가웠던 두 달 동안 이 아름답고 푸른 강가에서 약 3,500명의 민간인이 처참하게 살해되었다. 가해자는 나치의 주구인 화살 십자가Arrow Cross 민병대 대원들이었다. 800명의 유대인을 포함한 희생자들은 이곳으로 끌려와 신발을 벗은 채 강둑 끝자락에 서있어야 했다. 잠시 후 총탄에 맞은 이들은 강물에 빠졌고, 시신은 강물을 타고 멀리 혹은 가까이로 흘러갔다. 바로 이 다뉴브강 동편 제방

이한열의 신발 ((사)이한열기념사업회 제공)

위에서 살고자 몸부림쳤던 이들의 이력은 허무하게 끝났다. 수천의 삶이 무참히 짓밟힌 이 자리에 헝가리의 예술가들은 쇠로 만든 각양의 신발 예순 켤레를 설치했다. 그렇게 세워진 이 낮은 불연속의 기념물은 살아서 이곳을 방문하는 이들과 비운의 사자들 사이의 먼 거리를 이어준다. 공감의 이음새 역할을 하는 신발들은 모두 1940년대 부다페스트에서 유행했던 모양대로 제작되었다. 철제 신발들 뒤에는 높이 70센티미터, 길이 40미터의 벤치가 돌로 만들어졌다. 이 벤치의 세 지점에 설치된 철제 표지판 위에는 헝가리어, 영어, 히브리어로 각각 이렇게

적혀있다. "1944년부터 1945년까지 화살 십자가 민병대에게 살해되어 다뉴브강에 빠진 희생자들을 추모하며." 2005년 4월 16일에 제막된 이 보기 드문 기념물은 표지판에 미처 적지 못한 역사 이야기와 합해질 때 더 안타까운 기억을 회생시킨다.

이차대전이 막바지에 달했던 1944년 봄 부다페스트에는 아직 40만 명 이상의 유대인이 생존해 있었다. 그들 중 다수는 헝가리 출신이었지만, 살기 위해 유럽 각처에서 모여든 사람들도 있었다. 그때까지 헝가리는 유럽 전체에서 인종주의가 가장

부다페스트 다뉴브강에서 바라본 국회의사당 풍경

약한 나라였고, 부다페스트는 오랫동안 다양한 인종과 민족이 함께 살아온 공존의 도시였다. 무엇보다 이민족 간의 통혼 비율이 유럽의 다른 지역들보다 월등하게 높았다. 모든 유대인을 넘겨달라는 나치 독일의 거센 요구가 오랫동안 효과를 보지 못한 것도 이 때문이었다.

그러나 불행히도 상황이 급변했다. 화살 십자가 당의 집권과 더불어 이 최후의 안전지대도 위험에 내몰렸다. 나치와의 동맹 파기를 모색하던 호르티Miklós Horthy 대공을 실각시킨 독일이 친나치 성향의 잘라시Ferenc Szálasi를 대안으로 택한 것이다.

부다페스트 다뉴브 강가의 신발들(테러의 지형도 전시)

잘라시가 이끄는 화살 십자가 당은 유대인 절멸에 박차를 가했다.

사태가 급박하게 돌아가자 거대한 살인계획을 저지하려는 움직임도 본격화되었다. 스웨덴의 명문 기업가 출신 청년 라울 발렌베리Raoul Wallenberg의 발걸음이 빨라졌다. 그와 함께 부다페스트 주재 스웨덴 적십자 사무소 대표 발데마르 랑글레트Valdemar Langlet 부부와 250명의 협력자들이 나치 강제수용소로 이송되기 직전의 유대인들을 구하기 위해 촌각을 다투며 활동했다. 이탈리아 출신 페를라스카Giorgio Perlasca도 스페인 대사관을 거점 삼아 유대인 구조 활동에 매진했다.

그 결과 나치 독일과 잘라시 체제의 감시와 제약 속에서도 목숨을 건진 이가 수천 명에 달했다. 그러나 끝내 희생을 피하지 못한 사람이 그 수십 배였다. 1944년 8월까지 40만 명에 이르는 헝가리 지역 유대인이 나치 강제수용소로 끌려갔다. 도시의 곳곳에 숨어있던 유대인들은 대대적 수색을 피하지 못하고 체포되어 부다 지역과 페스트 지역을 이어주는 이 다뉴브강가에서 처참하게 살해되었다.

이 위기의 순간에 용기를 발휘한 선한 헝가리인도 있었다. 그중에서 카롤리 자보Karoly Szabo는 1945년 1월 8일 밤, 부하 경찰 20명과 함께 화살 십자가 당 소유의 건물을 습격해 잡혀있던 이들을 구출해 냈다. 이 헌신적 행동 때문에 자보는 2012년 이스라엘 대법원에 의해 '열방의 의인'으로 공인받았다. 이때 목숨을 건진 사람들 중에 스웨덴으로 탈출해 훗날 노벨재단의 일원으로 활동한 라르스 에른스터Lars Ernster와 이스라엘로 피신해 예루살렘 히브리 대학교 교수가 된 야코프 슈타이너Jacob Steiner도 있었다. 그러나 천운의 수혜자는 소수에 불과했다. 슈타이너의 아버지도 미처 이 행운을 누리지 못하고 다뉴브강에서 희생되었다.

다뉴브강둑의 신발들은 거대한 일식日蝕과도 같았던 이차대전 종전 직전 부다페스트의 상황을 극도로 절제하며 웅변한다. 아우슈비츠 강제수용소 생존자 프리모 레비Primo Levi는 그의 책 《구조된 자와 익사한 자》에서 희생자들을 운명의 급류에 쓸려간 사람들로 비유한 바 있다. 이탈리아 출신의 화학자 레비의 비유는 이곳 다뉴브강에서는 참혹한 현실이었다. 신발이 아닌 다른 방식의 기념물이었다면, 이곳을 찾는 방문객들은 이 어이없는 현실에 접근할 길을 찾기가 어려웠을 것이다. 분노를 직접적 방식으로 표현한 더 크고 더 높은 석조 기념물이 그곳에 세워졌더라면, 방문객 가운데 일부는 그 분노를 추체험할 수는 있었겠지만, 그때의 추체험은 애도와는 거리가 멀 것이라고 생각한다.

부다페스트를 방문할 기회가 아직 없었던 독자라면, 헝가리 출신 영화감독 안드라스 잘라몬Andras Salamon이 제작한 짧은 영상을 봐도 좋겠다. 헝가리 친구들이 내게 소개해 준 5분 남짓한 영화 〈네 아이들에게 말해다오Tell Your Children〉(https://www.youtube.com/watch?v=OKpznsxZews)가 바로 그것이다. 이 단편영화도 한 겨울 다뉴브 강가에서 자행된 홀로코스트의 참극과 영향을 소재로 삼았다. 세계 각지에서 홀로코스트 교육을 수행하는 이들이 모인 자리에서 함께 보고 호평을 나눴던 작품이니, 우리 한국의 지식 독자들에게도 유익할 것이라고 믿는다.

신발을 소재로 홀로코스트의 참극을 표현한 곳이 또 하나 있다. 미국 워싱턴 특별시에 있는 국립 홀로코스트기념관United States of Holocaust Memorial Museum(USHMM)의 상설전이 바로 그 경우다. 시간적으로 앞서 설립되었던 점에서 보면, 워싱턴의

유리창에 적힌 희생자들의 이름 – 홀로코스트기념관

상설전이 다뉴브강 기념물을 구상하는 데 자극을 주었을 법도 하지만, 따로 확인이 필요할 만큼은 중요한 사안은 아니다.

집단학살을 재현하는 방법에는 여러 가지가 있다. 가장 흔한 방식은 캄보디아 투올슬렝이 처음에 그랬던 것처럼 희생자들의 두개골이나 유해들을 전시하는 방식이 있다. 아니면 폴란드 아우슈비츠 박물관처럼 희생자들의 머리카락이나 의족 및 의수를 산더미처럼 쌓아놓는 방식도 있다. 그러나 주검으로 죽음을 고발하는 이 같은 방식은 발주자나 기획자의 기대와는 다르게 효과가 큰 것 같지 않다. 무엇보다 신체의 일부를 표현하는 방식이 방문객에게 주는 정서적 부담감 때문이다. 특히 대량의 죽음을 대량의 유해로 재현하는 방식은 우리에게 정서적 공감의 여지를 허락하지 않는다. 희생자가 겪은 참혹한 현실과 방문객이 살고 있는 안온한 현실을 중재하는 것은 쉽지 않은 일이다. 유가족과 큐레이터의 생각이 다르고, 큐레이터와 큐레이터의 생각이 충돌하는 경우가 다반사다.

취수장에서 출발해 상수관로를 거쳐 정수기를 통해 내 컵에 들어오는 물처럼, 과거는 수많은 필터링 과정을 거쳐 우리에게 도달한다. 웬만한 일이 아니면, 현재의 삶을 분주하게 살아가는 우리가 멀고도 낯선 과거에 직접 이르기는 어려운 법이다. 그런 점에서 보면, 역사적 장소에 서있는 기념물이나 도시 한복판에 자리한 기념관의 전시는 우리에게 보기 드문 기회다. 생존자와 유가족은 필설로 다할 수 없는 참혹한 과거를 가능한 한 있었던 그대로 재현하고 싶어한다. 그러나 국가폭력을 직접 체험하지 않은 사람들에게, 절차적 민주화 이후 실질적 민주화의 유산을 당연한 혜택처럼 누리고 있는 젊은 세대에게, 엄혹한 과거는 매우 낯선 과거사일 뿐이다. 핏빛 과거사의 물결을 어린이와 청년 세대에게 헤엄쳐 거슬러 올라갈 것을 요구하기는 어렵다.

WE ARE THE SHOES, WE ARE THE LAST WITNESSES.
WE ARE SHOES FROM GRANDCHILDREN AND GRANDFATHERS
FROM PRAGUE, PARIS, AND AMSTERDAM,
AND BECAUSE WE ARE ONLY MADE OF FABRIC AND LEATHER
AND NOT OF BLOOD AND FLESH, EACH ONE OF US AVOIDED THE HELLFIRE.

이들에게는 물살을 헤쳐나갈 강력한 근육도, 강렬한 의지도 없다. 그러면 어떻게 해야 할까?

과거로의 여행을 위해서는 적절한 탈것vehicle이 필요하다. 제한된 여건과 기회 속에서 너무 큰 힘 들이지 않고 과거로 여행할 수 있도록 도와주는 효과적인 운반수단이 있어야 한다. 이때 경량화된 유선형의 배 같은 것이 있다면 좋지 않을까?

홀로코스트기념관의 전문가들도 개관을 앞두고 이 문제로 격론을 벌였다. 미국인과 직접적인 연관이 없는 홀로코스트 역사를 미국인에게 보여주는 적절한 방법에 관해서 그들은 고민했다. 막대한 예산을 투입하는 기념관에 미국 전체 인구의 2퍼센트밖에 되지 않는 유대인에 초점을 둔 상설전시는 그 자체로 동의받기 어려웠기 때문이다. 홀로코스트 생존자와 유가족은 도덕적 차원에서 배려해야 할 대상이었지만, 전시가 성공하기 위해서는 그들만 염두에 둘 수 없었다.

처음에는 머리카락을 수북이 전시하자는 주장이 제기되었다. 그러나 유대교 신봉자들이 반대했다. 신체의 일부를 보여주는 것은 교리적으로 수용할 수 없다는 이유에서였다. 의수와 의족들을 한데 모아놓자는 제안도 있었다. 논의가 거듭될수록 문제의식은 한군데로 모아졌다. 기괴한 현실은 기괴한 방식으로밖에, 참혹한 과거는 참혹한 결과를 통해 재현될 수밖에 없는 것일까? 다수의 분위기는 부정적인 방향으로 흘렀다.

그즈음 희생자들의 신발이 대안으로 급부상했다. 공포 속에서 폴란드 마이다네크Majdanek 절멸수용소에 도착한 이들이 자기 의지에 반하여 벗어놓았던 수천 켤레의 가죽 신발들이라면 어떨까? 아직 가보지 않은 길이었지만, 한번 해볼 만한 시도였다. 그러나 주저가 전혀 없었던 것은 아니다. 낡고 낡은 신발더미를 덩그러니 쌓아둔다고 해서 방문객들이 그 의미를 간파할 수 있을까? 슬픔을 촉발할 수는 있을까? 애도하게 할 수 있을까?

고민을 거듭하던 전시기획팀은 진정성을 갖춘 대량의 오브제와 방문객을 섬세하게 이어줄 수 있는 인문학적 장치를 도입하기로 결심했다. 희생자들이 남긴 낡은 신발에 의미를 입혀줄 무언가를 찾았다. 그렇게 해서 선택된 것이 모세 슐슈타인Moshe Szulsztein의 시 〈우리는 신발입니다We Are The Shoes〉이다.

> 우리는 신발이요, 최후의 증인입니다.
> 우리는 프라하, 파리, 암스테르담 출신의
> 할아버지들과 손자손녀들이 신던 신발입니다.
> 그저 가죽과 천으로 만들어졌기에
> 피와 살이 없었기에
> 우리는 모두 지옥의 불을 모면했습니다.

신발들이 수북이 쌓여있는 전시장 흰색 벽에 바로 이 시가 적혀있다. 벽 위의 조명이 이 시구에 힘을 더해 방문객으로 하여금 신발더미에 더 주목하게 만든다. 그리하여 이 시에는 어느덧 '최후의 증인final witness'이라는 이름이 붙었다. 이보다 더 간명한 재현이 있을까? 인문적 감성과 물성을 제대로 갖춘 오브제, 절제된 조명과 호기심 충만한 방문객이 만날 때 비로소 인지의 한계를 넘어서는 국가폭력의 스토리도 온전히 재현될 수 있다. 홀로코스트기념관이 전문가들과 일반인 방문객의 주목을 받을 수밖에 없는 이유다. 그 어떤 최신 미디어보다 궁리가 우선이라는 생각을 이 신발과 시가 하게 해준다.

23/

어린이를 생각하는 전시, 어린이가 이해하는 전시

—USHMM 다니엘 스토리

전시는 축약이다. 그리고 어린이를 위한 전시는 그 축약의 축약이다. 초등학교 3~4학년 정도의 어린이가 전시를 통해서 홀로코스트의 역사를 이해할 수 있으려면, 홀로코스트는 다방면에서 심할 정도로 축약되어야 한다. 어린이를 위한 축약은 정보의 압축으로 끝나지 않는다. 인지발달 단계에서 어린이가 이해할 수 있는 내용만을, 어린이가 이해할 수 있는 방식으로 축약해야 한다. 여기에 조건 하나가 더 붙는다. 어린이가 감당 못할 정서적 부담을 줄 수 있는 요소는 과감하게 배제하거나 암시하는 선에서 끝나야 한다.

부담스러운 과거사에 대한 우리 사회의 관심이 높아지면서, 어린이들을 대상으로 한 책도 빠른 속도로 많아지고 있다. 그 가운데 몇 권은 고맙게도 저자들이 보내주셔서 관심 있게 살펴보았다. 하지만 결과는 여러모로 실망스러웠다. 무엇보다 성인 설교를 담당하는 담임 목사님이 유년주일학교에 와서 하는 설교처럼, 어렵거나 부자연스러운 부분이 상당히 많았기 때문이다. 40분짜리 성인용 설교를 20분 분량으로 줄이고, 어미를 '습니다'에서 '했어요'로 바꾼다고 아이들을 위한 설교가 되는 것은 아니다.

국가폭력 사건이나 학살 이야기를 초등학교 어린이들에게 들려줄 방법을 찾는 일은 쉽지 않다. 엄청난 지적 축적과 시행착오가 있어야 필요한 자산을 확보하게 될 것이다. 그러나 시행착오를 줄이는 일만은 가능하다. 어린이들에게 적절한 책, 어린이들에게 호평받는 전시를 면밀하게 검토하는 것도 그 방법 중 하나다. 이미 검증된 좋은 전시의 사례를 우리는 미국 워싱턴 DC에 있는 국립 홀로코스트기념관 1층에서 찾을 수 있다.

〈어린이를 기억해요—다니엘 이야기Remember the Children: Daniel's Story〉는 1993년에 작가 캐롤 메이터스Carol Matas가 어린이들을 위해 쓴 소설 〈다니엘 이야기Daniel's Story〉를 토대로 개작한 결과다. 모든 영화 시나리오가 그렇듯이, 전시의 내러티브도 원작에서 크게 개작되고, 없던 내용이 첨가되기 마련이다. 어린이를 위한 전시 〈다니엘 이야기〉도 마찬가지다.

〈다니엘 이야기〉는 8세 이상이면 입장할 수 있다. 4층에서 시작되는 상설전이 11세 이상의 어린이 입장을 권고하고 있는 것에 비하면, 매우 이른 나이다. (하지만 이곳의 상설전은 끔찍한 장면은 부모의 판단에 따라 보여줄 수 있도록 그 앞에 벽을 설치해 놓았다. 그러므로 자연스럽게 청소년 이상에게만 허가하는 효과를 낳는다.) 그만큼 소프트 버전이 방문객을 기다리고 있을 것으로 기대할 수 있다. 소요 시간은 30분을 잡는다. 어린이를 위한 부담스러운 과거사 교육을 궁리하던 전문가들이 '아우슈비츠 없는 아우슈비츠 교육'을 제안했다면, 여기가 바로 그 사례라고 할 수 있다. 어떤 점에서 그럴까?

전시장 문을 들어선 방문객은 짧은 안내문과 만난다. "이 전시는 어린 소년 다니엘이 홀로코스트를 어떻게 경험하고 살아남았는지에 관한 이야기입니다." 전시는 이렇게 해피엔딩에 관한 희망으로 시작된다. 이와 함께 한 가지 정보를 더 준다. 어떤 실제 인물의 삶을 재현한 것은 아니라는 설명이다. 이 이야기는 독일, 폴란드 우지Łodz 게토, 아우슈비츠 절멸수용소를 경험한 어린이들의 이야기에 바탕을 두고 각색되었다는 것을 방문객은 미리 알게 된다. 어느 대목에서는 안네 프랑크가

보이고, 어느 대목에서는 미국 홀로코스트 생존자들의 대변자인 엘리 위젤Elie Wiesel의 경험이 연상되는 것도 그래서다.

다니엘 이야기는 세 개의 연속적 국면으로 구성된다. 각각의 시간적 국면과 변화는 장소 이동을 통해 표현된다. 전시를 통해 다니엘 가족은 독일 프랑크푸르트의 집에서 폴란드 우지 게토로, 그리고 다시 아우슈비츠-비르케나우 수용소로 옮겨간다. 모든 이동은 자유의사나 필요에 따라서가 아니라 일방적 명령과 강제라는 것이 특징이다. 매 국면마다 공간은

필수 장면만으로 압축되어 있고, 10대 초반 어린이의 눈높이에서 친숙한 밀접한 생활공간으로 재현된다. 다니엘의 일기가 이미 벌어진 일을 소개한다면, 방문객 동선 주요 부분에 서있는 안내판의 화살 표시는 앞으로 벌어질 일들을 암시한다. 현재와 미래 사이는 대개 유리창을 통해서 보는 것처럼 효과를 살린 역사적 사진들을 통해서 중재된다.

평화로웠던 프랑크푸르트의 생활은 다니엘의 집을 통해 표현된다. 동선을 따라 마당에서 현관으로, 현관에서 거실로 들어가는 방문객의 귀에 어린아이의 웃음소리가 들린다. 거실과 부엌의 크기, 그리고 소품들은 모두 1940년대 독일 중산층 가정의 것이다. 소년의 방에 들어가기 직전 벽에 붙어있는 지도가 눈에 띈다. 미국과 캐나다가 유독 크게 그려져 있기 때문이다. 미국인 어린이 방문객을 겨냥한 선물로 이해하면 되겠다. 다니엘의 방에는 장난감이 가득하고, 벽에 걸린 일기장에는 다니엘의 아빠가 일차대전 때 조국 독일을 위해 싸워 훈장까지 받은 역전의 용사임을 알려준다. 이를 통해 다니엘의 가정이 독일 사회에 충분히 동화된 상태임이 드러난다. 전시는 다니엘 가족이 유대인이 아니라, 유대계 독일인임을 강조하고 있는 것이다.

전시 전체를 관통하며, 어린이의 눈에 비친 급속한 생활세계의 변화를 알려주는 일기장. 다니엘의 그 일기장은 열한 번째 생일 때 자전거, 축구공과 함께 부모에게 받은 선물이다. 다니엘에게는 아버지와 어머니, 그리고 바이올린을 좋아하는 두 살 아래의 여동생 에리카Erika가 있다. 다니엘의 주변에는 친구들도 많았다. 모든 것이 행복을 예고하는 듯 했다.

하지만 갑자기 이상한 장면들이 영상에 나타나면서 분위기가 반전되기 시작한다. 특히 유대인 상점에 대한 불매운동을 선동하는 나치 돌격대는 앞으로 다니엘 가정에 닥칠 두려운 변화를 암시한다. 이어 1930년대의 구형 라디오에서 아나운서의 다급한 소리가 들린다. 그리고 '1938년 독일'이라는 글자가 전시장 벽에 등장한다.

이어서 펼쳐지는 장면은 소년이 이해할 수 없는 세계의 연속이었다. 벽에는 "유대인 금지No Jews allowed"라고 씌어있다. 금지 대상에는 빵집과 수영장이 들어있다. 학교에서도 공개적으로 차별이 시작된다. 유리창 너머로 불타고 있는 유대교 회당의 모습도 보인다. 그 장면 앞에는 깨진 유리가 전시되어 있다. 1938년 11월 9일 밤에 벌어진 '수정의 밤Kristallnacht'이다. 이날 밤 독일 전역의 유대인 상점과 회당이 공격받아 불타고, 3만 명의 유대인이 체포되어 수용소로 끌려갔다. 원작에 보면, 다니엘의 아버지도 여기에 포함되어 있다. 하지만 전시는 이 부분을 생략한다. 왜? 어린이를 위한 전시니까 말이다.

일기가 다시 등장한다. 일기에는 모든 유대인이 노란색

다윗왕의 별 표시를 옷에 부착해야 한다는 법령이 포고되었다고 기록되어 있다. 이어서 거친 기차 소리와 함께 사람들을 가득 태운 열차가 화면에 등장한다. 기차 안의 구식 나무의자에 있는 다니엘의 여행 가방에는 인형이 들어있다. 다니엘은 일기를 통해 방문객에게 묻는다. "넌 네가 하지 않은 일 때문에 처벌받아 본 적이 있니?" 그리고 대답한다. "우리는 그랬어." 바로 어린이가 세상을 해석하고, 어린이가 세상을 표현하는 방식이다.

어린이에게 통하면, 어른에게도 통한다. 이것이 어린이를 위한 소설이요, 어린이를 위한 전시다.

이제 두 번째 국면이 시작된다. 새로운 공간은 '1941년 게토Ghetto'라는 나무 팻말과 함께 등장한다. 그 길을 따라 들어가면, 낡고 불결한 풍경이 펼쳐진다. 벽에는 '게토의 규칙'이라는 포고문이 붙어있다. 거기에는 담장에 가까이 가서는 안 되며, 일할 때는 일체의 이야기를 금지한다고 씌어있다.

다시 일기장이 등장한다. 어린 누이 에리카조차도 일을 해야 한다고 기록되어 있다. 그리고 유리창 너머로 사람들이 일하는 작업장이 보인다.

이제까지 전시는 다니엘의 가족이 거하는 곳을 중심으로 전개되어 왔다. 동시대의 사건은 유리창을 통해 보이는 사진으로 배경 속에서 나타난다. 화살표가 등장하고 연도가 바뀔 때마다 급격한 변화가 일어났다. 변화는 곧 악화를 의미했다. 그 악화된 변화를 소년의 눈으로 포착한 내용이 일기에 담겨있다. 이 전시의 문법은 이후에도 마찬가지로 적용된다.

게토 생활에 익숙해질 무렵, 다니엘 가족에게는 더 큰 변화가 닥친다. 게토가 최악이 아니라는 사실을 급하게 달리는 기차 소리가 암시해 준다. 기차가 다시 등장했다. 또 어디론가 이동해야 한다는 뜻이다. 이번에 등장한 것은 그러나 객차가 아니라 화물열차다. 여기서 일기가 다시 등장한다. 그리고 말한다. 남자와 여자, 노인과 어린이를 구분하지 않고 예외 없이 기차를 타야 한다고 말이다. 절멸로 향하는 세 번째 국면이 시작되는 것이다. 일기에는 1944년 8월 15일이라고 기록되어 있다.

이어서 강제수용소가 철조망과 함께 나타난다. 그 한쪽에는 수많은 가방이 쌓여있다. 거기에는 다니엘의 가방도 있다. 어두운 배경 속에서 수용소 조명은 오직 한 곳을 비춘다. 그 조명 아래 다니엘 가족의 앨범이 있고, 다니엘 아빠의 훈장도 있다. 그리고 하나 더. 다니엘의 일기장도 보인다. 다니엘 가족은 이제 모든 것을 빼앗긴 것이다.

이어서 들려오는 음성은 다니엘에게 빼앗긴 것이 더 있음을 알려준다. 엄마와 여동생 에리카와 헤어져 다시는 만나지 못했다는 소년의 음성이 들린다. 수용소 장면은 매우 짧다.

GHETTO
RULES
Do not Stop Near The Fence
No Talking At Work
No One Allowed On The Streets After Dark
Salute German Officials: Take Off Your Cap and Bow Your Head
No Jewelry Allowed. Give All Jewelry To The Police
JEWS

그리고 수용소는 곧 해방을 맞이한다. 살아남은 사람들이 감격 속에 해방을 맞이한다. 다니엘도 그중에 있다는 사실을 방문객은 곧 알게 된다.

전시 관람을 마친 방문객들은 출구를 나오기 전에 소감을 남길 수 있다. 우편함이 그곳에 마련되어 있기 때문이다. 단체 학습을 온 어린 방문객들은 활동수업의 마지막 단계에서, 다니엘에게 보내는 엽서를 쓴다. 어떤 아이는 "사람들이 어떻게 그렇게 잔인할 수 있지?" 하고 묻는다. 어떤 아이는 철조망 안에서 울고 있는 소년을 그린다. 바로 다니엘이다. 채 30분이 되지 않아, 아이들은 가상의 소년과 하나가 된다. 소년에게서 자기 모습을 발견하는 것이다.

관람을 마친 아이들에게 물어보라. 어떤 변화가 보이는지. 아마 어떤 아이는 이렇게 답할지 모르겠다. "다니엘네 집이 바뀌었어요." "집이 좁아졌어요." "방 수가 줄어들었어요." 그렇다. 프랑크푸르트에서 방 네 개였던 집이 우지에 오면 방 하나짜리 집으로 바뀌었다. 아우슈비츠로 오면 집도, 방도 없어져 버렸다. 거대한 나무침상에 몸 뉘일 곳 하나가 다였다. 그나마 거기에는 구획선도 그려있지 않다. 아이들은 이렇게 아이들의 방식으로 변화를 읽어낸다. 연속과 변화, 급속한 변화 앞에서 일어나는 연속의 단절. 있던 것의 실종과 없었던 것의 출현. 이 변화의 변증법을 아이들이라고 해서 모를까? 시간에 따른 변화를 공간 속에서 어른보다 더 잘 포착하는 게 어린이들이다. 어린이를 위한 전시를 어린이들의 인지발달 단계와 정서문법 속에서 구성해야 하는 이유다.

다니엘은 일기에서 말한다. "수용소에 들어서자마자 나치는 내 스크랩북과 아빠에게서 받은 메달을 빼앗아가 버렸어." 그렇다! 아이에게서 스크랩북을 뺏어가고,

바이올리니스트에게서 손때 묻은 바이올린을 빼어간 것이 나치다. 어머니의 품에서 어린아이를 빼어간 것이 나치다. 인종주의를, 조직화된 국가폭력을 이것보다 더 날카롭게 일갈할 수 있을까? 이 점에서 보면, 〈다니엘 이야기〉는 어른들을 위한 전시로서도 부족함이 없다.

어린이를 위한 전시는 압축의 압축이다. 이런 압축이 문제점을 갖고 있는 것은 필연이다. 예를 들어, 전시 속 다니엘을

해방시킨 사람들은 미군으로 나온다. 전시장 끝부분에 마련되어 있는 전화 속 음성으로 등장하는 한 여성의 설명이 그렇다. 하지만 아우슈비츠를 해방시킨 사람들은 소련의 붉은 군대다. 미군이 다하우를 해방시켰고, 영국군은 베르겐-벨젠을 해방시켰다. 그러니 역사의 왜곡인가?

아니다! 원 텍스트에 보면, 다니엘은 아빠와 함께 독일 바이마르Weimar 가까이에 있는 부헨발트Buchenwald 강제수용소에서 미군들에 의해 해방된 것으로 나온다.

다니엘과 아빠는 아우슈비츠로 끌려갔을 때 각각 17세와 40세였다. 그들은 노동력을 보유한 남성들이었다. 그래서 그들은 절멸수용소인 아우슈비츠-비르케나우Auschwitz-Birkenau에 갇혀있지 않고, 노동력 활용을 위해 만들어진 아우슈비츠-모노비츠Auschwitz-Monowitz 수용소에 끌려가 작업에 투입되었다. 그랬다가 독일 본토의 노동력 부족이 극심했던 1944년 11월, 그들은 독일 땅 한복판에 있는 부헨발트로 다시 끌려갔던 것이다. 이것은 수많은 생존자들이 겪은 동일한 여정이다.

전시는 문자 텍스트가 아니다. 그렇기에 이런 세세한 내용을 사인그래픽에 직접 담기 어렵다. 어린이를 위한 전시는 더욱더 그럴 수밖에 없다. 압축과 생략이 성인용 전시보다 훨씬 더 심할 수밖에 없다. 그러니 어린이 전시 준비에 역사가가 중심이 되어서는 곤란하다. 큐레이터들과 어린이 전문가들이 내러티브의 골격을 짜고, 역사가들은 사실관계에 비추어 고증하는 것이 맞다. 역사전시는, 특히 어린이를 위한 역사전시는, 역사영화와 역사책의 중간에 서있다. 이런 특성을 우리 역사가들이 이해하지 못한다면, 어린이를 위한 역사전시는 정말 어려워진다.

그러므로 다니엘이 가공의 인물이지만, 그를 통해 표현된 이야기가 가공의 이야기나 상상이라고 생각해서는 안 된다. 역사 정보와 지식의 가공, 그것을 통한 평균형의 모색, 여기에 인격을 입히기, 그래서 대표단수로서의 친근한 인격을 구성하는 방식은 어린이 전시에는 매우 유용하다. 이 점에서 보면, 어린이를 위한 전시는 역사보다는 문학에 더 가깝다고 하겠다.

다시 전시 끝부분의 전화를 생각해 보자. 전화 속 목소리의 주인공인 여성은 이렇게 말한다. "에리카와 엄마에게 무슨 일이 일어났는지 알고 있니? 그들은 살해되었단다." 압축을 통해 이 미상의 화자는 남성에 비해 체력과 노동력이 상대적으로 떨어지는 여성이 더 많은 희생을 겪어야 했다는 진실을 증언하고 있는 것이다. 이 모든 것을 전시가 보여줄 수는 없다. 어린이를 위한 전시는 극명하게 단순화되어야 한다. 문제는 세상사가, 역사가, 국가폭력이 그렇게 단순한 사안이 아니라는 데 있다. 그럼 어떻게 해야 한다는 말일까?

이 자리에서는 두 가지만 생각하기로 하자. 하나. 구조에 대한 설명과 복잡한 이야기들, 예컨대 가해자면서 구조자인 사람, 구조자인 척하다가 가해자 역할을 한 사람들의 이야기를 드러내기에는 문자 텍스트가 적절하다. 전시에 이런 내용을 포함시키려면, 메인 보드의 사인그래픽이 아니라, 그 앞의 인터액티브 기기, 별도로 마련된 학습실의 워크스테이션에 심어두는 게 적합하다. 책상 위에 모든 소지품을 다 올려놓을 수는 없지 않은가? 그러니 서랍과 책장이 필요한 것일 테다. 물론 이런 복잡한 정보에 대한 설명과 탐색이 가능하려면, 탄탄한 연구가 바탕을 이루어야 하고, 교육적 목적에서 정보를 취사선택하는 안목이 있어야 한다. 교육 전문인력이 전시시설에 꼭 있어야 하는 이유다.

둘. 시간과 교육의 힘을 믿자. 어린이는 어디까지나 어린이다. 놀기에 바쁘고, 딴전 부리기에도 시간이 부족하다. 한 번의 전시가 한 인생을 바꾼다는 식의 거룩한 사명의식은 금물이다. 대신 관심의 촉발이나 내적 동요에 만족하자. 여기에 성공하면, 전시는 성공한 것이다. 전시체험은 훗날 더 많은 정보와 지식에 대한 호기심을 유발하게 된다. 잘 마련된 지식 경험은 아이들 속에서 나중에 꽃을 피우게 된다. 아침부터 일했으니 일당을 달라는 삯꾼 노동자의 마음이나, 봄에 파종했으니 가을에 거두자는 한해살이 농부의 마음으로는 교육을 하기 어렵다.

나무를 심고 가꾸는 이가 교육자에 가까울 것이다. 좋은 전시를 곳곳에 깔아두고, 온라인으로 접근 가능하게 만드는 일이 그래서 중요하다. 여러 작가가 좋은 책들을 써서 서점에 깔아두고, 양질의 동화책들이 도서관 곳곳에 비치되도록 하는 일이 중요하다. 이런 지적 인프라가 구축되면, 네이버나 다음 지식도 텅 빈 깡통 신세를 면하게 될 것 아니겠는가? 누군가가 부지런히 쓰고, 누군가가 부지런히 퍼 나르고, 누군가가 다운로드 받으면 될 테니 말이다.

어린이를 위한 전시는 압축의 압축이다. 어린 싹이 감당할 수 있는 정도의 빛을 비춰주는 것이 중요하다. 정서적 부담을 줄이고, 동일시하기 좋은 인물을 통해 공감할 수 있는 이야기를 발굴하고 구성하는 작업에 좀더 많은 노력과 시간을 들여야 하겠다. 좋은 문학 없이 좋은 전시가 나온다는 말을 나는 들어본 적이 없다. 좋은 문학은 좋은 드라마를, 좋은 영화를, 좋은 전시를 만드는 출발점이다. 워싱턴 국립 홀로코스트기념관의 〈다니엘 이야기〉가 이 점을 잘 보여준다.

마지막 하나 더. 〈다니엘 이야기〉 전시에서 부러운 것은 홀로코스트기념관이 남긴 공식 멘트다. "이 전시는 전문가 그룹의 도움을 받아 창조되었으며, 아동심리 전문가와 교육 전문가, 박물관 전문가들의 검토를 받았다." 우리 전시에서도 이런 이야기를 다반사로 들었으면 좋겠다. 매번 전시를 할 때마다, 감사의 글이 A4지 한 장 분량을 넘겼으면 좋겠다.

24/

전쟁을 기억하는 미국인의 세 방식

—이차대전, 한국전쟁, 베트남전쟁

미국은 전쟁의 나라다. 이 나라는 전쟁을 통해 탄생했고, 지금도 전쟁을 수행하고 있다. 미국인이 치른 전쟁은 수없이 많다. 그 가운데 세계가 기억할 만한 주요 전쟁만 해도 총 12차례에 이른다. 영국에서 벗어나기 위한 독립전쟁이 서막이었다면, 이라크전쟁이 그 큰 전쟁 물결의 마지막이다. 현재까지는 그렇다. 그 물결의 중간에 남북전쟁이 있다. 미국이 치른 유일한 내전Civil War이다. 열한 차례의 국제전에서 미국은 두 번을 빼고 모두 승리했다. 한 번은 비겼고, 한 번은 졌다. 한국전이 비긴 전쟁이라면, 베트남전은 진 전쟁이다. 그래서 미국인들에게 이 둘은 불편한 전쟁으로 남아있다.

전쟁은 미국인들에게도 엄청난 희생을 가져다주었다. 독립전쟁에서 4,435명이 죽은 것을 시작으로, 남북전쟁은 364,511명, 일차대전은 116,516명, 이차대전은 405,399명의 목숨을 앗아갔다. 한국전쟁에서는 36,574명이, 베트남전쟁에서는

58,220명이 전장과 후방에서 희생되었다.*

이 희생이 무엇 때문에 치러졌고, 얼마나 많은 이익을 미국에 가져다주었는지에 대해서는 긴 이야기가 필요하다. 이 자리에서는 다만 그 희생을 기억하는 미국인의 방식, 그리고 그 변화의 긴 과정에 관해 짧게 살펴보고자 한다.

미국의 수도 워싱턴에는 전쟁을 기념하는 조형물이 넘쳐난다. 국회의사당에서부터 워싱턴기념탑까지가 온갖

이차대전 기념물에서 바라본 워싱턴 기념탑

박물관과 미술관으로 가득한 공간이라면, 워싱턴기념탑부터 링컨기념관까지는 각양각색의 전쟁 조형물로 가득한 기념공원이다. 이 광활한 공간을 미국인들은 '국민의 전당National Mall'(내셔널 몰)이라고 부른다.

수많은 전쟁 가운데 이차대전은 미국이 확실하게 이긴

* Nese F. DeBruyne, American War and Military Operations Casualties: Lists and Statistics(미국 의회도서관, 2018.09.14).

HAITI 1915-1934 ★ SANTO DOMINGO 1916-1924 ★ WORLD WAR I 1917-1918 BELLEAU WOOD SOISSONS ST MIHIEL
PERSIAN GULF 1987-1991 ★ PANAMA 1988-1990
IN HONOR AND MEMORY
OF THE MEN OF THE
UNITED STATES MARINE CORPS
WHO HAVE GIVEN
THEIR LIVES TO THEIR COUNTRY
SINCE 10 NOVEMBER 1775

전쟁이다. 소련과 더불어 미국이 아니었다면, 유럽은 나치 독일의 지배하에 떨어졌을 것이다. 미국은 유럽을 파시즘의 위협에서 지켜주었고, 아시아를 군국주의 일본의 수중에서 구해냈다. 그 위업을 기리는 것이 기념공원 내에 있는 이차대전 기념물이다. 거대한 중앙의 분수와 56개의 석조 기둥, 그리고 승리를 상징하는 한 쌍의 아치로 이루어진 이차대전 기념물은 차라리 하나의 광장이다. 하지만, 이 기념물은 전쟁 직후가 아니라 2004년에 만들어졌다. 개막식을 주관한 사람은 아들 부시George W. Bush 대통령이었다.

이차대전을 기억하는 동시대 미국인의 정서를 가장 잘 반영하는 것은 그러므로 내셔널 몰의 이차대전 기념물이 아니라, 〈해병대 전쟁기념물Marine Corps War Memorial〉이다. 공식 명칭보다는 〈이오지마 기념물Iwo Jima Memorial〉로 더 알려진 해병대 승전 기념물은 포토맥강 건너 알링턴 국립묘지와 맞닿아 있는 작은 근린공원, 알링턴 릿지 공원Arlington Ridge Park에 있다.

1954년 11월 10일에 제막된 이오지마 기념물은 조각가 드 웰던Felix de Weldon과 건축가 필리Horace W. Pealee의 작품이다. 이 기념물의 모습은 이미 전면에 있는 명문을 통해 충분히 그려볼 수 있다. 거기에는 이렇게 기록되어 있다. “비범한 용기는 평범한 미덕이었다.(Uncommon valor was a common virtue.)”

미 해병대 대원들에게는 그랬다는 얘기다. 이어서 미 해병대의 구호 ‘영원한 충성Semper Fidelis’이 깊이 새겨져 있다. 충용을 강조하는 기념물 후면에는 또한 이렇게 부기되어 있다. “1775년 11월 10일부터 조국을 위해 목숨을 바친 미 해병대 용사들의 영예를 기리기 위해.”

병사들의 조상 높이만 9.8미터에 이르는 이 국가기념물은 탈환한 고지 정상에 충성스러운 해병대 장병들이 성조기를 꽂는

해병대기념물 전경

해병대기념물 인물상 전면

감격스러운 장면을 연출해서 전 세계 전승기념물의 아이콘이 되었다. 기념물이 세워지기 훨씬 전부터 이 장면은 미국인의 뇌리에 박혀있었다. 그해 퓰리처상을 수상한 AP 통신의 종군기자 로젠탈Joe Rosenthal이 찍은 사진에서 영감을 얻어 건립되었기 때문이다. 이오지마 탈환 작전은 혈전 그 자체였다. 5주 동안 계속된 이 전투에서 미군 사망자는 공식적으로 6,821명에 달했다. 부상자는 2만여 명이었다. 일본군은 전체 병력 2만 1천여 명 가운데 1만 8천여 명이 죽었다. 포로가 된 일본군이 216명에 불과한 것을 보면, 방어하는 입장에 서있던 일본군은 몰살되었다고 하는 것이 맞을 정도다. 이렇게 치열했던 유황도硫黃島 전투, 곧 이오지마Iwo Jima 전투의 마지막 순간인 1945년 2월 23일, 해발 160미터의 스리바치산摺鉢山 고지 정상에 성조기를 세우는 6인의 미 해병대 대원의 사진은 매우 인상적이었다. 따라서 다른 국가기념물 건립과정에서와는 달리, 반론이나 비판이 없었던 것이 해병대 기념물의 특징이다.

사진을 보고 감격한 조각가 웰던은 일주일도 되지 않아 건립 제안서를 의회에 제출했다. 전쟁 중에는 재정지원이 불가능했기 때문에, 건립 계획이 구체화되기 시작한 것은 1947년이었다. 최종 결정은 한국전쟁이 한창이던 1951년에 이뤄졌다. 그 후 3년의 제작 기간을 거쳐 미 해병대 창설 179주년인 1954년 11월 10일에 당시 대통령 아이젠하워Dwight D. Eisenhower가 참석한 가운데 제막되었다. 비용은 공적 재정의 투입 없이 전·현직 해병대원들의 성금으로만 조달했다.

이 남성성 가득한 기념물에서 주목할 점은 두 가지다. 첫째는 그 위치다. 기념물에서 가장 중요한 것은 위치다. 위치란 때로는 접근성일 수도 있고, 때로는 경관에 대한 조망일 수도 있다. 때로는 어떤 자연 조건과 인문적 환경, 그리고 주변의 건물이나 기념물, 역사유적과 연결되는가 하는 상관성일 수도 있다. 원하는 장소에 자리 잡을 수만 있다면, 그 기념물은 속된 말로 '반은 먹고 들어간' 셈이다. 이런 점에서 볼 때, 미 해병대 기념물은 제대로 자리 잡았다. 무엇보다 미 애국주의의 본산인 알링턴 묘지에 맞닿아 있다는 점이 그렇다. 용맹하게 싸우다 살아남은 장병이 동시대인의 존경을 받는다면, 죽은 장병은 인접한 알링턴 국립묘지에서 안식할 수 있다는 뜻이다. 다음으로 미 해병대 기념물은 높은 곳에 자리했다. 그리하여 이곳에서는 바로 앞 포토맥강을 건너 미국 민주주의의 상징인 링컨기념관과 미국 수도의 중심인 워싱턴 기념탑, 그리고 내셔널 몰을 가로질러 그 시작점에 있는 미 국회의사당까지 한눈에 조망할 수 있다. 시선과 조망은 결코 일방적이지 않다. 높은 곳에서 낮은 곳을 내려다볼 수 있다면, 낮은 곳에서도 높은 곳을 올려다볼 수 있다. 이 상호관계성은 미 국회의사당 뒤편 가까이에 있는 미 해병대 연병장Marine Barracks에서 확인할 수 있다. 미 해병대 사령관 관사가 위치한 이곳은 또한 해병들의 주 열병식 장소로도 유명하다. 이곳의 미 해병과 방문객은 매주 거행되는 일몰 행군 때 저 멀리 강 건너 언덕 위에, 황혼 속에 어둡게 실루엣을 드러내는 해병대 기념물을 바라보게 된다. 이렇게 해서, 해병대 기념물은 삶의 현장에서 동떨어져 있는 거대한 돌덩어리가 아니라, 일상의 의례 중심에서 주목받는 존재centerpiece로 활용되고 있는 것이다.

도시계획의 관점에서 보면, 해병대 기념물의 위치가 갖는 의미는 더 도드라진다. 해병대 기념물-링컨기념관-워싱턴 기념탑-국회의사당이 하나의 축선으로 이어지기 때문이다. 개념상의 선이 아니라, 실제로 이어지는 선이다. 4킬로미터가 채 되지 않는 일직선상에 도열한 이 네 개의 지점은 상호 관계

속에서 피 흘리며 지켜온 미국 민주주의와 미국의 세계적 사명이라는 거대 역사의 목적론적 내러티브를 만들어내기 때문이다. 해병대의 영용英勇은 그 웅대한 서사의 시작인 셈이다.

이제 둘째로 조형적 특징을 보자. 해병대 기념물은 6인의 청동군상을 8각형 받침대가 떠받치고 있는 모양이다. 이 기단부에는 스웨덴산 흑색 휘록 화강암diabase granite을 사용했다. 8각형은 기독교 전통 속에서 재생, 부활, 영생을 뜻한다. 서구의 수많은 교회와 기도처 본당과 천장이 8각의 모양새를 취하는 것도 그 때문이다. 8각 석등이나 석탑에서 볼 수 있는 것처럼, 불교에서도 8각의 조형이 흔히 발견된다. 통합과 무한을 의미한다는 점에서, 8각형은 특정 종교의 틀을 넘어 모든 곳에서 종교적인 분위기를 연출한다.

그 위에 6인의 용사가 있다. 이들은 모두 돌 더미를 딛고 서있다. 이 돌 무더기는 이오지마섬의 스리바치 고지를 표현한 것이다. 여기에 18미터 길이의 청동 깃대가 사선으로 꽂혀있다. 이를 통해 성조기를 꽂기 위해 한 몸처럼 되어버린 전우들의 의지가 역동적으로 드러난다. 이 청동 군상 위로 용사들을 하나 되게 만든 성조기가 바람에 휘날린다. 이렇게 하여 용사들과 조국은 한 몸으로 형상화된다. 기단을 포함한 기념물 전체의 높이가 24미터에 달하기 때문에, 현장을 방문한 사람들에게는 엄청난 크기로 느껴질 수밖에 없다. 전체 무게가 700톤이다. 여섯 용사 가운데 세 명이 이후 전투에서 전사했다는 이야기가 더해질 때, 기념물의 서사는 정서적 생동감을 더한다. 여기에 니미츠Chester W. Nimitz 제독의 유명한 말이 헌사로 새겨져 승전 기념물의 아우라를 완성한다. "(모든 군인들에게) 비범한 용기가 (해병대 대원들에게는) 평범한 미덕이었다." 이 헌사는 시간이 흐르며 미국인 전체에 대한 것으로 확장되었다. 해병대에 대한 자부심은 미국에 대한 자부심과 분리할 수 없으며, 그렇기에 워싱턴의 해병대 기념물은 미국 국민 전체에게 "폭정의 면전에 서있는 용기와 명예와 충성의 신전"이라는 것이다.*

부통령 자격으로 제막식에 참석한 (훗날 대통령이 되었다가 워터게이트 사건으로 불명예 하야하기도 했던) 닉슨Richard Nixon은 기념물 앞에서, 이 조형물이 표현하고 있는 희생이 앞으로는 필요 없도록 길을 모색하는 것이 정치인의 지상 과제라고 밝혔다. 그러나 미국은 그 후로도 계속해서 전쟁을 이어갔다. 그중 하나가 베트남전쟁이었다.

베트남 참전용사 기념물Vietnam Veterans Memorial은 해병대 기념물과 크게 다르다. 승전을 자축하지 않으며, 희생을 예찬하지도 않는다. 하늘을 지향하는 수직의 개념도 포기했다. 그것은 단순히 베트남전쟁이 패배한 전쟁이었기 때문일까? 그것만은 아니다. 더 중요한 것은 이차대전과 한국전쟁, 그리고 한국전과 베트남전 사이에 미국인들이 전쟁을 바라보는 시선이 바뀐 것이다. 시선이 바뀌었으니, 기억의 내용만이 아니라 기억하는 방식도 바뀔 수밖에 없었다. 그것을 확증하는 징표가 바로 베트남 참전기념물이다.

베트남 참전기념물은 링컨기념관에서 워싱턴기념탑을 바라볼 때 왼쪽 가까이에 있다. 한국전 참전기념물은 그 오른쪽에 있다. 미국인의 전쟁기억 변화를 보여주는 이 두 개의 전쟁기념물은 서로 지근거리에 있다.

시대의 변화를 먼저 알렸던 베트남 참전기념물은 1982년 11월 13일, 8,000평방미터의 부지에 세워졌다. 하늘에서 보면 마치 부메랑 모양처럼 둔각 형태를 취하고 있는 이 기념물은

---

* David M Hondowicz, "The U.S. Marine Corps War Memorial: A universal symbol," 1998.

베트남전기념물 원경

베트남전기념물 – 워싱턴기념탑 조망

무엇보다 과거와 같이 하늘로 치솟기를 포기하고 땅 속으로 꺼져버렸다는 점에서 파격적이다. 이렇게 독특한 설계를 한 인물은 놀랍게도 21세에 불과한 학생이었다. 예일대학교에 재학 중이었던 이 아시아계 여성 건축가의 이름은 마야 린Maya Lin이었다. 더 놀라운 것은 전국에서 답지한 1,421점의 공모작 가운데 무명의 린이 제시한 콘셉트를 선택한 선정위원회다. 지금이야 미국 건축가협회가 선정한 '미국인이 좋아하는 건축물' 목록에서 10위(2007년)를 차지할 정도로 자기 입지를 확고하게 다졌지만, 선정 당시에는 비판을 넘어 비난이 쇄도했었다. 종래의 기념물 문법과는 너무 판이했기 때문이다.

현재의 베트남 전쟁기념물은 서로 독립된 세 부분으로 이루어져 있다. 베트남 참전용사 기념의 벽Vietnam Veterans Memorial Wall, 3인의 병사Three Soldiers, 베트남 여성 기념물Vietnam Women's Memorial이 그것이다. 이 중 린의 작품이면서 논란을 불러일으킨 것은 크기와 개념 면에서 전체의 핵심을 이루는 '기념의 벽'이었다.

기념의 벽은 75.21미터 길이의 검은색 화강암 벽 2개가 둔각으로 맞물리는 모양새다. 125° 12′의 각도로 서로 만난다. 이를 통해 기념물은 과거와 현재의 만남을 상징한다. 이 중 하나는 워싱턴기념탑을, 다른 하나는 링컨기념관을 지향한다. 각각의 벽에는 흑색으로 연마된 72개의 석제 패널이 부착되어 있다. 이 중 70개에는 전몰장병과 민간인들의 이름이 새겨져 있고, 끝부분에 부착되어 있는 아주 작은 나머지 두 개에만 이름이 없다.

방문객은 벽 앞으로 조성되어 있는 보도를 따라 걸어가면서 사망자의 이름을 하나하나 보게 된다. 두 벽면이 만나는 중앙부까지 보도는 아래로 향해 기울어 있고, 그곳을 지나면서 다시 지표면을 향해 상승하기 시작한다. 땅 속 가장 깊은 곳의 벽면 높이는 3.1미터이다. 기념의 벽은 거울 효과가 나도록 연마되어 있기 때문에, 방문객은 담장에 비친 자기 모습과 각명된 이름을 동시에 볼 수 있다. 이 거울 효과 속에서 죽은 자는 산 자를 만나고, 산 자는 죽은 자에게 말을 걸 수 있다. 이곳에 새겨진 이름은 모두 5만 8천 명을 넘는다. 연대기적으로

각명된 가장 첫 열에 있는 이름의 주인공은 1959년 7월 8일에 죽었다. 가장 마지막은 1975년이다.

기념의 벽이 선정되었을 때, 문제제기가 잇따랐다. 어떤 이는 관례를 벗어난 디자인을 문제 삼았고, 어떤 이는 검은색을 비판했으며, 어떤 이는 일체의 장식을 거부한 점을 못마땅해했다. 기념물 건립운동을 조직해 온 사람들 중에서도

예상치 못한 끔찍한 디자인이라는 탄식이 쏟아졌다. "시커먼 수치의 자상刺傷"이라고 통탄한 사람도 있었다.

거센 비판 속에서 절충의 시도가 이어졌다. 그 가운데 파격성을 완화시킬 수 있는 '3인의 병사상'을 기념의 벽이 만나는 지점 바로 앞에 세우자는 제안이 큰 지지를 얻었다. 하지만 당선자인 린이 격렬하게 반발했다. 그렇게 되면 병사상에 초점이 놓이고, 명비의 담장은 배경으로 전락하게 될 것이라는 우려에서였다. 결국 '3인의 병사상'을 추가하되, 설치 장소를

베트남 여성 기념물

한쪽 끝으로 옮기자는 수정안이 통과되었다. 이렇게 해서 추모의 벽 제막 2년 후에 병사상이 세워졌다.

그러나 시대의 정신은 이미 전통적인 군상群像을 거부하고 있었다. 3인의 병사상에도 두 가지 점에서 파격이 일어났다. 먼저 세 병사의 모습이 각각 유럽계, 아프리카계, 히스패닉계 미국인으로 보이도록 설계했다. 또한 이들의 모습은 과거 기념물이 판에 박은 듯 보여주던 무용武勇과도 거리가 멀었다. 오히려 저 멀리 추모의 벽에 새겨진 동료들의 명단을

바라보기라도 하는 것처럼 침통한 표정을 짓고 있다.

이 남성 중심의 청동상 외에 여성상을 추가해야 한다는 목소리가 높아졌다. 전쟁은 여성들의 전쟁이기도 했기 때문이다. 설계는 구다커Glenna Goodacre가 맡았다. 본래 디자인은 서있는 한 명의 여성 간호사가 베트남 어린이를 안고 있는 모습이었으나, 논란 끝에 무릎을 꿇은 채 텅 빈 헬멧을 붙들고 있는 여성으로 교체되었다. 그렇게 해서 제복을 입은 세 명의 여성과 부상당한 병사의 모습을 묘사한 '여성 기념물'이 1993년, 추모의 벽 남쪽에서 제막되었다.

베트남 참전기념물이 세워진 지 한 세대가 지났다. 말 많았던 이곳은 이제 이 일대의 어떤 전쟁기념물보다 더 많은 사람들이 찾는 명소가 되었다. 추모하고자 하는 이의 이름 위에 왁스 크레용이나 연필을 문질러 탁본하는 '문지르기'는 이미 이곳을 대표하는 풍경이 되었다. 어떤 이는 군화를, 어떤 이는 함께 찍은 사진을 고인의 이름 앞에 두고 간다. 그렇게 해서 베트남 참전기념물은 기억의 소멸을 저지하고 있다. 그것을 입증이라도 하려는 듯, 관리사무소는 기념물 앞에 추모객들이 두고 간 애도의 징표들 가운데 일부를 선별해서 〈사적 유산—국민의 치유Personal Legacy: The Healing of a Nation〉라는 제목의 전시회를 개최하기까지 했다. 기념의 기념인 셈이다. 기념의 기념을 통해서 이 '부딪히는 검은 돌덩어리' 덕분에 베트남전의 기억은 켜켜이 쌓여가고 있다. 이런 모습을 보면, 어느덧 베트남 참전기념물이 국민적 기억의 사원이 되었다는 일부의 평가는 과장이 아닌 것 같다.

기억의 내용과 기억하는 방식의 변화는 기념하는 방식에도 영향을 준다. 새로운 기념양식의 출현은 또 다른 시도를 가능케 만든다. 가보지 않은 길이 가서는 안 될 길이 아님이 경험을 통해 입증되었기 때문이다. 과거의 패러다임이 흔들리면서, 그 틈새로 새로운 시도들이 이어졌다. 베트남 전쟁기념물은 이렇게 한국전쟁 참전기념물의 등장에 영향을 주었다. 또 하나의 걸작인 한국전쟁 참전기념물Korean War Veterans Memorial은 링컨기념관 남동쪽, 성찰의 못Reflecting Pool 바로 아래 있다. 이 두 기념물은 링컨기념관을 기준으로 대칭적 위치에 놓여있다.

한국전쟁 기념물 건립의 길도 수월하지는 않았다. 1986년에 최초의 설계 공모전이 진행되었으나, 선정된 팀이 발주자의

수정 요구를 거부하면서 계획은 답보상태에 머물렀다. 9년의 시간이 경과한 끝에 한국전쟁 정전 42주년 기념일인 1995년 7월 27일이 되어서야 한국과 미국의 정상이 참석한 가운데 제막식이 거행되었다.

쿠퍼-레키 건축사무소Cooper-Lecky Architects가 설계를 맡은 한국전쟁 참전기념물은 여러 개의 개성 있는 부분으로 구성된

TEXAS PAN

복합 기념물이다. 이 가운데 가장 인상적인 부분은 조각가 게이로드Frank Gaylord의 디자인에 따라 스텐리스 강으로 만들어진 19인의 조상彫像이다. 벽화담장Mural Wall에 연하여 조성된 삼각형 대지에 흩어져 있는 19인의 조상은 여러 면에서 방문객의 주의를 끌기에 충분하다. 이 삼각형의 대지는 꼭지점 부근에서 원형의 연못에 수렴된다. 무엇보다 흥미로운 것은 개별 인물상의 표정과 복장, 그리고 이 조상들이 함께 만들어내는 분위기다. 흩어져 있는 19인의 조상들은 정찰 임무를 수행 중인 하나의 소대를 표현한다. 이 가운데 14명은 미 육군 소속이며, 3명은 해병대, 1명은 해군 위생병, 1명은 공군 관측장교 복장을 하고 있다. 긴장한 기색이 완연한 이들은 모두 완전군장 차림이다. 판초우의 차림이 춥고 음습한 한국 전장의 날씨를 표현해 주고 있다. 산개한 장병들 사이에 설치된 화강암 조각과 관목들은 한국 특유의 기복이 심한 지형을 표현하고 있다. 넓은 공간을 고려하여, 각각의 조상은 실물 크기의 사람보다 좀더 크게 설계했다. 가장 작은 것은 2.21미터, 가장 큰 것은 2.29미터이다. 각 조상의 무게는 500킬로그램에 육박한다. 19명의 얼굴을 자세히 보면, 인종적 다양성을 확인할 수 있다. 설계자는 미국의 평균적 인종 비율에 따라 백인(12명), 흑인(3명), 히스패닉계(2명), 아시아계(1명), 인디언(1명)의 얼굴을 반영했다.

19인의 조상이 주 기념물 역할을 한다면, 조상이 전개되어 있는 삼각형 모양의 대지 오른쪽에는 넬슨Louis Nelson의 디자인에 따라, 길이 50미터, 두께 20센티미터, 전체 무게 100톤을 넘는 검은색 바탕의 벽화 담장이 설치되어 있다. 총 41개의 패널이 사용된 담장의 표면은 고도로 연마된 캘리포니아산 흑색 화강암으로 처리되어 있다. 이 벽에는 국립기록보존소를 통해 확보한 2,400장 이상의 한국전쟁 관련

한국전기념물 원경

한국전기념물 전면

사진과 이미지에 기초하여, 38인의 육해공군 장병들이 뽀얗게 묘사되어 있다. 자세히 들여다보면, 처음에는 21인의 육군이, 다음에는 6인의 공군이, 마지막에는 13인의 해군이 직무에 따라 다양하게 새겨져 있다. 음각된 그림들을 멀리서 보면, 한국의 산맥 지형을 반영하여 고저가 조정되어 있음을 간파할 수 있다. 38이라는 숫자는 38개월에 달하는 전쟁 기간, 그리고 한반도를

양분한 38선을 상징한다. 이들 외에도 수많은 장비와 민간인들이 이미지로 표현되어 있어, '알 수 없는 나라'에서 치러진 '이상한 전쟁'의 분위기를 방문객들이 감지할 수 있도록 했다.

순찰 소대의 작전구역인 삼각형의 대지와 함께 벽화담장은 방문객의 동선까지 포함해서 끝부분에 조성된 원형 공간에

수렴된다. 이 둥그런 공간의 중심에 자리한 것이 '성찰의 못Pool of Remembrance'이다. '성찰의 못'은 지름이 9미터에 불과한 얕은 연못이다. 여기에는 검은색 화강암으로 선이 그어져 있고, 28그루의 찰피나무linden trees 숲으로 둘러싸여 있다. 사자를 위로하는 서구의 수많은 위령시설이 그런 것처럼, 이 연못도 나무들을 통해 태양의 빛을 다양한 모습으로 반영하면서, 방문객이 죽음의 의미를 성찰할 수 있도록 유도한다. 나무 밑에 배치된 7개의 벤치는 그런 시간을 격려하는 장치다.

연못 안으로까지 이어진 벽화 담장의 끝부분에는 10인치 크기의 은색 문장을 새겨 넣어 너무 추상화될지도 모를 방문객의 느낌을 하나의 명확한 방향으로 인도한다.

"자유는 거저 주어지지 않는다.(Freedom Is Not Free.)"

연못에까지 이어진 삼각형 지대의 보도 끝부분에 배치된 화강암 연석curb에는 한국전쟁 사망자, 부상자, 실종자, 전쟁포로의 숫자가 미군과 유엔군 순서로 나란히 기재되어 있다. 또한 삼각형 지대 중에서 가장 앞 열에 서있는 정찰대 지휘관 바로 앞부분에 설치된 초석에는 이렇게 기록되어 있다. "우리 국민은 알지 못하는 나라, 만나본 적이 없는 사람들을 지키라는 요청에 응답했던 아들과 딸들을 기립니다." 이 문장만큼 미국인들이 기억하는 한국전쟁의 이미지를 분명하게 보여주는 것도 없을 것이다. 국가의 요구와 국민의 이해 사이에는 그렇게 넓은 간격이 있었다. 어떻게 보면 한국전쟁이 무근무망無根無望한 전쟁으로 비칠 수도 있지만, 기념물 발주자가 기대하는 것은 그 반대다. 미국 국민은 구체적 이유를 몰랐어도 국가를 믿기 때문에 전쟁에 참여했다는 것이다. 이렇게 한국전쟁 기념물은 양가적 의미로 읽힌다. 해석은 오로지 방문객의 몫이다. 적어도 흩어진 수색대 병사들의 모습은 명문화된 한국전쟁의 의미와는 거리가 있다. 이 점에서 우리는 유동流動하고 있는 미국인의 전쟁 기억을 관찰할 수 있는지도 모르겠다.

25/

킹 목사가 살아있는 고향

—애틀랜타 시민인권센터

미국 조지아 주의 핵심 도시인 애틀랜타를 대표하는 것은 네 가지다. 처음은 음료회사 코카콜라고, 다음은 항공사인 델타이며, 그 다음은 방송사인 CNN이다. 마지막 하나는 어떤 걸까? 미국 인권운동의 상징인 마르틴 루서 킹 목사다. 미국 남부를 대표하는 도시 중 하나인 애틀랜타는 킹 목사가 태어나 자란 곳이다. 오번 가Auburn Avenue에는 킹 목사가 성장한 집이 기념관으로 바뀌어 있고, 그 일대는 그의 유지를 계승한 기념시설들이 들어서 있다. 킹 목사 기념관이 대표적이다. 킹 목사 기념관은 "공의가 하수처럼 흐르게 하라"는 그의 표어를, 여러 번의 단차를 둔 수영장처럼 물이 흐르는 조형물을 통해 구현한 점이 인상적이다.

킹의 도시 애틀랜타는 1960년대를 기점으로 이렇게 미국 시민권 운동을 상징하는 도시가 되었다. 여기에 만족하지 않고, 2000년대에 들어 애틀랜타는 한 번 더 비약을 시도했다.

민권운동의 중심도시에서 인권운동의 중심도시로 올라서고자 한 것이다. 그 결실이 인권박물관의 성격을 띤 '시민인권센터The Center for Civil and Human Rights' 설립이었다. 2014년의 일이다. 시민인권센터는 규모나 전시 기법 면에서 미국에서 가장 손꼽히는 박물관이라고 해도 과언이 아니다.

기부 전통이 강한 미국에서도 인권 신장을 목표로 삼은

박물관은 큰 관심을 끌지 못했다. 그렇기에 구상에서부터 개관까지 꽤 오랜 시간이 걸렸고, 전체 면적도 계획보다 크게 축소되었다. 애초의 설계안은 총 면적 8,400평방미터에 달했으나, 최종 확정안은 5,900평방미터로 줄었다. 그럼에도 총 건립비용은 6,800만 달러나 소용되었다. 땅값이 전혀 들지 않았는데도 말이다. 다행인 것은, 전시장 면적이 설계 변경에도 불구하고 2,800평방미터에서 더 줄어들지 않았다는 점이다. 개관은 2012년에서 2014년으로 두 해 지연되었다. 이런 우여곡절 끝에 옥동자가 탄생했다. 특기할 점은, 킹 목사의 유지를 받들어

만든 시민인권센터가 코카콜라가 제공한 땅에 델타항공이 기부한 돈을 주요 재원으로 삼아 만들어졌다는 것이다.

시민인권센터를 찾아가는 길은 어렵지 않다. 관광명소가 밀집한 곳에 있기 때문이다. 코카콜라 월드, 조지아 아쿠아리움, 올림픽공원, CNN 본사가 모두 지척에 있다. 접근성 면에서 탁월할 뿐 아니라, 풍경 면에서도 입지가 크게 유리하다.

건물 외관도 유려하다. 유리 패널로 마감되어 있는 중앙부를 곡면으로 되어있는 두 벽이 감싸고 있는 모양이다. 마치 소중한 무언가를 보호하려는 두 손처럼 말이다. 건축 설계는 워싱턴 DC의 흑인 역사박물관Museum of African American History and Culture 디자인 책임을 맡았던 프릴런Philip Freelon이 수행했다.

시민인권센터는 개관 전부터 두 마리 토끼를 잡겠다고 공언했다. 미국 민권운동civil rights movement과 세계적 인권운동human rights movement을 함께 다루겠다는 포부였다. 이를 위해 전시팀은 1950, 60년대 미국의 시민권 운동만이 아니라,

그 시대가 세계 다른 지역의 인권운동과 어떻게 연결되어 있었는지를 연계하기 위해 고심했다. 전시팀의 출발점은 미국의 평균적 방문객이 미국 국내에서 일어난 일들보다는 수단이나 중동같이 해외지역에서 발생한 일들에 대해 좀더 친근해질 수 있도록 만드는 것이었다. 그렇지 않다면 이미 차고 넘치는

애틀랜타 시민인권센터 전경

민권운동 관련 박물관에 하나를 새로 더할 필요가 없다는 생각에서였다.

그런 고민 속에서 총 관람 예상시간 75분이 되도록 설계한 상설전은 세 개의 전시실로 구성되었다. 첫 전시실의 주제는 '말하지 못하는 사람들에게 목소리를Voice to the Voiceless'이다. '모어하우스대학 마틴 루서 킹 컬렉션The Morehouse College Martin Luther King, Jr. Collection'이라는 부제가 말해주는 것처럼, 여기서는 흑인 민권운동에 헌신하다 멤피스에서 암살로 일생을 마감한 킹 목사의 생애와 영향을 증언하는 오브제들이 비중 있게

다뤄진다. 이 전시를 위해 박물관 설립을 준비했던 사람들은 모금을 통해 2006년 경매에 나올 예정이었던 킹 목사의 편지와 원고들을 3,200만 달러에 미리 사들였다. 그의 유품에 대한 소유권은 모어하우스대학Morehouse College에 귀속되었지만, 앞으로 설립될 시민인권센터가 전시에 관한 권리를 확보한다는 조건이 전제되었다. 이 컬렉션에는 킹 목사의 어린 시절부터 암살될 때까지의 귀중한 자료들이 대거 포함되어 있다. 그 가운데 대표적인 것이 〈버밍엄 감옥에서 쓴 편지Letter from Birmingham Jail〉와 사망 직전인 1968년 2월 4일에 애틀랜타 에벤에셀 침례교회에서 했던 생애 마지막 설교 〈드럼 메이저의 본능Drum Major Instinct〉 원고이다. 여기에는 2011년 8월 워싱턴 내셔널 몰National Mall에 세워진 킹 목사 기념물에 새겨져서 더 유명해진 구절, 곧 "나는 정의, 평화, 공정의 드럼 메이저였다"는 문구가 담겨있다. 물론 드럼 메이저라는 표현이 오해를 불러일으킬 수 있다고 해서 그 후에 수정되기는 했지만, 킹 목사의 마지막 설교의 핵심 메시지는 오로지 '섬김'이었다. 이런 해석은 그의 설교 중 일부를 함께 볼 때 분명해진다.

> 중요하고 대단한 사람이 되고자 한다면,
> 인정받고 훌륭한 사람이 되고자 한다면,
> 위대한 사람이 되고자 한다면,
> 무엇보다도 이것을 깨달아야 합니다.
> 가장 위대한 이는 다른 이들을 섬기는 사람이라는 것을
> 말입니다.
> 섬김이야말로 위대함의 새로운 기준입니다.
> 모든 사람은 위대해질 수 있습니다.
> 모든 사람은 섬길 수 있으니까요.

섬기는 데는 대학 학위가 필요 없습니다.
플라톤이나 아리스토텔레스에 관해 알 필요도 없습니다.
아인슈타인의 상대성 이론을 몰라도 섬길 수 있습니다.
열역학 제2법칙에 밝아야 섬길 수 있는 것도 아닙니다.
다만 필요한 것은 은혜로 충만한 마음, 사랑으로 움직이는 영혼입니다.
당신도 섬기는 사람이 될 수 있습니다.

이 마지막 설교를 통해 킹이 평생 동안 지향했던 것과 소중하게 여겼던 것을 알 수 있다. 생애 마지막 설교에서 킹 목사가 읽었던 성경 구절은 〈마가복음〉 10장 35절부터 40절까지였다. 주께서 영광 중에 거하게 되면 오른쪽 자리와 왼쪽 자리를 달라고 하는 야고보와 요한의 조급한 요구에 대해, '내가 마실 잔을 너희가 마실 수 있겠느냐?'고 하는 예수의 답변이 담겨있는 부분이다. 어쩌면 죽음을 앞둔 순간에 킹 목사가 남긴 부지불식간의 유언이라고 할 수 있겠다. 그가 무장투쟁을 주장하는 동료 흑인 운동가들의 비판을 받으면서도 끝끝내 비폭력 저항운동을 펼쳤던 이유도 종으로서의 섬김을 가장 중시한 데서 찾을 수 있을 것이다. 애틀랜타의 킹 목사 기념관 전시를 통해 알 수 있는 것처럼 목사였던 킹에게 예수 다음으로 영향을 준 사람은 간디였다.

두 번째 전시실의 주제는 "하수처럼 흐르게 하라Rolls Down Like Water"다. 구약성서 가운데 〈아모스〉서의 한 구절, "공의가 하수처럼 흐르게 하라"에서 비롯된 이 문구는 이제 킹 목사 개인이 아니라, 그에게서 출발한 1960년대 미국 민권운동의 전개와 성과가 두 번째 전시실에서 펼쳐질 것임을 예고한다. 부제가 바로 "미국 민권운동The American Civil Rights Movement"이다.

이곳에서는 정의를 실현하는 사회복음 차원을 넘어, 사회변혁의 차원에서 킹 목사를 비롯한 수많은 혁신가들과 용기 있는 시민들의 활동을 조명한다. 앞의 전시실이 오브제 중심이었다면, 여기서부터는 방문객이 전시와 교감하는 인터액티브 갤러리가 펼쳐진다. 장면은 1950, 60년대 미국에서 일반적이었던 흑백 차별의 사례들로 시작한다. 그중 하나가 짐 크로 법Jim Crow laws에 대한 설명이다. 이 패널과 사진을 통해 방문객은 불과 50년 전 미국 남부에서 "평등하지만 분리한다"는 어처구니없는 원칙에 따라 흑인들이 겪어야 했던 수모와 불평등을 학습하게 된다. 집 계약과 대출, 취업에서 불이익은 물론이고, 화장실, 식당, 식수대에서도 흑인은 백인과 같은 시설을 이용할 수 없었다. 하나가 되어야 할 군대에서도 백인과 흑인은 나뉘어졌다. 남북전쟁 이후 관행이 된 이 악법의 의미를 방문객들은 "백인 전용whites only"이라고 표기된 시설물들을 보면서 비로소 실감하게 된다.

전시장 초입에 있는 두 개의 분리된 네온사인 간판, 곧 "백인White"과 "유색인종Colored" 표시를 통과하는 순간, 방문객은 이미 기이했던 1950년대 애틀랜타의 세계 여행을 시작하는 것이다. 방문객의 황당한 느낌은 미식축구팀이 백인으로 구성된 애틀랜타 크래커스the Atlanta Crackers와 흑인 크래커스the Black Crackers로 분리되어 있었다는 사실에서 확연한 현실이 된다.

이 제2전시실을 설계한 사람은 토니상Tony Award 수상 작가이기도 한 울프George C. Wolfe다. 울프는 몇 군데에 인터액티브 장치를 심어놓아 방문객의 공감을 최대한 이끌어내고자 힘썼다. 대표적인 것이 간이식당처럼 꾸며진 공간이다. 방문객은 이 자리에 앉아 헤드폰을 끼고 손 모양으로 표시된 화면 위에 자기 손을 올려놓은 채 무언가를 들을 수 있다. 1950, 60년대 미국 흑인들이나 민권운동에 가담했던 활동가들이 체포되어 겪어야 했던 조롱과 위협을 듣는 것이다. 까만 바탕에 흰색 손 모양으로 표시되어 있는 곳, 바로 방문객이 자기 손을 올려놓은 곳에서는 위협의 수위가 높아질수록 진동이 느껴지는 것 같다. 실제 진동은 앉아있는 의자에서

온다. 방문객은 자기 선택에 따라 견딜 수 있는 만큼 그 자리에 앉아 있을 수 있다. 이를 통해 방문객은 비로소 기묘한 세상에 발을 딛는 자기 모습을 볼 수 있게 된다. 그런데 나는 중단 없이 마지막까지 윽박지르는 고함소리를 다 듣고 있었다. 안내인이 이제 끝났으니 일어나라고 친절하게 설명해 줄 때까지, 더 센 것을 기대하며 자리를 지키고 있었던 것이다. 대한민국의 혹독한 시대를 통과했던 때문일까? 아직도 소음사회 속에서 살고 있기 때문일까? 육체적 고문이 아니라면 충분히 더 견딜 수도 있겠다는 느낌은 나만의 것일까? 아니면 많은 한국인이 나와

비슷하게 반응할까?

민권운동 전시에서 내 관심을 특히 끈 것은 '자유의 버스Freedom Ride' 섹션이었다. 이 부분에서는 미 연방대법원의 결정에도 불구하고 불법적인 흑백분리 관행이 버젓이 유지되고 있는 데 대한 항의로 시민권 운동 활동가들Freedom Riders이 버스를 타고 남부를 집단 방문했던 사건을 다양하게 보여준다. 흑백의 젊은이들이 하나가 되어 1961년 5월 4일 워싱턴 DC에서 출발하는 장면은 신선한 충격이었다. 하지만 여러 도시를 거쳐 5월 17일 남부의 핵심 도시 중 하나인 뉴올리언스New Orleans에 도착 예정이던 자유의 버스는 백인들의 조직적인 폭력 때문에 목적지에 도착하지 못했다. 경찰의 거친 태도, 백인 우월주의를 고집하는 KKK단(Ku Klux Klan)의 폭력행사, 방화와 중상, 또다시 경찰의 방조와 편파적 태도. 이 모든 장면이 전파를 타고 전국에 보도되면서, 자유의 버스 운동은 연방정치 현안으로 급부상했다. 인종평등회의The Congress of Racial Equality가 후속 자유의 버스 도정을 적극 후원하고, 비폭력 운동에 대한 지지가 미국 전역에서 들끓었다. 실천학생위원회Student Nonviolent Coordinating Committee가 가세하면서, 체포된 학생들은 더 큰 고초를 겪었고, 일부 참가자들은 중상을 입은 채 병원으로 이송되었다. 바로 여기에서 방문객은 발길을 멈춘다. 흑인과 백인 청년들이 손을 맞잡고 복음성가 "우리 승리하리라We Shall Overcome"를 부르는 장면, 그 노래를 부르던 백인 청년이 얼마 후 피투성이가 되어 병원에서 인터뷰하는 장면, 2016년 노벨문학상을 수상한 음유시인 밥 딜런Bob Dylan의 통기타 치며 동참하는 젊은 시절 장면은 방문객들을 빠르게 공감의 세계로 끌어들인다. 남부의 실정법에서 그들은 범죄자였지만, 연방의 실정법에서 그들은 합법적 운동가였고, 역사와 정의의 법정에서

그들은 승자가 되었다.

미국 민권운동 전시실은 그러나 죽음의 전시로 끝난다. 우리가 이름을 알고 있는 사람과 이름을 들어본 적이 없는 사람들이 민권운동의 순교자로 묘사되어 있다. 그 가운데 내가 아는 사람은 유감스럽게도 한 명밖에 없다. 마틴 루서 킹 목사다. 그는 1968년 4월 4일 오후 6시 1분에 멤피스의 한 모텔에서 백인 탈옥수에 의해 살해되었다. 그가 암살된 로레인Lorraine 모텔은 현재 인권박물관으로 바뀌어 있다.

시민인권센터의 전시는 동심원적으로 확대되어 간다. 킹 목사 개인의 인생역정이 미국 민권운동으로, 미국 민권운동이 세계 인권의 현장으로 승화되는 것이다. 그렇게 해서, 세 번째 전시실의 이름은 "확신의 불꽃—지구적 인권운동Spark of Conviction: The Global Human Rights Movement"이다. 앞의 두 전시실과 달리, 여기는 개방동선을 택했다. 방문객은 자기 관심에 따라 이곳저곳을 들여다보면서, 인터액티브 장치들을 적극 활용할 수 있다.

가장 먼저 눈에 띄는 것은 히틀러와 칠레의 독재자 피노체트Augusto Pinochet 같은 독재자들이다. 인권을 탄압하거나 훼손한 전 세계의 현대사 속 독재자들이 이곳에 소환당해 있다. 본인들에게는 치욕이고, 방문객에게는 경고다. 그러나 전시 자체로만 보면, 이 부분은 매력이 없다. 너무 밋밋하다. 북한의 최고 지도자 김정은의 사진이 아니었다면, 이 섹션은 내게 기억도 나지 않을 것이다.

이 섹션보다는 맞은편이 좀더 낫다. 여기서는 여성과 H.I.V./AIDS 질환자, LGBT들의 생활조건 개선을 위해 전 세계에서 일하고 있는 활동가들을 보여준다. 하지만 전시는 바라보는 데서 멈추지 않는다. 방문객에게 종교나 성적 귀속감을 통해 스스로를 규정하도록 한다. 이어서 그 귀속 때문에 자기 조국에서 박해받는 사람들이 있는지 묻는다. "나와 같은 사람Who Like Me"이라는 활동 프로그램 기반 전시다. 이 자리에는 많은 단체 방문객이 멈춰 서있다.

세 번째 전시실에서 내가 가장 눈여겨본 것은 이곳 전시에 반영되어 있는 인권 개념이다. 이곳에서 말하는 인권은

모든 것을 인권의 보자기에 쓸어 담으려는 듯 야심차게 넓다. 최근의 유엔 인권헌장에 기반하여 전시를 조직했기 때문이다. 이 폭넓은 인권 개념이 수립되는 데 결정적 기여를 한 인물이 루스벨트Franklin D. Roosevelt 대통령의 영부인 엘리너 루스벨트Anna Eleanor Roosevelt 여사다. 그녀는 1950년대 미국에서 《안네의 일기》가 처음 번역 출판될 때 강력한 추천사를 직접 써서 반유대주의가 약화되는 데도 크게 기여했던 열혈 인권운동가였다.

이 세 번째 섹션에서는 인권 문제가 우리 삶의 모든 곳에

자리 잡고 있으며, 우리 인권의 감성 레이더에 전혀 포착되지 못하고 있는 경우도 허다하다는 것을 강조한다. 화훼산업 노동자와 카카오 플랜테이션 농장에서 일하는 어린아이가 바로 그런 경우다. 전시는 아름다운 꽃을 가꾸는 농업 노동자들이 다량의 유독성 살충제에 항시적으로 노출되어 있다는 점을 환기시켜 준다. 노동 환경과 건강의 권리야말로 소홀하게

여겨져서는 안 되는 인권의 한 부분이라는 것을 도시인들에게 알려준다. 카카오 농장도 문제다. 소년 노동이어서도 문제지만, 더 큰 문제는 그들이 부모의 묵인하에, 혹은 강제적으로 납치되어 농장 노동현장에 투입되었기 때문이라는 것이다. 책임 큐레이터 새빗Jill Savitt의 간결하고 선명한 작업이 돋보인다. 우리에게 온전한 인권박물관을 마련할 기회가 온다면, 가장 눈여겨봐야 할 곳이 바로 여기가 아닌가 싶다. 민주화 이후의 인권까지 전시 속에 담으려면 말이다.

IV

우리

기념문화를

전망하다

26/

기념관의 혈맥, 스토리

제주 4·3평화공원의 기념관 개관 준비가 한창일 때, 사인그래픽을 담당한 전문가로부터 연락을 받았다. 제노사이드와 관련한 부분을 검토해 달라는 부탁이었다. 이 부분을 포함해 사인그래픽 전체 원고는 몇 장에 불과했다. 그로부터 얼마 후 기념관이 개장되었다. 개관한 4·3평화기념관의 상설전시 면적은 프롤로그 공간과 다랑쉬 동굴 재현공간까지 포함해 총 2,392평방미터, 즉 724평이다. 몇 장의 원고가 이렇게 큰 전시를 만들어낸 것이다.

기념관이 개관할 때마다, '마술'을 관람하는 기분이 든다. 전시가 꼭 매혹적이어서는 아니다. 몇 쪽에 불과한 원고가 몇 백 평, 또는 그 이상의 전시공간으로 탈바꿈되는 것이 재미있어서다. 하긴, 원고가 작성되기 전까지는 세상에 존재하는 것이 아무것도 없었음을 생각하면, 그 원고가 탄생한 것부터가 놀라운 일이다. 작은 겨자씨 하나가 자라 큰 새들이 떼 지어

날아와 깃드는 거대한 나무가 되는 것처럼, 한두 사람의 아이디어가 연간 수십만 명의 방문객을 맞이하는 수백, 수천 평의 전시공간이 되니 말이다.

이처럼 사인그래픽은 기념관의 체질을 결정하는 중요 요소다. 건축이 중요하고 관리 운영이 중요한 것만큼, 전시 내러티브가 중요한 이유다. 어떤 면에서는, 전시와 기념관의 생존주기마저도 내러티브의 품질에 달려있다고 해도 과언이 아니다.

로스앤젤레스 관용박물관 전경

내러티브는 스토리다. 그러므로 전시 기획자들은 천상 이야기꾼이 되어야 한다. 좋은 이야기꾼이 좋은 내러티브를 만들어낸다. 그렇다면, 좋은 기념의 내러티브는 어떤 것일까? 어떤 영화가 좋은 영화인가? 어떤 소설이 잘 쓴 소설인가? 어떤 역사책이 좋은 역사책인가? 이 모두가 답하기 쉽지 않은 질문이다. 또 대답하는 방식과 내용도 제각각이다. 그럼에도 한 가지만은 분명하다. 좋은 내러티브는 좋은 전시 중에서 발견할 수 있다는 점이다. 좋은 전시는 많은 사람이 방문하는 전시들 중에 있다는 것이다. 전문가들까지 호평하면 더 말할 나위가 없다. 호평받는 몇 개의 기념관 내러티브를 방문객의 입장에서 찬찬히 뜯어본다면, 좋은 전시 내러티브의 단서를 찾을 수 있지 않을까?

내가 방문했던 기념관들 중에 매력적인 곳은 대부분 생가 기념관이었다. 런던의 찰스 디킨스Charles Dickens 박물관이 그렇고, 영국 호수 지대에 있는 피터 래빗의 작가 베아트릭스 포터Beatrix Potter 박물관이 그렇다. 독일 할레 시에 있는 헨델Georg Friedrich Händel 박물관은 내게 형용하기 어려운 감동을 경험하게 해준 곳이다. 그러나 이들은 스스로가 문자와 음악의 이야기꾼이었지, 그들을 기념한 박물관의 전시가 이야기적이지는 않았다. 이 박물관들의 성공은 내러티브가 아니라, 아직도 생생하게 살아있는 주인공의 권위와 이야기성에 힘입은 바가 크다.

이야기적 요소가 중요한 곳은 박물관의 한 유형인 기념관memorial museum이다. 다양한 유형의 기념관 중에서도 이야기에 명운을 거는 곳은 주로 부담스러운 과거를 취급하는 곳이다. 다루는 내용 자체가 대중의 관심에서 먼 것도 이유겠지만, 부담스러운 과거사의 전형인 학살과 고문은 그 특성상 좀처럼 증거를 남기지 않기 때문이다. 운 좋은 경우에나 약간의 문서가 남아있다. 사진과 영상 자료들이 충분히 남아있는 곳은 아예 없다고 해야 한다. 그러니 공간을 채워야 할 큐레이터들에게는 난제가 아닐 수 없다. 호소력 있는 이야기는 이 모든 난관을 돌파하게 해준다. 물론 전시 내러티브의 구성과 전개방식은 사람 앞에서 구두로 들려주는 이야기나 문자 텍스트 속의 이야기와는 다르다. 전시 내러티브는 공간적 재현을 염두에 두고 배치하는 장치들에 의해 매개된 이야기이기 때문이다.

이제 실제 전시 사례를 통해 기념관의 스토리를 생각해

보자. 방문객의 입장에서 홀로코스트를 재현하는 미국의 대표적 기념관 두 개를 살펴보는 것은 어떨까? 로스앤젤레스에 있는 관용박물관Museum of Tolerance(MOT)이 그 하나라면, 다른 하나는 워싱턴 DC의 홀로코스트기념관United States Holocaust Memorial Museum(USHMM)이다.

'나치 사냥꾼'으로 한때 명성을 날렸던 사이먼 비젠탈Simon Wiesenthal의 비전에 따라 1993년에 세워진 MOT는 홀로코스트만 전시하지는 않는다. 상설전만 해도 세 개다. 홀로코스트, 관용, 안네 프랑크, 이렇게 세 개를 다룬다. 중형 이상의 기념관은 대부분 하나의 내러티브 축에 따라 다양한 이야기들을 전개한다. 이 점에서 전시 내러티브는 '이야기들의 이야기'라고 할 수 있다. MOT의 경우는 여기서 한 걸음 더 나아가, '엄청나게 다양한 이야기들로 구성된 이야기들의 이야기'라고 할 수 있다. 복합전시라는 말이다.

각각 독립된 메가 내러티브인 MOT의 관용전과 홀로코스트전은 문entrance을 기호로 삼아 하나로 묶인다. 먼저 〈관용센터Tolerance Center〉는 다민족 사회인 미국인의 일상생활에서 차별, 관용, 이해의 문제를 다룬다. MOT를 찾은 방문객은 로비에서 아래층으로 내려가야 한다. 다양한 국가 출신의 홀로코스트 생존자 사진들을 보며 지하층에 도착한 방문객은 곧 〈관용센터〉 전시실 입구에서 두 개의 문과 마주하게 된다. 붉은색의 왼쪽 문에는 '편견 있는 사람prejudiced'이라는 단어가, 초록색의 오른쪽 문에는 '편견 없는 사람unprejudiced'이라는 단어가 적혀있다. 모든 방문객은 주저없이 오른쪽을 택한다. 그러나 그 문은 열리지 않는다. 고장이 아니라, 아예 처음부터 닫혀있는 것이다. 이렇게 MOT의 전시는 방문객을 한 번 흔들면서 시작된다. '이 세상에 편견 없는 사람은 없다'는 명제를 초입에서부터 방문객에게 각인하는 것이다. 방문객의 관람은 이 때문에 마뜩지 않은 느낌에서 시작된다. 이것이 방문객 내면의 동요로 연결되면 성공이다. 부담스러운 과거사 전시의 성패는 내적 동요에 달려있다. 그렇지 않으면 전시는 아무런 성과 없이 끝나기 쉽다. 승부는 초입에서 갈린다.

〈관용센터〉 전시는 미국 사회에서 인종적 편견과 증오범죄, 불관용의 전통과 흑인 민권운동을 다루고, 끝 부분에서 세계의 제노사이드를 소개한다. 스탈린 치하의 대대적인 박해, 르완다와 유고슬라비아에서 자행된 제노사이드가 중심을 차지한다. 이곳을 지나면 홀로코스트 상설전이 시작된다. 여기가 바로 MOT의 핵심이다.

홀로코스트 관람은 신분증을 받으면서 시작된다. 이 신분증에는 홀로코스트를 겪은 어린이의 사진과 이름이 들어있다. 방문객이 일제 검거, 강제이송, 게토, 수용소로 이어지는 전시의 매 단계를 통과할 때마다, 신분증 주인공의 정보가 업데이트된다. 방문객은 신분증 속 소년 또는 소녀의 정보를 사건 국면별로 마련되어 있는 인터액티브 스테이션을 통해서 확인할 수 있다. 이 장치는 신분증 주인공과의 동행 효과를 낳는다. 주인공과의 정서적 동일화를 통해, 방문객은 전시 스토리에 동화되기 쉬워진다. '전시의 인격화', 혹은 구체적 인물을 통해서 표현된 전시의 힘이다. 방문객은 관람이 끝난 후에야 주인공의 생사를 알게 된다. 그리고 이 주인공의 생애가 요약된 정보를 출력해서 귀가한다. 이와 같은 인터액티브 신분증의 활용은 희생자의 신분증을 입구에서 나눠주고 따로 개입하지 않는 USHMM에 비하면 훨씬 더 적극적인 태도다. 이런 전시가 가능하기 위해서는 엄청난 연구 바탕에 교육을 우선시하는 태도가 전제되어야 한다.

워싱턴 홀로코스트기념관 로비

홀로코스트 상설전은 마치 보행 무대와도 같다. 방문객이 걸어가면서 전시장 양쪽에 마련된 카페, 쇼핑가, 공습으로 파괴된 집들을 통해 시간과 사건의 흐름을 감지할 수 있기 때문이다. 이렇게 홀로코스트로 가는 역사의 도정은 방문객이 걸어가는 길가의 풍경으로 묘사되어 있다. 방문객은 1920년대 바이마르 공화국에서 1945년 나치 독일이 패망하기까지 반유대주의의 증가, 박해의 심화, 절멸로 이어졌던 역사를 관람하는 것이다. 방문객이 걷는 길은 곧 홀로코스트의 길이다. 이 공간에서 문자 텍스트는 거의 찾아보기 어렵다. 길가의 간판 정도다. 그냥 걸으면서 보면 충분하다.

그러므로 MOT의 홀로코스트 전시는 어린 학생들에게 효과적이다. 홀로코스트와 직접 관련이 없는 나라의 초중고 학생이나, 사전 정보가 불충분한 방문객에게 어울리는 것이다. 독일에서라면 비판받기 십상이지만, 미국에서는 오히려 격려받기 좋다. 평균적 수준의 중학교 2학년 학생에게 통하는 전시는 모든 사람에게 통한다. 사전 지식이 많거나, 기대수준이 높은 사람에게는 여기보다는 USHMM이 더 어울린다. 이처럼 미국에는 홀로코스트 전시에서도 선택 가능한 여러 가지 메뉴가 있다.

MOT 홀로코스트 상설전 체험의 마지막 장치는 전시실 끝에 준비되어 있다. 이번에도 다시 두 개의 문이 등장한다. 두 개의 입구 중 하나는 '일할 수 있는 사람able-bodied'이, 다른 하나는 '어린이와 기타children and others'라고 적혀있다. 지하 주 전시장 입구에서 만났던 방식의 장치가 여기서 다시 한 번 반복되는 것이다. 홀로코스트에 대한 사전 지식이 있는 사람이라면, 혹은 앞서 〈관용센터〉 입구에서의 경험을 기억하는 사람이라면, 어떤 문을 열어도 소용없을 것이라고 체념할 수 있다. 그렇지만,

예상과 다르게, 여기서는 두 개의 문이 모두 다 열려있다. 하지만 방문객의 기분은 개운치 않을 것이다. 문을 통과하는 순간, 어쨌거나 이미 선별된 것이기 때문이다.

비판적인 방문객이나 지적 수준이 높은 성인에게는 이런 장치가 마뜩지 않을 수 있다. 작위적인 느낌, 인스턴트 식품을 떠먹는 느낌 때문이다. 그래서 MOT 팀은 추가적인 장치를 준비했다. MSG를 숟갈로 떠먹은 듯한 느낌을 제거하거나 경감하기 위해서다.

이어지는 다음 공간에는 홀로코스트와 관련된 진품들이 가득 차 있다. 이 중에는 학살명령과 관련된 기록들, 수감자들이 입고 지냈던 줄무늬 옷, 낡은 신발, 철제 식기, 가시철조망, 강제수용소 수감자들을 분류하는 색상별 기호표, 나치 친위대 제복과 휘장이 그것이다.

이어지는 약간의 공간은 위험에 처한 유대인들을 도와주었던 비유대인들에게 헌정된다. 이스라엘 정부가 '열방의 의인들Righteous Among the Nations'로 명명한 구조자들rescuers이 바로 그들이다. 나치 친위대와 협력했던 사람들이 어두웠던 역사의 반면교사라면, 그 반대편에 섰던 이들은 '살아있는 도덕교과서'다.

다음 부분은 강제수용소 해방과 연합국 군정이 재현되어 있다. 여기서 초점은 '마우트하우젠 깃발Mauthausen Flag'에 있다. 마우트하우젠은 베를린 북쪽 근교에 있는 나치 강제수용소다. 여기에 있던 수감자들이 직접 만들어서, 자신들을 해방시켜 준 미군에게 감사의 표시로 건네준 것이 바로 그 깃발이다. 이 장치를 통해 MOT는 홀로코스트의 미국화Americanization를 시도한다. 국적 있는 교육과 주소가 명기된 교육을 위해서는 과거 사건과 현재와의 탄탄한 연계가 필요하다. 의미의 현재화가 없는 역사교육, '우리'와 무관한 세계사 교육은 우리 시대의 학생과 국민들에게 호소력이 없기 때문이다. 그러므로 홀로코스트를 직접 겪지 않는 나라 사람들에게 홀로코스트를 교육하고 전시할 때는 자기화와 보편화의 투 트랙 전략이 반드시 필요하다. MOT의 전시 기획팀은 이 점에서 기본에 충실했다고 할 수 있다.

MOT가 소박하게 시도한 '홀로코스트의 미국화'는 USHMM에서 훨씬 더 확고하게 나타난다. 미국 동부의 USHMM은 스토리텔링의 기본 원칙에서도 미국 서부의 MOT와는 다른 길을 택했다. 같은 해에 개관했으니, 앞의 경험을 지켜보면서 전략을 달리 했다고는 말할 수 없다. MOT의 홀로코스트 전시는 보호자의 손을 잡고 아장아장 걸으며 경험하는 전시 같다. 입문으로서는 제격이지만, 한 번 더 보기에는 꺼려지는 것도 그래서일 것이다. 전시의 스토리가 너무 단순하고, 교육적 목적이 지나치게 강조되어 있다. 이에 비례해서, 홀로 앉아서 방금 마친 관람 경험을 깊이 생각해 볼 여지는 매우 적다. 평균 2시간 반 정도 소요되는 시간 동안 방문객은 다양한 인터액티브 미디어를 즐길 수 있다. 홀로코스트를 주제로 한 서구의 다른 기념관들에 비하면, MOT는 유독 다중영상 패널, 비디오 플레이 기기, 터치스크린 모니터를 많이 활용한다. 텍스트는 그에 비해 매우 적은 분량이다. 음향 간섭도 심해서 소음을 싫어하는 노년층은 불만을 토로할 수도 있다. 연간 방문객 35만 명 가운데 1/3 이상이 초·중·고 학생인 것도 그와 상관있다. MOT는 그렇기에 방문객들 간에 호오가 선명하게 갈리는 곳이다.

성찰과 사유를 기대하는 방문객이라면 USHMM을 보는 것이 좋다. 이곳의 전시 내러티브는 크게 두 개의 결로 요약될

AMERICANS ENCOUNTER THE CAMPS
NAUTICA

A NEW WORLD
After Israel, the most favored destination of Jewish
survivors was the United States. But legislation
the admission of Jewish displaced persons (DPs)
in coming.
December 22, 1945, and June 1947, a total of
DPs were admitted into the United States, of whom
were Jewish. President Harry S. Truman favored
immigration policy toward DPs, but congressional
was needed to raise the strict immigration quotas.
American Jewish community lobbied for such action.
Congress finally passed a bill allowing 50,000
refugees to immigrate per year until 1952. Its
were so severe, however, that President Truman
the law "flagrantly discriminatory against Jews."
amended the law in 1950, but by the following
of the Jewish DPs in Europe had gone to the
state of Israel.
137,450 Jewish refugees had settled in the United
The amended 1948 law served as a turning point

수 있다. 하나가 정서적 공명이라면, 다른 하나는 홀로코스트 미국적 전유, 즉 철저한 미국화다. 사유의 기회는 여기서 비롯되는 결과라고 해야겠다.

USHMM을 설계한 건축가 프리드James Ingo Freed는 이곳을 '기억을 울려 퍼지게 만드는 장소resonator of memory'로 규정했다. 감성적 공명장치란 뜻이다. 특히 붉은색 벽돌과 노출된 철강재가 특징인 거대한 로비 공간은 이곳에 들어오는 이들에게 아우슈비츠를 연상토록 만든다. 여기에 부응하는 것이 전시 개념을 설계한 리넨탈Edward T. Linenthal의 구상이다. 그에 따르면, USHMM은 "모든 미국인을 위해 홀로코스트 기억을 간직하는 물리적 콘테이너"다. USHMM 설립자들이 도모한 것은 홀로코스트의 역사를 차분하게 보여주는 역사박물관이 아니라, 그 자체 하나의 '살아있는 기념물living memorial'이었다. 이것이 목표였다면, 이 목표를 실현하는 수단은 스토리텔링이었다. 지금은 꽤 널리 알려진 '이야기 중심 박물관narrative museum'은 USHMM 개관 당시만 해도 박물관 전시의 기본 원칙으로 삼기에는 매우 낯선 개념이었다.

USHMM 상설전의 스토리라인은 곧 방문객의 동선이다. 세계 그 어느 홀로코스트 박물관보다 소장품이 많은 곳이지만, 이곳의 오브제 배치는 철저하게 내러티브에 종속되어 있다. 이곳의 내러티브는 바라보는 이야기가 아니라, 때로는 방문객이 오브제들을 통해 구현된 이야기 속에 몸을 담그기도 해야 하는 체험적 내러티브다. 예컨대, 폴란드에서 공수해 온 아우슈비츠행 화차는 그저 바라보는 대상이 아니다. 화차의 양쪽 문이 뜯겨있고, 그 문 사이로 방문객이 지나가야 한다. 방문객은 그순간 강제 이송되는 유대인이 된다. 오브제들이 동선 한쪽이나 양쪽에 줄지어 서있는 것이 아니라, 동선

SAVING THE
DANISH JEWS

WALLENBERG
AND FELLOW
RESCUERS:
BUDAPEST, 1944

중간 중간에 배치되어 있어, 이야기가 물리적으로 오브제와 얽혀있다고 해야겠다. 이 점에서 USHMM의 상설전은 매우 실험적이고 체험적이다. 역사적 스토리텔링과 체험적 기억을 한데 결합한 것이다. 이를 통해 전시팀이 기대하는 것은 정서적 반응이다. 그 반응은 희생자들과의 공감을 지향한다. 마치 방문객이 희생자의 일원이 된 것 같은 느낌을 갖게 하는 것이다. 아우슈비츠나 루블린-마이다네크 같은 장소적 진정성을 갖추지 못한 장소이기에, 또 미국 국민의 대다수가 홀로코스트와 직접 연루되지 않았기 때문에, 이곳에서는 오히려 진정성을 갖춘 기념비적 규모의 오브제가 필요했던 것이다.

내러티브는 거의 연대기순이다. 전체 구조도 단순하다. 나치의 공격Nazi Assault, 최종해결Final Solution, 마지막 장Last Chapter. 이렇게 단 세 개의 장으로 구성되어 있다. 이렇게 설계된 방문객의 동선에는 900개 이상의 유물, 70개의 비디오 모니터, 생존자의 증언 영상이 돌아가는 4개의 소형극장 공간이 배치되어 있다.

전시를 관람하는 방문객은 로비에서 엘리베이터를 타고 4층으로 올라갔다가, 거기에서부터 점차 내려오는 길을 밟게 된다. 엘리베이터 상단 구석에 설치된 흑백 영상을 통해서, 또 엘리베이터에서 내려 희생자들의 이름이 가득 적혀있는 유리 복도를 지나 처음 마주하게 되는 대형 사진을 통해서 USHMM의 내러티브는 홀로코스트가 미국과 연루된 미국의 사건임을 강하게 주지시켜 준다. 사진 속 오르드루프Ohrdruf 강제수용소에 도착한 미군이 영상 속에서 다급하게 무전기에 대고 외치는 소리가 그 장치다. "일종의 거대한 감옥 같다. 사람들이 차고 넘친다. 병든 사람, 죽어가는 사람, 굶주린 사람들이다." 이렇게 처음부터 끝까지 홀로코스트는 미국의 사건으로 쓰여있다. 이 사건을 바라보는 미국인의 관점은 '해방자liberator'다.

홀로코스트의 서막도 대서양을 사이에 두고 미국인이 바라봤던 기괴한 현상들에 대한 보도로 점철되어 있다. 이때 미국은 먼 거리의 관찰자였다. 그리고 전시는 이차대전 발발로 이어진다. 이때를 계기로 전시는 참여 관찰자의 입장에서 사건을 가깝게 클로즈업하기 시작한다. 이 부분에 텍스트와 사진 자료가 집중되어 있는 것은 우연이 아니다. 바라보는 자의 객관적 시선을 강조하기 위해서다. 여기서 4층의 전시가 끝난다. 홀로코스트 사건의 핵심인 '최종해결Final Solution'은 3층에서 재현된다.

3층에서 방문객의 시선은 희생자의 그것으로 바뀌도록 유도된다. 이제까지의 엄밀한 연대기적 배치는 이제 포기된다. 중요한 것은 사건 속 유대인들과의 동일시이기 때문이다. 이제 막 게토 지대를 지나온 방문객은 강제동선이 지시하는 대로 다시 화물운송열차에 올라타야 한다. 여기서 내리는 순간 눈앞에 아우슈비츠의 풍경이 펼쳐져 있다. "노동이 너희를 자유케 하리라"라고 새겨있는 아우슈비츠 정문을 지나 막사에 도달해 비인간적 환경을 눈으로 목격한다. 그 끝부분에 축소된 크기의 모형 가스실과 화장장이 있다. 배경 속 생존자들은 그곳의 지옥 같은 상황을 증언한다. 전시장의 끝부분에는 "왜 아우슈비츠를 폭격하지 않았는가?"라는 제하의 장면들이 있다. 그 시기 미국 정부의 무심한 태도를 힐난하는 것이다.

'마지막 장'은 2층에서 다뤄진다. 강제수용소가 해방되고, 생존자들을 위해 설치된 난민수용소가 보이며, 뉘른베르크 전범들에 대한 정보가 걸려있다. 그리고 마침내 살아남은 생존자들이 미국으로 이주해 들어온다. 그들은 자유의 여신상을 보면서 안도한다. 그들을 품에 안은 미국은 이렇게 해서 자유의 나라로 묘사된다. 그리고 전시장을 나서는 방문객들의 눈에 푸른 하늘을 배경삼아 수직의 장대한 오벨리스크 석조 기념물이 보인다. 1885년에 완공된 170미터 높이의 워싱턴 기념탑이다. 이렇게 홀로코스트의 역사는 미국의 수도에서 끝나고, 자유민주주의의 역사가 시작된다. 이로써 USHMM의 내러티브는 종결된다.

이처럼 MOT와 USHMM의 홀로코스트는 다르다. 독일의 베를린 유대박물관das jüdische Museum의 홀로코스트는 또 다른 느낌이다. 다른 시각에서 전시 내러티브를 짰기 때문이다. 이스라엘 야드바셈의 홀로코스트 박물관 전시는 독일의 유대박물관과 또 다르다. 희생자의 시각과 가해자의 시각이 같을 수 없기 때문이다. 동일한 사건은 이렇게 내러티브를 통해 자기의 방식으로 제각각 재현된다.

그래서 이야기꾼의 역할이 중요하다. 좋은 기념관은 좋은 내러티브에서 나온다. 성공한 기념관은 제각기 다른 방식으로 성공한다. 그러나 그 저변의 성공 원리는 유사하다. 오랜 논의 속에서 숙고에 숙고를 거듭한다. 가장 이상적인 것은 발주자와 학자, 건축가와 큐레이터들이 한자리에 모이는 것이다. USHMM이 그랬다. 이 과정에서 명확한 기본개념이 도출되고, 차별화된 비전이 산출된다. 그리고 로드맵이 만들어진다. 이 인문학적 논의 결과는 명확한 과업지시 지침이 되어, 건축가와 디자이너들의 작업을 수월하게 한다. 수의계약 방식이냐, 공모 방식이냐는 문제가 되지 않는다. USHMM은 수의계약을 했지만 성공했다. 우리처럼 조달청의 엄격한 규정을 적용받지도 않았다. 건축비를 민간 모금으로 조달했기 때문이다. 분명한 것은 발주자 측이 원하는 그림이 분명했다는 점이다. 그들의 꿈을 이야기꾼들이 내러티브로 풀어냈다.

망하는 전시는 같은 패턴을 밟아 망한다. 발주자는 본인이 원하는 바가 무엇인지 잘 모른다. 그냥 잘 지어달라고 할 뿐이다. 세계적인 기념관을 지어달라고만 말한다. 자문위원회가 구성된다. 전시되어야 할 내용에 관해서는 전문가이지만, 전시 자체에 대한 이해는 별로 없는 사람들로 구성된다. 그중에 처음부터 끝까지 내용을 장악하고 진행을 지휘하는 사람이 없다. 책임지는 선장은 없고, 뱃사공만 넘쳐난다. 실무자들은 자문위원들의 다양한 요구에 휘둘린다. 그러다가 시간 부족에 직면한다. 시간에 쫓긴 나머지, 쪽 대본 수준의 전시 스토리가 가까스로 완성된다. 개관 일정이 촉박하다. VIP가 테이프 커팅 할 때까지 모두가 급하다. 밤샘 작업도 불사한다. 티브이 드라마가 망하는 길과 전시가 망하는 길은 이렇게 흡사하다.

잘되는 집에는 잘되는 이유가 있고, 그렇지 못한 집에는 망할 만한 이유가 있다. 그 이유의 가장 큰 부분은 스토리에 있다. 어떤 내러티브가 좋은 내러티브일까? 사실관계 배열에서 문제가 없으면 좋은 전시가 예약될까? 학계의 연구 성과가 충분히 반영되고 잘 응축되어 있으면 좋은 전시가 될 수 있을까? 이 두 가지는 필요조건일 뿐, 충분조건이 아니다. 기본에 관한 사항일 뿐이다. 전시는 압축이고 각색이기 때문에, 재현의 방식을 결정짓는 스토리가 중요하다.

성공한 국내외 전시 기획가들은 스토리의 중요성을 이구동성으로 노래한다. 그리고 좋은 전시 스토리에 대해서도 비슷하게 말한다. 그 조언들 가운데 중복되는 몇 개를 정리해 보자.

방문객에게 동일화identify 할 수 있는 기회를 부여하라. 방문객이 전시에 몰입할 수 있기 위해서는 전시 속에 사람이 구체적으로 등장해야 한다. 남녀노소가 자신과 동일시하기 좋은 것은 주인공이다. 바로 여기에서 주의해야 할 점이 있다. 전시의 통일성을 지켜야 하지만, 전시 내러티브가 단조로워서는 안 된다는 것이다. 방문객은 다양하다. 인종, 종교, 세대, 국적, 교육수준 등 다양한 차이를 갖고 있다. 이들이 자기 방식으로 동일시할 수 있는 인물들의 이야기가 필요한 이유다. 안중근, 김구 같은 단일 인물을 기념하는 장소에는 직접 해당하지 않는 말이다. 하지만 이 경우도 김구의 어머니, 아버지, 주변 사람들, 김구와 대립했던 사람들이 전시 속에 충분히 나타나지 않으면 안 된다. 중대형 기념관의 경우는 하나의 방향으로 몰아가는 모노톤의 이야기는 실패할 확률이 높다.

그러므로 이야기의 통일성은 다양성을 '경유해서' 표현되어야 한다. 가능한 한 다양한 이야기가 담겨야 한다. 단순히 다양한various 것이 아니라, 서로 다른different 색깔의 이야기들이 가닥지어져 구현되어야 한다는 뜻이다. 단조로운 이야기는 진실에 대한 강박이나 정의에 대한 편협한 사고에서 비롯되기 쉽다. 그곳에서 방문객은 마음 붙일 지점을 찾기가 어려워진다. 진실은 보통 책에서 찾지 않는가? 직접 발품 팔아 오프라인 전시장까지 찾는 이유는 대개 체감하기 위해서다. 몸소 느끼기 위해서다. 다양한 유형의 인물과 이야기가 담겨야 하지만, 그 개인들이 지나치게 '집단적 개인'이어서는 어렵다. 전형적 인물들의 자리를 몇 개의 모형을 가지고 메우는 방식으로는 감동이 유발되기 어렵기 때문이다. 대표성은 중요한 요소지만, 그 인물을 통해 전형적 계급의 스토리나 계층의 스토리가 전형적 대사로 흘러나올 경우에 전시의 감흥은 급격히 떨어진다.

다양성 요구와 배치될 소지가 있기는 하지만, 기념관이 목적하는 바가 전시 내러티브 속에 뚜렷하게 드러나야 한다.

전시의 작위성, 단일한 성조의 위험에 빠지지 않는 한, 기념관이 방문객에게 보여주고 싶어하는 메시지가 이야기 속에 분명하게 담겨야 한다. 목적성이 강한 과거사 관련 기념관은 특히 그렇다. 사실 제주 4·3처럼 단위 사건을 다룰 때 항쟁을 부각할 것인가, 아니면 희생을 부각할 것인가는 전시팀 차원에서 결정할 수 있는 일이 아니다. 그 자체 과거사 정리의 수준, 그리고 지방과 중앙의 정치적 권력관계가 직접적으로 작용할 수 있다. 기념물도 마찬가지다. 그러나 능력 있는 이야기꾼과 예술가는 그 속에서도 자신에게 주어진 행동반경과 기회를 최대로 활용할 수 있다. 정치적 요구를 전적으로 수용해야만 하는 것도 아니다. 문화적 미학적 완성도로, 전시의 언어와 문법으로 다양한 선택지를 제시하는 것도 기념을 담당하는 사람들이 지녀야 할 능력이다. 사건 당사자들의 기대와 요구, 입김에 대해서도 마찬가지다. 그 모든 것보다 과거사 관련 기념에서는 희생자 유가족과 생존자들의 원하는 바가 우선적으로 존중되어야 한다. 다만, 구현의 방식만큼은 기념 전문가들에게 위임되어야 한다. 심미적 완성도와 호소력의 증대를 위해서다. 이것이 없다면, 기념관의 성공은 무망하다.

또한, 정서적 공감의 장치를 적절하게 활용해야 한다. 이야기가 정서적 연계를 자극하고 공감을 불러일으키기 위해서는 극중 주인공protagonist과 대립하는 악역antagonist 간의 갈등을 실감나게 표현해야 한다. 그러나 이때도 동질적 집단의 호응과 몰입을 위해 불필요하게 타자를 양산해서는 안 된다. 특히 학살 관련 사건에서 모든 가해자들을 악마화시키는 것은, 도덕이나 종교를 전시와 혼동하는 일이다. 그런 식의 뒤섞임은 정치적으로도 부정적인 결과를 초래한다. 사실 친구와 적, 보수주의자와 진보주의자 사이에 명확한 경계가 있는 것은 아니다. 이야기는 다양한 중첩지대와 동일 인물 속에 존재하는 혼종성을 부각할수록 설득력을 얻기 쉽다. 아울러, 지나치게 민족적인 스토리는 역내 인접국가 국민들의 반발을 초래하기 쉽다. 일본 도쿄 야스쿠니 신사 경내의 류슈칸遊就館의 전시를 볼 때 우리가 느끼는 불편한 감정과 문제의식은 독립기념관 전시를 준비할 때도 똑같이 적용되어야 한다.

이렇게 지금까지 제시한 원칙이 반영된 박물관을 포괄적 박물관inclusive museum으로 지칭한다. 포괄적 기념관은 포용적 이야기들inclusive stories을 전제한다. 언어·인종·문화·세대·젠더의 장벽을 넘어서 다종다양한 방문객을 품기 위해 필요한 포용적 이야기들을 적절한 방식으로 전개하기 위해서는 몇 가지가 더 필요하다.

앞서 언급한 것처럼, 무엇보다 인상적인 개인들의 이야기를 담아야 한다. 개인들의 삶에는 시대와 보편의 흔적이 남아있다. 그러므로 개인적 이야기를 통해 우리는 시대의 다양한 모습까지 파악할 수 있다. 이한열의 이야기는 연세대생 이한열의 이야기로 끝나지 않는다. 개인 삶의 날줄과 시대의 씨줄이 그의 삶에서 만나 살아있는 한 시대의 이야기, 시대를 품은 개인과 가족의 이야기가 펼쳐지는 것이다. 우리는 그에게서 1987년의 파노라마를 보지만, 동시에 1987년은 그렇게 다양한 청춘들을 통해 표현되었다. 그 청년 이한열의 이야기를 우리는 그가 남긴 낡은 운동화를 소재로도 풀어갈 수 있다.

그리고 가공되거나 과장되기보다는 진정성 있는 이야기authentic stories를 추구해야 한다. 공감의 힘은 여기서 비롯된다. 지나친 가공은 금물이다. 인위적 시도는 음식 속 MSG 더미처럼 사람을 물리게 만든다. 의미를 덧붙이기보다는, 사건과 행동의 순간 속에 담겨있을 미세한 의미가 서서히 흘러나올 수 있도록 기다리며 진중한 태도를 취하는 것도 하나의 방법이다. 때로는 지나친 소박함 때문에 사람들이 공감할 수도 있다.

정서적 접근이 지나쳐서도 안 되지만, 정서적 접근 없이 방문객의 공감을 기대하기는 어렵다. 정보를 제공하는 힘은 사실들에서 비롯되지만, 설득의 힘은 정서적 공감에서 비롯된다. 전시가 도모하는 것은 공감을 통한 설득이다. 은신처에서 숨죽이던 안네의 숨 막히는 시간을 우리가 일기에서 읽고, 암스테르담 그 은신처에 가서 비좁은 장소를 들여다보는 이유는 우리에게 공감하고 싶은 마음과 공감받고 싶은 마음이 있기 때문이다. 홀로코스트의 정보와 지식을 얻기 위해 우리가 암스테르담의 프린젠 운하까지 가는 것은 아니다.

그리고 마지막 하나. 소수자들과 약자와 변경에 속한 사람들이 소외되거나 배제되지 않도록, 다양성에 유념해야 한다. 끼리끼리의, 주류 집단 내의, 다수 사이의 공감이 때로는 타자에 대한 집단적 선입견이 될 수도 있다. 이런 동질적 공감, 곧 집단적 편견이 좁은 틀에 머물러있지 않기 위해서는 보편적 가치에 대해서 개방적 태도를 견지해야 한다.

기념관 전시의 목적이 부담스러운 과거사를 통해 사람들의 마음을 바꾸고, 행동을 바꾸고, 세상을 바꾸는 것이라면, 기념관의 전시도 바뀌어야 한다. 전시가 바뀌기 위해서는 스토리를 생각하는 우리의 방식과 그 스토리를 구현하는 우리의 방식도 바뀌어야 한다. 그것은 곧 우리 자신이 바뀌는 것을 의미한다.

27 /

주검으로 재현되지 않는 죽음의 의미

야만의 재현은 21세기 기념관 전시의 큰 숙제다. 20세기에 만연했던 국가폭력, 집단학살, 다양한 종류의 만행과 인권유린 행위들은 독일과 아르메니아에서 멕시코와 칠레에 이르기까지, 르완다와 남아프리카에서 캄보디아와 동티모르에 이르기까지 전시 전문가들에게 끝없는 도전이 되고 있다. 우리 역시 마찬가지다. 한국전쟁 초기 경산 코발트 광산 수직 갱도에서 자행된 집단학살을, 교동도 앞바다에서 철사 줄로 손을 뒤로 묶인 채 수장되던 그 장면들을 이 안온해 보이는 시대에, 눈망울 초롱초롱한 우리 어린이들과 후세대에 어떻게 보여주어야 할까? 서대문형무소에서 자행된 일제 경찰들의 잔인한 고문과 서울의 한복판 남영동 대공분실 5층에서 일상적으로 행해졌던 그 다양한 인간악을 어떻게 전시해야 할까?

서구 근대 역사학의 아버지 랑케의 가르침은 과거 일반에는 타당하나, 야만의 재현에는 해당하지 않는다. 그는 '그것이 실제로 있었던 대로' 재현할 것을 권고했다. 그러나 야만을 야만적 방식 그대로 재현할 수 있겠는가? 재현의 목적은 학습과 기억에 있다. 교훈을 얻는 데 있다. 전시는 실험실의 실험이 아니다. 아우슈비츠의 의사 멩겔레Joseph Mengele가 산 사람의 몸에서 극한의 상태 직전까지 피를 빼냈다고 해서, 쌍둥이 어린이 하나가 보는 가운데 다른 쌍둥이 자매의 눈에 물감을 주입했다고 해서, 그 모습 그대로를 우리는 재현할 수 없다. 1915년에서 1916년까지 오스만투르크 땅에서 아르메니아인들에게 자행된 제노사이드를 조사하던 중, 많은 사진을 봤다. 칼로 잘린 희생자의 머리를 긴 막대기에 꽂고 전리품처럼 서있는 투르크 군인들과 민병대 대원들의 모습은 진저리 내기에 충분했다. 그 사진을 보면서 공포감과 치 떨리는 환멸감은 있었지만, 희생자에 대한 애도의 틈새는 확보하기 어려웠다. 난징학살을 증언한 아이리스 창의 책에 실린 훼손된 시신 사진들, 여성의 음부를 유희적으로 자해한 장면들을 나는 도저히 볼 수 없었다. 그 두툼한 사진들 가운데 몇 장을 힘겹게 보다가, 결국에는 사진을 피해서 텍스트만 읽었다.

만행에 대한 고발을 전시의 주목적으로 삼아야 할까? 이 경우 731부대의 만행은 어떻게 재현하는 것이 좋을까? 있었던 대로의 재현이라면, 전시의 결과는 분노와 증오일 것이다. 그 결과는 어쩌면 보복일지도 모른다.

그것이 아니라면, 전시의 목적은 희생자 개개인에 대한 애도인가? 동시대인들은 개개인에 대해 애도할 수 있다. 유가족과 친지의 입장에서 절실하게 필요한 것이 바로 희생자 개인에 대한 애도다. 그분은 살해당할 이유가 전혀 없었다고, 아무런 법적 절차도 밟지 않고 혐의만으로 국가의 일방적 오인 속에 돌아가셨다고, 동시대인들이 증언하는 것은 유가족들에게 매우 중요하다.

그러나 후세대는 직접 대면하지 못한 개인 개인에 대해 애도하기 어렵다. 안네 프랑크나 이한열은 예외 중에서도 예외에 속한다. 후세대가 전시에서 경험하는 것은 어처구니없는 야만에 대한 의분과 재발 가능성에 대한 경계의식이다. 이런 느낌은 국가에 대한 각 개인의 태도에 영향을 주고, 무심했던 개인을 공적인 일에 참여하는 시민zoon politikon으로 변모시킨다.

민주화운동기념공원 남영동대공분실 고문장면 재현

혹 그게 아니라면, 전시를 통해 지나간 시절의 야만적 행위를 통해서 우리가 잃어버린 인간의 가치를 안타까워해야 할까? 방금 전까지 끌려온 청년에게 물고문에 칠성판 고문까지 해놓고 태연히 체력단련을 위해 테니스 치던 남영동 대공분실의 그 장면을 떠올릴 때 우리가 갖게 되는 심경이다.

사건 자체와 그 사건의 성격이 전시를 규정하는 것은 맞다. 나치 독일에서와 같이 아우슈비츠에서 자행된 '문명화된 야만', 즉 공장식 살인은 거기에 맞는 전시가 있다. 구조화된 살인, 일상화되고 미세화된 분업적 살인은 개인에 대한 개인의 잔혹한 살인방식을 재현할 때와 달라야 한다. 나치의 계획 속에 깃들어

있는 냉혹성을 방문객이 파악해야 하기 때문이다. 르완다, 제주, 캄보디아, 오스만투르크, 그리고 부분적으로는 나치 치하 동유럽 일대에서 광범위하게 자행되었던 대면 학살과 유희적 학살은 전시 기획자들을 더 곤혹스럽게 한다. 이 핏빛 선명한 살인자들의 행위를 도대체 어떻게 표현해야 할 것인가? 만주 731부대의 경우도 당혹스럽기는 마찬가지다. 관료적으로 조직된 근대적 살인의 외양을 취하기는 했지만, 사람이 살아있는 사람 몸에 수술 메스를 들이댔기 때문이다.

모든 것이 혼란스러울 때, 우리는 애초의 목적을 다시 생각한다. 왜, 무엇을 얻기 위해, 혹은 어떤 것을 잃지 않기 위해 우리가 이 전시를 기획하게 되었던가? 그리고 이 전시는 어떤 방문객을 겨냥한 것인가? 이렇게 전시는 목적이 이끄는 전시로 숙고되어야 한다.

죽음에 관한 전시에서 내게 가장 강한 인상을 준 곳은 캄보디아의 수도 프놈펜에 있는 투올슬렝Tuol Sleng이다. 전시방식이 맘에 들어서는 아니다. 오히려 그 반대라서 내 머리에서 떠나지 않는 경우다. 왜일까?

크메르 루주의 '살인기계'로 불렸던 투올슬렝 감옥은 본래 학교였다. 수학 교사 출신의 돗Duch이 감옥으로 개조한 후 폴 포트Pol Pot 정권이 자행한 야만의 상징이 된 이 장소에서 죽은 사람은 모두 12,272명이다. 이곳에 끌려온 사람은 도착 즉시 사진을 찍어야 했다. 그리고 갖은 고문에 시달리다가 더 이상 견디지 못하고 CIA나 KGB, 또는 베트남 정보기관을 위해 일했다는 조서에 서명해야 했다. 이 고통스러운 과정은 프놈펜 외곽에 있는 집단매장지 쩌응엑Chhoeung Ek에 도착해야 끝날 수 있었다. 살아남은 사람은 극소수에 불과했다. 고문과 인권유린 면에서 보면 우리 남영동 대공분실과 비슷해 보이지만, 고문이 살인으로 귀결되었다는 점에서는 다르다. 생존자들은 이곳에 끌려왔을 때, 족쇄에 묶여 거의 죽어있는 사람들을 지켜봐야 했다고 증언한다. 공포감을 극대화시켜 저항의 가능성을 차단하기 위해서였다.

이 고문과 살인의 현장은 오늘날 투올슬렝 제노사이드 박물관Tuol Sleng Genocide Museum으로 개조되어 있다. 총 4개의 건물 가운데 A동이 가장 큰 규모의 감옥시설이었고, C동은

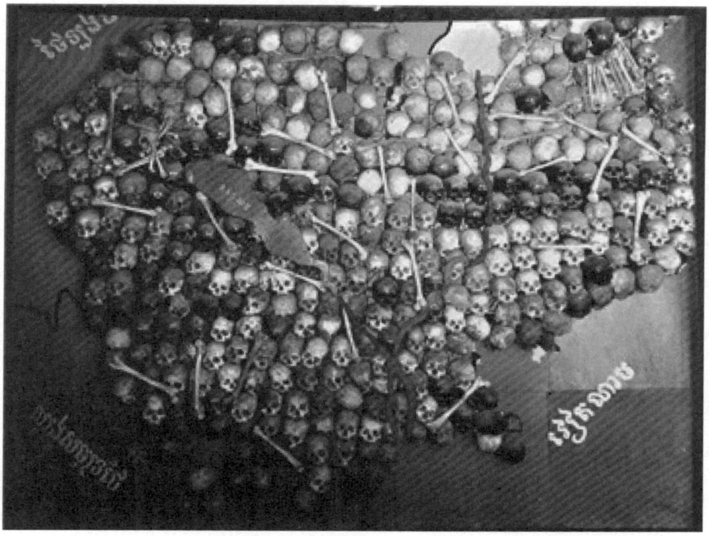

투올슬렝 박물관 해골지도(Donovan Govan)

매우 작은 감방들로 구획되어 있다. 이 가운데 수감자들이 끌려오자마자 찍은 '범죄자 식별용 사진들'을 모아놓은 곳은 B동이다. 보기만 해도 진저리 나는 고문도구들은 D동에 있다.

박물관 전체에서 가장 도드라져 보였던 소재는 해골이다. 전시장 한쪽에는 수감되었다가 살해된 사람들의 해골을 담은 유리 진열장이 있었다. 이보다 더한 것은 '해골지도skull map'였다. 수많은 두개골과 팔다리뼈를 활용해서 캄보디아 지도를 만들어놓은 것이다.

인골 전시는 이곳에만 국한된 얘기가 아니다. 프놈펜 남쪽 17킬로미터 지점에 있는 쩌응엑도 마찬가지다. 크메르 루주 학살을 상징하는 표현 '학살의 벌판Killing Fields'도 여기서 비롯되었다. 이곳은 S-21에서 죽은 사람들을 묻은 집단매장지다. 이 비극의 현장에는 비운의 사자들을 위로하기 위한 불교 탑 양식의 기념물이 있다. 2012년에 세워진 62미터 높이의 이 추모 기념물 속에는 5천 개 이상의 두개골이 들어있다. 탑의 하부는 열려있어 방문객이 엄청난 규모의 희생자 인골과 대면할 수 있다. 이 중 많은 수의 인골은 이미 훼손되어 있다.

크메르 루주 정권 축출 후 이곳에서 발굴을 통해 수습된 유골은 모두 8,895기에 달한다. 이들은 대부분 투올슬렝이나 캄보디아 국내에 산재한 수감시설에 수용되어 있던 정치범들이다. 이 일대에서는 아직도 유골들이 수습되고 있어, 캄보디아 사회에 제노사이드가 끼친 상처의 깊이를 가늠할 수 있다.

그런데 이 상처는, 이 지옥 같은 과거는 유골을 통해서가 아니고서는 재현될 수 없는 것일까? 그 방법이 아니고서는 투올슬렝과 쩌응엑이 범행 현장이라는 것을 입증하기 어려울까 봐 염려하는 것일까? 아니면, 캄보디아 사회에 제노사이드 부정론이 유독 기승을 부려서 그런가? 그래서 확고한 부동의 증거가 필요한 것인가?

그것은 아닌 것 같다. 적어도 투올슬렝에 관한 한, 학살자들의 신원을 확인할 수 있는 사진과 기록이 거의 그대로 잘 보존되어 있다. 이곳에는 예외적일 정도로, 학살을 객관적으로 입증할 수 있는 자료들이 차고 넘친다. 그런데 왜 캄보디아 사회는 유골을 통해서 제노사이드를 재현하는 데 집착하는 것일까? 유골의 더미, 유골의 탑을 통해서 캄보디아 사회는 뼈에 사무치는 통한의 과거를 기억하고, 뼈를 깎는 자세로 재발 방지의 각오를 다짐하고자 하는 것일까?

해골 전시는 캄보디아 사회에서도 문제가 되었다. 그 결과, 투올슬렝 박물관은 문제의 소지가 컸던 해골지도를 2002년 3월 11일에 해체했다. 이 결정은 단순히 박물관이 아니라, 정부 차원에서 내려졌다. 지도가 해체되던 날, 불교 승려들이 그 앞에서 추도의 제를 지냈다. 철사로 엮여있던 해골들은 해체되어 유리로 둘러싸인 목함에 안치되었다. 이날 시아누크Norodom Sihanouk 국왕은 유해가 불교 전통에 따라 화장될 것이라고 밝혔다. 이렇게 해서 1979년부터 한 세대 동안 수십만 명의 방문객이 목격했던 소름끼치는 오브제는 더 이상 투올슬렝에 있지 않다. 4평이 조금 못 되는 크기의 이 야만의 아이콘은 더 이상 존재하지 않는다. 대신 그 자리에는 크메르 루주의 대량학살 장소와 감옥들을 표시한 대형 캄보디아 지도가 걸려있다. 박물관 측이 내세운 교체 이유는 유골의 부식이었다.

그러나 문제는 그렇게 단순하지 않았다. 국민들의 반발이 만만치 않았기 때문이다. 이 지도에서 강한 인상을 받았다는 외국 관광객들의 평도 논거로 제시되었다. 이에 대해 캄보디아 제노사이드 연구·교육·기념에서 선구적 역할을 수행해 온 캄보디아 기록센터 육창Youk Chhang 관장은 해골지도 해체 결정을 지지하는 이유를 이렇게 밝혔다. "캄보디아 국민들과 외국인들은 비극적인 과거에 대해서 배워야 한다. 그렇지만 이런 방식의 홍보는 더 이상 필요하지 않다. 사람들이 이해하는 데는 학술적 설명이 더 효과적이다."*

캄보디아 국민들이 유골에 대해 다른 민족들보다 더

---

* "Victims' Shrine Made of Skulls Is Dismantled By Cambodia," The Associated Press, New York Times, 2002년 3월 11일.

집착했던 것은 아니다. 그들의 문화적 전통도 유골 탑, 유골 지도, 유골 진열장을 설명해 주지는 못한다. 그것은 피맺힌 과거를 잊지 말아 달라는 유가족들의 원초적 호소였다. 별다른 재현 수단을 갖고 있지 못했던 제노사이드 직후의 사회가 초대형 범죄의 과거를 기억할 수 있는 유일한 방법이었던 것이다. 심리적으로 보면, 이것은 불안 속의 집착이다. 프로이트가 말한 바, 일종의 멜랑콜리Melancholie 상태의 발현이다. 기억의 가공과 억압기제의 돌파, 그것을 통해 비로소 진입할 수 있는 애도Trauer가 아니다. 한 세대 동안 유지되어 온 해골을 통한 기념은 그러므로 캄보디아 사회와 구성원들이 겪었던 고통의 깊이를 역설적 방식으로 대변해 준다. 그것은 가족을 잃은 개인들의 트라우마, 서로를 믿을 수 없는 집단 구성원들의 트라우마 표출이었다. 문제는 아직도 캄보디아 사회가 이 집단의 트라우마, 집단기억의 멜랑콜리 상태에서 벗어나지 못하고 있는 것처럼 보인다는 데 있다. 해골로 가득 채워져 있는 쯔엉엑의 추모탑이 그 증좌다. 멜랑콜리와 애도 사이를, 망각에 대한 불안과 기억에 대한 의지 사이를 요동 속에 오가는 캄보디아 국민들의 마음이 이해되지 않는 것은 아니다. 허울뿐인 재판을 통해, 또 재판의 지연을 통해, 머리 쳐내기를 통해, 꼬리 자르기를 통해, 이행기 정의 실현에 실패한 그 사회가 어찌 차분한 기억을 도모할 수 있으랴. 캄보디아 사회에서 과거와의 지속적 대면은 어쩌면 훨씬 더 많은 노력과 갈등, 그리고 몇 세대에 걸친 시간을 필요로 하는 것 같다. 이제 사건 종료 후 40년도 채 되지 않았으니 말이다. 그때가 되면, 그들에게는 더 이상 시신과 유골이 필요하지 않을 것이다. 쯔엉엑의 추모탑에 안치되어 있는 유골들도 추도의 예와 함께 화장될 수 있을 것이다. 하지만 그 뼈가 재로 바뀌는 데는 아직도 시간이 필요하다. 물 흐르듯 흐르는 자연의 시간이 아니라, 역류하고 격류하는 사회적 시간 말이다.

그래서 궁금한 것이 있다. 지금 프놈펜 시내에 조성 중인 슬록 릿 연구소Sleuk Rith Institute의 전시가 어떤 개념에 의거해서 어떤 모양을 취하게 될지 말이다. 슬륵 릿 기념공원은 캄보디아 기록센터 관장인 육창의 오랜 꿈이었다. 선정된 부지도 의미심장하다. 예전 크메르 루주가 설치했던 재교육센터 자리이기 때문이다. 15세 때 크메르 루주에 의해 수감되었다가 극적으로 살아난 생존자 창은 슬륵 릿 연구소가 과거를 돌아볼 뿐만 아니라 캄보디아 사회가 앞으로 걸어가야 할 미래를 전망하게 해주는 기관이어야 한다고 기념관의 기본개념 설계를 맡은 팀에 제시했다. 설계의 과제는 이라크 출신의 저명한 영국 여성 건축가 자하 하디드Zaha Hadid에게 주어졌다. 우리에게는 동대문 DDP 설계로 이미 친숙한 사람이다. 전시와 교육, 기록보존과 도서관 기능까지 갖춘 이 기념관 설계 요구에 하디드는 앙코르와트를 연상케 하는 전통의 목조양식 설계로 화답했다. 그들이 꿈꾸는 캄보디아 제노사이드 기념관은 이렇다.

> 우리는 고통을 야기하고 마치 산업시설처럼 엄격함을 도모하는 매우 흥미진진한 제노사이드 기념관 모델에서 벗어난 기관을 설계하기 위해 매달려 작업했다. (…) 최고의 기념관은 한 번 방문해서 골똘하게 생각하면서 줄지어 행진하는 곳이 아니다. 최고의 기념관은 성찰하고 기념할 수 있도록 일깨우되, 공동체 내의 모든 세대가 참여할 수 있는 역동적이고 살아있는 공공의 장소여야 한다.

육창과 같은 방향을 지향하는 사람으로서, 캄보디아인들의 이 꿈이 곧 이루어지길 나도 바란다. 해골로 상징되는 가공되지 못한 과거, 정리되지 못한 과거는 우리에게도 있다. 우리 국가가 본연의 역할을 감당하지 못할 때, 경남 마산 여양리 일대를 포함해 전국 여러 곳에서 한국전쟁 전후 학살된 민간인들의 유해를 민간의 연구자와 언론인, 시민단체들이 발굴했다. 지금은 고인이 된 경남대 사학과의 고고학 전공 이상길 교수, 부산일보의 김기진 기자가 바로 국가의 일을 대신한 사람들이다. 그들에 의해 수습된 희생자 유골들은 보관할 장소를 찾지 못해 오랫동안 여러 곳을 떠돌았다. 그 사이에 온도와 습도 조절이 전혀 되지 않는 컨테이너에서 많은 유골이 부식되었다.

사람의 유해는 그렇게 소중한 것이다. 잃어버린 유해를 찾기 위해 우리가 세월호를 수중에서 탐사하고 인양하고 바로 세우는 데 쏟은 시간과 인력과 비용이 얼마인가? 나는 침몰한 세월호를 인양할 때, 쓰러진 세월호를 바로 세울 때, 그 모습에서 우리 사회의 얼굴을 보았다. 가라앉아 버린 우리 국가공동체, 쓰러져 버린 우리 사회를 바로 세우겠다는 우리 국민의 각오를 보았다. 그렇기에 손가락 마디 하나를 찾기 위해 목포 신항에서 노심초사하던 현대삼호해양 직원들을 만났을 때, 그저 고마운 마음뿐이었다.

시신은, 유골은 우리 사회의 망각을 질타하고, 민족이 나아가야 할 방향을 숙고하게 만들어준다는 점에서 매우 중요한 유품이다. 유해와 유골은 망각을 막기 위해 수습되어야 할 '소중한 수집품들memorabilia'이다. 집단기억의 귀한 자산이다.

그러나 시신과 유골의 역할은 거기까지다. 시신과 유골은 실용주의에서 발원한 망각의 유혹에 노출되어 혼미해져 버린 우리의 정신을 깨게 해주는 죽비요, 메타포일 뿐이다. 유골에 집착하는 사회는 멜랑콜리 언저리를 배회하고 있는 사회다.

기억하지 않는 사회, 기억을 거부하는 사회의 반증일 뿐이다. 유골이 전시장의 한 켠에 들어서는 순간, 진정성에 대한 강박이 교육적 전시의 가능성을 몰아내고 만다. 애도는 희생자가 남긴 유품으로도 족하다. 청년의 만년필, 어린이의 나무 장난감, 갓난아이의 우윳병이면 충분하다.

캄보디아 투올슬렝의 해골이 과거 기억의 가공을 돕지 못하는 것처럼, 아우슈비츠 박물관에 수북이 쌓여있는 희생자들의 머리카락도, 산더미처럼 모아놓은 장애인들의 의족과 의수도 마찬가지다.

이 말은 우리에게 어떤 의미일까? 서대문형무소 박물관에서 울려 퍼지던 고문당하는 애국지사들의 비명소리, 이천 민주화운동기념공원 전시관에 재현해 놓은 남영동 대공분실의 고문 장면이 모두 과하다는 뜻이다. 죽음의 의미는 주검으로 재현되지 않고, 국가폭력의 의미는 재현된 고문실을 통해 재현되지 않는다. 박물관과 기념관은 시각적 재현을 통해 과거의 의미를 현재화하는 곳이 맞다. 그러나 유골과 유해, 처참한 장면의 재생, 고통스러운 소리의 즉물적 재현은 전시를 물상화시키기 십상이다. 참수당한 희생자의 사진, 훼손당한 시신 영상도 마찬가지로 과거를 현재적으로 기억하는 데 크게 도움이 되지 못한다. 그러므로 전시에서는 살인 장면과 결과의 잔혹한 인상이 모든 것을 블랙홀처럼 집어삼키지 않도록 합리적 계산과 절제가 필요하다. 고난을 통해 인간에 대한 자기 사랑을 확증한 예수의 마음을 알기 위해 우리 손에 못까지 박을 필요는 없다. 가시 면류관 때문에 피 철철 흐르는 영화 〈패션 오브 크라이스트〉를 관객에게 꼭 틀어줄 필요도 없다.

부담스러운 과거를 보여주는 박물관에서, 학살의 과거를 재현하는 전시장에서 필요한 것은 방문객의 내적 동요를 일으킬 수 있는 정도의 장치와 내러티브다. 그 이상을 시도할 경우에는 희생자와의 공감을 위해 방문객이 할 일이 없어진다. 방문객이 할 수 있는 일을 전시 기획자가 대신할 필요는 없다.

남영동대공분실 515호를 개조하여 만든 공간 '그때 서재 시 소리 숲'

전시를 기획하고 설계하는 사람이 염두에 둘 것은 전시를 통해 수행하고자 하는 교육의 목적, 그 목적을 능가할지도 모를 정서적 부작용, 방문객들이 공유하고 있는 문화적 전통과 감성, 생존 희생자들과 사망 희생자 유가족들의 요구, 이제까지 축적되어 온 사회적 합의와 기대일 것이다. 과거에 대한 사실적 재현을 유가족들이 강력하게 요구하는 경우에도, 전시장을 찾는 대다수 방문객의 수용 효과라는 입장에서 생각하면 답은 어렵지 않게 나온다.

남영동 대공분실의 경우, 고문의 장면을 있는 그대로 재현하기보다는, 고 김근태 선생의 수기 중 한 부분을 벽면에 적어놓는 것이 낫다. 전시를 통해 방문객이 봐야 할 것은 극한 상황에 대한 대리체험이 아니라, 가해의 시스템이다. 폭력국가의 작동방식이다. 그곳에서 고문했던 '악마 같은 사람들'만이 아니라, 그들에게 악마적 배역을 할당했던 악마적 시스템, 그 시스템을 만들었던 설계자와 운영했던 관리자들, 그리고 그들 배후에, 그들 위에 존재했던 최고 책임자들이다. 이런 목적이 아니라면, 남영동 대공분실을 굳이 민주인권기념관으로 만들어야 할 이유가 없다.

90만 명이 죽은 트레블링카에서 야만은 거친 입석으로 재현된다. 1944년 여름 헝가리 부다페스트에서 시작된 42만 명 유대인의 죽음은 다뉴브 강둑의 녹슨 철제 신발들로 재현된다. 600만 명에 이르는 동족의 희생을 추모하는 이스라엘 예루살렘의 야드바셈에서 150만 명 어린이의 무고한 희생은 주인 잃은 목제 나비 장난감으로 재현된다. 이 동시대 지구촌의 경험들은 우리에게 한 가지 묵직한 교훈을 준다. 죽음을 꼭 주검으로 재현해야 하는 것은 아니다.

28/

미래 기념의 답을 찾는 자, 온라인에 주목하라

사용자 입장에서 보면 언제나 답이 나온다. 하는 일 때문에 나는 해외 기념시설 사이트에 자주 접속한다. 어떤 때는 연구 목적이고, 어떤 때는 교육 목적에서다. 필요한 자료를 찾기 위해 서핑도 이따금 한다. 그러다 보면 횡재를 만날 때도 있다. 오프라인의 해외 전시 방문은 방학이나 출장 시간을 쪼개야 할 수 있지만, 온라인은 다르다. 필요하면 언제라도 할 수 있다.

그래서 르완다의 수도 키갈리에 있는 제노사이드 기념센터Kigali Genocide Memorial Centre에 접속한다. 희생자들의 '마지막 휴식처final resting place'를 표방하는 이 센터의 메뉴 중 전시 항목을 클릭하면, 세 개의 상설전 안내 메뉴와 초기 화면만 떠있다. 더 이상의 진전은 없다. 다시 교육 메뉴를 눌러본다. 이번에도 개략적 안내만 있을 뿐, 더 확인할 길이 없다. 그러면 키갈리 제노사이드 기념센터는 내게 없는 것이다. 방학이 되어야만 갈 수 있다. 내게 그럴 만한 시간과 비용이 있을지 모르겠다. 또 그곳의 전시와 교육 프로그램이 그럴 만한 가치가 있는지도 모른다. 가치에 대한 확신이 없으면, 방문을 결심할 이유도 없다.

이번엔 'Museum of Memory and Human Rights'를 클릭한다. 칠레에 있는 국가폭력 희생자 추모 기념관이다. 영어 설명은 제한적이지만, 스페인어로 구축되어 있는 사이트에서 전시, 교육, 건축, 역사 등 내게 아쉬운 정보들을 확인하고 공부하는 데는 부족함이 없다. 누군가의 도움만 있으면 말이다. 사용자 입장에서 볼 때, 콘텐츠가 계통적으로 잘 분류되어 제공된다. 적재적소에 동영상들이 준비되어 있어 버추얼 관람도 가능하다. 게다가 방문 기사나 비판적 분석의 글도 여러 편 확인할 수 있다. 그렇다면, '기억과 인권 박물관', 곧 'Museo de la Memoria y los Derechos Humanos'는 내게 존재하는 곳이다.

내친 김에 'House of Terror'를 검색한다. '테러의 집.' 범상치 않은 이름의 이 '집'은 전체적으로 볼 때 내용이 풍부하다고는 할 수 없지만, 상설전시에 관해서는 필요한 정보를 어느 정도 제공해 준다. 나치에 부역했던 화살 십자가 당Arrow Cross Party의 과거와 소련 치하의 공산정권 시절 과거를 기념하는 헝가리 부다페스트의 'Terrorhaza'는 그러므로 내게 고마운 곳이다. 앞으로도 종종 찾게 될 것 같다. 아마 조만간 직접 가보지 않을까 생각하며, 기억의 목록에 입력해 둔다.

같은 기대 기준을 가지고 국내의 몇 개 기관을 검색한다. 다음 사이트에서 '제주4·3평화공원'을 한글로 입력한다. 지도와 함께 장소 안내 바가 보여서 바로 클릭했다. Not Found. 다시 쳐다본다. http://jejupark43.1941.co.kr/. 그런 곳 없다고 한다! 헐. 화면에서 한참 내려가 보니 "제주4·3평화공원에 오신 것을 환영합니다"라고 적혀있다. 다시 클릭했다. 이번에도 Not Found.

"웹수집. jejupark43old.1941.co.kr/." 젠장. 제주4·3평화공원은 없다! 분명히 있는데. 내가 직접 가본 것이 몇 번인데. 이건 또 뭔가 싶어 바로 그 위의 "제주4·3평화재단"을 클릭했다. 사이트가 열렸다. 초기 화면 가장 아래 왼쪽 부분에 4·3평화공원 이미지가 보여서 다시 클릭했다. 공원 소개가 지극히 간단하게 되어있다. 시설 안내 바를 누르니, 공원 전경과 기념물에 대한 간략한 설명이 이어진다. 주요 시설 표시 번호와 명칭 위에 커서를 올려놓았다. 손가락 모양으로 바뀌지 않았지만, 혹시 싶어서 세게 눌러봤다. 하지만 그대로였다. 온라인상에서 한국인에게 4·3평화공원은 매우 후미진 곳에 숨어있거나, 아니면 없거나, 아니면 있으나 마나 한 존재다. 거기가 도대체 몇 평의 공간인가? 내 기억이 맞다면, 부지만 220,493평방미터인데 말이다. 온라인 영토는 얼마인가?

이번엔 외국인처럼 영어 메뉴를 클릭했다. 개략적인 설명이 나온다. 많이 알고자 하는 사람에게는 부족하지만, 조금 알고자 하는 사람에게는 무리 없을 정도다. 이번엔 이제 확보한 영문명 JEJU 4·3 PEACE PARK를 복사해서 구글 창에 넣고 검색해 보았다. 홈페이지는 이번에도 나오지 않는다. 오른쪽 지도와 함께 있는 위치 지도와 사진 바로 밑에 있는 Website를 눌렀다. Not Found. 이번에도 그놈의 주소가 또 나왔다. "http://jejupark43.1941.co.kr/." 이제 분명해졌다. 구글에 제주4·3평화공원은 없다! 구글에 없으면, 세계인에게 없는 것이다. 고로 이 세상에 제주4·3평화공원은 없는 존재다.

4·3평화재단이 세계화를 위해 애쓰고 있는 것을 잘 안다. 최근에는 영문 소개책자도 발간되었다. 이 모든 것이 필요한 일이며, 우리가 바라던 일이다. 그런데 이상하지 않은가? 쉬운 일과 시간 많이 드는 일, 적게 노력해서 큰 결과 보는 일과 크게

노력해서 점진적 결과를 얻는 일의 순서가 바뀌지 않았나? 이게 벌써 몇 년째다. 오프라인에서는 내게 친근한 4·3평화공원, 어떤 점에서 미래 기념의 영감까지 내게 허락해 준 그 장소가 영문 구글에는 없으니 말이다. 세계화의 첫걸음은 언어다. 온라인이다. 온라인에 주소를, 온라인에 부지를 확보하는 일이 세계화의 첫걸음이다. 사용자 입장에 서보면 쉽게 답이 나온다.

도서관과 아카이브도 마찬가지다. 아무런 장벽 없이 쉽게

찾고 쉽게 활용할 수 있는 곳이 있다. 영어로 말이다. 찾기도 어렵고, 어렵게 찾아 들어갔더니 내용도 없는 곳이 허다하다. 그 나라를 대표하는 기관인데 말이다. 이것을 기준으로 선진국과 후진국을 가르는 것은 지나친 독단일까?

이게 어디 4·3평화공원만의 일일까? 전체적으로 4·3재단은 전국의 기념시설 가운데 가장 활발한 축에 속한다. 모범의 사례를 여러 가지로 이야기할 수 있다. 본래 처져있는 사람에게는 아예 비판도 하지 않는 것이 우리의 인지상정이다. 4·3재단은 이제까지 해온 일들이 있어, 한두 가지 비판을 받아도 별 문제가 없을 것이다. 눈을 돌려보면, 전국의 많은 기념시설이

온라인상에서 보면 개점휴업이거나, 행방불명인 상태다. 어떤 때는 그 기관을 왜 설립했는지 이유가 아득해진다.

기념공원과 기념관 전시를 분석하고 평가할 때 중요한 요소가 수용자다. 몇 명이 방문했는가? 국내외별, 성별, 연령대별 비율은 어떤가? 방문객의 평균 체재시간은 얼마인가? 공간의 크기 대비 체재시간은 적절한가? 방문객은 그곳을 찾은 것을 의미 있다고 생각하는가? 가족과 친지에게 방문을 권유할 마음은 있는가? 특히 어디가, 왜 맘에 들었는가? 이런 물음들에 대한 조사가 없으면, 개선의 여지는 없다. 여기에 온라인상의 접근 편의성, 정보제공 만족도까지 포함되어야 한다.

홀로코스트가 단순히 사건이 크기 때문에 제노사이드의 중심에 서게 되었을까? 아르메니아 제노사이드는 사건 규모가 작기 때문에 세계인에게 홀로코스트보다 덜 중요하게 인식될까? 절반은 맞다. 하지만 나머지 절반의 이유는 다른 데 있다. 얼마나 집요하게 그 사건을 연구했는지, 얼마나 탁월한 학자들이 연구했는지, 자료 수집과 정리를 포함해 연구 기반이 얼마나 견실하게 갖춰져 있는지, 얼마나 교육되는지, 얼마나 효율적 방식으로 가르쳐지는지, 얼마나 매스미디어에 노출되어 있는지. 사건을 알리는 나머지 절반의 요인은 바로 이런 것이다. 또 하나. 영어를 비롯한 외국어로 가공되면 될수록 사건 자체에 대한 인지도도 높아진다. 물론 배후에서는 국력도 작용한다. 그러나 국력 그 자체가 그 나라 국민이 겪은 역사적 사건의 세계적 인지도를 자동으로 높여주지는 않는다. 둘 사이의 매개 고리는 좀더 조밀하게 설명해야 한다. 사건과 영향 사이의 괄호를 우리가 채워넣어야 한다. 국력에 걸맞게 연구와 교육 인프라를 마련하는 것이다. 더 나아가, 문화적 전략도 필요하다. 스티븐 스필버그 감독의 1993년 영화 〈쉰들러 리스트〉 같은 문화적 가공이 이루어지면, 사건에 대한 세계인의 인지도와 공감 수준은 급격히 높아진다.

이 글을 통해 내가 얘기하고 싶은 것은 하나다. 기념은 미래 지향적이어야 하고, 기념은 동심원을 그리면서 수용자 층을 확대해 나가야 한다는 것이다. 이 말은 두 가지를 뜻한다. 첫째, 사건 당사자들을 겨냥한 기념에서 후세대를 목표집단으로 삼는 기념으로 바뀌가야 한다. 둘째, 해당 사건에 직접 연루된 사람들을 넘어, 인접 지역과 전 국민, 더 나아가 온 세계의 관심을 끌어야 한다. 이 두 마리의 토끼를 잡는 가장 빠르고, 가장 비용이 적게 들며, 가장 수월하고, 가장 지속 가능한 것이 온라인을 활용한 기념이다. 그리고 온라인 기념의 요체는 교육에 있다.

100평, 200평에 불과한 작은 공간이 거인의 영지처럼 인정받는 경우를 우리는 베를린 안네 프랑크 센터에서 봤다. 온라인에는 영토 소유권이 없다. 검열국가가 적극 나서지 않는 한, 온라인에는 국경도 없다. 온라인은 우리를 동東에도 있게 하며 동시에 서西에도 있게 한다. 인간의 한계 가운데 결정적인, 장소의 구속을 뛰어넘게 해주는 것이 온라인이다. 국경만이 아니라 인종적 한계도 초월할 수 있다. 온라인은 그러므로 가로지르고 뛰어넘을 수 있게 해주는 'trans'의 무기다.

우리 대한민국은 경제성장에서만이 아니라 민주주의 성취와 이행기 정의 실현에서도 전 세계의 주목을 받고 있다. 비판가들은 정의가 누락된 화해라고 우리의 과거사 정리 노력을 인색하게 평가하지만, 전 세계에서 정의·진실·화해의 세 마리 토끼를 사냥하는 데 성공한 곳은 단 하나도 없다. 실현되지 않은 이상을 내세워 이미 상당한 것을 성취한 자기 자신을 너무 폄하하는 것도 병이다. 남들이 칭찬하고 남들이 기대감을 갖는데, 혼자서만 자기 자신을 구박하는 것도 그리 좋은 일은 아니다.

민주주의 성취와 이행기 정의 실현, 과거사 기념과 교육에서 우리나라는 비서구 국가들 가운데 선두에 서있다. 어쩌면 최선두일지도 모른다. 우리가 이제까지 서구 주요 국가들의 등짝을 보고 부지런히 달려온 것처럼, 대다수의 비서구 국가들도 이제는 우리의 등짝을 보면서 우리의 발걸음을 예의 주시하고 있다. 우리의 경험을 자꾸 캐묻고 있다. 우리가 미국의 무기체계를 우리 지형에 맞게 개량하면서 한국'형型'이라는 말을 즐겨 쓰고 있지만, 객관적으로 볼 때 문화의 측면에서 더 어울리는 표현은 한국'발發'이다. 우리 모델은 우리 사회에 적용되고 끝나는 것이 아니라, 다수의 비서구 국가들에, 또 부분적으로는 지구적 문화의 일부로서 서구 국가들에게도 영향을 줄 수 있다. 한국 영화와 K-Pop이 그런 것처럼, 우리 기념문화도 충분히 그럴 수 있다. 과거사와 씨름하는 우리 문제의식과 과거사 교육을 위해 애쓰는 우리 선생님들의 노력은 많은 면에서 귀감이 되기에 충분하다.

문제점이 적지 않은 것도 사실이다. 광주와 제주, 서울과 부산의 과거사 가공과 교육 노력이 많은 경우 별개로 이루어지고 있다. 네트워크를 표방하지만, 주요 기념 주체들과 기관들 간의 관계는 상시적 협력이 아니라 '조우encounter' 수준에 가깝다. 이곳에 소장된 자료가 저곳에 제공되지 않고, 이곳의 경험이 축적되어 있는 것 자체를 저곳이 잘 모른다. 그러니 타자의 경험을 통한 압축성장과 동반성장을 기대하기 어려운 형편이다.

고립분산과 각개약진, 각자도생의 경험은 우리나라에만 국한되지 않는다. 비서구 지역의 학자들과 시민단체, 활동가들

사이에서도 긴밀한 협력을 찾아보기는 어렵다. 대표들 수준의 간헐적 교류, 행사장 상호 방문과 축사, 기조연설만으로는 지금의 문제를 해결할 수 없다. 나는 이런 문제를 몇 차례의 국제학술대회와 워크숍을 통해서 외국 전문가들과 교류하면서 절감하게 되었다. 이런 문제를 해결하기 위해 현재 홀로코스트 교육을 위한 국제 태스크포스Holocaust Education Taskforce, 잘츠부르크 글로벌 세미나Salzburg Global Seminar, 유네스코UNESCO, 미국 국립 홀로코스트기념관USHMM, 야드바셈Yad Vashem 등 여러 서구의 국가기관과 비정부기구들이 지구적 네트워킹에 힘쓰고 있다.

이와 동시에 각 국가의 대표적 기념기관과 중심 기념시설들도 변화를 준비해야 한다. 서로에게 자기 정보를 제공하고, 전 세계의 불특정 수요자들이 접근하고 장차 협력할 수 있도록, 온라인 구축과 확장에 힘써야 한다. 콘텐츠도 구비해야 하지만, 기술적 돌파를 도모하는 것이 더 시급하다. 누군가 하나가 모범을 보이면, 세계의 유수 기관들이 그 모델을 적용하거나, 개선된 모델을 창안해 낼 수 있다. 그런 작업들이 이어진다면, 과거사 기억과 기념과 교육에서도 활발한 지구적 소통이 가능할 것이다.

해외 사이트 가운데 사용자 입장에서 접근하기 쉽고 얻을 것도 많은 기관들이 있다. 앞서 소개한 독일의 안네 프랑크 센터Anne Frank Zentrum, 네덜란드의 안네 프랑크 하우스Anne Frank Huis, 이스라엘의 야드바셈, 미국의 홀로코스트기념관, 그리고 미국 교사들의 모임인 '역사 및 과거와의 대면 재단Facing History & Ourselves'이 사례로 제시될 수 있다. 유럽 역사교사들의 네트워크인 유로 클리오Euro-Clio도 마찬가지다. 이 기관들은 최근 들어 서로 간의 협력에 힘을 쏟으면서, 시너지 효과를 보이고 있다.

몇 개의 좋은 모델에서 우리는 다국어 검색 엔진의 필요성을 절감한다. 서구의 대표적 기념시설 사이트들은 영어, 프랑스어, 독일어, 스페인어 검색이 가능하고, 그 밖에도 여러 언어로 된 자료들이 제공된다. 이 점에서는 폴란드 아우슈비츠 박물관도 돋보인다. 기관의 편의가 아니라 사용자 편의에 초점을 맞춰 모든 것이 설계되어 있기 때문이다. 또한 온라인 사이트의 설계 단계에서부터 확장 가능성을 염두에 두고 있기 때문에, 구성의 변경과 자료의 증보가 쉽게 이루어질 수 있다.

우리가 여기서 한 걸음 더 나아가면 어떨까? 국내 수요자들의 필요를 충족하면서, 전 지구적 수요자들의 기대에도 부응하는 역사기반의 기억가공과 기념교육 온라인 플랫폼을 구축하면 어떨까? 내가 구상하는 개념은 이렇다.

역사 기반 미래지향 교육을 위한 공용 온라인 플랫폼

이제까지 국내에서 인권교육, 평화교육, 통일교육, 다문화교육, 민주시민교육, 세계시민교육, 생태교육은 서로 간의 밀접한 연관에도 불구하고 별개처럼 이루어져 왔다. 그 부작용은 매우 크다. 먼저 각 교육 간의 경계와 중첩지대, 상호 연관관계에 대한 조망 없이 교육이 수행되어 왔다. 주관 부서도 달랐고, 교과 간 이기주의도 작동했으며, 각급 학교와 학교 밖 시민교육단체에서도 각자의 강조점에 따라 혼자 달리기식 교육이 수행되어 왔다. 오케스트라는커녕 실내악 팀도 없이 솔로이스트만 많은 클래식 음악계를 보는 것 같다. 이제는 이런 소모적 활동에 종지부를 찍을 때다. 방금 언급한 일곱 개의 교육은 지향하는 목표가 같다. 공존번영이 가능한 평화로운 세상을 만들기 위한 것이다. 또한 대부분의 국가에서 이 개별 교육은 역사적 경험의 공통분모에 기반하고 있다. 우리나라의 사정을 돌아보면, 이 일곱 개의 교육이 서로 가족관계나 친족관계에 있는 것을 의식하지 못한 채 거주할 각자의 집을 요구하고 있는 형국이다. 콩가루 집안처럼 말이다. 이들에게 좁은 원룸을 하나씩 마련해 주는 것보다는, 여러 편의시설이 구비된 하나의 큰 집을 제공해 주고, 각자의 방에서 각자의 특색을 구현하도록 하는 것이 바람직하다. 이처럼 비용은 줄이고 공유기반은 넓히는 온라인 인프라가 바로 역사기반 미래지향 교육 플랫폼이다.

공통의 지식정보 기반

문화 간 갈등, 민족 간 대립, 정치적 분단, 전쟁의 부정적 경험과 구성원 상호 간의 권리 보장, 사회 내적 통합, 지속 가능한 자연과의 공존은 지향하고 있는 가치에서 상호 친화적이며, 추구하는 목표에서도 공통점을 갖고 있고, 문제의 발원과 해결 단서라는 점에서도 역사의 공통분모 위에 서있다. 공유 가능하고 공용 가능한 기반의 핵심은 두 가지다. 시간에 따른 변화의 정보와 지식을 하나의 공간에 입체적으로 표현한 전자 애니메이션 지도animated map가 첫째라면, 둘째는 개별 사건, 인물, 장소, 제도에 관한 지식이 상호 연계되어 있는 디지털 사전이다. 이 백과사전에 등재되는 지식은 문자 텍스트에 국한되지 않는다. 이미지와 음성, 영상까지 포함하는 복합 양식의 상호 참조 사전이다.

공유 원칙과 지침

인권교육, 평화교육, 통일교육, 다문화교육, 민주시민교육, 세계시민교육, 생태교육은 보편적 가치나 준準보편적 성격의 가치에 대한 믿음에 근거하여 그 가치들이 구현된 세상을 만들어가기 위한 행동지향 교육이다. 이 토대적 가치들을 교육하는 데는 원칙, 원리, 전략, 지침, 방법이 필요하다. 그러므로 심도 있는 토의와 연구를 통해 이와 같은 이론적 기반을 교육적 목적에서 정제 구축하여 공유자산으로서 제공하는 작업이 수행되어야 한다.

모듈화된 교육 콘텐츠

이 이중의 기반 위에서 주제, 사건, 인물, 개념에 따라 다양한 교육 콘텐츠가 개발 제공되어야 한다. 교사용 활용 지침과 평가자료, 학생용 수행자료가 하나의 모듈을 구성한다. 각각의 모듈은 텍스트, 이미지와 사진, 영상, 각종 물성을 지닌 자료 등, 매체별로 제작된다. 각 모듈은 가용 시간과 연령대에 따라 30분에서 90분 사이에서 선택적으로 활용 가능하다.

접근성, 편이성, 확장성의 보장

자료의 업로드와 다운로드가 자유롭게 이루어져야 한다. 한국어와 영어를 기본으로 하고, 중국어와 일본어, 프랑스어 독일어 스페인어로 접근 가능하며, 일부 자료들은 해당 국어로 번역 작성되어 제공됨으로써 전 지구적 사용자를 염두에 둔다. 다양한 지역의 경험이 업로드 되어, 문화권과 언어권의 장벽을 초월하는 허브 플랫폼Hub-Platform 역할까지 수행할 수 있다. 이 때문에 경우에 따라서는, 예컨대 중남미 지역의 과거사 자료와 경험들이 해당 국가들보다 이 플랫폼에 더 많이 축적될 수 있다. 뿐만 아니라 다양한 모듈이 축적되어 가공되고 업데이트되는 데 무리가 없도록, 확장성이 설계 단계에서부터 중요 기준으로 보장되어야 한다.

이 플랫폼이 우리에게 가져다줄 효과는 명확하다. 시너지 효과의 극적 증대이다. 7대 교육 간의 시너지 효과를 높이고, 국내외 각 기념시설 및 연구자, 교사와 학생을 포함한 교육 수요자들 간에 존재하는 간격을 좁히며, 자료 공유와 소통을 통한 상호이해를 꾸준히 제고한다. 이를 통해 유사 사건들 간의 지구적 공통성이 발견되어, 문제의 해결방안 모색까지 촉진할 수 있게 될 것이다.

이를 위해서는 많은 비용과 시간이 소요된다. 그러므로 이런 종류의 기반지식 인프라 건설은 국가나 사업예산이 충분하고 중장기적 계획수립과 운영이 가능한 공익기관에 의해서만 가능할 것이다. 개별 기념사업과 교육들 간의 중복 투자와 비효율성을 고려한다면, 온라인 공용 인프라 구축은 경제적 관점에서도 공익의 증대를 보장한다. 이것을 통해 우리나라는 국제 과거사 연구와 교육의 허브 스테이션Hub Station으로서 위치를 공고하게 할 것이며, 전 지구적 역사기반 교육에 가속의 힘을 부여할 것이다.

19세기의 기념은 신민의 처지를 갓 벗어난 국민을 대상으로 삼았고, 그들에 대한 지배의 공고화를 목표로 삼았다. 20세기에 오면서 기념의 목적은 국가 간 경쟁에서 승리와 국민통합에 있었다. 이러한 기억의 정치가 초래한 부정적 결과들을 우리는 이미 잘 알고 있다. 캄보디아에서 제노사이드 중에 자행된 베트남인 학살, 후투족에 의한 투치족 학살, 구 유고슬라비아 지역에서 세르비아가 주도한 인종청소ethnic cleansing의 배경에는 역사적 구원舊怨을 침소봉대한 저열한 수준의 민족주의적 기억정치가 있었다. 바이마르 공화국의 몰락과 나치 독일의 범죄 배후에도 민족주의 정서와 실지失地 회복운동이 있었고, 나치 역사정책은 이 부정적 자산을 악마적 방식으로 활용했다.

이러한 경험을 돌아본다면, 21세기의 부담스러운 과거사 기념과 교육은 집단기억의 정략적 활용을 경계하는 가운데, 보편적 가치의 실현을 위해 각별하게 노력해야 할 것이다. 이를 위해서는 기념과 교육의 주체이자 수용자를 전 지구적으로 확대하는 것이 무엇보다 중요하다. 초민족적trans-national 성격을 띤 역사기반 미래지향 교육의 온라인 플랫폼이 여기에 날개를 달아줄 것이다.

29/

교육을 염두에 둔 전시, 전시를 활용한 교육

전시 활용 교육에 대한 수요가 급증하고 있다. 모든 곳은 아니지만, 사범대학과 교육대학을 중심으로 관련 수업을 개설하거나, 전공 학위논문 제출이 증가하고 있는 것이 그 증표다. 초·중·고등학교 교사들을 대상으로 한 직무연수에도 박물관 활용교육이 포함되는 경우가 생겨나고 있다. 몇몇 박물관을 중심으로 학예전문가들이 진행하는 자체 교육 프로그램도 늘어나고 있다. 그 가운데 서울역사박물관은 국내의 모범사례라고 해도 좋을 만큼, 다양한 교육 프로그램을 운영하고 있다.

그러나 우리 사회와 교육현장의 수요에 비하면 아직은 모든 것이 미흡한 편이다. 오브제 중심의 국공립 박물관의 경우, 전시와 교육을 전담하는 인력이 어느 정도는 갖춰져 있지만, 평균적으로 보면 양과 질 모두에서 학예전문가들이 부족한 상태다. 사회적 기대에 비하면, 직급과 고용 안정성 면에서도 충분한 예우를 하고 있다고 할 수 없다. 박물관 전체 예산에서 전시와 교육에 배정되는 비중은 심각할 정도로 적다. 예산의 절대적 부족에서 모든 것이 비롯되었다고는 하지만, 경상비 비중이 지나치게 높은 것을 예산 부족 탓으로 삼을 수만은 없다. 제도와 인프라 면에서 개선해야 할 점이 한두 가지가 아니다.

학급 교사가 주도하건, 아니면 박물관 학예인력이 담당하건, 전시활용 교육이 증가하는 수요를 감당하기 위해서는 여러 가지 노력이 필요하다. 박물관 전시에 대한 교사들의 이해를 제고하기 위해 투자가 이뤄져야 하고, 박물관에도 교육 관련 전공자 비중을 늘리거나 현재 인력에 대한 심화교육 기회가 충분히 제공되어야 한다. 학교 교사들과 박물관 교육인력 간의 협력 프로그램도 필요하다.

해야 할 일이 허다하겠지만, 가장 우선적으로 해야 할 것은 교육 친화적인 전시 설계와 운영이다. 교육적 활용을 염두에 둔 전시가 마련된다면, 전시를 활용한 교육은 훨씬 더 수월해질 것이기 때문이다. 그렇다면, 교육적 가치를 우선시하는 전시는 어떻게 설계해야 할까?

모든 박물관의 전시를 교육 친화적으로 개편하는 것은 필요하지도 않고, 가능하지도 않은 일이다. 우리나라만 해도 현재 박물관 수는 총 873개에 이른다. 미술관도 251개나 있다.* 이 가운데 오브제 중심의 박물관은 교육 지향적 전시를 위해 크게 애쓸 필요가 없다. 속된 말로, 국보 한두 개 있는 박물관은 설명도 필요 없다. 방문객들이 알아서 찾아오기 때문이다. 우리 얘기와 직결된 곳은 주로 '기념관'으로 불리는 박물관들이다. 또 교육이 주로 학교교육과 초중고 학생들을 염두에 둔 것이라면,

* 문화체육관광부, 《2018 전국 문화기반시설 총람》, 2018년 1월 1일 기준. 이 중 국공립이 398개, 사립이 371개, 대학박물관이 104개다.

모든 기념관이 교육 지향적 기념관이 될 수도 없다. 이야기 중심의 기념관, 정서적 공명을 중시하는 기념관이 주 대상이 될 것이다.

교육을 염두에 둔 전시를 설계할 때, 크게 두 가지 차원으로 나눠 생각할 수 있다. 하나가 전시의 층위들과 관련된 것이라면, 다른 하나는 소재와 장치에 관한 것이다. 첫 번째 문제에서 생각을 시작해 보자.

전시 설계는 누구를 목표 집단target group으로 삼느냐에 좌우된다. 초등학생인가 성인인가, 개인인가 단체인가, 지역 주민인가 국민 전체인가, 내국인인가 외국인인가, 여성인가 남성인가? 이 가운데 특히 중요한 고려사항은 연령대다. 인지발달과 정서발달 단계에 따라 난이도가 결정되고, 그에 따라 중심에 와야 할 것, 주변에 배치해야 할 것, 배제해야 할 것을 결정할 수 있기 때문이다. 앞에서 설명했던 것처럼, 전시는 매우 심한 압축의 결과다. 주 방문객이 초등학생, 그것도 저학년 학생들이라면, 압축은 극심해지고, 사인그래픽의 어휘도 급감하며, 전문적 용어는 아예 자취를 감춰야 한다. 워싱턴 DC 국립 홀로코스트기념관의 어린이를 위한 전시 〈다니엘 이야기〉가 대표적인 경우다.

흔히들 '눈높이'라고 표현한다. 어린이들 입장에서는 봐도 보이지 않고, 오디오를 틀어도 들리지 않는 내용은 설계 단계에서부터 배제하거나 '부드럽게' 가공해서 반영해야 한다. 이 책에서 관심을 집중해 온 부담스러운 과거사의 경우는 특히 더 그렇다. 미국의 저명한 유대계 역사가 사울 프리들랜더Saul Friedländer는 홀로코스트에 대한 서술이나 전시를 가리켜 '언어 너머에 존재하는 세계'를 재현하는 불가능의 작업이라고 말했다. 직접 그 세계를 경험한 생존자들조차 표현할 언어를 찾지 못하는데, 보지 않고 겪지 않은 후세대가 어찌 그 세계를 묘사하고 판단할 수 있겠는가? 하지만 역설적 요구가 우리의 등을 떠밀고 있다. 재현을 시도하지 않으면, 그 세계는 없었던 것이 되고, 그것이야말로 나치가 바라던 것 아니겠는가? 그러므로 교육적 목적에서는, 후세대의 기억을 위해서는 그

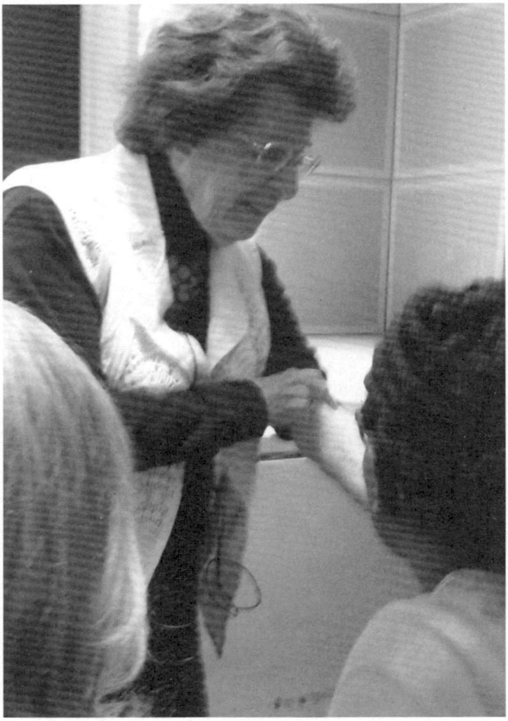

불가능의 작업을 시시포스처럼 부단히 시도하지 않을 수 없다. 야만의 재발을 방지하고, 악에 지지 않기 위해서는 불충분하고 불완전한 결함투성이의 재현작업이라도 하지 않을 수 없다. 어린이를 염두에 둔 부담스러운 과거 전시는 그렇게 곤혹스러운 작업이다.

전시는 무엇보다 학습을 위한 것이다. 부담스러운 사건을

전시하는 이유는 그 부담스러운 과거로부터 무엇인가를 배우기 위한 것이다. 어떤 교훈을 거기서 이끌어내기 위해서는 먼저 그것에 관해 알아야 한다. 부담스러운 사건에 관한 가장 일반적인 접근법은 역사적 접근이다. 대개의 전시가 타임라인에 따라 내러티브를 구성하는 것도 그 때문이다. 타임라인 내러티브는 기본적으로 인지적 접근을 전제하고 있다.

이스라엘의 국립 홀로코스트 기념시설인 야드바셈이 전시활용 교육에서 학생의 나이를 중시하는 것도 같은 배경에서다. 야드바셈의 교육철학은 "홀로코스트 교육은 가르칠 수 있는 때부터 시작할 수 있다"는 것이다. 이 말은 이미 초등 저학년부터 부담스러운 과거사를 배울 수 있다는 것을 의미한다. 이런 전향적 입장에서, 야드바셈이 제안하는 모델은 나선형 교육이다. 초·중·고 학생들을 염두에 두고 고안된 이 교육모델은 크게 3단계로 구성된다.

첫 단계에서는 개인의 이야기를 통해 홀로코스트를 배우기 시작한다. 여기서는 조심스럽게 홀로코스트와 관련된 수월한 용어 몇 개와 친숙해지는 것이 중요하다. 그러기 위해서는 인물의 경험을 통해서 사건의 더미 속으로 조금씩 걸어 들어가는 과정이 필요하다. 이때 집단의 이야기보다는, 한 사람의 개인적 이야기를 활용하는 것이 원칙이다. 여기에 한 가지 조건이 더 첨가된다. 그 개인의 이야기는 희망의 메시지를 담고 있어야 한다는 점이다. 말하자면, 이야기의 주인공은 살아남아야 하고, 그 주인공이 생존할 수 있도록 주변 사람들의 친절한 행동이 수행되어야 한다. 이렇게 함으로써 어린 학생들은 두려운 이야기에 압도당하지 않을 수 있다. 조심스럽게 악한 의도와 악한 상황을 파악해 갈 수 있도록 배려하면서도, 그와 동시에 선한 행동을 한 사람들이 있었다는 것, 또 그들로 그렇게 행동하게 만들었던 긍정적이고 바람직한 가치가 존재했었다는 것을 입증할 수 있어야 한다.

교사의 역할은 단순히 기초적인 정보와 지식을 어린 학생들에게 제공하는 데서 끝나지 않는다. 사전에 이런 학습이 이루어졌다는 것을 전제로, 선생님은 어린이들이 전시를 통해 경험하게 된 낯선 것들을 현재와의 연관 속에서(이것을 현재화의 시도라고 한다), 그리고 전시를 통해 주어진 과거의 상황 속에서

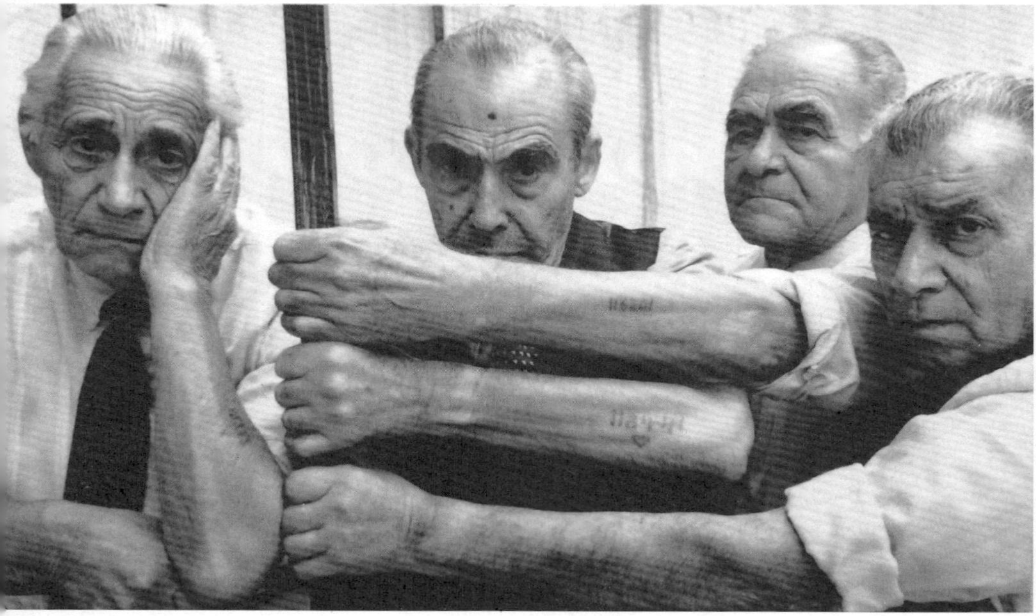

이해할 수 있도록(이것을 역사화의 시도라고 한다) 도움이 되는 짧은 질문들을 할 수 있다. “소녀가 게토에 처음 들어가던 날, 어떤 일을 겪었지?” “그곳에서 소녀의 생활은 어땠을까?” “노란색 다윗왕의 별 표지를 옷에 처음 달게 되었을 때, 소녀는 어떤 느낌이었을까?” 이어서 질문은 이렇게까지 확장될 수 있다. “게토에서 커간다는 것은 무엇을 의미하는 것일까?” 이쯤

되면 어린학생들은 자기 생활세계에서 경험한 적이 없는 낯선 세계를 배회하며, 나름대로 그 세계의 윤곽을 찬찬히 그려볼 수 있게 된다. 현재와는 다른 세계지만, 현재의 단편적 경험들을 조합하고 추측하며 상상하는 방식으로 어린 학생들은 한 소녀를 둘러싼 생활세계의 급속한 변화를 추체험할 수 있게 된다.

우리 현대사의 경험을 대입해 보면, 홀로코스트와 유사한 사건들을 떠올릴 수 있지만, 홀로코스트와 등치될 수 있는 사건들은 없다. 한국전쟁 전후의 대량학살은 홀로코스트처럼 구별-배제-축출-고립-절멸로 이어지는, 10년 이상에 걸친 연속적 과정이 아니었다. 기간으로 봐도 훨씬 짧았을 뿐만 아니라, 절멸로 나아가는 길이 입법과 행정을 통해 서서히 마련되고 실행되지도 않았다. 우리의 국가폭력과 학살 경험은 홀로코스트와 달리 돌발적이었고, 급속했다. 우리나라에서는 집단학살이 한여름 벼락처럼 내리쳤다고 하겠다. 그러므로 마을에서의 차별, 게토에서의 궁핍, 강제수용소에서의 죽음으로 이어지는 타임라인을 그려가면서, 그 시간의 흐름과 상황의 변화 속에서 한 개인이 체험해 가는 과정을 추체험하도록 하는 데는 한계가 있다. 개인 삶의 변화를 통해서 시대의 변화와 특징을 파악하도록 하기가 홀로코스트보다는 훨씬 더 어렵다. 이 우리의 끔찍한 하드코어를 어떻게 어린 학생들이 이해할 수 있도록 순화할 수 있을까? 이것이 한국적 상황에서 유래된 한국 전시교육의 특별한 과제다. 이것은 서구의 입장에서 보면 예외적이지만, 비서구 지역에서는 오히려 보편적인 경험이다.

두 번째 단계는 중학교 학생들을 상정할 수 있다. 여기서는 이야기를 개인에서 가족으로 확장시켜 가야 한다. 가족 수준의 이야기가 중요한 것은, 가족이야말로 모든 학생이 친숙하고 직접 관계되어 있는 사회적 조직이기 때문이다. 한 가족의 이야기와 어느 정도 친숙하게 되면, 주변에 있는 좀더 많은 인물들과 접할 수 있게 된다. 자연히 그들이 겪은 좀더 다양한 운명들도 알아갈 수 있다. 이를 통해 한 사람이 다른 사람의 운명에 어떤 영향을 끼쳤고, 집단이 개인에게, 또 개인이 특정 집단에 어떤 변화를 야기했는지 조금씩 관심을 기울일 수 있게 된다. 이렇게 가족으로 이야기를 확대해 가면 갈수록 더 많은 토론을 학생들로부터 이끌어 낼 수 있다.

이쯤 되면 선생님은 관점의 확대를 시도해 볼 수도 있다. 이제는 더 이상 학생들이 희생자의 관점에 머물며 그들과 정서적으로 동일시하는 것이 아니라, 구조자rescuer의 입장에서 상황을 바라볼 수 있도록 관점의 전환을 시도하게 도와줄 수 있다. 구조자는 상황 속에 매몰되어 있던 유대인들에 비하면, 좀더 넓은 시야에서 상황을 객관적으로 바라볼 수 있었다. 그리고 또 하나. 다수의 동시대인들이 국가 주도 폭력에 협력하거나 야만적 행위를 방조했던 것과 달리, 국가의 명령을 어기고 유대인들을 도와주었다면, 그 동기가 무엇이었는지 확인하는 과정도 중요하다. 이를 통해 학생들은 과거의 부담스러운 사건을 한갓 과거사로 치부하지 않고, 나와 관련된 현재의 사안으로 상상해 볼 기회를 얻게 된다. 학생들의 토론 속에서 "나라면 그 상황에서 어떻게 했을까?"라는 생각에 이를 수 있다면, 수업은 이미 성공을 잉태한 것이라고 봐도 좋다.

이 점에서는 우리 현대사의 경험과 유사한 측면이 많이 있다. 제주 4·3의 경우만 해도, 군인과 경찰, 공무원과 마을 주민의 선행 사례들이 적지 않다. 특히 위험을 피해 도망온 이웃 마을 주민들에 대한 신례2리 주민들의 집단적인 선행은 우리가 두고두고 상찬해도 부족할 정도다. 현재 제주 4·3평화공원 내 기념관 전시에도 이 사례들이 일부 반영이 되어 있다. 그러나 그 전시 위치가 방문객의 주 동선에서 다소 벗어나 있는데다가, 구조 활동의 콘텍스트가 불충분하게 재현되어 있기 때문에, 아직 소기의 목적을 달성하기는 어렵다. 현재의 전시가 리모델링되기 전까지는 아쉽지만 교육활동을 통해 보완하는 것이 시급하다. 그 후에 예정된 리모델링 계획에 이 부분을 포함시켜 동선의 적극적 유도와 전시의 내용적 확대를 꾀해야 할 것이다.

세 번째 단계는 청소년기의 학생들을 상정한다. 우리로 치면, 고등학교에 해당하는 연령대의 학생들이다. 이 시기는 인지발달 단계에서 볼 때, 개인의 정체성과 사회·민족적 정체성, 그리고 인간의 가치들을 통합하기 시작하는 때다. 그러므로 이 단계에서는 개인과 가족 주변의 스토리 위주에서 좀더 넓은 사회적 범주와 연결할 수 있도록 돕는 활동이 필요하다. 여기서 중요한 것은, 학생들이 인지적 정서적으로 이미 상당히 성장했기 때문에, 희생자나 구조자의 사건 중심 이야기에 국한되지 않고, 더 복잡한 심리적 문제들까지도 다룰 수 있다는 점이다. 예를 들어, 구조자의 딜레마들이야말로 이 단계의 학생들과 자세하게 다뤄볼 수 있는 주제다. 위험에 처한 누군가를 돕게 되면 자기 자신이 위험에 처하게 될 수도 있다는 점, 자기 혼자는 양심에 따라 위험을 감수할 수 있지만 상황을 전혀 모르는 가족들이 위험에 빠지게 된다는 점이 문제를 야기하는 상황이다. 이런 문제에 관해 생각하고 토론하면서, 학생들은 상황과 역사의 복잡한 측면들을 파악하게 되고, 선과 악으로 양분할 수 없는 착종과 중첩의 지대들이 엄연히 존재했음을 확인할 수 있게 된다. 이쯤 되면, 학습의 주제는 방조자의 문제들, 가해자의 문제들까지로 심화될 수도 있다. 특히 가해자를 우리와 무관한 사람들로 단정하거나 악마화하지 않고, 그런 상황에서라면 "나

역시 그 사람들과 비슷한 선택을 하지 않을 수 없었겠구나" 하는 생각을 할 수 있게끔 돕는 것이 중요하다. 바로 이때부터 학생들은 부담스러운 과거사를 '지금 여기 나'의 문제로 생각할 수 있기 때문이다.

이처럼, 부담스러운 과거사에 대한 노출은 점진적으로 이루어져야 한다. 학생들의 인지 발달단계를 고려하고, 정서 발달단계까지 세심하게 살펴보는 태도가 필요하다. 이러한 연령대, 인지발달 단계, 정서적 감응 단계, 사전학습 정도, 지적 수준에 대한 고려가 전시에는 어떻게 반영될 수 있을까?

아마도 다층위적 설계가 일차적 해법이 될 것이다. 이제까지 얘기한 내용을 반영하자면, 전시는 서로 맞닿은 3개의 수준에서 구성되어야 한다. 그 수준이란, 표층-중층-심층으로 연접된 전시를 말한다. 개념적으로 볼 때, 표층은 초등학생 이하를, 중층은 중학생을, 심층은 고등학생과 성인을 타깃으로 삼는다.

초등학생 이하를 대상으로 한 표층 전시는 전시장의 메인 사인그래픽을 통해 구현된다. 홀로코스트를 예로 들면, '특별대우', '강제이송', '살인공장', '국가폭력', 'PTSD(외상 후 스트레스 장애)', '파시즘' 같은 추상적 개념어, 생경한 표현들은 가능한 한 회피해야 한다. 우리 현대사의 경우를 생각하면, '해방공간', '탈식민지', '체제간 적대적 공존' 같은 개념적 용어들은 가급적 사용하지 말아야 한다는 뜻이다.

여기서는 사진도 어린 방문객의 동일화가 가능한 개인의 사진을 실제 방문객의 눈높이에 맞춰 전시하고, 가족이나 친구들과 찍은 사진 외에 일반적인 집단을 담은 사진은 시대적 배경으로서 파악할 수 있도록 원경 처리하는 것이 바람직하다. 긴 설명이 필요한 문집 같은 것을 쇼 케이스에 담아 배치하는 방식은 여러모로 효과적이지 못하다. 그보다는 개인의 삶, 가족의 생활, 그리고 시대 변화와 연동된 개인 및 가족 생활의 급변을 상징할 수 있는 일상 용품을 배치하는 것이 훨씬 더 낫다. 넓은 지역에서 전개된 동시적 변화를 시대적 배경으로 보여주기 위해서는 초대형 디스플레이 위에 구현되는 애니메이션 맵을 제한적으로 활용하는 것도 하나의 방법이다.

중층의 전시는 표제어와 주 설명들 사이에 존재하는 이음새 부분들을 적극 활용하면 된다. 초등학생 방문객들이 주요 지점에서 개인의 생활 변화를 점선 연결하듯 이어가면서 관찰한다면, 중학생 방문객은 개인들을 포함하는 가족들과 그 주변에서 일어나는 변화들을 주요 전략적 지점들 사이의 좀더 넓은 공간 속에서 확인할 수 있다. 여기서는 개인과 개인 간의, 가족과 가족 간의 네트워크를 표현할 수 있는 사진과 장치들이 필요하다. 때로는 족보 디스플레이도 필요하다. 홀로코스트를 예로 들면, 수용소 일반이 아니라, 수용소 제국을 구성하는 다양한 종류의 수용소들에 대한 설명과 시청각 자료들이 배치되어야 한다. 안네 프랑크 가족이 체포된 후부터 아우슈비츠로 끌려가기 전까지 억류되어 있던 '베스터보르크' 같은 경유수용소Durchgangslager, 아우슈비츠-모노비츠 같은 강제노동수용소Zwangsarbeitslager, 대다수의 일반적인 강제수용소Konzentrationlager, 아우슈비츠-비르케나우 같은 절멸수용소Vernichtungslager에 대한 사진과 설명이 등장해야 할 부분이 바로 여기다. 우리 현대사의 경우라면, 보도연맹원들에 대한 일제검속을 지시하는 내무부의 전화통지문 사본 같은 것이 확대되어 전시되거나, 제주 4·3 진압을 위해 소집되었다가 여수·순천에서 반란을 일으킨 14연대에 대한 약간의 설명이 들어가면 좋을 부분도 바로 여기다.

복합적 관계나 딜레마 같은 상황을 시각적으로 구현해야

하는 심층의 전시는 터치스크린을 적극 활용할 필요가 있다. 아날로그 방식의 전시에서라면 서류파일, 사진첩 같은 방식으로 이루어진다. 이 '묻어두는' 전시는 우리나라의 많은 전시장에 결여되어 있다. 있어도 빈곤한 상태다. 이유는 두 가지다. 교육적 활용을 염두에 둔 연구와 정리가 충분치 못하면, 이 부분이 자연히 부실할 수밖에 없다. 또 활용도에 비해 비용과 시간이 많이 소요되기 때문에, 철저한 준비와 안목, 과감한 투자가 전제되지 않으면, 이 '묻어두는' 부분이 부실할 수밖에 없다. 전시업체가 여기까지 먼저 신경을 쓰지는 않기 때문이다. 그리고 이제까지의 전시관행에서도 문제를 찾을 수 있다. 사건에 대한 온전한 재현에 관심을 두는 역사가의 입김이 이미 수많은 전시에서 크게 작용해 왔기 때문에, 이들이 요구하는 수많은 역사적 내용이 메인 패널의 사인그래픽에 촘촘하게 투사되는 것이다. 패널 중심의 전시관행 역시 '묻어두면' 더 좋을 것들을 굳이 위에 올려놓아 전시 효율을 떨어뜨리는 결과를 초래한다. 비유해서 말하자면, 이런 것이다. 공부 잘하는 학생은 좁은 책상 위에 많은 책과 자료를 겹겹이 쌓아놓지 않는다. 가끔 활용할 것은 책상 서랍에, 어쩌다 자세히 살펴볼 일이 있을지도 모르는 것은 책장에 정리해서 넣어둔다. 패널의 글씨가 작아질수록, 그 전시는 실패할 확률이 크다. 많은 정보를 한눈에 보여준다고 해서 전시가 성공할 수 있다고 믿는다면, 그것은 평균적 방문객의 속성을 이해하지 못하고, 전시의 특성도 파악하지 못한 결과라고 봐야 한다. 이러한 이유에서 전시는 공간과 매체에 대한 이해도가 높은 전시전문가들에게 맡기고, 역사가는 조용하게 조언하는 데 그쳐야 한다. 전시장의 패널은 다 채워 넣으라고 있는 것이 아니다. 주연과 조연만 돋보일 수 있도록, 적당히 비우라고 있는 것이다.

학습공간으로서 전시장은 우리 인지발달의 경향을 충분히 반영하여 구성해야 한다. 우리의 학습과정이 사람에 대한 이야기에서 사람들의 관계들에 대한 서술로, 그리고 다시 구조와 구조변동에 대한 설명으로 상승해 가는 것처럼, 전시도 마찬가지다. 그러나 전시가 구조를 설명하는 방식은 텍스트가 구조를 설명하는 방식과 다르다. 전시는 기본적으로 이야기의 틀을 따른다. 말하자면, 이야기들의 이야기, 곧 거대 이야기mega-story다. 이 거대 이야기에서 구조를 보여주기에 적합한 장치는 지도와 도표다. 도표는 지배관계와 위계서열을 표현하기에 적합하다.

전시에서 지도의 힘은 아무리 강조해도 지나치지 않다. 전시장 대형 벽면 하나에 유럽의 전체 지도가 등장하고, 나치 독일군의 진군과 학살 희생자 수 사이의 상관관계가 시간의 흐름 속에서 공간을 통해 표현될 수 있다면, 그 순간 구조가 온전히 재현된 것이다. 초대형 디스플레이상에 구현되는 애니메이션 맵, 인터액티브 맵이 위력을 발휘하는 것도 바로 이 경우다. 인간과 시간과 공간을 동시에 표현할 수 있기 때문이다. 따라서 이런 장치는 심층의 전시에 국한하지 않고, 표층-중층-심층의 전시 모두를 하나로 결집해 주는 전시의 결절점 역할을 수행하기에 적합하다.

3층의 층위를 목적에 맞게 잘 설계하면, 하나의 공간에서 다양한 연령대의 집단이, 다양한 학습수준의 집단이 각각 만족을 얻고 돌아갈 수 있다. 아주 어린 학생들은 인상에 근거해 엮어진 이야기를 경험하고 돌아간다. 중학생은 이야기들 속에서 자기 모습을 드러내기 시작하는 구조를 어렴풋이 느끼고 돌아간다. 고등학생쯤 되면 개인들의 운명을 틀 지운 시대의 구조들을 어느 정도 파악하고 돌아간다. 그 이상이 되면, 구조들 속에서 삶과 죽음의 서로 엉킨 이야기들을 확인하고 돌아간다. 이 네 개의 집단 가운데 기념관이 목적 집단으로 삼아야 할 평균적 방문객은 두 번째 부류다. 전시는 전체적으로 압축되어야 하고, 그럼에도 불구하고 그 압축을 통해 훨씬 더 쉬워져야 한다. 전시는 일간지의 사건 기사만큼 간결하고 명료해야 한다는 말이다.

이와 함께 학교 교실이나 개인의 온라인 기기에서 충분히 그 특성을 활용할 수 없는 요소가 있다. 그런데 전시장에서는 그 효과가 충분히 발휘되는 자료가 있다. 바로 증인의 시청각 자료다. 전시장은 공간적 규모의 이점과 최신 설비의 장치적 이점을 모두 보유하고 있기 때문에, 증언의 효과를 극대화시킬 수 있다.

부담스러운 과거사 전시에서 증언이 갖는 의미는 이루 말할 수 없이 크다. 예를 들어, 독립된 방으로 꾸며진 장소에서 살아있는 생존자의 증언을 통해, 혹은 스크린 전체를 메운 생존자의 증언을 통해 아우슈비츠로 이송되기 전 바르샤바 게토의 상황을 파악하는 효과는, 책으로 읽거나 수업에서 교사의 말을 통해 들을 때보다 훨씬 더 크다. 600만 명의 죽음에 대해 별다른 느낌을 갖지 않던 사람도, 지금은 팔순의 노인이 되어버린 그 생존자가 하루 섭취한 음식이 184칼로리에 불과했다고 하는 말을 직접 듣게 되면, 사건 자체를 대하는 태도가 바뀌게 된다. 게다가 그의, 또는 그녀의 팔뚝에 새겨진 푸른색 숫자 문신은 어떤가? 증언은 믿을 수 없을 만큼 기이한 사건으로 들어갈 수 있는 문을 열어주기에 충분한 역할을 한다. 생존자의 증언은 우리를 경청하게 만드는 힘이 있고, 우리를 숙연하게 만들며, 직접적 증언을 할 수 있는 사람이 하나도 없게 되었을 때, 새로운 증인의 의무를 감당해야겠다는 도덕적 책임감까지 방문객에게 안겨주기 때문이다. 증언은 인지할 수 없는 것을, 직접 접촉함으로써 인지할 수 있게 해준다. 증인은 부담스러운 과거와 현재를 이어주는 피와 살의 가교인 것이다.

증언의 의미에 대해 아우슈비츠 생존자였던 프리모 레비Primo Levi는 그의 수기 《익사한 자와 구조된 자》에서 이렇게 밝혔다.

> (…) 많은 생존자들은 (…) 친위대 대원들이 조롱하면서 수감자들을 이렇게 훈계했던 것을 기억하고 있다. '이 전쟁이 끝난다고 해도 우리가 결국에는 이기고 말 거야. 너희들 중에는 살아남아서 증언할 놈이 하나도 없겠지만, 혹 누가 살아남는다고 해도 세상은 너희들 말을 믿지 않을 거야. (…) 너희들 하는 말이 너무 끔찍해서 믿어지지 않는다고 말할 테니까 말이야. 사람들은 너희들이 하는 말이 연합국의 과장된 선전일 뿐이라고 말하겠지. (…) 강제수용소의 역사를 받아 적도록 불러주는 것은 바로 우리란 말이야.'

이것이 레비가 자살하기 전까지 아우슈비츠를 증언하는 데 힘썼던 이유였다. 그러나 그 고통이 얼마나 컸던지, 자살하지 않는 것이 이기는 길이라고 동료 생존자들에게 외쳤던 그도 결국 자살하고야 말았다. 얼마나 숙연한 말인가? 예루살렘에서, 그리고 워싱턴에서 몇 분의 홀로코스트 생존자들을 만났었다. 그 가운데 헝가리 출신 소녀로서 아우슈비츠에서 살아남은 아기Agi 할머니와의 만남은 잊을 수가 없다. 나는 모든 것을 암기하려는 소년처럼, 그녀가 하는 한마디 한마디를 경청했다. 그리고 마지막 '죽음의 행진death march'에서 해방되던 순간까지 평소 궁금했던 것들을 자세히 물었다. 아기 할머니는 생생한 기억력으로 그 순간을 증언했다. 그리고 헤어지기 전 팔뚝을 걷어, 푸른색 수감번호 문신을 보여주었다. 내게 만져보라고도 했다. 마치 부활 후 믿지 못하는 도마에게 못 박혀 상처 난 손바닥을 보여주었던 예수처럼 말이다. 나치가 그녀의 몸속에 남긴 그 타투가 내게는 부정할 수 없는 범죄의 증거였다. 그 자리에서 나는 강한 도덕적 책무감을 느꼈다.

직접 만났을 때만큼은 아니겠지만, 전시장에서의 비디오 증언은 인간의 고난에 대해 좀더 예민해지도록 만들어준다. 더 나아가 세상에 대해 자기가 져야 할 책임을 자각하게 해준다. 그것이 아마도 전시장에서 경험하는 부담스러운 과거로부터의 학습효과일 것이다. 무엇에 관한 학습learning about something이 어떤 것의 학습learning something으로 전환되는 것이다.

전시 자체를 교육적 목적으로 구성하는 방안은 여기에 그치지 않는다. 방도는 무궁하며, 방식도 무진하다. 가장 상식적인 출발점은, 교육적 가치가 높은 자료들을 다양한 매체를 통해 적절한 위치에 배치하는 것이다. 전제 조건은 명확한 기본개념이다.

지극히 평범한 타임라인도 구성에 따라서는 전시활용 교육 효과를 배가하는 데 도움 될 수 있다. 혁신적 미디어가 전시의 교육효과까지 혁신시키지는 못한다. 어떤 때는 지극히 아날로그적인 시구가 적절한 조명과 만났을 때, 교육 효과가 폭발적으로 증가한다. 예를 들어, 워싱턴 홀로코스트기념관의 전시 가운데 활용된 니묄러Martin Niemöller 목사의 시 〈처음 그들이 왔을 때〉의 한 구절을 보자.

처음에 그들이 공산주의자들을 잡으러 왔을 때,
나는 아무말 하지 않았다.
나는 공산주의자가 아니었으니까.

그 뒤에 그들이 유대인들을 잡으러 왔을 때도,
나는 아무말 하지 않았다.
나는 유대인이 아니었으니까.
그 뒤에 그들이 노동조합원들을 잡으러 왔을 때도,
나는 아무말 하지 않았다.
나는 노동조합원이 아니었으니까.
그 뒤에 그들이 가톨릭교도들을 잡으러 왔을 때도,
나는 아무말 하지 않았다.
나는 개신교도였으니까.
그 뒤에 그들은 나를 잡으러 왔다.
그때 나를 위해 말해줄 사람이 아무도 남아있지 않았다.

하얀 벽면에 미세하게 부각된 이 시구에 약간의 조명이 비칠 뿐이지만, 무관심과 겁먹은 태도를 이처럼 묵직하게 비난하는 전시를 나는 어느 곳에서도 본 적이 없다. 시민의 용기에 대한 책무를 이렇게 천둥소리처럼 외치는 경우가 또 있을까? 인솔 교사가 거의 아무런 말을 덧붙이지 않아도, 보통의 학생들은 큰 메시지를 여기서 얻을 것임에 틀림없다.

또 하나의 지극히 아날로그적 방식을 소개해도 될까? 베를린 벤들러블로크Bendlerblock에 자리한 '독일 저항기념관Deutscheer Widerstandsgedenkstätte'의 상설전시 한쪽에는 오타들이 섞여있는 타자용지들이 어지럽게 펼쳐있다. 자세히 보지 않으면, 어떤 이유인지 잘 드러나지 않는다. 그러나 거기에 있는 설명을 보면, 혹은 인솔 교사의 배경 설명이 함께한다면, 그 의미가 비로소 생생하게 살아난다. 1944년 7월 20일 독일 예비군 사령부 소속 장교들이 작성한 문서다. 이날 '작전명 발키리Operation Walküre'로 알려진 히틀러 암살사건이 발생했다. 톰 크루즈가 애꾸눈

주인공으로 출연한 영화 〈작전명 발키리〉가 바로 이 사건을 다룬 바 있다. 이 계획이 성공했다면 나치 독일의 운명은 아마도 바뀌었을 것이다. 그러나 백작 가문 출신의 슈타우펜베르크Graf von Stauffenberg 대령과 몇 명의 고위 장성들이 주도한 이 사건은 불행하게도 실패로 돌아가고 말았다. 히틀러 암살이 성공했는지 실패로 돌아갔는지 확인되지 않은 시점에서 암살 주도세력이 화급을 다투며 작성했던 이 문건이야말로, 그날의 긴박한 상황을 증언하는 역사적 자료다. 여러 개의 오타가 그 상황을 암시해 준다. 죽음의 위기에 몰렸던 유대인들을 구하기 위해 작성했던 타자지 '쉰들러 리스트'처럼, 이 거칠게 잉크 먹은 타자용지는 나치 체제에 저항했던 수많은 시도들을 대변하는 증명서인 셈이다. 전시를 활용한 교육이 무언가를 활용해야 한다면, 바로 이런 것이리라. 독일 저항기념관의 전시는 그 교육적 가치를 염두에 두고, 교육의 시퀀스를 계산하면서 설계되었다. 반역을 도모했던 독일군 장교들이 남긴 이 7월 20일의 타자용지는 독일 저항기념관 전시의 백미白眉로 활용되고 있다. 오늘날 독일군은 이 문건을 기초로, 부당한 명령에 대해서는 항명하는 것이 장교의 의무라고 가르치고 있다.

30/

글로벌 시대 한국발發 기념문화를 위하여

살면서 한국형型이라는 말을 종종 들어왔다. 주로 방위사업청의 무기개발 체계나 항공우주 발사체 같은 분야에서 주로 사용된다. 우리 현실에 맞게 개량했다는 긍정적 의미도 있지만, 주요 선진국과 비교할 때 우리 실력이 크게 못 미치는 비대칭 분야에서 모방과 적용에 급급해하는 분위기도 일부 반영되어 있는 것처럼 보인다. 내게는 그렇다. 그래서 이 용어를 들을 때마다 안쓰러운 느낌이 든다.

1970, 80년대 같으면 이런 느낌이 들지 않았을 것이다. 대세를 관찰하면서 가장 앞선 주자를 빠르게 추월하는 실용적 전략이 우리 미덕으로 여겨질 때니까 말이다. 그로부터 이제 한 세대가 지났다. 일본 기술을 도입하기에 급급하던 삼성전자는 이제 세상에 없던 것을 만들어내야 할 처지가 되었다. 달리고 달려보니 어느덧 내 앞에 아무도 없는 지경이 되어버린 것이다. 누군가의 등짝이 전혀 보이지 않는 상황, 가야 할 길을 묻고

싶은데 스승이 전혀 없는 상황이 아마도 우리가 처한 지금의 현실을 말해줄 것이다. 아직 내적 자신감이 충분치 않은데, 하나둘씩 찾아와서 길을 묻는 상황이 우리가 처해있는 현실이다.

클래식 음악과 대중음악, 영화와 미술 분야는 이미 이런 경험에 익숙해져 있다. 짝퉁이라는 비난을 넘어 창의와 창조로 인정받는 경우가 점점 잦아지고 있다. 비판도 있지만, 그 비판은 바깥에서보다는 주로 우리 안에서 제기된다. 독일 땅에서 런던의 영화제작 전문가에게 우리 영화 〈301 302〉와 〈올드보이〉에 관한 찬사를 들은 것이 10년 전이다. 우리는 이제 경제적으로 성장했고, 문화적으로도 자기 색깔을 추구할 때가 되었다. 어느 분야에서건 어딘가에 있을지도 모를 모범답안을 찾아 헤맬 때는 지났다. 그래서 내게는 '한국형'이라는 언사가 불편하게 느껴진다. '한국발發'이라고 해도 좋을 것을. 우리가 시작해 놓고 세계가 따라하는 게 왜 불가능하단 말인가?

내가 흥미를 느끼는 기억의 정치, 기억문화, 기념의 문화에서도 이런 생각이 가능할 것 같다. 비교에 비교를 거듭해 봐도, 우리처럼 과거의 구속을 지독하게 겪고 있는 나라는 이 세상에 없지 않을까 생각한다. 아일랜드의 역사가 슬픈 것을 잘 안다. 외세의 구속과 압제에서 벗어나기 위해 일어설 때마다 아일랜드인은 엄청난 좌절을 겪었다. 그 상처의 흔적 중 하나가 더블린 중심지에 있는 '기억의 정원Gairdín Cuimhneacháin'이다. 그래서 '슬픈 아일랜드'라고 스스로 부르지 않던가? 하지만 근래의 분위기는 크게 바뀌었다. 아일랜드는 과거의 적극적 가공을 통해 미래로 달려가고 있다. 역사를 외면한 결과가 아니라, 자기 주도적으로 슬픈 역사와 대면하고 적극 가공한aufarbeiten 결과다. 프로이트가 말했던 대로, 가공의 결과는 난관의 돌파breakthrough다. 멕시코를 비롯한 중미와 남미 국가들은 외세의 침공과 독재의 상흔을 깊이 간직하고 있다. 대학교 학생들이 버스 정거장에서 납치되고 시신조차 찾지 못하는 일이 비일비재할 만큼, 이 지역에서 국가폭력의 망령은 지금도 심각하다.

상처와 기억의 억압을 가지고 남과 비교하면서 우리가 제일 처절했다고 얘기하는 것은 어처구니없는 일이다. 슬픔과 상처는

구 남영동 대공분실

비교 가능하지 않기 때문이다. 희생의 무게와 깊이를 거론하고자 하는 것은 아니다. 다만 정상적 걸음으로 미래를 향해 달려가기가 불가능할 만큼 우리 국민의 몸과 마음을 칭칭 감고 있는 과거사의 심각성을 환기시키고 싶을 따름이다. 서로 뒤엉켜 있는 우리의 다중 과거사를 생각해 보자. 동학농민혁명 당시 희생된 이들의 명예회복이 서류상으로 이루어진 것이 불과 얼마 전이다. 100년의 세월이 억압과 불신 속에 지나갔다. 일제하에서 부역했던 사람들에 대한 도덕적 단죄와 재산환수 조치가 결정된 것도 최근의 일이다. 그나마 정부 위원회의 도덕적 결정이 국가의 법정에서 상당 부분 무력화되는 것을 우리는 지금도

목격하고 있다.

한국전쟁 전후 민간인 학살 희생자들의 경우는 어떤가? 희생자 수조차 제대로 파악하지 못하고 있는 지경이다. 얼마 전 선배 교수가 NHK 취재진과 인터뷰할 때 한국전쟁 기간 동안 민간인 학살 희생자 수에 관한 질문을 받았다고 한다. 인터뷰 중간에 내게도 연락을 주셨다. 이 문제를 가장 잘 알고 있는 전문가 두 분에게 급하게 전화를 드렸다. 최소 25만 명에서 최대 100만여 명. 하지만 객관적 근거는 없다. 추산의 지표도 분명치 않다. 4·19혁명 직후 구성된 유족회의 추산에 근거한 것일 뿐이다. 이 숫자를 부정하는 것이 아니다. 개인적으로는 희생자 수가 최대 추정치에 가까울 것이라고 생각한다. 우리 한반도는 장병들의 집단무덤이었을 뿐만 아니라, 비무장 민간인들의 공동묘지였다. 모든 논의의 결론은 전쟁과 학살의 상처가 너무도 넓고 깊다는 쪽으로 귀결된다. 학살 희생자의 숫자에 관한 입증의 곤혹스러움은 학살 주장의 신빙성 문제보다는, 제대로 가공되지 못한 과거사의 무게를 환기시켜 주는 것이다.

앞의 세 과거사에 비하면, 독재와 민주화 운동 시절의 국가폭력 희생자들에 대한 진상규명 작업은 상대적으로 잘 이뤄졌다고 볼 수 있다. 그러나 어디까지나 상대적이다. 우리는 아직까지 남영동 대공분실을 거쳐간 사람들이 정확하게 몇 명인지 모른다. 민주화운동기념사업회가 오랜 고생 끝에 최근에 발간한《남영동 대공분실 고문실태 조사연구》 보고서가 말해주고 있는 384명은 확인된 최소치에 불과하다. 앞으로 더 많은 조사가 필요한 상태다. 게다가 남영동 외에 그 많은 '대공분실들'의 피해자 면모도 규명되어 있지 않다. 민주화보상심의위원회의 자료도 대강의 윤곽을 그리는 정도라고 봐야 한다.

이처럼 우리는 아직도 4중 과거사의 망령들에 시달리고 있다. 우리 사회와 국민은 이제 칙칙한 과거사에서 벗어나 미래를 지향하자고 짜증 섞인 목소리로 말하지만, 과거사들과의 지속적 대면과 철저한 가공 없는 미래 얘기는 기망이다. 자기기만이고, 타인에 대한 기만이다. 옹색한 무관심의 다른 표현에 지나지 않는다. 수많은 기념시설 건립에 시간과 비용을 쏟고 있는 독일은 그럴 만하니까 그러는 거고, 우리는 그 정도는 아니니까 지금 이 정도면 충분하다는 것일까? 아니다. 반인도범죄는 이 땅에도 있었고, 제노사이드 협약의 기준을 법적으로 엄격하게 충족시키지는 못하지만, 제노사이드적 성격의 집단학살은 이 땅에도 여러 번 있었다. 가해자는 아직도 우리 중에 있다. 기억의 억압과 망각이 원인이지, 결코 사건들 자체가 심각하지 않아서가 아니다. 몰라서 외면하고 알아도 외면한 결과, 우리 사회는 이 4중 과거사에 대해 기억하는 것도 아니고 망각한 것도 아닌 집단적 멜랑콜리 상태에 머물러있다. 그 비용은 결코 적지 않다. 우리 사회에 만연해 있는 엄청난 불신감의 뿌리가 나는 사람들을 죽여 놓고도 호의호식하는 사람들이 넘쳐나는 데 있다고 믿는다. 불신은 약자가 취할 수 있는 분노의 가장 자연스러운 표출이다. 지도층에 대한 집단적 냉소도 이와 무관하지 않다.

부담스러운 과거사와의 결별은 오직 적극적 가공을 통해서만 가능하다. 적극적 가공은 기억의 활성화를 의미한다. 사회적 기억의 활성화를 위해서는 살아있는 기념이 필수적이다. 이런 지속적 노력을 통해 과거사의 지긋지긋한 망령들이 제자리를 찾아가게 만드는 작업이 바로 기념이다. 불신의 망령, 저주의 망령, 비난의 망령은 햄릿이 부왕의 사연을 경청했던 것처럼, 우리 사회가 과거 희생자들과 유가족들의 절규에 귀를 기울일 때 비로소 사라지기 시작한다. 핵폐기물을 충분한 비용과 시간을 들여 처리해야 하는 것처럼, 난지도 일대에 쌓여있는 그 엄청난 생활 쓰레기들을 적절한 비용과 최신 기술을 활용해 우리 손으로 가공했던 것처럼, 과거사도 철두철미한 가공 없이는 자연스럽게 사라지지 않는다. 자연이 초래한 재앙은 시간이 흐르면 자연이 거둬가지만, 인간이 초래한 재앙은 그렇지 않다. 인간이 거둬들여야 한다. 가해자와 생존자가 생물학적으로 소멸되고 나면, 과거사가 그 시신들과 함께 공동묘지에 더불어 안장될까? 그렇지 않다. 그런 무책임한 무관심이 이 나라를 유령의 집, 귀신들의 동산으로 만들어버렸다. 앞선 세대가 모질게 저지르고 강퍅하게 모른 척했다면, 후손이라도 그 뒷수습을 해야 한다. 엎질러진 물이라도 주워 담는 성의를 보일 때, 불신과 저주의 망령들은 자기 갈 곳을 찾아 떠나고, 우리 사회는 하나의 공동체가 되기 위한 차비를 차릴 수 있게 될 것이다. 부담스러운 과거사의 기념은 미래에도 불길한 기억들의 영원한 안장을 위해서 필요한 것이다.

이런 취지가 모든 방식의 기념을 정당화하지는 못한다. 의도가 선해도 과정이 미흡하면, 오히려 비판과 냉소를 초래할 수 있다. 기억의 투쟁은 공적 기념에 필요한 부지와 예산 마련에 기여했다. 기억의 정치는 그 기념의 공간과 절차를 국가주의적 방식과 공화주의적 방식 가운데 어떤 것으로 채워갈지를 좌우한다. 그렇게 마련된 공간과 절차에 심미적 완성도를 부여하고, 울림이 있는 기억의 공간과 절차로 만들어주는 것, 곧 기억의 성패를 결정하는 것은 기억투쟁과 기억정치가 아니다. 그것을 결정하는 것은 기념의 문화다. 방향만큼은 정치적 투쟁이 결정한다. 그러나 색조와 양식을 결정하는 것은 문화적 안목과 역량이다. 부담스러운 과거사의 당사자들이, 그들을 대변했던 정치세력이 이 영역에 깊이 개입하면 할수록, 오히려 기념은 경직되기 쉽다.

한 가지 예를 들어 생각해 보자. 이번엔 '킬링필드의 나라' 캄보디아다. 2015년 3월 26일, 프놈펜 시내에 있는 예전의 투올슬렝 감옥 정원에 고문과 학살 희생자들을 위한 추모 기념물 제막식이 열렸다. 이 자리에 정부를 대표해서 참석한 부총리는 "이 기념물이 민주 캄푸치아 체제하에서 희생된 유가족과 캄보디아 국민의 심리적 트라우마를 줄이는 데 기여하기를 바란다"고 밝혔다.

하지만, 이 기념물은 구상 단계에서부터 논란과 국민적 분열을 불러일으켰다. 이유는 기념물에 각인될 희생자 명단 때문이었다. 본래 이 자리에는 오래된 추모의 기념물이 있었다. 종래의 것을 대체할 기념물 건립을 추진했던 주체는 국민 통합과 화해를 위해 이곳 투올슬렝 감옥에서 죽은 모든 사람의 이름을 새 기념물에 새기겠다는 뜻을 밝혔다. 반대자들은 무고하게 끌려온 민간인 희생자, 즉 전형적 희생자는 전체 희생자 12,272명 가운데 20퍼센트에 불과하다고 반발했다. 나머지 80퍼센트는 학살을 자행했던 크메르 루주 구성원들 가운데 집권 후 '우리 안의 적'으로 간주되어 고문받고 살해된 사람들이라는 것이다. 그중에는 투올슬렝의 다른 이름인 'S-21'의 고문 살해 가해자들도 포함되어 있었다. 그러므로 모든 희생자의 이름이 각인된다면, '진짜 희생자'들의 명예가 훼손될 것이라는 주장이었다. 이런 이유에서 예전의 기념물이 더 낫다고 생각하는 사람도 상당수에 달했다. 이미 철거된 기념물은 그저 사자의 영혼을 달래는 기념물이었기 때문이다. 모든 갈등은 오히려 이름을 새기면서 시작되었다.

지금 이 경우는 기억의 정치인가, 기념의 문화인가? 둘 모두에 해당한다. 누가 진정한 희생자인가, 누가 진정한 애도의 대상이 되어야 하는가? 이 물음에 답하는 것은 기억의 정치다. 이 기억의 정치에서 캐스팅보트를 쥐고 있는 집단은 유가족이다. 유가족 가운데 일부와 기념에 헌신했던 일부 전문가들은 격렬하게 반대했지만, 다수는 새로운 기념물을 지지했다.

동시에 이 문제는 기념문화에도 걸쳐있다. 일차적 가해자와 일차적 희생자 간의 경계선을 명확하게 그을지 말지를 결정하는 데는 사회적 분위기와 관습, 기억문화의 전통도 작용하기 때문이다. 원형질적으로 공동체 정서가 강한 곳에서는 엄격한 경계선 획정을 반대할 확률이 있다. 사건 발발 후 많은 시간이 흐르고 과거청산 작업이 한창 진행되어 사회 통합이 현안이 되는 곳에서도 양자 간의 엄격한 구분을 반대할 확률이 높다.

흥미로운 것은 이 자리에 참석한 주 캄보디아 독일 대사 폰 마르샬Joachim Baron von Marschall의 발언이었다. 기념물 건립에 소요된 비용을 전액 제공한 독일 정부를 대표하여 대사는 "성찰과 애도만이 아니라 용서와 화해까지" 의도하고 있다는 말로 이 기념물의 의미를 옹호했다. 이 대목에서 나는 독일의 수도 베를린에 있는 노이에 바헤Neue Wache를 연상한다. 콜 수상이 이곳을 국민통합의 산실로 선언하면서, "전쟁과 폭정의 모든 희생자들에게" 이 기념물을 헌정했기 때문이다. 지금도 그곳에는 이 명비가 있다.

희생자와 가해자를 구획하지 않은 것은 통합을 도모하는 보수 정치의 의도인가? 아니면 공동체적 기억문화의 산물인가? 내 생각에는, 이 둘 모두에 걸쳐져 있다. 그러나 50 대 50의 관계는 아니다. 이름을 결정하는 것은, 그 이름을 포함할지 배제할지 결정하는 것은 일차적으로 기억정치의 영역이다. 다만 캄보디아의 이 사례는 '과거청산의 모범생'으로 불리는 독일이 깊이 관여되어 있기 때문에, 글로벌 기념문화의 영향이 크게 작용했다는 해석도 가능하다. 그러나 전체적으로 볼 때, 죽은 자들 모두에 대한 관용과 죽은 자들 간의 화해, 그것을 통한 죽은 자와 산 자 간의 화해, 더 나아가 살아있는 자들 간의 화해를 도모하겠다는 의지의 표현이 캄보디아 사회 전체의 의지를 평균적으로 대변하는 것은 아니다. 그렇게 해석하기에는 캄보디아인들의 상처가 너무 크다. 국토의 대부분을 차지하는 농촌에서, 희생자의 자손들은 아직도 가해자들과 한 마을에서, 논두렁을 사이에 둔 채 서로 등 돌리고 살아가는 경우가 적지 않기 때문이다.

이 문제는 우리 책에서 다룬 하귀리 영모원의 경우를 생각게 한다. 더 이상 가해자와 희생자를 구별하지 말자는 하귀리 주민들의 결정은 지역의 기억정치이자, 미래지향적인 기념문화의 소산이었다. 다만 두 가지 점만은 잊지 말도록 하자. 첫째, 하귀리가 겪은 사건은 이미 두 세대의 시간이 경과했다. 캄보디아는 이제 한 세대를 지냈다. 당사자들의 대부분이 아직 살아있다. 둘째, 하귀리는 우리나라에서도 예외적 경우다. 경찰에 의한 집단학살을 경험한 전남 영암의 구림마을 주민들 간의 화해 노력도 아직은 예외적 경우이기 때문에 주목을 받는다. 죽은 이들 간의 화해를 통해 살아갈 자들의 화해를 꿈꾸는 기획은 그 자체로 아름답다. 개인적으로는 이런 접근이 바람직하다고 믿지만, 그렇다고 해서 모든 당사자들에게도 이렇게 해야 한다고 강요하기는 힘들다.

기념문화의 영역은 기억의 정치와 중첩되기도 하지만, 선명하게 구분되는 지대도 있다. 다시 투올슬렝의 경우를 보자. 새로 세워진 기념물은 기본적으로 불교 탑파 양식을 따랐다. 그러나 불탑을 그대로 모방하지는 않았다. 희생자들이 신봉했던 다양한 종교를 고려한 결과였다. 6미터 높이에 400평방미터를 차지하는 이 기념물 설계는 캄보디아 법원 특별법정의 희생자 지원 분과와 문화예술부가 주도했다. 기념물의 기단부에는 16개의 석판이 부착되고, 희생자들의 이름을 금색으로 새겨 넣었다. 명문은 크메르어, 프랑스어, 영어로 표기되었다. 따라서 우리는 이 기념물에서 캄보디아의 문화적 전통, 프랑스 식민지 과거의 유산, 지구화 시대의 변화 추세를 모두 읽을 수 있다. 우리는 이 기념물에서 이행기 정의 실현보다 국민 통합과 화해를 중시하는 실용적 결단만이 아니라, 고유의 민족문화 전통과 식민지 경험, 그리고 지구적 영향을 본다. 하지만, 한두 개의 대표적 기념물을 통해 그 나라의 기념문화를 읽고자 하는 태도는 오판으로 가는 지름길이다. 여러 개의 기념물들을 함께 살펴보면서 상호 경쟁적인 기념의 추세들을 파악하고, 시간의 연속선상에서 그 나라 기념문화의 과거와 현재를 이해하며, 앞으로 나아갈 경향을 그려보는 차분함이 필요한 이유다.

제주 4·3평화공원에도 우리 기억의 정치가 각인되어 있고, 우리 기념의 문화가 반영되어 있다. 4·3평화공원은 우리 기념문화의 과거, 현재, 미래를 흥미로운 방식으로 함축하고 있다. 그 가운데 하나가 무궁화와 태극문양이다. 제단 앞 광장을 비롯해 무궁화와 태극기는 평화공원 곳곳에 새겨져 있다. 이 각인이 인코딩 수준인지에 대해서는 해석이 필요하다. 국가폭력 희생자들을 추모하는 공간에 왜 국가의 상징들이 그렇게 크고 깊게 새겨져 있을까? 가장 큰 이유는 자기 가족이 국가에 대한 무장저항 때문이 아니라 국가의 오인 때문에 살해된 것이라고 생각하는 유가족들의 주장이다. 그들은 국가에 의해 억압을 받았을지언정, 스스로는 국가의 품을 떠날 마음이 전혀 없는 선량한 사람들이다. 그 표현이 태극기다. 이것이 기억이 정치인가. 아니면 기념의 문화인가? 둘 모두다.

태극기에는 두 가지 정치적 코드가 내장되어 있다. 태극기는 먼저 국가주의의 상징이다. 하지만 태극기에는 국가 일변도의 권력 행사를 견제하는 또 다른 상징이 내포되어 있다. '모든 권력은 국민에게서 비롯된다'는 헌법 속의 공화주의적 신념은 우리 역사를 통해 누차 표출되었다. 태극기는 잃어버린 조국을 찾겠다는 의지의 표현이었을 뿐만 아니라, 다시 찾게 될 나라를 엄연한 국민의 나라로 만들겠다는 결의의 표출이기도 했다. 이렇게 보면, 인코딩의 정치가 해석의 문화를 규율하지 못한다. 기념문화는 누군가의 의도와 기획에서 출발하지만, 그 손을 떠난 후에는 일정한 자율성을 획득하기 때문에, 해석의 여지를 수반한다. 그렇게 해서 기념문화는 시간이 흐를수록 단선적 성격을 벗어버리고, 상반된 의미를 넘어 다의적 의미까지 획득해 가는 것이다.

문화는 정치와 경제와 사회 영역을 도려내면 그 언저리에 남게 되는 잔여물들의 집합이 아니다. 우리 시대의 문화는 권력의 획득과 유지 같은 정치행위, 이윤추구와 부의 증식을 도모하는 경제행위, 집단의 대립과 갈등과 화해를 심화시키기도 하고 완화시키기도 하는 사회적 활동의 실천을 가능케 해주는 삶의 매트릭스다. 문화를 경유하지 않고서는 권력을 획득할 수 없다. 문화의 옷을 입지 않고서는 큰돈을 벌 수도 없다. 공동체 문화가 강한 곳에서는 강력한 사회적 갈등도 미풍으로 끝나고, 갈등의 문화가 편만한 곳에서는 사소한 사회적 갈등도 정치적 풍파를 불러일으킨다. 문화는 삶의 문법이며, 시대의 공기이며, 생활을 일구어가는 터전 그 자체다.

기념의 문화란 기억의 정치가 작동하고, 기억의 경제가 흥망하며, 사회적 기억이 뿌리내리는 무대요 토양이며 풍토다.

요컨대, 기념문화는 개인기억과 집단기억의 매트릭스다. 이러한 주장은 부담스러운 과거사에도 그대로 해당한다. 사회 구성원 다수가 내켜하지 않는 부담스러운 기억을 활성화해서 공동체의 유익한 공적 자산으로 만들기 위해서는 문화에 대한 깊은 이해와 문화 메커니즘의 적극적 활용이 필요하다. 전시의 기본개념 없이 개관한 기념관, 타성에 젖은 기념물, 엄숙하기만 한 공적 의례가 문제라면, 경직된 기념문화, 왜소한 기념문화, 뿌리 없는 기념문화, 배타적 기념문화, 폐쇄적인 민족주의적 기념문화가 문제다.

기억의 활성화를 도모한다면, 탄력성과 융통성이 넘치는 기념문화의 진작이 필요하다. 어떤 면에서 문화는 기획이다. 기념문화 역시 기획이다. 창의적 기념은 풍요로운 기억을 낳고, 그 다산의 기억들 가운데 일부는 역사를 자식으로 낳는다. 그 역사는 다시 상상력 넘치는 기념을 재촉한다. 이 사이클은 자동으로 원활하게 작동하지 않는다. 마중물을 필요로 하고, 창의적 기획을 필요로 한다. 부담스러운 과거를 기념하는 문화는 자동으로 육성되지 않는다. 민간의 경제가 부담스러운 과거의 진작을 책임질 리는 만무하다. 이것을 책임져야 할 것은 공적 영역이다. 그러나 공적 영역의 주축인 국가는 기본적으로 경직되어 있다. 게다가 우리 국가는 국가폭력의 가해 주체이기까지 했다. 이 국가에 부담스러운 기억의 활성화를 기대할 수 있을까? 없다!

국가에 기대할 수 있는 것은 책임 표명과 제도적 장치의 마련과 기념의 공적 기구들을 원활하게 돌아가도록 만드는 재정의 안정적 조달뿐이다. 그 외의 영역은 시민사회의 몫이다. 수축을 거듭해서 탄력성이 결핍되어 버린 기념문화를 어떻게 다시 펴고, 어떻게 바람을 불어넣으며, 어떻게 생기를 발휘하게 할 수 있을까? 어떻게 해야 생동하는 공적 기억들을 만들어갈 수 있을까?

무엇보다 우리의 전통을 재탐색해야 한다. 특히 우리의 공적 기념의 전통 가운데, 사자숭배Totenkult 측면부터 집요하게 탐색해 들어가야 한다. 우리의 혼종적인 기념문화 현장인 동작동 국립묘지를 더듬다 보면, 장충단이 그 모습을 드러내기 시작한다. 우리의 관심은 공원으로 탈격되기 전의 장충단, 우리 근대적 국립묘지의 효시로서 장충단에 있다. 불행하게도 지금 우리에게는 장충단에 관한 자료가 거의 남아있지 않다. 장충단의 위치는 신라호텔의 정원이 되어버렸고, 누각은 사라져버렸으며, 위패는 소실되었다. 우리 전통과 근대국가의 이상이 한데 어우러진 장충단의 흔적 찾기는 공적 기념문화의 전통을 찾아가는 여정에서 첫 번째 난제다. 이 관문을 돌파해서 전근대 시기의 공적 기념의 면모를 소급해서 찾아 올라가야 한다. 공간의 배치, 지세, 의례, 기념물의 콤플렉스로서 조선은, 고려는, 고대 국가들은 어떤 것을 가지고 있었을까? 우리의 공적 기념이 앙상하고 경박한 것은, 장중한 예복 속에 피골상접한 육신이 가려져 있는 것은, 전통으로부터 단절되어 있기 때문이다. 전통의 토대가 살아있으면 퓨전도 가능하고 융섭도 가능하지만, 그 주춧돌이 어디 있는지도 모르는 상태에서 시도하는 종합은 짝퉁이나 키치Kitsch가 되기 쉽다.

여기에 더하여 기념문화의 비교가 필요하다. 비교는 우리의 특성을 알게 해줄 뿐만 아니라, 우리와 다른 문화가 함께 딛고 서있는 공통의 지반이 무엇이며 어디까지인지도 파악하게 해준다. 〈울밑에선 봉선화〉는 우리 민족의 애수를 표현하는 전통의 가락인가? 아니라고 한다. 일본을 경유해서 들어온, 철저하게 서구적인 선율이라고 한다. 그러면 남의 것인가? 아니다. 우리 문화의 거의 모든 것은 남의 것을 차용하면서 가꾸어졌다. 전통의 탐색과 비교의 작업을 통해 우리는 일제 시대의 엄청난 의미를 깨닫게 된다. 우리의 국립묘지에는 아무도 모르는 가운데 일본 군인묘지의 영향이 깊이 새겨있다. 일본 군인묘지는 순수하게 일본의 것인가? 아니다. 탈아입구脫亞入歐를 표방했던 근대국가 일본은 서구의 문화양식을 닥치는 대로 수용했다. 이처럼 우리의 가까운 전통에는 일본의 전통과 일본화된 서구적 근대의 전통이 깃들어 있다. 이러한 횡적 비교와 종적 소급을 거듭하면서, 우리는 우리 문화의 과거와 현재에 대해 이해할 수 있다. 기념문화도 마찬가지다.

다음으로 글로벌한 기념문화의 추세를 면밀하게 파악해야 한다. 교통과 통신의 발달, 여행경험의 증가와 인적 교류의 급증은 날이 갈수록 지리적 구속을 약화시키고 있다. 해체주의 건축양식으로 유명한 베를린 유대박물관의 건축가 다니엘 리베스킨트Daniel Libeskind의 작품을 우리는 서울 한복판에서 경험한다. 카리브해 지역 카니발 전문가로서 미국에서 주로 활동하는 프랑스 축제 기획가 탄콘스의 구상이 광주의 5월 금남로에서 전남대생들과 조선대생들을 통해 펼쳐지는 세상이다. 지구촌 어느 한 곳에서의 문화적 성공은 전문가들을 통해 다른 지역 깊숙한 곳에 광속으로 알려진다. 선발先發과 후응後應의 간격이 좁아지고, 후발이 선발을 추월하는 일이 허다해지고 있다.

뿐만 아니다. 세계의 모든 국가와 지역은 그 나름의 부담스러운 과거사 경험을 갖고 있다. 게다가 그중 일부는 초국가적 성격을 갖고 있는 사건들이다. 아르메니아인 학살은 터키 영토에서 자행되었으나, 아르메니아공화국의 탄생 이후 국가 간 과거사 문제로 비화되었다. 유럽연합은 이 문제를 계속해서 다루고 있고, 프랑스 의회는 터키 정부의 책임 인정과 공식 사과를 공개적으로 촉구했다. 그뿐인가? 일본의 과거사는 직접적으로는 동아시아 국가들 전체와 맞물려 있고, 여성들의 인권을 조직적으로 유린한 점 때문에 지구적 사안이 되어버렸다. 유럽적 사건이었던 홀로코스트는 이미 세계사적 사건으로 격상되었고, 홀로코스트에 대한 기억과 가공, 기념과 교육의 경험은 제노사이드를 겪은 지구상 모든 국가들의 준거모델로 강력하게 영향을 주고 있다. 비서구지역 국가들이 겪은 집단학살은 대부분 서구 국가들의 식민지배 때 시작되었거나 그때부터 싹텄다. 따라서 비서구 지역의 집단학살 경험에는 일종의 보편적인 코드들이 담겨있다.

이 모든 사실들이 말해주는 것은 무엇인가? 지구적 기념문화의 도래다. 지구적 기념문화의 성장이다. 이 거센 추세 앞에서 종교적 편파성을 고집하는 기념의 정책, 민족적 배타성을 옹호하는 기억정책은 설 자리를 잃어가고 있다. 양식 면에서도 지구적 표준들이 서서히 출현하고 있다. 민족주의적 경쟁 시대의 산물인 거석문화에 대한 거부감이 대안 양식의 도입을 촉구하고 있다. 젠더 감수성과 약자에 대한 배려가 기념문화에도 이미 반영되기 시작했다. 예전 같으면 석조의 고딕 기념물이 웅장하게 서있어야 할 그 자리에서 예술가들의 아트워크가 설치되었다가 사라지기를 반복한다. 태산 같은 기념이 아니라, 불규칙한 파도가 일고 있는 것이다. 이러한 경향은 우리의 기념문화에 대해서도 변화를 요구한다.

이러한 변화의 격랑 속에서 한국의 기념문화가 바위섬처럼 그 자리에 그냥 서있는 것은 어울리지 않는 일이다. 다중 과거사의 우리 경험이나 국제사회에서 우리 위상을 생각해도,

과거의 기념문화를 타성적으로 고집하거나, 과거의 기념문화를 관성적으로 유지하는 것은 맞지 않는 일이다. 성장한 몸집에 맞는 옷이 필요하고, 기대에 부응하는 역할이 필요하다. 우리가 발신하는 문화는 유사한 경험을 갖고 있는 비서구 국가들에게 나아갈 길을 제시하고, 글로벌 기념문화를 더 풍요롭게 만들 것이다.

우리의 기념문화, 어떻게 만들어가면 좋을까? 아직은 거칠지만, 몇 개의 구상을 제시하겠다.

첫째, 전통에서 수혈받기 위한 노력을 배가해야 한다. 건축과 디자인, 매체와 의례에서 전통적 기념문화의 자양분을 세밀하게 확인하고 구현하는 작업이 좀더 필요하다. 우리 건축의 전통에서 지세에 대한 고려는 필수적이었다. 주변 환경과의 조화, 인문적 환경과의 하모니는 규모를 과시하고자 하는 현재의 국가 주도 기념물 건립 추세를 대안을 통해 견제하는 역할을 할 것이다. 요즘에는 오히려 중앙정부보다는 지방자치단체가 기념시설을 건립할 때 규모에 대한 강박을 드러내는 경우가 많다. 이른바 관광자원화 논리가 그것이다. 이 배후에 있는 논리는 지역 정체성 강화다. 동학의 원조를 놓고 기초자치단체들이 출혈 경쟁을 마다하지 않고, 홍길동의 원산지를 놓고 대립하고 있는 모습은 우리 시대의 궁벽한 문화적 현실을 여실히 보여준다. 교통과 통신이 이토록 발달한 이 시대에, 관내 기념시설마다 교육관과 숙박시설을 구비하려는 지자체의 욕구는 철모르는 어린아이의 아집처럼 비친다. 협력의 자세는 공익적 목적에서 역사적 공유자산의 효용가치를 증대하겠다는 마음가짐에서 비롯될 수 있을 것이다. 이제는 지역별 쪼개기가 아니라, 기념사업에서도 광역 단위의 통합이 필요할 때다.

둘째, 다중 정체성의 발견을 가능케 하는 집합적 기념문화를 진작해야 한다. 우리의 기념문화에서 암묵적으로 개재되기 쉬운 지역적, 민족적 배타성을 제거해야 한다. 기념은 구성원만의 집단기억과 정체성을 강화시키기 위한 도구가 아니다. 구성원들 간의 이주와 혼거는 이제 지역과 국가의 경계를 넘어 빈번해지고 있다. 지나친 지역색, 과도한 민족주의적 색채는 우리 시대에 어울리지 않는다. 특히 한국 사회에서 강한 공감대를 형성하고 있는 민족주의적 순혈의식과 피해의식, 도덕적 우월성에 대한 자의식은 지구화 시대에 반감을 초래하기 쉽다. 이미 다문화 사회에 접어든 우리나라에서 과거의 민족 프레임은 기념의 사안에 따라서 유화되거나 수정되거나 제거되어야 한다. 그 대신 다양한 인종적 문화적 스토리들을 전시와 기념물과 의례에 구현해야 한다. 강고한 단일 집단기억collective memory보다는 다소 이질적 성격을 띤 기억들의 집합, 즉 집합기억들collected memories을 스토리화해서 재현한다면, 다양한 기념 참여자와 소비자들의 호응을 얻을 수 있을 것이다.

셋째, 기념문화에서 예술적 감성을 살리기에 진력해야 한다. 예술가들의 창의력과 상상력은 우리 시대 기념문화의 문제점에서 탈피하는 데 큰 동력이 될 것임에 틀림없다. 우리 시대의 기념문화 특징이 석기시대적, 남성중심적, 규모지향적, 국가주도적 성격에 있다면, 이런 문제들의 프레임에서 탈피하는 첩경은 예술의 힘이다. 국경을 넘어서고, 지역을 초월하며, 종교적 교리의 한계를 돌파할 줄 아는 예술가들의 실험정신은 이미 많은 결과들을 보여주고 있다. 제주 4·3평화공원이 그렇다. 예술가들에게 많은 기회와 권한을 부여하고, 관료와 학자들은 배경으로 물러서는 자세가 필요하다. 예술적 감성을 지닌 이들에게 난장의 기회를 부여한다면, 기념관과 기념공원이 난장판이 되는 일은 결코 없을 것이다. 목석같이 불편한 공간도 점차 사라질 것이다. 예술가들만큼 방문객이나 소비자들의 감성 코드를 잘 아는 사람도 없기 때문이다. 소비자 대중의 감응과 공명 없는 기념은 이미 죽은 기념 아닌가?

넷째, '당사자주의'를 경계해야 한다. 기억의 정치 단계에서 부담스러운 사건과 직접 관련된 생존자, 유가족들이 큰 역할을 한 것은 주지의 사실이다. 이들이 없었다면, 소중한 기억은 모두 소멸되고 말았을 것이다. 그러나 기념의 단계에 들어서면, 이들이 과거를 기억하는 방식은 다수의 동의와 참여에 지장을 줄 수 있다. 극사실주의적 과거 경험의 재현 요구는 기념을 기획하는 이들에게 큰 부담이 된다. 모든 일의 기획에서 우선적인 것은 수용자, 청중, 소비자다. 민주화운동기념공원이 유가족과 과거 운동가들의 전유물일 수 없듯이, 새로 세워지는 기념물도 오로지 그들의 미적 기준에 맞춰져서는 안 된다. 전시 영상을 준비할 때 유가족들이 기대하는 영상은 종종 10대 중후반의 학생들이나 대학생 청년 세대의 감각과 일치하지 않는다. 준비과정에서, 시사회에서 미래세대의 시각을 통해 필터링하는 과정을 거치는 곳이 과연 몇 군데나 될까?

'당사자주의'의 부작용은 또 있다. 과거에는 관 주도의 기념에 대해 경계했으나, 최근에 와서 그 위험에 대한 이야기는 눈에 띄게 줄어들었다. 공무원들의 이해도가 그 사이에 무척 높아졌기 때문이다. 게다가 경험의 축적도 이루어졌다. 오히려 그보다 문제가 되는 것은 '민-민' 갈등이다. 예컨대 유가족들 간의 분열과 대립이 일어날 경우, 속된 말로 '약도 없다'. 전시 설계와 제작을 넘어 운영에까지 당사자들이 큰 관심을 보이면 문제는 더 어려워질 수도 있다. 기억의 변형과 소실에 대한 당사자들의 우려는 자연스러운 현상이다. 그러나 그런 우려가 기념에 대한 책임과 권한의 승계로까지 이어진다면, 기념의 미래는 흐려진다. 자문과 애정을 넘어서는 일은 경계해야 한다. 사실관계의 질정과 누락에 대해서는 여전히 역할이 필요하다. 하지만 당사자 세대의 집단적 합의가 꼭 효과적인 기념이나 좋은 기념을 보장하지는 않는다.

다섯째, 전시와 교육 전문가에 대한 과감한 투자와 배려가 필요하다. 현재 수준의 학예 인력 수와 비율, 지금과 같은 예산구조로는 좋은 기념을 기대하기 어렵다. 낮은 직급, 불안정한 고용조건을 제시해 놓고 '혼과 신명을 바칠 것'을 기대할 수는 없다. 지긋지긋한 선례의 덫에 갇혀 새로 세워지는 수많은 기념시설이 앞서 설립된 시설들의 조직과 예산 구조를 답습하고 있다. 선례 가운데서 해외의 사례, 그것도 성공한 사례를 수용토록 해야 한다. 행정안전부와 기획재정부의 벽을 넘어서는 일이 어렵기도 하겠지만, 우리의 관행을 당연시하지 않는 인식의 변화가 먼저 필요하다.

여섯째, 보이지 않는 영역에 대한 과감한 투자가 필요하다. 기념의례를 반복되는 행사로 간주한다면 기념의 미래는 없다. 전시장의 수준을 사인그래픽과 인터액티브 미디어의 규모를 가지고 판단한다면, 기념의 미래는 없다. 최신예 F-35 전투기를 우리가 꼭 도입하려고 하는 이유는 하드웨어의 능력 때문만이 아니다. 최신예 레이더와 그 밖의 운용체계 때문에 더 필요하다. 그 무형의 소프트웨어, 전자장비, 구성체계가 없다면, F-35도 초음속으로 날아다니는 깡통에 불과하다. 기념관도 마찬가지다. 교육을 염두에 두고 전시를 설계하려면, 애니메이티드 맵, 사건과 인물 정보를 충분히 담고 있는 전자정보망의 구축이 우선되어야 한다. 제대로 하려고 한다면, 드러난 전시비용의 몇 배가 드러나지 않는 곳에 들어간다. 이익을 추구하는 전시업체가 자발적으로 할 일은 아니다. 사업주체가, 기획팀이 철저하게 계획하고 준비되도록 관리해야 할 일이다. 온라인 시스템 구축과 콘텐츠 생산 배치에도 충분한 비용과 관심을 들여야 한다. 그리고 각 기념시설의 온라인 시스템은 개방적 확장적 성격을 띠어야 하고, 다른 기념시설들과도 적극적으로 연계되어 있어야 한다. 개별 기념시설들이 준비할 수 없는 큰 규모의 기반 시스템은 바로 국가가 재정적 후원을 담당해야 한다. 내가 생각하기엔 재정의 문제라기보다는, 이 필요성을 절감하고 좀더 큰 그림 속에서 이 인프라 구축을 요구하는 전문가의 부재가 문제다. 기획이 있고 요구가 있으면, 국가는 응답할 것이라고 믿기 때문이다.

일곱째, 기념시설의 기획·유지·관리를 전담하는 민간 전문기업이 등장했으면 좋겠다. 지금과 같은 행사 대행업체를 뜻하는 것이 아니다. 작은 규모의 기념시설들이 고립 분산되어 있어, 연간 예산에 비해 충분한 결과를 보이지 못하는 경우가 허다하다고 나는 믿는다. 부담스러운 과거의 기념은 분명 공적 과제다. 그러나 과제의 성격이 그렇다고 해서 공무원이, 공적 성격의 민간단체가 꼭 그 일을 더 잘 할 것이라고 기대하기도 어렵다. 효율성을 좀더 높이기 위해서는 부담스러운 과거사 기념의 '외주화'가 필요할 수도 있다. 이 경우 당연히 두 개의 전제조건이 충족되어야 한다. 첫째, 전문화가 필수적이다. 유럽이나 미국의 경우처럼, 전시와 교육에서 잔뼈가 굵은 매니저들, 그리고 특화된 교육과 실습 과정을 마친 직원들이 있어야 한다. 이것을 통해 기념의 공공부문이나 민간부문에서 문제가 되고 있는 아마추어리즘을 극복할 수 있을 것이다. 둘째, 전문화된 기념 전문 민간기업의 참여를 통해 규모의 경제 실현을 기대할 수 있다. 기념시설의 기획 관리 네트워크를 구성한다면, 현재보다 적은 비용으로 더 큰 효과를 기대할 수 있을 것이다. 몇 년에 한 번씩 공모를 통해 운영주체를 선발하는 현재의 시스템은 선정과정의 투명성을 달성할 수는 있을지 모르나, 기념사업의 효율화를 보장하지는 못한다. 사람들이 별로 언급하지는 않지만, 아마추어리즘은 기념문화의 성숙을 가로막는 큰 요인이다.

여덟째, 기념사업과 학교교육 간의 가교가 확실하게 가설되어야 한다. 현재 기념시설의 인력충원 과정은 매우 불투명하고 부실하다. 문제의 시작은 전국에 있는 1천 개 이상의 박물관과 미술관에서 활동하고 있는 학예인력 가운데 대다수가 비정규직이라는 데 있다. 근무여건과 처우도 열악한 경우가 많다. 이 부분에 대한 개선이 제도적 차원에서 이루어져야 한다. 이와 동시에 인력충원 시스템에 대한 법제 정비도 중요하다. 먼저, 대학교 학부 수준에 교육과정이 마련되어야 하고, 이 과정 중에는 실습과정이 충분히 포함되어야 한다. 과정을 수료한 사람은 국가가 공인하는 시험을 통해 자격증을 취득하고, 그 자격증만으로 각 기념시설에 취업할 수 있어야 한다. 이와 동시에 대학원 과정의 코스워크는 전문성을 강화하여, 심화교육과정이나 재교육 과정으로 발전시켜야 한다. 현재의 제도는 육성과정의 부실을 용인하면서, 과잉 학벌을 강요하고 있다. 이 느슨하게 늘어진 충원시스템을 간결하고 탄탄하게 개혁해야 한다. 처우와 지위를 통한 보상이 불확실한 마당에, 졸업 후 입사해서 실무를 쌓은 이 시간의 낭비를 없애는 것은 그다지 어려운 일이 아니다. 능력 있는 인재들을 확보할 수 있도록 학부 전공에서부터 취업, 취업에서부터 심화교육에 이르는 연계과정을 합리화하고 전문화하는 일이 시급하다.

기념의 미래
기억의 정치 끝에서 기념문화를 이야기하다

초판 발행 2019년 5월 18일
초판 3쇄 2019년 12월 10일

지은이 최호근
펴낸곳 고려대학교출판문화원
www.kupress.com
kupress@korea.ac.kr
(02841) 서울특별시 성북구 안암로 145
Tel 02-3290-4230, 4232
Fax 02-923-6311
찍은곳 한국컴퓨터인쇄정보

ISBN 978-89-7641-995-8 03900

값 21,000원
※ 잘못 만들어진 책은 바꿔드립니다.